WELSH ROOTS
& BRANCHES

WELSH ROOTS
& BRANCHES

GWREIDDIADUR CYMRAEG

GARETH JONES

TREGRAIG PRESS

Second Edition 2005
by
Tregraig Press,
Tregraig House, Bwlch, Powys LD3 7SJ
Tel: 01874-730-650   Fax: 01874-730-629

Copyright © Gareth Jones

ISBN 0 9524176 1 8
2nd revised and enlarged edition
(ISBN 0 9524176 0 X 1st edition)

British Library Cataloguing in publication data.
A catalogue record for this book is available from
the British Library

Cover designed by Elgan Davies

Typeset by Tregraig Press

Printed by
The Alden Press, Oxford

This book is dedicated to

the many inspired tutors and teachers of the Welsh Language, whose
commitment ensures that Welsh continues to thrive and prosper

and to

Helen

without whose support this book
could never have been published

ROOT WORDS [*GWREIDDEIRIAU*] -
an INTRODUCTION [*RHAGYMADRODD*]

Root words are key to an understanding of the structure of the Welsh language - and, not least, to expanding rapidly one's vocabulary.

There are several features of Welsh that make it a unique language:

(1) its extensive use of 40 - 50 **prefixes** to broaden the meaning of a root word, for example *ad-, ar-, cy-, cyd-, cyf-, rhag-, ym-*, the root word normally undergoing soft mutation.

(2) the use of more than 70 possible **suffixes** to refine the meaning of the root word, for example *-aeth, -aidd, -fa, -i, -iad, -iant, -us, -wr.*

1. Examples of the use of **prefixes**

dangos	to show	**ethol**	to elect
arddangos	to exhibit	cyfethol	to co-opt
ymddangos	to appear	dethol	to select

chwilio	to search	**gweld**	to see
archwilio	to audit	cyd-weld	to agree
rhagchwilio	to reconnoitre	cyf-weld	to interview
ymchwilio	to research, to	rhag-weld	to forsee
	investigate	ymweld	to visit

2. Examples of the use of **suffixes**

gair	word	**meddyg**	doctor
geirfa	vocabulary	meddygaeth	medicine
geiriad	wording, phrasing	meddygfa	surgery
geiriadur	dictionary	meddyginiaeth	remedy
geiriog	wordy	meddygol	medical

prawf	proof, test	**rheol**	rule
profi	to prove, to test	rheolaeth	management, control
profedigaeth	bereavement, tribulation	rheolaidd	regular
profiad	experience	rheoli	to rule, to manage
profiadol	experienced	rheolus	orderly
profiant	probate	rheolwr	manager

...and compound words may be formed by combining **two** or more root words:

compound word	meaning	component root words			
buddsoddi	to invest	*budd*	benefit	*soddi*	to sink
cymhorthdal	subsidy	*cymorth*	aid, help	*tâl*	payment
cynffon	tail	*ci*	dog	*ffon*	stick
gwreiddeiriau	root-words	*gwraidd*	root	*gair*	word
gwrthryfel	rebellion	*gwrth*	against	*rhyfel*	war
hiraeth	homesickness	*hir*	long	*aeth*	pain, grief
hunllef	nightmare	*hun*	sleep	*llef*	cry, shout
llofrudd	murderer	*llaw*	hand	*rhudd*	crimson
rhagymadrodd	introduction	*rhag*	before, pre-	*ymadrodd*	saying
sylfaenol	fundamental	*sail*	basis, base	*maen*	stone

...and from **three** root words:

compound word	meaning		component root words					
arfordir	coast	*ar*	on	*môr*	sea	*tir*	land
pencadlys	headquarters	*pen*	head	*cad*	battle	*llys*	court
pencampwr	champion	*pen*	head	*camp*	feat	*gŵr*	man

Some of the most common root words with examples of their use are illustrated below, the second word usually undergoing soft mutation.

Root word | meaning | A few of many possible examples involving the root word

Root word	meaning				
bod	*to be*	cyfar**fod**	meeting	dy**fod**ol	future
bryd	*disposition, intent*	del**fryd**ol	ideal	hy**fryd**	pleasant
cân	*song*	dat**gan**iad	statement	dy**chan**	satire
glynu	*to cling*	di**lyn**	to follow	ym**lyn**iad	attachment
gwaith	*work*	ad**weith**io	to react	rhwyd**waith**	network
iaith	*language*	cyf**ieith**u	to translate	tafod**iaeth**	dialect
llen	*sheet; curtain*	amser**len**	timetable	bwyd**len**	menu
llun	*picture, form*	ar**lun**ydd	artist	cyn**llun**	plan
nod	*mark, note*	cof**nod**	record	hy**nod**	remarkable
pen	*head*	gor**ffen**	to finish	y**menn**ydd	brain
plygu	*to bend*	dat**blygu**	to develop	go**blygu**	to imply
sail	*basis, base*	cyn**sail**	precedent	tan**seil**io	to undermine
tref	*town (originally = a homestead)*	car**tref**	home	pen**tref**	village
tŷ	*house*	colomen**dy**	dovecote	lleian**dy**	nunnery
un	*one*	ad**un**iad	reunion	cyt**un**iad	treaty

The book is arranged in alphabetical order of root words and each page follows the same pattern:

Root word - with expressions involving the root word
Words with prefixes to the root word
Compound words - root word last
Root words with suffixes and compound words - root word first

There are approximately 450 principal root words in this volume resulting in a vocabulary of some 25,000 words (12,500 Welsh-English and 12,500 English-Welsh).

The book also includes under each root word:

Every day common idiomatic phrases and sayings
Proverbs
Phrases from public notices and news bulletins

For good measure, the Welsh National Anthem is included in the book (root word: **gwlad**) as is the village with the longest Welsh name (root word: **llan**).

Common sayings

Every language has its share of everyday phrases or sayings in frequent use. They are often idiomatic in the sense that their literal translation does not convey the intended meaning.

Root word	Meaning	*common saying*	*meaning*
byd	world	*y byd sydd ohoni*	*as things are*
		y byd a'r betws	*the world and his wife*
pen	head	*ar ben ar*	*all up with*
		ar ei ben	*exactly*
		dod i ben	*to come to an end*
tro	turn; time	*am y tro*	*for the time being*
		ar y tro	*at a time*
		un dydd ar y tro	*one day at a time*
		ers tro	*for a long time*
		mynd am dro	*to go for a walk*

Proverbs

Welsh is particularly rich in proverbs. A few examples are given below together with the root word under which they are found in this book.

Root word	Meaning	Welsh proverb	Meaning
brân	crow	*mae'n ddigon oer i rewi brain*	*it's extremely cold*
cynnar	early	*y cyntaf i'r felin gaiff falu*	*first come, first served*
geni	to be born	*heb ei fai, heb ei eni*	*everyone has his faults*
gwaed	blood	*mae gwaed y ceiliog yn y cyw*	*like father, like son*
gwraig	woman	*bwrw hen wragedd a ffyn*	*to rain cats and dogs*

Public notices and news bulletins

There are many examples in the text of the every day use of root words:

Root word	meaning	phrase	meaning
cadw	*to keep*	gwarchodfa natur	*nature reserve*
caled	*hard*	llain galed ysbeidiol	*intermittent hard shoulder*
cân	*song*	datganiad i'r wasg	*press statement*
canol	*centre*	canolfan croeso / groeso	*tourist information centre*
dadl	*debate*	cynhadledd ford gron	*round table conference*
ethol	*to elect*	is-etholiad	*by-election*
ffordd	*way, road*	ffordd ddeol	*dual carriageway*
golwg	*sight*	rhagolygon y tywydd	*weather forecast*
gweini	*to serve*	Prif Weinidog	*Prime Minister*
iach	*healthy*	bwrdd iechyd lleol	*local health board*
llwybr	*path*	llwybr cyhoeddus	*public footpath*
llys	*court*	Canghellor y Trysorlys	*the Chancellor of the Exchequer*
meddyg	*doctor*	meddyg teulu	*family doctor*
plaid	*party*	pleidlais fwrw	*casting vote*
syllu	*to gaze*	gwersyll ffoaduriaid	*refugee camp*
ysgol	*school*	ysgol gyfun	*comprehensive school*

The origins of certain words

Certain words have a particular historical interest:

Root word	Meaning	Derived word	Meaning	Explanation
de	south			*As you look towards the rising sun,*
de	right (hand)			*south is on the right hand side*
cyn	before	*cynghrair*	*league,*	*An ancient practice of swearing*
crair	holy relic		*alliance*	*allegience before a holy relic*
porth	gate, door	*cymorth*	*aid, help*	*In rural, medieval Wales, friends and neighbours used to gather at the door of those in particular need and offer support in money or in kind .*

The development of Welsh: a very brief overview

Welsh is one of the oldest European languages and is descended from a Celtic Indo-European language spoken over 2,500 years ago. Many root words in Welsh today are of Indo-European origin, for example:

bryd	disposition, intent	**llaw**	hand
cadw	to keep	**môr**	sea
halen	salt	**nos**	night

During the Roman military occupation of Wales and through the spread of Christianity Latin influenced the development of the Welsh language. Very many Welsh words have been borrowed from Latin, for example:

llong	ship	*longa*	**ysbryd**	spirit	*spiritus*
llythyr	letter	*litera*	**ysgol**	school	*scola*
parod	ready	*paratus*	**ystafell**	room	*stabellum*

The evolving English language over the following centuries influenced the development of Welsh and many words from English were incorporated into Welsh. Some examples, with the dates of earliest recorded use, are:

cario	to carry	*1445*	**gras**	grace	*14C*
esbonio	to explain	*1547*	**ildio**	to yield	*14C*
fforddio	to afford	*1757*	**pwrpas**	purpose	*1547*

At the end of the eighteenth and in the early nineteenth century, it was widely recognised that there was a need for a much enlarged vocabulary if the Welsh language was to adapt to the changing world. John Walters, fluent in Welsh and English, in particular, saw the need for this and did not want to see Welsh speakers disadvantaged. In his dictionary (1770-94) he rose to the new challenge coining many new words in the Welsh tradition, for example: **brithwaith** (mosaic) from **brith** (speckled) and **gwaith** (work) and **llên-ladrata** (to plagiarise) from **llên** (literature) and **lladrata** (to steal).

Over the last 200 years, Welsh has developed the use of compound words by the combination of two or more root words. And the borrowing of words from English has continued, unabated.

Rhagair - Foreword
Ail-Argraffiad - Second Edition

In the last ten years or so, there has been an accelerating interest in the Welsh language and in the resources available to learn the language. The 1993 Welsh Language Act established the principle that the Welsh and English languages are equal and public sector organisations have a duty to offer the users of their services the choice of communicating with them in Welsh or English.

Under the Act, the Welsh Language Board was charged with the responsibility for the promotion of Welsh through statutory Welsh Language Schemes developed by all public sector organisations and by private sector businesses and voluntary organisations. Over 200 Welsh Language Schemes have now been approved.

The bilingual Welsh Assembly Government was established in 1999 and this has given a major impetus to the use of Welsh in public life.

New vocabularies have been developed over the last ten years to meet new technology, as **gwefan** (website), **rhyngrwyd** (internet) and **lloeren gyfathrebu** (commnications satellite) and contemporary socio-political events as **Amcan Un** (Objective One), **arian cyfatebol** (match funding) **ceiswyr lloches** (asylum seekers), **cerdyn adnabod** (identity card), **tro pedol** (U-turn) and **tai fforddiadwy** (affordable housing).

I am indebted to many people for their comments and suggestions on the first edition and on early drafts of this new edition. And I am particularly indebted to the following sources:

- Geiriadur Prifysgol Cymru (1950 - 2002), the authoritative etymological dictionary of the Welsh language
- Y Geiriadur Mawr
- The Modern Welsh Dictionary (1992) H Meurig Evans
- The *Termau* publications of the Cyd-Bwyllgor Addysg Cymru
- The Welsh Academy English-Welsh Dictionary (1995)
- *Termau Llywodraeth Leol* (1996) Ed. D Geraint Lewis
- Welsh-English: English-Welsh Dictionary (1997), D Geraint Lewis
- Famous Welsh novels, *Cam at y Cewri,* series editor, Basil Davies
- National Assembly of Wales, Dictionary of Procedural Terms, Welsh Language Board
- The BBC Wales website http://www.bbc.co.uk/wales/learnwelsh/
- A Dictionary of Welsh and English Idiomatic Phrases (2001), Alun Rhys Cownie
- *Cryno-ddysg y Cymry* (2002), *Torri'r Garw* (1996), and *Lluniau Llafar* (1980), invaluable contributions by Cennard Davies to understanding Welsh proverbs and idioms and
- *Golwg ,* the weekly publication, that is essential reading for those wishing to understand contemporary Welsh issues and contemporary Welsh.

Welsh Roots and Branches is not a Welsh-English dictionary (a *geiriadur*) but a Welsh root dictionary (a *gwreiddiadur*) and it is hoped that it will help many people expand their knowledge of Welsh - in an interesting and rapid way.

Gareth Jones
Bwlch, Powys
Mawrth 2005

achos (achosion) m = case; cause
achos = because

achos (-ion)
m = case

parhau = to continue
mae'r achos yn parhau
= the case continues

gobeithio = to hope
anobeithio = to despair
gobeithiol = hopeful
achos anobeithiol
= a hopeless case

brysio = to hurry
brysiog = hasty
brys m = haste
achos brys
= an urgent case

disgybl (-ion) m = pupil
disgyblu = to discipline
achos disgyblu
= a disciplinary case

enghraifft (enghreifftiau)
f = example
achos enghreifftiol
= a test case

astudiaeth (-au) f = study
astudiaeth achos
= case study

crynswth m = entirety
crynswth achosion
= case load

cynhadledd (cynadleddau)
f = conference
cynhadledd achos
= case conference

dogfen (-nau)
f = document
dogfennau achos
= case records

gollwng = to lower, to drop
gollwng yr achos
= to drop the case

hanes (-ion) m = history
hanes achos
= case history

mewn = in
math (-au) m/f = kind, sort
mewn achosion o'r fath
= in such cases

rhai
= some
mewn rhai achosion
= in some cases

pob, bob = all, every, each
yn = in
ym mhob = in every
ym mhob achos
= in every case

trafod = to discuss
trafodaeth (-au)
f = discussion
trafodaeth achos
= case discussion

achos (-ion)
m = cause

cyfrannol = contributory
achos cyfrannol
= a contributory cause

naturiol = natural
achosion naturiol
= natural causes

achosiant
m = causality

pryder (-on) m = worry; gofid (-iau) m = grief, trouble
achos pryder; achos gofid
= a cause for concern

diachos
= without cause

achosi
= to cause

helbulus = troubled
helbul (-on) m = trouble
achosi helbul
= to cause trouble

penbleth
f = perplexity, quandary
achosi penbleth
= to cause confusion

achos
= because

achos ei fod e'n mynd; achos mae e'n mynd
= because he is going

achub (rhag) = to save (from)

adeg (-au)
f = time, occasion
achub yr adeg
= to seize the opportunity

ei = his
croen (crwyn) m = skin
achub ei groen
= to save his skin

mynydd (-oedd)
m = mountain
achub mynydd
= mountain rescue

bad (-au) m = boat
bad achub
= lifeboat

criw (-iau) m = crew, gang
criw achub
= rescue team

cronfa (-feydd) f = fund
plentyn (plant) m = child
Cronfa Achub y Plant
= Save the Children Fund

gwregys (-au)
m = belt
gwregys achub
= life-belt

hofrenydd (-ion)
m = helicopter
hofrenydd achub
= rescue helicopter

pecyn (-nau)
m = package
pecyn achub
= rescue package

siaced (-i)
f = jacket
siaced achub
= life-jacket

tîm (timau) (timoedd)
m = team
tîm achub
= rescue team

achubiaeth
f = salvation, deliverance

achubol
= saving

achubwr, achubydd (achubwyr)
m = saviour, rescuer

adnabod = to know

adnabod
= to know

cerdyn (cardiau) m = card
cerdyn adnabod
= identity card

adnabyddiaeth
f = knowledge

colli = to lose
colli 'nabod ar
= to lose touch with

dod = to come
dod i 'nabod
= to get to know

adnabyddus
= well known

awdur (-on) m = author
awdur adnabyddus
= a well known author

anadnabyddus
= unknown

awdur anadnabyddus
= an unknown author

cyd = joint
cydnabod (cydnabyddion)
m/f = aquaintance

cydnabod
= to acknowledge

cydnabyddedig
= recognised, acknowledged

cymhwyster (cymwysterau) m = qualification
cymhwyster cydnabyddedig
= recognised qualification

cydnabyddiaeth
f = acknowledgement,
  recognition, remuneration

haedd (-au) f = merit
cydnabyddiaeth haeddiannol
= well-deserved recognition

cydnabyddus
= familiar, acquainted

adrodd (wrth) = to report; to recite (to)

adrodd
= to report; to recite

ail = second
ailadrodd
= to repeat

ailadroddus
= repetitive

cyd = joint
cydadrodd
= to recite together

côr (corau) m = choir
côr cydadrodd
= choral speakers

llafar = oral, vocal
ymadrodd (-ion)
m = saying, phrase

ymadrodd llafar
= colloquialism

troad (-au) m = turning
troad ymadrodd
= figure of speech

rhag = before, pre-
rhagymadrodd (-ion)
m = introduction

ymadroddus
= eloquent, verbose

ymadroddwr (-wyr)
m = speaker

blynyddol = annual
adroddiad blynyddol
= annual report

cynnydd m = progress
adroddiad ar gynnydd
= progess report

adroddiad (-au)
m = report

adroddiant (-iannau)
m = narrative

adroddwr (-wyr)
m = narrator

adroddyddiaeth
f = elocution

addas = suitable

addas
= suitable

achlysur (-on)
m = occasion
achlysur addas
= a suitable occasion

swydd (-i) f = job, post
prinder (-au) m = shortage
prinder swyddi addas
= shortage of suitable jobs

anaddas
= unsuitable

cerbyd (-au) m = vehicle
hir = long
anaddas i gerbydau hir
= unsuitable for long vehicles

coets (-ys) f = coach
anaddas i goetsys
= unsuitable for coaches

cyfaddas
= suitable

anghyfaddas
= unsuitable

cyfaddasiad
m = adaptation

cyfaddasu
= to adapt

addasiad (-au)
m = adjustment, adaptation

yn ôl = according to; tymor (tymhorau) m = season, term
addasiad yn ôl tymor
= seasonal adjustment

diffygiol = defective
diffyg (-ion) m = defect
diffyg ymaddasiad
= maladjustment

ymaddasiad (-au)
m = adjustment

addasrwydd, addaster
m = suitability

addasu
= to adapt, to modify

ymaddasu
= to adjust (oneself), to adapt (oneself)

addaswr (-wyr)
m = adapter (e.g. of a book)

addasydd (-ion)
m = adaptor (fitting)

agor = to open

agor
= to open

ar agor
= open, about to open

lled m = breadth, width
pen (-nau) m = head
ar agor led y pen
= wide open

maes (meysydd) m = field
agor y maes
= to set the scene

amser (-au) m = time
amserau agor
= opening times

heb = without; ei = his, its
heb ei agor
= unopened

awr (oriau) f = hour
oriau agor
= hours of opening

ail = second
ailagor
= to reopen

cil (-iau) m = recess, corner
cilagor
= to partly open

agorawd (-au)
f = overture

ymagor
= to open, to unfold

dirwyo = to fine
dirwy (-on) f = fine
agored i ddirwy
= liable to a fine

agored
= open

aelwyd (-ydd) f = hearth
aelwyd agored
= open house

prifysgol (-ion) f = university
y Brifysgol Agored
= the Open University

briw (-iau) m = wound
briwiau agored
= open wounds

carchar (-au) m = prison
carchar agored
= open prison

diwrnod (-au)
m = day
diwrnod agored
= open-day

(y)sgadenyn ((y)sgaden)
m = herring
(y)sgaden agored
= kippers

cil (-iau) m = recess, corner
cilagored
= ajar

pen (-nau) m = head
penagored
= wide open, open-ended

siec (-iau) f = cheque
siec benagored
= a blank cheque

agorfa (-oedd)
f = opening, aperture, vent

agoriad (-au)
m = opening; key *(NW)*
allwedd (-au) (-i) f = key (SW)

cudd = hidden
agoriad cudd
= a concealed opening

llygad (llygaid) m/f = eye
agoriad llygad
= an eye opener

araith (areithiau)
f = speech, address
araith agoriadol
= opening address

darlith (-iau)
f = lecture
darlith agoriadol
= inaugural lecture

agoriadol
= opening, inaugural

agorwr, agorydd (agorwyr)
m = opener

agos = near

agos
= near

cyfagos
= adjoining, adjacent

calon (-nau) f = heart
ei = her
agos at ei chalon
= close to her heart

pellter (-au) m = distance
pell = far
o bell ac agos
= from far and near

dyfod, dod = to come
dyfodol m = future
yn y dyfodol agos
= in the near future

cynnig (cynigion)
m = offer, proposal
cynnig agosaf
= nearest offer

perthynas (perthnasau)
m/f = relative, relation
perthynas agosaf
= next-of-kin

agosaf
= nearest

agosáu (at)
= to approach,
   to draw near (to)

agosatrwydd
m = intimacy, warmth (in a
   relationship)

agosrwydd
m = nearness

nes = nearer: until

nes
= nearer: until

nesnes
= nearer and nearer

ymlaen = onward
yn nes ymlaen
= later on, further on

penelin (-oedd) m/f = elbow
dwrn (dyrnau) m = fist;   arddwrn (-yrnau) m = wrist
nes penelin nag arddwrn
= blood is thicker than water

dynesiad
m = approach

dynesu (at)
= to approach, to draw
   near (to)

nesâd (nesadau)
m = approach

nesaol
= approaching

nesáu (at), nesu (at)
= to approach, to draw
   near (to)

nesaf = next, nearest

peth (-au) m = thing
dim m = anything, nothing
y nesaf peth i ddim
y peth nasaf i ddim
= next to nothing

tros, dros = over
blwyddyn (blynyddoedd)
f = year
dros y blynyddoedd nesaf
= over the next few years

nesaf
= next, nearest

cam (-au) m = step
y cam nesaf
= the next step

deg = ten
degawd (-au) m = decade
y degawd nesaf
= the next decade

drws (drysau) m = door
drws nesaf
= next door

tan = until
tro (troeon) m = turn; time
tan y tro nesaf
= until the next time

yfory = tomorrow
yfory nesaf
= tomorrow without fail

yn ystod = during
mis (-oedd) m = month
yn ystod y misoedd nesaf
= during the next months

ail = second

yn unig = only
yn ail yn unig i
= second only to

plentynnaidd = childish
plentyndod m = childhood
ail blentyndod
= second childhood

rhyfel (-oedd) m/f = war
byd (-oedd) m = world
yr Ail Ryfel Byd
= the Second World War

pob, bob = all, each, every
am yn ail, bob yn ail
= alternately

heb = without; ei = his
heb ei ail
= without his equal

asesu = to assess
ailasesu
= to reassess

twymo = to warm, to heat
ail-dwymo
= to reheat

dosbarthu = to distribute
ailddosbarthu
= to redistribute

dyfeisio = to invent
olwyn (-ion) f = wheel
ailddyfeisio'r olwyn
= to reinvent the wheel

ennill
= to gain, to earn, to win
ailennill
= to reclaim

lansio = to launch
ail-lansio
= to relaunch

strwythur (-au) m = structure
ailstrwythuro
= to restructure

wampio
= to repair
ailwampio
= to refashion

gwifren (gwifrau)
f = wire
ailwifro
= to rewire

cnawd m = flesh
ymgnawdoliad
m = incarnation
ailymgnawdoliad
f = reincarnation

di-ail
= unrivalled, unequalled, incomparable

eil-
= second

eiledol
= alternately, alternating

eilaidd
= repeating; secondary

eiledu
= to alternate

twym = warm
eildwym
= rehashed, reheated

eilfed
= second

eiliad (-au)
f/m = moment, second

eiliadur (-on)
m = alternator

brawychu = to terrify
brawychus = terrifying
eiliad frawychus
= a terrifying moment

cyn = before
pen (-nau) m = head
cyn pen eiliad
= within a second

eilio
= to second, to support

cynnig (cynigion) m = offer
eilio cynnig
= to second a proposal

eiliwr (-wyr), eilydd (-ion)
m = seconder (of a motion)

llun (-iau) m = picture
eilun (-od)
m = idol

gradd (-au) f = grade
eilradd
= inferior, second-rate

gwaith (gweithiau) f = time
eilwaith
= again

eilydd (-ion)
m = substitute, reserve

allan = out, outside

allan
= out, outside

clo (cloen) (cloeau) m = lock;   cloi = to lock
cloi allan
= to lock out

hyn = this, these
o hyn allan
= from now on

hynny = that, those
o hynny allan
= from then on

allanedd (-au)
m = exterior

allanfa (-feydd)
f = exit

brys m = haste
allanfa frys
= emergency-exit

allanol
= external

allannwr (allanwyr)
m = outsider

print (-iau) m = print
allbrint (-iau)
m = printout (computer)

pwn (pynnau) m = pack
allbwn (allbynnau)
m = output

allfa (-feydd)
f = outlet

adwerthu = to retail
allfeydd adwerthu
= retail outlets

bro (-ydd) f = region
allfro
m = foreigner; foreign land

cwrs (cyrsiau) m = course
allgyrsiol
= extra-curricular

traeth (-au) m = beach
alltraeth
= offshore

alltud (-ion)
m = an exile (person)

alltudiaeth
f = exile, deportation

alltudio
= to exile, to deport

amau = to doubt, to suspect
amau (amheuon) m = doubt

amau
= to doubt, to suspect

diamau, diau
= doubtless, certain

diamheuol
= undoubted

amheuaeth (amheuon)
f = doubt, suspicion

cryf, cref = strong
amheuaeth gref
= strong doubt

bod = to be; dan = under
bod dan amheuaeth
= to be under suspicion

bwrw = to cast
bwrw amheuaeth
= to cast doubt

mawr = big
does fawr o amheuaeth
= there's little doubt

elfennol = elementary;   elfen (-nau) f = element
elfen o amheuaeth am
= an element of doubt about

amheugar
= suspicious

amheus
= doubtful, suspect

pwnc (pynciau)
m = topic, subject
pwnc amheus
= a moot point

amheuwr (-wyr)
m = sceptic, doubter

amcan (-ion) m/f = objective, purpose, intention

amcan (-ion)
m/f = objective, purpose

un = one
Amcan Un
= Objective One

ar amcan
= at random
diamcan = aimless

crisial (-au) m = crystal
crisialu eu hamcanion
= to crystallise their objectives

nod (-au) m/f = aim, mark
nodau ac amcanion
= aims and objectives

cyfrif (-on) m = account
amcangyfrif (-on)
m = estimate

ceidwadol = conservative
amcangyfrif ceidwadol
= a conservative estimate

diwygio = to revise
amcangyfrif diwygiedig
= a revised estimate

amcanu
= to intend, to aim

bras = rough, coarse
brasamcanu
= to approximate

brasamcan (-ion)
m = approximation

damcan (-ion)
m = theory

damcaniaeth (-au)
f = theory, hypothesis

mewn damcaniaeth
= in theory

damcaniaethol
= theoretical, speculative

damcaniaethu
= to speculate

damcaniaethwr (-wyr)
m = theoretician

damcanu
= to theorise

aml = frequent, often

aml
= frequent, often

anaml
= infrequent, rare, seldom

iawn = very
yn anaml iawn
= very infrequently

mwy = more, bigger; peidio (â) = to cease, to stop
yn fwy aml na pheidio; yn amlach na pheidio
= more often than not

pwrpas (-au)
m = purpose
amlbwrpas
= multi-purpose

campfa (-feydd)
f = gymnasium
campfa amlbwrpas
= multi-purpose gymnasium

dewis(iad) (dewisiadau)
m = choice
amlddewis
= multiple choice

amlder, amldra
m = abundance

disgyblaeth (-au)
f = discipline
aml-ddisgyblaethol
= multi-disciplinary

duwiol = pious
duw (-iau) m = god
amldduwiaeth
f = polytheism

cell (-oedd) f = cell
amlgellog
= multicellular

cyfrwng (cyfryngau)
m = media
amlgyfrwng
= multi-media

amledd (-au)
m = frequency

sain (seiniau) f = sound
seinamledd
= audio-frequency

llawr (lloriau) m = floor, ground
amlhau
= to increase, to proliferate

aml-lawr
= multi-storey

amser (amserau) (amseroedd) m = time

amser (-au) (-oedd)
m = time

cyfamser
m = meantime

yn y cyfamser
= in the meantime

briw (-iau) m = wound
brifo = to hurt, to injure
amser brifo
= injury time

cyffroi = to excite, to agitate
cyffro m = excitement
amserau cyffrous
= exciting times

gwely (-au) (gwelâu)
m = bed
amser gwely
= bedtime

maith = long, tedious
yn ôl = ago
amser maith yn ôl
= a long time ago

priodol = appropriate
yr amser priodol
= the appropriate time.

ychwanegu = to add
amser ychwanegol
= extra time

ar = on
ar amser
= on time

arbed = to save
arbed amser
= to save time

peth (-au) m = thing
beth amser yn ôl
= some time ago

pob, bob = all, each, every
bob amser
= always

curo = to beat
curo amser
= to beat time (in music)

cymryd = to take
cymryd amser
= to take time

difyrru = to entertain
difyrru'r amser
= to pass the time

diffyg (-ion) m = lack, defect
diffyg amser
= lack of time

ers = since
ers amser = **ers meityn**
= for a long time

cryn = considerable
ers cryn amser
= for a considerable time

gor = over, super, hyper-
goramser
m = overtime

gwastraff m = waste
gwastraffu amser
= to waste time

hanner (haneri) m = half
hanner amser
= half-time

llawn = full
llawn amser
= full-time

mewn = in
mewn amser
= in time (in the future)

rhan (-nau) f = part
rhan amser
= part time

addysg f = education
addysg ran amser
= part-time education

treulio = to spend, to digest
treulio amser
= to spend time

amseriad (-au)
m = timing, tempo

cyd = joint
cydamseriad
m = synchronisation

amseriadur (-on)
m = pace-maker (heart)

llen (-ni) f = sheet
amserlen (-ni)
f = time-table, schedule

amserlennu
= to time-table, to schedule

amser (amserau) (amseroedd) m = time

amserol
= timely, opportune

anamserol
= ill-timed, inopportune

cyd = joint
cydamserol
= simultaneous

cyn = before
cynamserol
= premature

amseru
= to time

amserwr (-wyr)
m = timekeeper

amserydd (-ion)
m = chronologist

amseryddiaeth
m = chronology

amseryddol
= chronological

ansawdd (ansoddau) m = quality
cyfansoddi = to constitute; to compose; dadansoddi = to analyse

ansawdd (ansoddau)
m = quality

gair (geiriau) m = word
ansoddair (ansoddeiriau)
m = adjective

sicrwydd m = assurance
sicrwydd ansawdd
= quality assurance

cyfansawdd
= compound, composite

ansoddol
= qualitative

cyfansoddi
= to constitute

ysgrifennu = to write
cyfansoddiad ysgrifenedig
= written constitution

cyfansoddiad (-au)
m = constitution

cyfansoddiadol
= constitutional

brenhiniaeth (breniniaethau) f = monarchy, sovereignty
brenhiniaeth gyfansoddiadol
= constitutional monarchy

anghyfansoddiadol
= unconstitutional

pryd (-iau) m = time

cyfansoddi
= to compose

cyfansoddi ar y pryd
= to extemporise

cyfansoddwr (-wyr)
m = composer

cyfansoddiad (-au)
m = composition

cyfansoddyn (-ion)
m = constituent, compound

dadansoddi
= to analyse

dadansoddiad (-au)
m = analysis

dadansoddol
= analytic

dadansoddwr (-wyr)
m = analyst

dansoddol
= abstract

arbennig = special

pwysig = important
arbennig o bwysig
= especially important

da = good
arbennig o dda
= especially good

balch = proud, pleased
arbennig o falch o....
= particularly pleased to...

angen (anghenion) m = need
anghenion arbennig
= special needs

ar gyfer = (in preparation) for; achlysur (-on) m = occasion
ar gyfer achlysuron arbennig
= for special occasions

cangen (canghennau) f = branch; heddlu m = police
Cangen Arbennig yr Heddlu
= Police Special Branch

cynnig (cynigion)
m = offer, proposal
cynnig arbennig
= special offer

go = rather, somewhat
go arbennig
= rather special

gohebydd (gohebwyr)
m = correspondent, reporter
gohebydd arbennig
= special correspondent

oedfa (oedfaon)
f = (religious) service
oedfa arbennig
= special service

safle (-oedd) m = site, location, position
pwysigrwydd m = importance;   hanesyddol = historical
safleoedd o bwysigrwydd hanesyddol arbennig
= sites of particular historical importance

teler (-au)
m = condition (terms)
telerau arbennig
= special terms

tra = exremely, very
tra arbennig
= extremely special

arbenigaeth (-au)
f = specialisation, expertise

arbenigedd (-au)
m = speciality, expertise, specialism

arbenigo
= to specialise

arbenigol
= specialist, specialised

tra = extremely, very
tra arbenigol
= highly specialised

arbenigrwydd
m = distinction

pensaernïaeth f = architecture
arbenigrwydd pensaernïol
= architectural distinction

arbenigwr (-wyr)
m = specialist, expert

yn ôl = according to
yn ôl yr arbenigwyr
= according to the experts

arch (archau) (eirchion) f = request

arch (-au) (eirchion)
f = request

archebu
= to order

cyfarch (-ion)
m/f = greeting

cyfarch
= to greet

archeb (-ion)
f = order

archiad
m = request, demand

Nadolig m = Christmas
Cyfarchion Nadolig
= Christmas Greetings

tymor (tymhorau) m = season, term
dymuniad (-au) m = wish; gorau = best
Cyfarchion y Tymor a Dymuniadau Gorau
= the Season's Greetings and Best Wishes

cerdyn (cardiau) m = card
cardiau cyfarch
= greeting cards

cyfarchiad (-au)
m = greeting

llon = cheerful, happy
llongyfarch
= to congratulate

sefydlog = fixed, settled
archebion sefydlog
= standing orders

erchi
= to seek, to ask for

gyda = with
gyda chyfarchion
= with compliments

llen (-ni) f = sheet
cyfarchlen
f = compliments slip

llongyfarchiadau
llongyfarchion
pl = congratulations

arf (arfau) m/f = weapon (arms)

arf (-au)
m/f = weapon (arms)

arfog
= armed

arfogi
= to arm

diarfogi
= to disarm

perygl (-ion) m = danger
arf peryglus
= a dangerous weapon

bwrw
= to cast, to strike, to throw
bwrw arfau
= to lay down arms

pais (peisiau) f = petticoat
arfbais
f = coat of arms

heddlu m = police
heddlu arfog
= armed police

arfogaeth (-au)
m/f = armour

ail = second
ailarfogi, adarfogi
= to re-arm

diarfogiad
m = disarmament

cemeg f = chemistry
arfau cemegol
= chemical weapons

rheolaeth (-au)
f = management, control
rheolaeth arfau
= arms control

tŷ (tai) m = house
arfdy (arfdai)
m = armoury

ysbeiliad (-au) m = robbery
ysbeiliad arfog
= armed robbery

ailarfogiad
m = rearmament

unochrog = unilateral
diarfogiad unochrog
= unilateral disarmament

arfer (arferion) m/f = use, practice, custom
ymarfer (ymarferion) f = exercise, practice

arfer (-ion)
m/f = use, practice, custom

ar arfer
= in use

fel = like, as
fel arfer
= as usual, usually

da = good
arfer da
= good practice

gorau = best
arferion gorau
= best practices

rhwystro = to restrict
arferion rhwystrol
= restrictive practices

rhyfedd = strange
arfer rhyfedd
= a strange custom

traddodiad (-au)
m = tradition
arferion traddodiadol
= traditional customs

defod (-au)
f = ritual, ceremony
defod ac arfer
= custom and practice

cam = wrong, mis-
camarfer
f = misuse

arfer (â)
= to use, to be accustomed
  (to)

mynd = to go
ro(edden) ni'n arfer mynd
= we used to go

camarfer
= to misuse

arferiad (-au)
m = custom

teler (-au) m = condition (terms)
telerau arferol
= usual conditions

arferol
= usual, customary

anarferol
= unusual

ymarfer (-ion)
f = exercise, practice

adfer = to restore
ymarferion adfer
= remedial exercises

anadlu = to breathe
ymarferion anadlu
= breathing exercises

graddedig = graded
ymarferion graddedig
= graded exercises

côd (codau) m = code
codau ymarfer
= codes of practice

diffyg (-ion) m = lack
diffyg ymarfer
= lack of practice

llyfr (-au) m = book
llyfr ymarfer
= exercise book

ymarferiad (-au)
m = exercise, practice

ymarfer
= to practise
ymarferol
= practical

prawf (profion)
m = test
prawf ymarferol
= a practical test

profiad (-au)
m = experience
profiad ymarferol
= practical experience

anymarferol
= impractical, unworkable

argraff (argraffau) (argraffion) f = impression

dileu = to abolish, to delete
dilead m = abolition
argraff annileadwy
= an indelible impression

pendant
= definite
argraff bendant
= a definite impression

cyfeiliorni = to err, to stray
cyfeiliornus
= mistaken, false
argraff gyfeiliornus
= a mistaken impression

creu = to create; dwfn, dofn (dyfnion) = deep
creu argraff ddofn ar
= to create a deep impression on

tipyn (-nau) (tipiau) m = bit
tipyn o argraff
= quite an impression

bedd (-au) m = grave
beddargraff (-iadau)
m = epitaph

cam = wrong, mis-
camargraff
f = false impression

argraffedig
= printed

cyntaf
= first
argraffiad cyntaf
= first edition

diwygio
= to revise, to reform
argraffiad diwygiedig
= revised edition

argraffiad (-au)
m = edition

adargraffiad (-au)
m = reprint

argraffiadaeth
f = impressionism

argraffiadus
= impressionistic

argraffu
= to print

adargraffu
= to reprint

gwaith (gweithiau) m = work
argraffwaith
m = print, typography

gwasg (gweisg) f = press
argraffwasg
f = printing press

argraffwr (-wyr)
m = printer

argraffydd (-ion)
m = printer (office equipment)

arian pl = money : arian m = silver

cyfatebol = corresponding
arian cyfatebol
= match funding

diswyddo = to dismiss
arian diswyddo
= redundancy money

mân = small, tiny
arian mân
= small change

parod
= ready
arian parod
= cash

peiriant (peiriannau)
m = machine
peiriant arian parod
= cash dispenser

mud = dumb; mudandod m = dumbness, silence
arian mudandod
= hush money

arian pl = money : arian m = silver

codi = to raise, to rise
codi arian
= to raise money

craig (creigiau) f = rock
craig o arian
= a lot of / made of money

cynildeb (-au)
m = economy, frugality
cynilo arian
= to save money

gwariant (gwariannau)
m = expenditure
gwario arian
= to spend money

prin = scarce, rare
rhy = too
rhy brin o arian
= too hard-up

ariangar
= covetous, fond of money

ariangarwch
m = avarice, love of money

arianneg
f = finance

ariannog
= wealthy

ariannol
= financial

argyfwng (argyfyngau)
m = crisis, emergency
argyfwng ariannol
= financial crisis

ffrwyn (-au)
f = bridle; restraint
ffrwynau ariannol
= financial restraints

pecyn (-nau)
m = package
pecyn ariannol
= financial package

trafferthus = troublesome
trafferth (-ion) m/f = trouble
trafferthion ariannol
= financial troubles

ariannu
= to finance, to fund

tan, dan = under
tanariannu
= to under-fund

ariannydd (arianwyr)
m = cashier

arian
m = silver

byw = living, live
arian byw
= mercury; *live-wire*

bedwen (bedw) f = birch
bedwen arian
= silver birch

gof (-aint) m = blacksmith
gof arian
= silversmith

mwclis pl = beads, necklace
mwclis arian
= silver necklace

ariannu
= to silver, to make silver

ariannaid
= silver, silver plated

ariannaidd
= silvery

aros = to stay, to wait

aros
= to stay, to wait

ystafell (-oedd) f = room
ystafell aros
= waiting room

ymaros
= to endure

man (-nau) m/f = place
arhosfan (-nau)
m/f = stopping place

bws (bysiau) m = bus
arhosfan bws
= bus stop

byr, ber = short
arhosiad byr
= short stay (parking)

hir = long
arhosiad hir
= long stay (parking)

arhosiad (-au)
m = a stay

arhosol
= lasting

ymarhous
= patient, long-suffering

arwain = to lead, to guide

arwain
= to lead, to guide

cam = wrong, mis-
camarwain
= to mislead

camarweiniol
= misleading

rhag = before, pre-
rhagarwain
= to introduce

rhagarweiniad (-au)
m = introduction
rhagarweiniol
= introductory

ci (cŵn) m = dog
arweingi
= guide dog

llyfr (-au) m = book
arweinlyfr
= guide book

pellach = further
arweiniad
m = guidance, leadership

arweiniad pellach
= further guidance

arweiniol
= leading, guiding

arweinydd (-ion) (-wyr)
m = leader, conductor
(orchestra)

crud (-iau) m = cradle
arweinydd o'r crud
= a leader from birth

gwadd = invited
arweinydd gwadd
= guest conductor

etholiad (-au) m = election
etholiad arweinyddiaeth
= leadership election

arweinyddiaeth
f = leadership

arwedd (-au)
m/f = conduct, bearing

côd (codau) m = code
codau ymarweddiad
= codes of conduct

ymarweddiad (-au)
m = conduct, behaviour

ymarweddu
= to behave

arwydd (arwyddion) m/f = sign

dwyieithog = bilingual
arwyddion dwyieithog
= bilingual signs

rhan amser = part time
arwyddion rhan amser
= part time signals

Sidydd m = Zodiac
Arwyddion y Sidydd
= the Signs of the Zodiac

gair (geiriau) m = word
arwyddair (-eiriau)
m = motto

llun (-iau) m = picture
arwyddlun (-iau)
m = emblem, logo

deiseb (-au) f = petition
arwyddo deiseb
= to sign a petition

arwyddo
= to sign

arwyddwr (-wyr)
m = signatory

hanes (-ion) m = history
o arwyddocâd hanesyddol
= of historical significance

arwyddocâd
m = significance

diarwyddocâd
m = insignificance

gwelliant (gwelliannau) m = improvement, amendment
gwelliannau arwyddocaol
= significant improvements

arwyddocaol
= significant

diarwyddocaol
= insignificant

arwyddocáu
= to signify

atal (atalion) m = impediment, prevention, hindrance
atal (rhag) = to stop, to prevent, to restrain (from)

atal (-ion)
m = impediment, prevention
atal = to stop, to prevent

dros dro = temporary
atal dros dro
= to suspend

trai m = ebb
atal y trai
= to prevent the decline

cymdeithas (-au) f = society, association; brenhinol = royal
creulondeb m = cruelty; anifail (anifeiliaid) m = animal
Cymdeithas Frenhinol er Atal Creulondeb i Anifeiliaid
= Royal Society for the Prevention of Cruelty to Animals

tywydd m = weather
tywydd cyfatal
= unsettled weather

cyfatal
= unsettled

ymatal (rhag)
= to refrain, to abstain (from)

ymataliad (-au)
m = abstention

atalfa (-feydd)
f = stoppage, check-point

ataliad (-au)
m = prevention, deterrant

gwaeledd (-au) m = illness
ataliad gwaeledd
= prevention of illness

terfynol = final
yr ataliad terfynol
= the ultimate deterrant

ataliol
= preventive

nod (-au) m/f = aim, mark
atalnod (-au)
m = punctuation mark

nwyd (-au) m = passion
atalnwyd (-au)
f = inhibition

atalydd (-ion)
m = inhibitor

athro (athrawon) m = teacher
Athro (Athrawon) m = Professor   athrawes (-au) f = teacher

athro (athrawon)
m = teacher
athrawes (-au)
f = teacher

llanw = to flow, to fill
athro llanw
athrawes lanw
= supply teacher

ysbrydoliaeth f = inspiration
ysbrydoli = to inspire
athro anysbrydoledig
= an uninspired teacher

prif
= chief, main
prifathrawes
f = headmistress

Athro (Athrawon)
m = Professor
prifathro
m = headmaster, principal

athrawiaeth (-au)
f = doctrine

athrawiaethol
= doctrinal

athrawiaethu
= to instruct

athrofa (-feydd) (-fâu)
f = college, academy

athrofaol
= academic

athroniaeth (-au) *
f = philosophy
*word coined by Iolo Morganwg
c 1790. Derivation unclear.

athronydd (athronwyr)
m = philosopher

athronyddu
= to philosophise

athronyddol
= philosophical

toreth f = abundance
toreithiog = abundant, prolific
awdur (-on)   **awdur toreithiog**
m = author   = a prolific author

creadigaeth f = creation
creu = to create   iach = healthy
creawdur (creawdwyr)   **iachawdwr (-wyr)**
m = creator   m = saviour

byddin (-oedd) f = army
iachawdwriaeth   **Byddin yr Iachawdwriaeth**
f = salvation   = the Salvation Army

cwyn (-ion) m = complaint; heddlu m = police
awdurdod (-au)   **Awdurdod Cwynion yr Heddlu**
m/f = authority   = the Police Complaints Authority

dirprwyo
y cyhoedd   = to deputise, to delegate
m = the public   dirprwyaeth (-au)
cyhoeddus = public   f = deputation, delegation
awdurdod cyhoeddus   **awdurdod dirprwyedig**
= public authority   = delegated authority

lleol = local   priodol = appropriate
Awdurdod Lleol   **awdurdod priodol**
= Local Authority   = appropriate authority

statudol = statutory   uned (-au) f = unit
awdurdod statudol   **awdurdod unedol**
= statutory authority   = unitary authority

cryn = considerable   heb = without
cryn awdurdod   **heb awdurdod**
= quite an authority   = unauthorised

awdurdodaeth   **awdurdodedig**   **anawdurdodedig**
f = jurisdiction, authority   = authorised   = unauthorised

tra = extremely, very
awdurdodi   **tra-awdurdodi**
= to authorise   = to domineer

awdurdodiad   **tra-awdurdodiad**
m = authorisation   m = dominance

awdurdodol
= authoritative

awdurdodus   **awdurdodusrwydd**
= authoritarian   m = authoritarianism

awdures (-au)   **awduriaeth**
f = authoress   f = authorship

aer
m = air

tymheredd (tymereddau)
m = temperature
aerdymheru
= to air condition

tymheru = to temper
tymherus = temperate
aerdymherus
= air conditioned

clo (-eau) (-eon) m = lock
aerglo
m = air-lock

clòs = close
aerglos
= airtight

gofod (-au) m = space
aerofod
m = aerospace

ar yr awyr
= on the air, on the radio

awyr
f = air, sky

agored = open
awyr agored
= open air

trofannol = tropical
awyr drofannol
= tropical air

glân = clean
awyr lân
= clean air

glas = blue
awyr las
= blue sky

arolwg (-ygon)
m = survey, review
arolwg awyr
= aerial survey

cwmni (cwmnïau)
m = company
cwmnïau awyr
= airlines

iach = healthy
chwa (-on) f = gust, puff
chwa o awyr iach
= a breath of fresh air

maes (meysydd) m = field
maes awyr
= airport

malu = to grind
malu awyr
= to waffle, to talk nonsense

post (-iau) m = post, mail
post awyr, awyrbost
= airmail

gwasgedd m = pressure
gwasgedd awyr
= air pressure

awyren (-nau)
f = aeroplane

llwybr (-au) m = path
llwybrau awyren
= air routes

cludiant m = transport
cludiant awyrennol
= air transport

tŷ (tai) m = house
awyrendy
m = hangar

awyrennwr (awyrenwyr)
m = airman

cylch (-oedd) m = circle
awyrgylch
m/f = atmosphere

llu (-oedd) m = multitude
awyrlu, llu awyr
m = air force

awyriad
m = ventilation

awyriadur (-on)
m = ventilator

llun (-iau) m = picture
awyrlun
m = aerial photograph

llythyr (-au) m = letter
awyrlythyr
m = air letter

awyro, awyru
= to air, to ventilate

awyrol
= aerial

bach = small; dear (term of endearment)

bore (-au)
m = morning
yn y bore bach
= in the early hours

ceffyl (-au)
m = horse
ceffylau bach
= merry-go-round

coets (coetsys)
f = coach, carriage
coets fach
= pram

haf (-au) m = summer
Mihangel = Michael
Haf Bach Mihangel
= an Indian Summer

mis (-oedd)
m = month
Mis Bach
= February

tipyn (tipiau) m = a bit
tipyn bach
= very few, very little

ychydig m = few, little
ychydig bach
= very few, very little

bychan, bechan
= little, small, tiny

gor = over, super, hyper-
gorfychan
= infinitesimal

bychander, bychandra
m = smallness

bychanig
= diminutive

bychanu
= to belittle, to disparage

bychanus
= disparaging

bychanwr (-wyr)
m = detractor

llai = smaller, less

llailai
= less and less

chwarter (-i) m = quarter
na = than; llawn = full
yn llai na chwarter llawn
= less than a quarter full

dim m = anything, nothing; na = than
trychineb (-au) m/f = disaster, calamity
dim llai na thrychineb
= nothing less than a disaster

mwy = more; neu = or
mwy neu lai
= more or less

mymryn (-nau) m = bit, jot
mymryn yn llai
= a (tiny) bit less

pam = why
pam lai?
= why not?

lleihad
m = decrease, reduction

lleihaol
= decreasing

lleihau
= to minimise, to contract

lleiaf = smallest, least

dweud = to say, to tell
dweud y lleiaf
= to say the least

o leiaf
= at least

rhannol = partly
yn rhannol o leiaf
= at least in part

rhif (rhifau)
m = number
lleiafrif (-oedd)
m = minority

lleiafrifol
= minority

swm (symiau)
m = sum
lleiafswm
m = minimum

barn (barnau) f = opinion, judgement

barn (-au)
f = opinion, judgement

ffael (-ion) m = fault
ffaeledd (-au) m = failing
barn anffaeledig
= infallible judgement

cyfredin = common
y farn gyffredin
= the general consensus

cyhoeddus = public
barn gyhoeddus
= public opinion

olaf = last
y Farn Olaf
= the Last Judgement

arolwg (arolygon) m = survey
arolwg barn
= opinion poll

fy = my
yn fy marn i
= in my opinion

bod = to be
bod o'r farn
= to believe

dydd (-iau) m = day
Dydd y Farn
= the Day of Judgement

llais (-iau) m = voice
lleisio barn
= to voice an opinion

coll = lost
collfarn (-au)
f = conviction

blaenorol = previous
collfarnau blaenorol
= previous convictions

dyfarniad (-au)
m = verdict, decision

terfyn (-au) m = end; terfynol = final
Bydd dyfarniad y beirniaid yn derfynol
= *The decision of the adjudicators will be final*

arch - = chief, supreme
archddyfarniad
m = decree

dyfarnu
= to adjudge, to referee

dyfarnwr (-wyr)
m = umpire, referee

euog = guilty
euogfarn (-au)
f = conviction, condemnation

euogrwydd m = guilt
euogfarnu
= to convict, to condemn

rhag = before, pre-
rhagfarn
f = prejudice, bias

diragfarn
= unprejudiced, impartial

heb = without
heb ragfarn
= without prejudice

rhagfarnllyd
= prejudiced

rhagfarnu
= to prejudice

[rhaith f = law, right]
rheithfarn (-au)
f = verdict

agored = open
rheithfarn agored
= open verdict

[rhaith f = law, right]
rheithfarn (-au)
f = verdict

trwy = through
mwyafrif (-au) m = majority
rheithfarn trwy fwyafrif
= a majority verdict

gwrthnysig = perverse
rheithfarn wrthnysig
= a perverse verdict

dwyn = to bring
dwyn rheithfarn
= to return a verdict

rhydd = free
rhyddfarn
f = acquittal

rhyddfarnu
= to acquit

un = one
unfarn
= unanimous

barnedigaeth (-au)
f = judgement

barnol
= judging, annoying

barnu
= to judge

ail = second
ailfarnu
= to reappraise

cam = wrong, mis-
camfarnu
= to misjudge

barnus, barnllyd
= critical

barnydd
barnwr (-wyr)
m = judge

barnwriaeth
f = judiciary

barnwrol
= judicial

adolygiad (-au)
m = review
adolygiad barnwrol
= judicial review

arolwg (arolygon)
m = review, survey
arolwg barnwrol
= judicial review

beirniad (beirniaid)
m = critic; adjudicator (of competitions)

cadair (cadeiriau) f = chair
esmwyth = smooth
beirniad cadair esmwyth
= arm-chair critic

deifio = to scorch, to singe
deifiol = scathing
beirniadaeth ddeifiol
= scathing criticism

llyffethair (-eiriau) f = fetter
llyffetheirio = to shackle
beirniadaeth ddilyffethair
= unfettered criticism

beirniadaeth
f = criticism; adjudication

halen m = salt
hallt = salty; severe
beirniadaeth hallt
= severe criticism

ysgubo
= to sweep
beirniadaeth ysgubol
= sweeping criticism

beirniadol
= critical

anfeirniadol
= uncritical

gor = over, super, hyper-
gorfeirniadol
= hypercritical

beirniadu
= to criticise; to adjudicate

[beru = to flow, to drip]

aber (-oedd)
m = mouth of a river

aberfa (-oedd)
f = haven, esturary

Abertawe
= Swansea (mouth of the Tawe)

cymer (-au)
m = confluence, junction

llif (llifogydd) m = flood
diferlif
m = discharge, issue

gwaed m = blood
diferlif gwaed
= discharge of blood

gwlyb = wet
diferol
= dripping

yn wlyb diferol
= dripping wet

chwyslyd = sweaty
chwysu = to sweat
chwys m = perspiration
bod yn chwys diferu
= to be perspiring profusely

llestr (-au)
m = dish
llestr diferu
= colander

diferu
= to drip

diferyn (-nau) (diferion)
m = a drop

gofer (-ydd)
m = streamlet, overflow

goferfa (-feydd)
f = flood storage area

goferu
= to stream, to flow, to pour

blaen (blaenau) m = end, point, tip, upper reaches
blaen = front   ymlaen = on, onward(s)

blaen (-au) m = end, point,
          tip, upper reaches
blaen = front

felly = so

ac yn y blaen (ayb)
= and so on

ac felly yn y blaen
= and so forth

bod = to be

ar y blaen
= in the lead

bod ar y blaen o...
= to be in the lead by...

ar flaen
= in front of

ei = his
troed (traed) m/f = foot
ar flaenau ei draed
= at his best, keyed up

ei = her
bys (-edd) m = finger
ar flaenau ei bysedd
= at her finger tips

tafod (-au) m = tongue
ar flaen tafod
= on the tip of the tongue

achub = to save
achub y blaen (ar)
= to preempt, to steal a march (on)

ceffyl (-au) m = horse
ceffyl blaen
= one who likes to be in the
    limelight

tudalen (-nau)
f/m = page
ar y dudalen flaen
= on the front page

llythyren (llythrennau)
f = letter (of alphabet)
llythyren flaen
= initial letter

mainc (meinciau)
f = bench
mainc flaen
= front bench

o flaen
= in front of

o'ch blaen
= in front of you

o'r blaen
= before, previously

rheng (-oedd) f = row
rheng flaen
= front row

sedd (-au) f = seat
sedd flaen
= front seat

asgell (esgyll) f = wing
blaenasgellwr (-wyr)
m = wing forward

tâl (taliadau) m = payment
blaendal
m = deposit, prepayment

tarddu = to emerge, to issue
blaendarddu = blaguro
= to sprout

torri = to break, to cut
blaendorri
= to lop

dalen (-nau) f = leaf, sheet
blaenddalen
f = title page

agwedd (-au)
f/m = attitude; aspect
agwedd flaengar
= a progressive attitude

barn (-au)
f = opinion, judgement
barn flaengar
= progressive opinion

blaengar
= progressive

blaengaredd
m = initiative

llanc (-iau) m = lad; llencyndod m = adolescence
blaenlencyndod
m = puberty

llaw (dwylo) f = hand
blaenllaw
= prominent

rhan (-nau) f = part
rhan flaenllaw
= a prominent part

llym, llem = sharp
blaenllym
= pointed, sharp

swm (symiau) m = sum
blaenswm (-symiau)
m = advance

blaenor (-iaid)
m = deacon

blaenori
= to precede

cyntaf = first
y flaenoriaeth gyntaf
= the first priority

trefn (-au) f = order
trefn blaenoriaeth
= order of priority

blaenoriaeth (-au)
m/f = priority, precedence

blaenoriaethu
= to prioritise

blaenorol
= previous, former

blaen (blaenau) m = end, point, tip, upper reaches
blaen = front ·· ymlaen = on, onward(s)

blaenu
= to precede

rhag = before, pre-
rhagflaenu
= to precede

blaenwr (-wyr)
m = forward (rugby); leader of an orchestra

rhagflaenor (-iaid)
rhagflaenydd (-wyr)
m = predecessor

ymlaen
= on, onward(s)

ymlaen â ni!
= on we go!

llaw (dwylo) f = hand
ymlaen llaw
= beforehand

bwrw = to strike, to cast
bwrw ymlaen
= to press on, to push on

cario = to carry
cario ymlaen
= to carry on

hyn = this, these
o hyn ymlaen
= from now on

hynny = that, those
o hynny ymlaen
= from then on

yn ôl = back, ago
yn ôl ac ymlaen
= to and fro

syth = straight
yn syth ymlaen
= straight on

blas (blasau) m = taste

blas (-au)
m = taste

cael = to have, to get
cael blas ar
= to enjoy, to get a taste for

adflas
m = bad, unpleasant taste

cyflas (-au)
m = flavour

di-flas
= tasteless

rhag = before, pre-
rhagflas (-au)
m = foretaste

diflas
= dull, boring, depressing,
  miserable (of weather)

diflastod
m = tedium, disgust,
  unpleasantness

diflasu (ar)
= to bore, to disgust

llyn (-noedd) m = drink; lake
blaslyn (-nau)
m = sauce

blasu
= to taste, to savour

blasus
= tasty

bwyd (-ydd) m = food
blasusfwyd
m = delicacy

tamaid (tameidiau) m = bit
tamaid blasus
= a tasty morsel
  (food/gossip)

blasusau
pl = savouries

blasuso
= to flavour

blasyn
m = appetizer

- 25 -

blin = tired, tiresome, cross, grievous

blin
= tired, tiresome, cross, grievous

mae'n flin 'da fi
= I'm sorry

dydd (-iau) m = day
dyddiau blin
= tiresome days

diflin, diflino
= untiring, indefatigable

gohebydd (-ion) m = reporter
gohebydd diflino
= an indefatigable reporter

blinder (-au)
m = weariness; trouble

gor = over, super, hyper-
gorflinder
m = exhaustion

blinderog, blinderus
= weary, tired

blinedig
= tiring

byd (-oedd) m = world
blinfyd
m = adversity, affliction

blino (ar)
= to tire, to become tired (of)

'dw i wedi blino
= I am tired

glân = clean
wedi blino'n lân
= tired out, dead tired

dadflino
= to be refreshed, to revive

blodyn, blodeuyn (blodau) m = flower

blodyn, blodeuyn (blodau)
m = flower

cleddyf (-au) m = sword
blodau cleddyf
= gladioli

gwyllt = wild
blodau gwyllt
= wild flowers

haul (heuliau) m = sun
blodyn yr haul
= sunflower

mam-gu f = grandmother
blodau mam-gu
= wallflowers

(y)menyn m = butter
blodyn ymenyn
= buttercup

Sul (-iau) m = Sunday
Sul y Blodau
= Palm Sunday

ei = his
yn ei flodau
= in his prime

blodeua
= to gather flowers

cerdd (-i) f = poem, music
blodeugerdd (-i)
f = anthology

barddoniaeth f = poetry; cyfoes = contemporary
blodeugerdd o farddoniaeth gyfoes
= an anthology of contemporary poetry

cwlwm, clwm (clymau) m = knot, bunch
blodeuglwm (blodeuglymau)
m = bouquet, bunch of flowers

bresychen (bresych) f = cabbage; gaeaf (-au) m = winter
blodfresychen (blodfresych)
f = cauliflower
blodfresych gaeaf
pl = broccoli

blodeuo
= to flower, to flourish
blodeuog, blodeuol
= flowering, flourishing

blwyddyn (blynyddoedd) f = year (period of time)
blynedd pl = years (after numbers) blwydd f = year(s) old, years of age

cofio
= to remember
blwyddyn i'w chofio
= a year to remember

tynged (tynghedau)
f = fate, destiny
blwyddyn dyngedfennol
= a fateful year

diwethaf
= last (= latest)
y flwyddyn ddiwethaf
= last year

naid (neidiau) f = jump, leap
blwyddyn naid
= leap year

newydd = new; da = good
Blwyddyn Newydd Dda!
= A Happy New Year!

tros, dros = over
**dros y blynyddoedd
diwethaf**
= over recent years

ers = since; bellach = now
ers blynyddoedd bellach
= for years now

rhai = some
ers rhai blynyddoedd
= for some years

nifer (-oedd) m/f = number
nifer o flynyddoedd
= a number of years

blynedd
pl = years (after numbers)

dau, dwy = two
yn ôl = ago; according to
dwy flynedd yn ôl
= two years ago

ar ôl = after; bron = almost
deg = ten
ar ôl bron ddeng mlynedd
= after almost ten years

blwydd (-i)
f = year(s) old

tri, tair = three; oed m = age
tair (blwydd) oed
= three years old

blwyddiadur (-on)
m = year book, calendar

cant (cannoedd) m = hundred
canmlwyddiant
m = centenary

mil (-oedd) f = thousand
milflwyddiant
m = millenium

pen (-nau) m = head
**pen-blwydd
(pennau-blwydd)**
m = birthday

hapusrwydd m = happiness
hapus = happy
pen-blwydd hapus
= a happy birthday

anrheg (-ion)
f = present
anrhegion pen-blwydd
= birthday presents

carden (cardiau)
f = card
carden ben-blwydd
= birthday card

dathlu = to celebrate
dathliad (-au) m = celebration
dathliad pen-blwydd
m = birthday celebration

blynyddol
= annual

aelodaeth (-au)
f = membership
aelodaeth flynyddol
= annual membership

cyfarfod (-ydd)
m = meeting
cyfarfod blynyddol
= annual meeting

pererin (-ion) m = pilgrim; pererindod (-au) m/f = pilgrimage
pererindod blynyddol
= annual pilgrimage

eleni
= this year

y llynedd
= last year

bod (bodau) m = existence, being
bod = to be

bod (-au)
m = existence, being

beth sy'n bod?
= what's the matter?

mewn = in
mewn bod
= in existence

siŵr, sicr = certain
siŵr o fod
= certainly, probably

bod
= to be

bod i fod i
= to be supposed to

bod ar
= to be about to

bod am
= to want to

un = one
doedd yr un am
= no one wanted to

eisiau m = want
eisiau bod yn
= to want to be a

mechnïaeth f = bail
bod ar fechnïaeth
= to be on bail

bron = almost
bron â bod
= almost (ready)

amod (-au)
m/f = condition (terms)

ffafr (-au) f = favour
amodau ffafriol
= favourable terms

gresynu = to deplore
amodau gresynus
= deplorable conditions

gwaith (gweithiau)
m = work
amodau gwaith
= working conditions

gwasanaeth (-au)
m = service
amodau gwasanaeth
= conditions of service

ar yr amod
= on condition

amodi
= to stipulate

amodol
= conditional, provisional

yn amodol ar
= subject to

diamod(ol)
= unconditional

cyfamod (-au)
m = covenant

cyfamodi
= to covenant

cyd = joint
cydfod (-au)
m = agreement

anghydfod (-au)
m = disagreement, dispute

bodolaeth
f = existence

bodoli
= to exist

cydfodolaeth
f = co-existence

cydfodoli
= to co-exist

canfod
= to perceive, to identify

canfyddadwy
= perceptible, apparent

canfyddiad (-au)
m = perception, finding

bod (bodau) m = existence, being
bod = to be

canfod
= to perceive, to identify

darganfod
= to discover

darganfyddiad (-au)
m = discovery

darganfyddion
pl = findings

darganfyddwr (-wyr)
m = discoverer

cyhoeddus = public
cyfarfod (-ydd)
m = meeting

cyfarfod cyhoeddus
= public meeting

gweddi (-ïau) f = prayer
cyfarfod gweddi
= prayer meeting

mis (-oedd)
m = month
cyfarfod misol
= monthly meeting

ymylu = to border
ymyl (-au) (-on) m/f = edge
cyfarfod ymylon
= fringe meeting

cyn = before
cyn-gyfarfod (-ydd)
m = pre-meeting

dilead (-au) m = abolition
dileu = to abolish
dileu'r cyfarfod
= to cancel the meeting

cyfarfod â
= to meet

cyfarfyddiad (-au)
m = meeting, encounter

ymgyfarfod
= to encounter

cymod
m = reconciliation

cymodi (â)
= to conciliate, to reconcile

cymodlon, cymodol
= conciliatory

gelyn (-ion) m = enemy
anghymodlon
= irreconcilable

gelynion anghymodlon
= implacable opponents

dygymod (â)
= to come to terms (with)

darbod
= to provide for

darbodaeth
f = provision, thrift

darbodus
= economical, prudent

diddordeb
m = interest

diddori
= to interest

diddorol
= interesting

anniddorol
= uninteresting

darfod
= to end, to cease, to die

ar ddarfod
= about to end, about to die

darfodedig
= transient; decaying

darfodedigaeth
m/f = tuberculosis

darfodus
= perishable

bod (bodau) m = existence, being
bod = to be

difodi
= to annihilate,
   to exterminate

difodiad, difodiant
m = extermination,
   annihilation

dir = certain
dirfod
m = existence, reality

dirfodolwr (-wyr)
m = existentialist

dyfod, dod, dŵad
= to come

pen (-nau) m = head
ar ben dod
= on the point of coming

min (-ion) m = edge
ar fin dod
= about to come

dod â
= to bring

draw = yonder, over there
dod draw
= to come over

ar draws = across
dod ar draws
= to come across, to find

trosodd, drosodd = over
dod drosodd
= to come over
   (as in a speech)

adwy (-au) (-on) f = gap
dod i'r adwy
= *to step into the breach*

dod i ben
= to come to an end,
   to expire (licence)

casgliad (-au)
m = conclusion; collection
dod i'r casgliad
= to come to the conclusion

cof (-ion)
m = memory
dod i gof
= to come to mind

hyd (-oedd) m = length
dod o hyd i
= *to find*

pobl (-oedd) f = people
pobl ddod
= *newcomers to an area*

dyfodiad (-au)
m = arrival

dyfodiad (-iaid)
m = incomer, stranger

hwyr = late
hwyrddyfodiaid
= latecomers

dyfodol
m = future

yn y dyfodol
= in the future

ansicrwydd m = uncertainty
ansicr = uncertain
dyfodol ansicr
= an uncertain future

disgleirdeb m = brilliance
disgleirio = to shine
dyfodol disglair
= a bright future

ffynnu = to prosper
ffyniant m = prosperity
dyfodol ffyniannus
= a prosperous future

bygythiad (-au) m = threat
bygythiad yn y dyfodol
= a future threat

dyfodol
= future

bod (bodau) m = existence, being
bod = to be

gofod (-au)
m = space

gwennol (gwenoliaid)
f = swallow; shuttlecock
gwennol ofod
= space shuttle

llong (-au)
f = ship
llong ofod
= spaceship

gofodol
= spatial

gofodwr (-wyr)
m = astronaut

gor = over, super, hyper-
gorfod
m = compulsion

gorfod
= to be compelled to, to be obliged to

gorfodaeth
f = compulsion, enforcement, obligation

milwr (-wyr) m = soldier
milwrol = military
gorfodaeth filwrol
= military conscription

gorchymyn (gorchmynion)
m = command, order
gorchymyn gorfodaeth
= enforcement order

credu = to believe
credorfodaeth
f = indoctrination

tra = extremely, very
traorfodaeth
f = coercion

gorfodi
= to compel, to force

credorfodi
= to indoctrinate

traorfodi
= to coerce

gorfodog (-ion)
m = conscript

presenoldeb
m = presence, attendance

gorfodol
= compulsory

presenoldeb gorfodol
= compulsory attendance

prynu = to buy
pryniant (pryniadau) m = purchase
pryniant gorfodol
= compulsory purchase

anorfod
= inevitable, unavoidable

bod (bodau) m = existence, being
bod = to be

hanfod (-ion)
m = essence

hanedig
= descended

haniad (-au)
m = origin, descent

elfen (-nau) f = element
hanfodol
= essential

elfennau hanfodol
= essential elements

haniaeth (-au)
m/f = abstraction

haniaethol
= abstract

hanu (o) = to hail, to descend,
to spring, to derive (from)

bodd (boddau) m = pleasure, willingness, consent

bodd (-au)
m = pleasure, willingness

anfodd
m = unwillingness

o'i anfodd
= reluctantly, unwillingly

neu = or
o fodd neu anfodd
= willy-nilly

rhwng = between
rhwng bodd ac anfodd
= grudgingly

rhyngu = to please
rhyngu bodd
= to please

wrth fy modd
wrth ei fodd
= delighted, very happy

gwir = true; fy = my
o'm wirfodd
= of my own accord

gwirfoddol
= voluntary

gwirfoddoli
= to volunteer

gwirfoddolwr (-wyr)
m = volunteer

llawn = full
bodlon, boddlon
= willing, content, pleased

anfodlon
= unwilling, discontented

bodloni
= to satisfy

bodlonrwydd
m = satisfaction

anfodlonrwydd
m = discontentment

boddhad, boddiant
m = satisfaction

ymfoddhad
m = complacency

boddhaol
= satisfactory

anfoddhaol
= unsatisfactory

anfoddog
= dissatisfied, unwilling

anfoddogrwydd
m = dissatisfaction

boddhau
= to please, to satisfy

boddhaus
= pleased

bol, bola (boliau) m = belly

bol, bola (boliau)
m = belly

pwysig = important
bol pwysig
= a self-important person

tost = sore
bola tost
= tummy ache

bwrw
= to strike, to cast
bwrw bol
= to get something off
  one's chest

cael = to have, to get
llond = full
cael llond bol ar
= to be fed up with,
  to have had enough of

magu = to nurture, to breed
magu bol
= to put on weight

poen (-au) m/f = pain
poen bol
= stomach ache

ci (cŵn) m = dog
bolgi (bolgwn)
m = glutton

cod (-au) m = pouch, bag
bolgodog (-ion)
m = marsupial

haul (heuliau) m = sun
bolheulo
= to sun bathe

boliaid
m = bellyful

boliog
= pot-bellied

bôn (bonion) m = base

bôn (bonion)
m = base

yn y bôn
= basically, fundamentally

brig (-au) m = top, summit
o'r brig i'r bôn
= from top to bottom

ceffyl (-au) m = horse
ceffyl bôn
= a willing, dependable
  person who does not
  seek the limelight

clust (-iau) f/m = ear
bonclust (-iau)
m = a clout on the ear

cyff (-ion) m = trunk, stock
boncyff (-ion)
m = stump

to (toeau) m = roof
bondo
m = eaves

bonedd
m = gentry

boneddigaidd
= well-bred, polite

anfoneddigaidd
= ungentlemanly

boneddigeiddrwydd
m = courtesy

boneddiges (-au)
f = lady

bonesig
f = Lady, Miss

bonheddig
= courteous

anfoneddig
= discourteous

gŵr (gwŷr) m = man
**bonheddwr
(boneddigion)**
m = gentleman

crach = pseudo
crachfonheddwr (-wyr)
m = snob

"boneddigion a boneddigesau"
= "ladies and gentlemen"

bonwr (Bnr.)
m = Mr.

Bns.
f = Mrs, Miss, Ms.

bonyn (bonion)
m = stub, counterfoil

brân (brain) f = crow

brân (brain)
f = crow

tyddyn (-nau) (-nod)
m = smallholding
brân dyddyn
= carrion crow

gwyn, gwen = white
y frân wen
= a mythical bird that carries
tales of the activities of
children to their parents

rhywle = somewhere
mae brân i frân yn rhywle
= there's a partner for everyone, somewhere

byw = to live; lle (-oedd) (llefydd) m = place; marw = to die
byw lle mae'r brain yn marw
= to live frugally

bwgan (-od) m = bogey
bwgan brain
= scarecrow

cenhinen (cennin) f = leek
cennin y brain
= bluebell

crafanc (-angau) f = claw
crafanc y frân
= crowfoot, buttercup

digon = enough; oer = cold; rhewi = to freeze
mae'n ddigon oer i rewi brain
= it's cold enough to freeze crows (i.e. it's extremely cold)

gwyn, gwen = white; gweld = to see; cyw (-ion) m= chick
gwyn y gwel y frân ei chyw
= parents are not always realistic about their children

fel = as, like
ehedeg, hedfan = to fly
fel yr hed y frân
= as the crow flies

llais (lleisiau)
m = voice
llais fel brân
= a raucous voice

mor...â = as...as
du = black
mor ddu â'r frân
= as black as the crow

pig (-au) f = beak
ym mhig y frân
= under the most difficult
circumstances

mynd = to go; rhwng = between; ci (cŵn) m = dog
mynd rhwng y cŵn a'r brain
= to go to rack and ruin

troed (traed) m/f = foot
fel traed brain
= very untidy
(especially of handwriting)

cig (-oedd) m = meat
cigfran
f = raven

cog (-au) f = cuckoo
cogfran
f = jackdaw

cor (-rod) m = dwarf
corfran
 f = jackdaw

môr (moroedd) m = sea
morfran
f = cormorant

ŷd (ydau) m = corn
ydfran (ydfrain)
f = rook

bras (breision) = rough, gross, coarse, rich, fat

bras
= rough, approximate

yn fras
= broadly, generally

canllaw (-iau)
f/m = guideline
canllawiau bras
= rough guidelines

disgrifiad (-au)
m = description
disgrifiad bras
= a rough description

negesydd (-wyr) m = messenger
neges (-au) (-euon) f = message
neges bras
= gist

pôl (polau) m = poll
pôl bras
= a straw poll

syniad (-au) m = idea
syniad bras
= a rough idea

amcan (-ion)
m/f = purpose, objective
brasamcan
m = approximation

brasamcanu
= to approximate

llun (-iau) m = picture
braslun (-iau)
m = outline, sketch

llunio = to form
braslunio
= to outline, to sketch

bras
= gross

prynu = to buy
brasbrynu
= bulk-buying

camu = to step
brasgamu
= to stride

llythyren (llythrennau) f = letter
llythrennau bras/breision
= block capitals

bras
= coarse

graean pl = gravel
graean bras
= shingle

pysgodyn (pysgod) m = fish
pysgod bras
= coarse fish

brastod
m = coarseness

pen (-nau) m = head
penfras (penfreisiaid)
m = cod

cor (-rod) m = dwarf
corbenfras (-freisiaid)
m = haddock

bras
= rich

byd (-oedd) m = world
y byd bras
= the affluent society

byw = to live
mae e'n byw yn fras
= he lives in luxury

bras
= fat

brasáu
= to fatten

braster (-au)
m = fat

brasterog
= fatty

brasteru
= to baste

brawd (brodyr) m = brother, friar

brawd (brodyr)
m = brother, friar

cymrawd (cymrodyr)
m = comrade, fellow

brawdgarwch
m = brotherly love

brawdol
= brotherly, fraternal

brawdoliaeth
f = brotherhood, fraternity

brodor (-ion)
m = native

tŷ (tai) m = house
brodordy (-dai)
m = friary, monastery

cymrodor (-ion)
m = fellow (of a college)

ymchwil f = research
cymrodor ymchwil
= research fellow

cymrodoriaeth
f = fellowship, comradeship

cyn = before
cynfrodor (-ion)
m = aborigine

cynfrodorol
= aboriginal, indiginous

dogfen (-nau)
f = document

papur (-au)
m = paper

brodori
= to naturalise

dogfennau brodori
= naturalisation documents

papurau brodori
= naturalisation papers

brodorol
= native, indigenous

brawd (brodiau) f = judgement

brawd (brodiau)
f = judgement

llys (-oedd)
m = court
brawdlys
m/f = court of law

ysbyty (ysbytai)
m = hospital
Ysbytai'r Frawdlys
= Inns of Court

cymrodedd
m = arbitration, compromise

cymrodeddu
= to arbitrate, to compromise

cymrodeddwr (-wyr)
m = arbitrator

gwasanaeth (-au) m = service
ymgynghorol = advisory;   cymodi = to conciliate
Y Gwasanaeth Ymgynghorol, Cymodi a Chymrodeddu
= The Advisory, Conciliatory & Arbitration Service (ACAS)

difrod (-au)
m = damage

bwriadol = intentional
difrod bwriadol
= sabotage

maleisus = malicious
difrod maleisus
= malicious damage

difrodi
= to destroy, to spoil
  to devastate

difrodol
= destructive

difrodus
= devastating

difrodwr (-wyr)
m = destroyer, spoiler

brenin (brenhinoedd) m = king
braint (breintiau) (breiniau) f/m = privilege

braint (breiniau)
(breintiau)
f/m = privilege

defod (-au) f = custom, ritual
braint a defod
= right(s) and custom(s)

tâl (taliadau) m = payment
breindal (-daliadau)
m = royalty

llen (-ni) f = sheet
breinlen
f = charter

mawr = big
y Freinlen Fawr
= the Magna Carta

hawl (-iau) f = right
hawlfraint
f = copyright

masnach (-au) f = trade
masnachfraint
f = franchise (commercial)

breinio, breintio
= to honour, to grant
   privilege, to franchise

dadfreinio, difreinio
= to deprive of privilege,
   to disenfranchise

etholiad (-au) m = election
etholfreinio
= to enfranchise

rhydd = free
rhyddfreinio
= to emancipate

breiniol, breiniog
= privileged

breintiedig
= privileged

difreintiedig
= deprived

brenin (brenhinoedd)
m = king

mawr = big
Y Brenin Mawr
= God Almighty

diwrnod (-au) m = day
diwrnod i'r brenin
= a day off

llin (-(i)au) m/f = lineage
brenhinllin (breninlliniau)
f = dynasty

brenhindod
m = royalty

annerch = to address
anerchiad (-au) m = speech
Anerchiad y Frenhines
= the Queen's Speech

gwobr (-au)
f = prize, award
Gwobr y Frenhines
= the Queen's Award

brenhines (breninesau)
f = queen

brenhiniaeth (breniniaethau)
f = monarchy, sovereignty, realm

bathu = to coin; tŷ (tai) m = house
y Bathdy Brenhinol
= the Royal Mint

brenhinol
= royal

magnel (-au) f = cannon
Magnelaeth Frenhinol
f = Royal Artillery

sioe (-au) f = show
y Sioe Frenhinol Cymru
= the Royal Welsh Show

brenhinwr (-wyr)
m = royalist, monarchist

bri m = fame, honour

mewn bri
= in vogue

o fri
= of distinction, of renown

anfri
m = disrespect, disgrace

difri(f)
= serious

o ddifrif
= seriously, in earnest

gwael = ill, sick
yn ddifrifol wael
= gravely ill

anaf (-iadau) m = injury
anafiadau difrifol
= serious injuries

difrifol
= serious

cyflwr (cyflyrau)
m = condition, state
mewn cyflwr difrifol
= in a serious condition

lwfans (-au) m = allowance
anabledd m = disability
lwfans anabledd difrifol
= severe disability allowance

pryder m = concern
pryder difrifol
= serious concern

difrifoldeb, difrifwch
m = seriousness

difrifoli
= to become serious

difrïaeth (-au)
f = abuse

difrïo
= to vilify, to abuse

difrïol
= abusive, defamatory

difrïwr (difriwyr)
m = detractor

brig (-au) m = top, summit

siart (siartiau) m = chart
ar frig y siartiau
= at the top of the charts

brig (-au)
m = top, summit

ar y brig
= at the top

ton (-nau) f = wave
brig y don
= the crest of the wave

galw m/f = demand, call
galw brig
= peak demand

glo m = coal
glo brig
= open-cast coal

mwyngloddio = to mine
mwyngloddio brig
= open-cast mining

yn ystod = during
awr (oriau) f = hour
yn ystod yr oriau brig
= during (the) peak hours

allan = out
allfrig
= off-peak

pori = to graze
brigbori
= to browse

ton (-nau) f = wave
brigdonni, brigo tonnau
= to surf, surfing

briger (-au)
m/f = stamen

hwylio = to sail
hwylfrigo
= to windsurf, windsurfing

brigo
= to branch, to sprout

brigyn (brigau)
m = twig (twigs)

brigog
= branching

brith, braith = speckled

brith, braith
= speckled

perthyn = to be related
brith berthyn
= distantly related

cof (-ion) m = memory
brith gof
= a hazy recollection

aderyn (adar) m = bird
aderyn brith
= a shady character

asgell (esgyll) f = wing
asgell fraith
= chaffinch

bacwn m = bacon
bacwn brith
= streaky bacon

bara m = bread
bara brith
= currant bread

ceffyl (-au) m = horse
ceffyl brith
= piebald horse

celynnen (celyn) f = holly
celyn brith
= variegated holly

siaced (-i) f = jacket
siaced fraith
= a coat of many colours

tryfrith
= teeming

ci (cŵn) m = dog
brithgi
m = mongrel

glaw (-ogydd) m = rain
brithlaw
m = drizzle

gwaith (gweithiau) m = work
brithwaith
m = mosaic

britho
= to speckle, to turn grey
  (hair)

bron (-nau) f = breast
bronfraith (bronfreithiaid)
f = (song) thrush

brithyll (-od) (-iaid)
m = trout

cymdeithas (-au) f = society, association
pysgotwr (-wyr) m = fisherman; eog (-iaid) m = salmon
Cymdeithas Pysgotwyr Brithyll ac Eog Cymru
Welsh Salmon and Trout Angling Association

brych, brech = freckled, spotted

brych, brech
= freckled, spotted
brech (-au)
f = eruption on the skin, rash

coch (cochion) = red
yr Almaen = Germany
brech goch yr Almaen
= German measles

cewyn (-nau) m = nappy
brech cewyn
= nappy rash

iâr (ieir) f = hen
brech yr ieir
= chicken pox

brechedig
= vaccinated

brechiad (-au)
m = vaccination, inoculation

brechlyn (-nau)
m = vaccine

brechu
= to vaccinate, to inoculate

brych (-au)
m = spot, speck

haul (heuliau) m = sun
brychau haul
= freckles

brycheulyd
= freckled, spotted

difrycheulyd
= spotless, immaculate

brycheuyn (brychau)
m = speck, blemish

brychni
m = freckles, spots

brychu
= to freckle

brychyll (-iaid)
m = trout

bryd (brydiau) m = disposition, intent

bryd (-iau)
m = disposition, intent

mynd â = to take
mynd â'ch bryd
= to take your fancy

rhoi = to give; to put
rhoi eich bryd ar...
= to set your mind on...

awydd m = desire
awyddfryd
m = zeal

awyddus = eager, keen
awyddfrydig
= eager

brwd = enthusiastic
brwdfrydedd
m = enthusiasm

brwdfrydig
= fervent, wholehearted, enthusiastic

chwilio
= to search
chwilfrydedd
m = curiosity

ennyn
= to kindle, to ignite
ennyn chwilfrydedd
= to arouse curiousity

chwilfrydig
= curious, inquisitive

amhûr = impure
pur = pure
o chwilfrydedd pur
= out of idle curiousity

gohirio = to postpone
dedfryd ohiriedig
= suspended sentence

dedfryd (-au)
f = sentence, verdict

dedfrydu
= to sentence, to give a verdict

delw (-au) f = image, idol
delfryd (-au)
m = an ideal

delfrydiaeth
f = idealism

duw (-iau) m = god
duwiolfrydedd
m = piety

duwiol = godly
duwiolfrydig
= pious

dyfryd
= dismal

isel = low
yn ddyfryd o isel
= dismally low

eang = broad, wide
eangfrydedd
m = magnanimity

ehangu = to enlarge
eangfrydig
= magnanimous

edfrydu
= to restore

adfer
= to restore, to revive

anadl m/f = breath
anadlu = to breathe
adfer anadlu
= artificial respiration

tir (-oedd) m = land
diffaith = derelict, barren
adfer tir diffaith
= to restore derelict land

adferadwy
= repairable, retrievable

anadferadwy
= irreparable

adferiad (-au)
m = recovery

llwyr = complete
adferiad llwyr
= a complete recovery

bryd (brydiau) m = disposition, intent

edfrydu / adfer
= to restore

adferol
= remedial

adferwr (-wyr)
m = restorer

ymadferiad
m = convalescence

adran (-nau) f = department; allanol = external
Adran Efrydiau Allanol
= Department of Extra-mural Studies

efrydiaith
f = study

efrydu
= to study

efrydydd (-wyr)
= student

gwrol = brave
gwrolfryd
m = courage, valour

gwrolfrydig
= courageous

haelioni m = generosity
haelfrydedd
m = generosity

hael, haelionus = generous
haelfrydig
= generous

hwyr = late
hwyrfrydig
= reluctant

hwyrfrydigrwydd
m = reluctance

hyfryd
= pleasant, lovely

anhyfryd
= unpleasant

hyfrydu
= to delight

hyfrydwch
m = delight, pleasure

anhyfrydwch
m = unpleasantness

ymhyfrydu
= to delight in, to revel in

isel = low
iselfryd
= humble

llwyr = complete
llwyrfryd
m = whole hearted resolve

mawr = big
mawrfrydig
= magnanimous

mawrfrydedd
mawrfrydigrwydd
m = magnanimity

rhydd
= free
rhyddfrydiaeth
f = liberalism

rhyddfrydig
= generous
Rhyddfrydol
= Liberal

democrat (-iaid)
m = democrat
Democratiaid Rhyddfrydol
= Liberal Democrats

trwm, trom = heavy
trymfryd, trymfrydedd
m = sadness, sorrow

trymfrydig
= sad, sorrowful

tuedd (-iadau) f = tendency
tueddfryd (-au)
m = inclination, aptitude

galw = to call; galwedigaeth (-au) f = vocation, occupation
tueddfryd galwedigaethol
= vocational aptitude

uchel = high; loud
uchelfryd
= ambitious

uchelfrydedd
m = ambition

un = one
unfryd, unfrydol
= unanimous

unfarn = unanimous
yn unfryd unfarn
= with one accord

unfrydedd
m = unanimity

budd (buddion) (buddiannau) m = benefit, interest

budd (-ion) (-iannau)
m = benefit, interest

ariannol = financial
budd ariannol
= financial interest

er budd
= for the benefit of

di-fudd, difudd
= unproductive, useless

anariannol = non-financial
budd anariannol
= non-financial interest

o fudd
= of benefit

difuddio
= to deprive

tâl (taliadau) m = payment
budd-dâl (budd-daliadau)
m = benefit payment

atodi = to append
Budd-dâl Atodol
= Supplementary Benefit

salwch m = sickness
budd-dâl salwch
m = sickness benefit

tŷ (tai) m = house (housing)
Budd-dâl Tai
= Housing Benefit

treth (-i) f = tax
budd-dâl treth
= tax benefit

ced (cedau) f/m = gift
buddged
f = trophy

buddiant (buddiannau)
m = interest, benefit

taro = to hit; gwrth against; gwrthdaro = to clash
buddiannau'n gwrthdaro
= clash of interests

buddiol
= beneficial, worthwhile

anfuddiol
= worthless, unprofitable

buddiolwr (-wyr)
m = beneficiary

rhan (rhannau) f = part
buddran (-nau)
f = dividend

soddi = to sink
buddsodd (-ion)
m = investment

buddsoddi
= to invest

y tu allan = outside
buddsoddiad o'r tu allan
= inward investment

buddsoddiad (-au)
m = investment

denu = to attract
denu buddsoddiad
= to attract investment

buddsoddwr (-wyr)
m = investor

pobl (-oedd) f = people
Buddsoddwyr Mewn Pobl
= Investors In People

buddugol
= victorious, winning

buddugoliaeth (-au)
f = victory

syfrdanu = to stun, to stupify
buddugoliaeth syfrdanol
= a stunning victory

ysgubo = to sweep
buddugoliaeth ysgubol
= a sweeping victory

buddugoliaethus
= triumphant, victorious

buddugwr (-wyr)
m = victor

bwrw
= to strike, to cast, to throw

allan = out
allfwriaeth
f = exorcism

allfwriwr (-wyr)
m = exorcist

bwriad (-au)
m = purpose, intention

o fwriad
= on purpose

bwriadol
= intentional

anfwriadol
= unintentional

bwriadu
= to intend

brad m = treachery
bradfwriadu
= to conspire, to plot

rhag = before, pre-
rhagfwriadu
= to premeditate

rhagfwriad
m = premeditation

rhagfwriadol
= premeditated

bwrw am
= to make for

bwrw ar
= to attack

bwrw arni
= to get on with it

angor (-au) m/f = anchor
bwrw angor
= to cast anchor, to anchor

amcan (-ion) m/f = objective
bwrw amcan
= to guess

blewyn (blew) m = hair, fur
bwrw blew
= to moult

cesair pl = hailstones
bwrw cesair
= to hail

cenllysg pl = hailstones
bwrw cenllysg
= to hail

croen (crwyn) m = skin
bwrw croen
= to shed skin (as snake)

eira m = snow
bwrw eira
= to snow

ewyn m = foam
bwrw ewyn
= to foam

glaw (glawogydd) m = rain
bwrw glaw
= to rain

mân = small, tiny
bwrw glaw mân
= to drizzle

gwallt (-iau) m = hair
bwrw gwallt
= to lose one's hair

gwyliau pl = holidays
bwrw'r gwyliau
= to spend (the) holidays

llysnafedd m = mucus
bwrw llysnafedd (ar)
= to abuse (someone)

pluen (plu) f = feather
bwrw plu
= to moult

Sul (-iau)
m = Sunday
bwrw'r Sul
= to spend the weekend

swildod m = shyness
bwrw swildod
= to cast off shyness,
   to go on honeymoon

Nadolig m = Christmas
bwrw'r Nadolig
= to spend Christmas

haearn (heyrn) m = iron
haearn bwrw
= cast iron

pigo = to pick, to peck
pigo bwrw
= to spot with rain

pistyll m = well, spout
pistyllu bwrw
= to pour with rain

bwyd (bwydydd) m = food
bwydydd = groceries, provisions

anifail (anifeiliaid) m = animal; anwesu = to fondle
anwes (-au) m = fondness, indulgence

bwyd (-ydd)
m = food

bwyd anifeiliaid anwes
m = pet food

diod (-ydd) m = drink
bwyd a diod
= food and drink

ffres = fresh
bwyd ffres
= fresh food

llysiau pl = vegetables
bwyd llysieuol
= vegetarian food

rhewi = to freeze
bwyd rhewllyd, rhewfwyd
= frozen food

cadwyno = to chain
cadwyn (-au) f = chain
cadwyn fwyd
= food chain

ffenestr (-i)
f = window
ffenestr fwyd
= serving hatch

gwenwynig = poisonous
gwenwyn m = poison
gwenwyn bwyd
= food poisoning

pecyn (-nau) m = package
pecyn bwyd
= a packed lunch

tamaid (-eidiau) m = bit
tamaid o fwyd
= a bit of food

tocyn (-nau) m = ticket
tocyn bwyd
= luncheon voucher

llyncu = to swallow
llyncu'r abwyd
= to swallow the bait

abwyd (-od)
m = bait

abwydyn (abwydod)
m = bait; earthworm

blasus = tasty
blasusfwyd
m = savoury

briwsioni = to crumble
briwfwyd
m = crumbs, mince

danteithiol = delicious
danteithfwyd
m = delicacy

gronyn (grawn) m = grain
grawnfwyd
m = cereal

melys = sweet
melysfwyd
m = desert

llen (-ni) f = sheet
bwydlen (-ni)
f = menu

bwydo
= to feed

bwydwr (-wyr)
m = feeder

hen = old
ceriach pl = odds-and-ends

bwyta
= to eat

allan = out
bwyta allan
= to eat out, eating out

bwyta hen geriach
= *to eat junk food*

bwytadwy
= edible

anfwytadwy
= inedible

bwytäwr (-wyr)
m = eater

llysfwytäwr
m = vegetarian

bwyteig
= greedy, voracious

tŷ (tai) m = house
bwyty (-tai), tŷ bwyta
m = restaurant, cafe

byd (bydoedd) m = world

betws (betysau)
m = chapel, house of prayer
y byd a'r betws
= the world and his wife

llesáu = to benefit
lles m = benefit
byd o les
= a world of good

y byd sydd ohoni
= as things are

pedwar, pedair = four; ban (-nau) m/f = corner, peak
o bedwar ban y byd
= from all over the world

cwpan (-au) m/f = cup
Cwpan y Byd
= the World Cup

eithaf (-ion) (-oedd)
m = extremity
eithafoedd y byd
= the ends of the world

eiddigeddu = to envy
eiddigedd m = envy
eiddigedd y byd
= the envy of the world

pencampwriaeth (-au)
f = championship
Pencampwriaeth y Byd
= the World Championship

wrth = by, with, at; pwdlyd
= sulky; pwdu = to sulk
pwdu wrth y byd
= to sulk about everything

trydydd, trydedd
= third
y Trydydd Byd
= the Third World

twll (tyllau) m = hole
tin (-au) f = backside
twll tin y byd
= a ghastly place, a dump

adfyd (-au)
m = adversity

adfydus
= wretched

blin = tiresome
blinfyd
m = tribulation

cyfan m = total, whole
cyfanfyd
m = universe

cyn = before
cynfyd
m = ancient world, antiquity

drwg = bad
drygfyd
m = adversity

hawdd = easy
hawddfyd
m = prosperity

holl = all
hollfyd
m = universe

is = lower, below, under
yr isfyd
m = hell

eang = broad, wide
byd-eang
= world-wide

enwog = famous
byd-enwog
= world famous

bydio
= to live, to fare

bydol
= worldly

anfydol
= unworldly

arall (eraill) = other
arallfydol
= other worldly

bydolrwydd
m = worldliness

gwraig (gwragedd)
f = wife, woman
bydwraig (bydwragedd)
f = midwife

bydwreigiaeth
f = obstetrics, midwifery
bydwr (-wr)
m = obstetrician

bydysawd
m = universe

byr, ber (byrion) = short

byr, ber (byrion)
= short

ar fyr
= in short, to sum up

tro (-eon) m = time; turn
ar fyr o dro
= shortly, almost at once

rhybudd (-ion) m = warning
ar fyr rybudd
= at short notice

aros = to wait
arhosiad (-au) m = stay
arhosiad byr
= short stay (parking)

saib (seibiau)
m = pause, break
seibiau byr
= short breaks

tymor (tymhorau)
m = season, period, term
yn y tymor byr/byrdymor
= in the short-term

difyr
= amusing, entertaining

gwaith (gweithiau) m = work
difyrwaith (difyrweithiau)
m = hobby

annifyr
= disagreeable

difyrion
pl = amusements

maes (meysydd) m = field
maes difyrion
= amusement park

difyrru
= to entertain

difyrrwch
m = entertainment

annifyrrwch
m = discomforture

difyrrwr (-wyr)
m = entertainer

llaw (dwylo) f = hand
llaw-fer
f = short-hand

rhag = before, pre-
Rhagfyr
m = December

tâl (talau)
m = front end; forehead
talfyriad (-au)
m = abridgement

talfyrru
= to abridge, to abbreviate

pryd (-au) m = meal
byrbryd (-au)
m = snack

pwyll m = sense, discretion
byrbwyll
= impulsive

byrder, byrdra
m = brevity

ar fyrder
= at once, urgently

modd (-ion) m = means
byrfodd (-au)
m = abbreviation

myfyr (-ion)
m = contemplation
byrfyfyr
= impromptu

siarad = to speak
siarad yn fyrfyfyr
= to speak off the cuff

hoedl (-au) f = life
byrhoedlog
= short-lived

byrion
pl = shorts

byrhau
= to shorten

byw = to live

byw = to live
byw m = life, lifetime
byw = alive, live

un = one; dydd (-iau) m = day; ar y tro = at a time
byw un dydd ar y tro
= to live from day to day

min (-ion) m = edge, lip
cyllell (cyllyll) f = knife
byw ar fin y gyllell
= just managing to exist

cythlwng m = hunger
byw ar ei gythlwng
= to live close to starvation

bod = to be
yn byw ac yn bod
= for ever

busnes (-au) m = business
busnes byw
= a going concern

diddordeb (-au) m = interest
diddordeb byw
= a live interest

rhaglen (-ni) f = programme
rhaglen fyw
= a live programme

i'r byw
= to the quick, very deeply

yn fy myw
= for the life of me

rhygnu = to scrape, to grate
rhygnu byw
= to scrape a living

tywod m = sand
tywod byw
= quicksands

ystafell (-oedd) f = room
ystafell fyw
= living room

adfyw
= half alive, half dead

adfywio
= to revive, to revitalise

adfywiad (-au)
m = revival

adfywiol
= refreshing

cyd = joint
cyd-fyw â
= to live with, to co-habit

hyfyw
= viable

hyfywdra, hyfywedd
m = viability

lled = partly
lledfyw
= half-dead

bucheddol
= clean living, virtuous
bucheddu
= to live, to flourish

buchedd (-au)
f = life (conduct of life)

bwrlwm (byrlymau)
m = bubbling, gurgling
bwrlwm bywiog
= lively hubbub

gor = over, super, hyper-
gorfywiog
= hyper-active

bywiog
= lively, animated

bywhau, bywiocáu
= to enliven

bywiogi
= to enliven

bywiogrwydd
m = vivacity, animation

bywiogus
= invigorating

bywiol
= living, life-giving

main = thin, slim, lean
bywoliaeth fain
= a frugal living

bywoliaeth (-au)
f = livelihood, living

crafu = to scrape, to scratch
crafu bywoliaeth
= to scrape a living

ennill = to earn, to win
ennill bywoliaeth
= to earn a living

byw = to live

bywyd (-au)
m = life, lifetime

gwyllt = wild
bywyd gwyllt
= wildlife

llonydd = still
bywyd llonydd
= still life

priodasol
= married, marital
bywyd priodasol
= married life

rhywiol
= sexual
bywyd rhywiol
= sex life

tragwyddoldeb m = eternity
tragwyddol = eternal
bywyd tragwyddol
= eternal life

ansawdd (ansoddau)
m = quality
ansawdd bywyd
= quality of life

aswiriant
m = assurance
aswiriant bywyd
= life assurance

cael = to have, to get
ci (cŵn) m = dog
cael bywyd ci
= to lead a dog's life

cusanu = to kiss
cusan (-au) m/f = kiss
cusan bywyd
= kiss of life

cylch (-oedd)
m = circle
cylch bywyd
= life cycle

brau, breulyd = brittle; breuo = to become frail, to become
brittle; breuder m = frailty, brittleness
am freuder bywyd
= about the frailty of life

er = in order, since; ei = his
er ei fywyd
= for the life of him

llawn = full
yn llawn bywyd
= full of life

peiriant (-iannau)
m = machine
cynnal = to support
peiriant cynnal bywyd
= life-support machine

yswirio = to insure
yswiriant m = insurance
yswiriant bywyd
= life insurance

cyd = joint
cydfywyd
m = symbiosis

difywyd
= lifeless

mân = small, tiny
mân-fywydeg
f = micro-biology

bywydeg
f = biology

bywydegol
= biological

bywydegwr, bywydegydd (bywydegwyr)
m = biologist

bad (-au) m = boat
bywydfad (-au)
m = lifeboat

bywydol
= vital, animate

cad (cadau) (cadoedd) f = battle

caddug m = mist, fog
cad gaddug
= the fog of battle

i'r gad
= on the warpath, to battle

*Camlan = battle where
King Arthur was killed*
cadgamlan
f = rabble, confusion

cadarn
= strong

cadarnhau
= to confirm, to ratify

maes (meysydd) m = field
ar faes y gad
= on the battlefield

croes (-au) f = cross
croesgad (-au)
f = crusade

bri m = renown, honour
cadfridog (-ion)
m = general

llanc (-iau) m = lad, youth
cadlanc (-iau)
m = cadet

cadno (cadnoaid)
m = fox

rhawd f = career, course
catrawd (catrodau)
f = regiment

diod (-ydd) f = drink
diod gadarn
= strong drink

cadarnhad
m = confirmation

i'w gadarnhau
= to be confirmed

ar flaen = in front of
ar flaen y gad
= leading the charge

croesgadwr (-wyr)
m = crusader

bwyall (bwyeill) f = axe
cadfwyall (cadfwyeill)
f = battleaxe

llys (-oedd) m = court
cadlys (-oedd)
f = battle headquarters

dof = tame, domesticated
cadofydd (-ion)
m = strategist, tactician

catrodol
= regimental

lle (-oedd) m = place
cadarnle (-oedd)
m = stronghold

cadarnhaol
= positive, affirmative

cadernid
m = strength

cadair (cadeiriau) f = chair

bardd (beirdd) m = bard
Bardd y Gadair
= the Chaired Bard

cadeirio
= to chair

cadeirydd (-ion)
m = chairman

esmwyth = smooth
cadair esmwyth
= an easy chair

codi = to raise, to rise
cadair godi
= chairlift

haul (heuliau) m = sun
cadair haul
= deckchair

cadeiriol
= chaired

dirprwy (-on) m = deputy
dirprwy-gadeirydd
m = deputy-chairman

cadeiryddes (-au)
f = chair-woman

braich (breichiau) f/m = arm
cadair freichiau
= armchair

cysur (-on) m = comfort
cadair gysurus
= a comfortable chair

olwyn (-ion) f = wheel
cadair olwyn
= wheelchair

eglwys (-i) f = church
eglwys gadeiriol
= cathedral

is = lower, below, under
is-gadeirydd
m = vice-chairman

cadeiryddiaeth (-au)
f = chairmanship

cadw = to keep

cadw
= to keep

cadw at
= to keep to

rheol (-au) f = rule
cadw at y rheolau
= to keep to the rules

bwrdd (byrddau)
m = table; board
cadw bwrdd
= to reserve a table

cath (cathod) f = cat
cwd (cydau) m = bag
cadw cathod mewn cwd
= let sleeping dogs lie

ci (cŵn) m = dog; cyfarthiad (-au) m = a bark,
cyfarth = to bark; eich = your; hun: hunan (hunain) = self
cadw ci a chyfarth eich hunan
= to do something that someone else should do

draw = over there, away
cadw draw
= to keep away

dysgl (-au) f = dish; gwastad = level, flat
cadw'r ddysgl yn wastad
= to keep the peace, to be impartial

bawd (bodiau) m = thumb
cadw dy fodiau i ti dy hun
= don't be tempted to steal

ffydd f = faith
cadw ffydd
= to keep faith

heini = active, agile
cadw'n heini
= to keep fit

lle (-oedd) m = place
cadw lle
= to book a place

llygad (llygaid) m/f = eye
cadw llygad ar
= to keep an eye on

cadw-mi-gei
m = money box

fy = my; pen (-nau) m = head; uwchben = above,
overhead; dŵr (dyfroedd) m = water
cadw fy mhen uwchben y dŵr
= to keep my head above water

cadw rhag
= to keep from

sedd (-au) f = seat
cadw sedd
= to keep a seat

sedd gadw
= a reserved seat

swnllyd = noisy
sŵn (synau) m = noise
cadw sŵn
= to make a noise

tymer (tymherau)
f = temper
cadw tymer
= to keep one's temper

taclus = tidy
CADWCH GYMRU'N DACLUS
= KEEP WALES TIDY

trwyn (-au) m = nose; maen (meini) m = stone
cadw eich trwyn ar y maen
= to keep your nose to the grindstone

ar gadw
= reserved, preserved

cof (-ion) m = memory
ar gof a chadw
= on record

cadwedig
= saved

cadwedigaeth
f = preservation, salvation

cadwolyn (cadwolion)
m = preservative

cadwr (-wyr)
m = keeper

cadwraeth, cadwriaeth
f = conservation,
  preservation

egnïol = energetic
egni (egnïon) m = energy
cadwraeth egni
= energy conservation

ardal (-oedd) f = area
ardal gadwraeth
= conservation area

hun: hunan (hunain) = self
hunan-gadwraeth
= self-preservation

cadwriaethwr (-wyr)
m = conservationist

cadwrus
= well-preserved

ceidwad (ceidwaid)
m = keeper

gôl (goliau) f = goal
gôl-geidwad (-geidwaid)
m = goal-keeper

hedd, heddwch m = peace
heddgeidwad (-geidwaid)
m = police officer

ceidwadaeth
f = conservatism

ceidwadol
= conservative

plaid (pleidiau) f = party
y Blaid Geidwadol
= the Conservative Party

Ceidwadwr (-wyr)
m = Conservative

carn (-au) m = hilt; hoof
Ceidwadwr i'r carn
= 'True Blue'

gwar = exceedingly
gwarcheidwad
(gwarcheidwaid)
m = guardian

cyfreithiol
= legal
gwarcheidwad cyfreithiol
= legal guardian

lwfans (-au)
m = allowance
lwfans gwarcheidwad
= guardian's allowance

gwarcheidiol
= guardian

angel (angylion) (engyl)
m = angel
angel gwarcheidiol
= guardian angel

gwarchod
= to guard, to look after

plentyn (plant) m = child
gwarchod plant
= to baby sit

greddf (-au) f = instinct
greddf warchod
= protective instinct

milwr (-wyr) m = soldier
Gwarchodfilwr (-wyr)
= Guardsman

lliw (-iau) m = colour
gwarchodliw
m = camouflage

llu (-oedd) m = multitude
gwarchodlu
m = guards

Cymreig = Welsh
y Gwarchodlu Cymreig
= the Welsh Guards

gwarchodaeth
f = custody

gwarchodfa (-feydd)
f = guardhouse; reserve

natur f = nature
gwarchodfa natur
= nature reserve

gwarchodwr,
gwarchodydd
(gwarchodwyr)
m = keeper, warden

gwraig (gwragedd)
f = woman, wife
gwarchodwraig
f = baby-sitter, chaperone

cae (caeau) m = enclosure, field, hedge
cau = to shut, to close

cae (-au)
m = enclosure, field, hedge

argae (-au)
m = dam

gwar = exceedingly
gwarchae (-au) (-oedd)
m = siege, blockade

tan, dan = under
dan warchae
= under siege

gwarchae
= to besiege

gwarchaeëdig
= beseiged

march (meirch) m = stallion
marchgae
m = paddock

môr (moroedd) m = sea
morwarchae
m = naval blockade

caead (-au)
m = cover

lle (-oedd) m = place
caeadle (-oedd)
m = enclosure

llaw (dwylo) f = hand
llawgaead
= stingy, mean

pen (-nau) m = head
pengaead
m = cul-de-sac

cylch (-oedd) m = circle
cylch caeëdig
= ring-fenced

y tu ôl i = behind
drws (drysau) m = door
y tu ôl i ddrysau caeëdig
= behind closed doors

caeëdig
= closed, shut; fenced

bryn (-iau) m = hill
bryngaer
f = hill-fort

caerog
= fortified

caer (-au) (ceyrydd)
f = fort

cau
= to shut, to close

ar gau
= shut, closed

ynghau
= shut

allan = out
allgau
= to exclude

allgaeëdig
= excluded

amgáu
= to enclose

amgaeëdig, amgaeedig
= enclosed

adwy (-au) (-on) f = gap
cau'r adwy
= to close the gap

clep (-iau) f = slam; gossip
cau'r drws yn glep
= to put an end to

llygad (llygaid) m/f = eye
cau llygaid ar
= to turn a blind eye to

cau
= hollow

pwll (pyllau) m = pool; pit
ceubwll (ceubyllau)
m = cesspit; pothole

twll (tyllau) m = hole
ceudwll (ceudyllau)
m = cavern

ceudod
m = cavity

ffos (ffosydd) f = ditch
ceuffos (-ydd)
f = drain

crwm = curved
ceugrwm
= concave

glan (-nau) (glennydd)
f = bank
ceulan (-nau)
f = hollow bank of a river

nant (nentydd)
f = stream
ceunant (ceunentydd)
m = ravine, gorge

cael = to have, to get
gafael = to hold, to grip

cael
= to have, to get

ar gael
= available

cael a chael
= *touch-and-go*

gwared = to deliver
cael gwared ar
= to get rid of

caffael
= to obtain, to acquire, to
  purchase

cyhoeddus = public
caffael cyhoeddus
m = public procurement

anghaffael
m = hindrance

caffaeliad (-au)
m = acquisition

caffio
= to snatch, to seize

gafael (-ion)
f = hold, grasp, grip

llacio = to slacken
llacio eich gafael
= to relax your grip

ci (cŵn) m = dog
gafaelgi (gafaelgwn)
m = mastiff

atafaelu
= to confiscate
atafaeliad
m = confiscation, distraint

atafaeliwr (atafaelwyr)
m = bailiff

dyrchafael
m = ascension

dyrchafedig
= exalted

dyrchafiad (-au)
m = promotion, elevation

dyrchafol
= uplifting, elevating

dyrchafu
= to lift up, to promote (job)

ymddyrchafiad
m = exaltation

ymddyrchafu
= to exalt oneself

gafael (yn)
= to hold, to grasp, to grip

gafael ar
= to have a grasp of

dadafael
= to cede, to yield

diafael
= slippery

palf (-au) f = paw; palm
palfalu
= to feel one's way, to grope

palfalwr (-wyr)
m = groper, flatterer

codwm (codymau) m = a fall; codymu = to fall
ymafael, ymaflyd
= to take hold, to seize

ymaflyd codwm, ymgodymu
= to wrestle

gafaelgar
= gripping

gafaelus
= tenacious

gafaelydd (-ion)
m = holder

cneuen (cnau) f = nut
gefel (gefeiliau)
f = tongs, pincers

gefel gnau
= nut-crackers

gefelen (gefeiliau)
f = pliers

gefyn (-nau)
m = fetter

cais (ceisiadau) m = application, attempt
cais (ceisiau) m = try (rugby)

cynllunio
= to plan, to design
cais cynllunio
= planning application

ffurflen (-ni)
f = form
ffurflen gais
= application form

manylyn (manylion) m = detail; pell = far, distant,
pellach = further; cysylltu (â) = to contact, to connect
...am ffurflen gais a manylion pellach, cysylltwch â..
...for an application form and further details, contact...

gwahodd = to invite; gwadd = invited
oddi wrth = from (a person)
gwahoddir ceisiadau oddi wrth...
= applications are invited from...

gwneud = to make, to do
gwneud cais (am)
= to apply (for)

llinell (-au) f = line
llinell gais
= goal line

trosi = to convert (a try)
trosgais (trosgeisiau)
m = converted try (rugby)

uchel = high; loud
uchelgais (-geisiau)
f/m = ambition

uchelgeisiol
= ambitious

ceisio (am)
= to seek, to try (for)

lloches (-au) f = refuge
ceiswyr lloches
= asylum seekers

ceisiwr (ceiswyr)
m = seeker

bras = rough, coarse
bras ymgais
ymgais bras
= a rough attempt

gwag = empty, vain
gwag-ymgais
ymgais gwag
= a futile attempt

ymgais
m/f = attempt, effort

ymgeisio (am)
= to apply, to try (for)

ymgeisiaeth
f = candidacy, candidature

llwyddiannus = successful
ymgeisydd llwyddiannus
= successful applicant

senedd (-au) f = parliament
ymgeisydd seneddol
= parliamentary candidate

ymgeisydd (ymgeiswyr)
m = applicant, candidate

cyd
= joint
cydymgeisydd (-wyr)
m = rival, competitor

darparu = to provide
darpar = prospective
darpar-ymgeisydd
= prospective candidate

mab (meibion) m = son
mabwysiadu = to adopt
mabwysiadu ymgeisydd
= to adopt a candidate

caled
= hard, severe

craidd (creiddiau)
m = core, centre, crux
craidd caled
= hard core (rubble)

cyfrol (-au) f = volume
clawr (cloriau) m = cover
cyfrol glawr caled
= a hardback (book)

cyffur (-iau) m = drug
cyffuriau caled
= hard drugs

glo m = coal
glo caled
= anthracite

llain (lleiniau) f = strip; ysbaid (ysbeidiau) m/f = period,
interval; respite; ysbeidiol = intermittent
llain galed ysbeidiol
= intermittent hard shoulder (motorway)

mor...â = as...as
callestr (cellystr) f = flint
mor galed â challestr
= as hard as flint

talcen (-ni) (-nau)
m = forehead
talcen caled
= a tough assignment

calon (-nau)
f = heart
calongaled
= hard-hearted

calongaledwch
m = hard-heartedness

croen (crwyn) m = skin
tew = fat
croengaled, croendew
= thick-skinned

gwar (-rau)
m/f = nape/scruff of the neck
gwargaled
= obstinate, stubborn

gwargaledwch
m = obstinacy

pen (-nau) m = head
pengaled
= stubborn, obstinate

pengaledwch
m = stubborness

wyneb (-au) m = face
wynebgaled
= impudent

wynebgaledwch
m = impudence

bwrdd (byrddau) m = board
caledfwrdd
m = hardboard

arian pl = money
caledi ariannol
= financial hardship

caledi
m = hardship

calediad
m = hardening

caledu
= to harden

caledwch
m = hardness

gwedd (-au)
f = form, aspect
caledwedd
m = hardware (computer)

brwydr (-au) f = battle
brwydro = to fight
brwydro'n galetach
= to fight harder

caletach
= harder

calon (-nau)
f = heart

enaid (eneidiau) m = soul
calon ac enaid
= heart and soul

gwir m = truth
calon y gwir
= the honest truth

glân = pure, clean; llawn = full; daioni m = goodness
"Calon lân yn llawn daioni"
= "A pure heart full of goodness"

bod = to be; wrth = by, at
bod wrth galon
= to be at the heart of

diolch = to thank
diolch o galon
= thanks a million

codi = to raise, to rise
codi calon
= to cheer up

colli = to lose
colli calon
= to lose heart

curo = to beat, to throb
curiad (-au) m = beat
curiad y galon
= heartbeat, pulse

cyfaill (cyfeillion)
m = friend
cyfaill calon
= a very close friend

dolurus = sore, painful
dolur (-iau) m = pain, ache
dolur calon
m = heartache

difrif = serious, earnest
o ddifrif = seriously
mewn = in
o ddifrif calon
mewn difrif calon
= in all seriousness

eigioneg
m/f = oceanography
eigion m = the deep
o eigion calon
= from the bottom of my
  heart

gwaelod (-ion) m = bottom
ffuant m = deceit, sham
ffuantus = insincere
o waelod calon
yn ddiffuant
= sincerely

taro = to strike
trawiad (-au)
m = stroke, blow
trawiad ar y galon
= heart attack

plannu = to plant
trawsblaniad (-au)
m = transplant
trawsblaniad calon
= heart transplant

digalon
= dejected, disheartened

digalondid
m = dejection, depression

digalonni
= to lose heart

gwan = weak
gwangalon
= faint hearted, timid

gwanhau = to weaken
gwangalonni
= to lose heart,
  to be discouraged

torri = to break, to cut
torcalonnus
= heart-breaking

twym = warm
twymgalon
= warm-hearted

calondid
m = encouragement

calonnog
= hearty, wholehearted

calonogi
= to encourage

calonogol
= encouraging

cynnydd (cynyddion) m = increase, growth
cynnydd calonogol
= an encouraging increase

cam (camau) m = step, stride; wrong
cam = crooked, bent; false, mis-

cam (-au)
m = step, stride

cam a cham, o gam i gam
= step by step

bras (breision) = gross
camau breision
= great progress

ceiliog (-od) m = cockerel
cam ceiliog
= bit by bit

gwag (gweigion)
= empty, vain
cam gwag
= a false step, a mistake

mawr = big
ymlaen = on, onward(s)
cam mawr ymlaen
= a big step forward

pob, bob
= all, every, each
bob cam
= all the way

herc (-iau) f = hop
naid (neidiau) f = jump
herc a cham a naid
= a hop, skip and a jump

igam-ogam
= zig-zag

igam-ogamu, igamogi
= to side-step

tro (troeon) m = turn; time
camfa dro
= turnstile

camfa (-feydd)
f = stile

[glas f = stream]
camlas (camlesydd)
f = canal

camre
m = footsteps

camu
= to step, to pace

ochr (-au) f = side
ochrgamu
= to side-step

cam (-au)
m = wrong

ar gam
= unjustly

neu = or; cymwys = fit, suitable, exact
yn gam neu'n gymwys
= rightly or wrongly

achub = to save
achub cam
= to defend

gwneud = to make, to do
gwneud cam â
= to wrong

gwedd (-au)
f = aspect, form
camwedd
m = iniquity, wrong

camwri
m = injury

cam (camau) m = step; wrong
cam = crooked, bent; false, mis-

cam
= crooked, bent

ael (-iau) f = eyebrow
aelgam
= leering

coes (-au) f = leg
coesgam
= bandy, bow-legged

gar (-rau)
m/f = shank
gargam
= knock kneed

gwar
m/f = nape of the neck
gwargam
= stooping

gwargamu
= to stoop

gŵyr = crooked, sloping
gwyrgam
= crooked, twisted

llygad (llygaid) m/f = eye
llygatgam
= cross eyed

min (-ion) m = lip, edge
mingamu
= to grimace

camder, camdra
m = crookedness

camedd
m = bend, curvature

camu
= to bend, to distort

cam
= false, mis-

addasiad (-au)
m = adjustment
camaddasiad
m = maladjustment

amseru
= to time
camamseru
= to mistime

arfer = to use, to be accustomed
camarfer
= to misuse

arwain = to lead
camarwain
= to mislead

arweiniol = leading
camarweiniol
= misleading

chwarae (-on) m = play
camchwarae
m = foul play

trin = to treat
cam-drin
= to mistreat, to abuse

rhywiol = sexual
cam-drin rhywiol
m = sexual abuse

triniaeth (-au) f = treatment
camdriniaeth (-au)
f = ill-treatment

tystiolaeth (-au) f = evidence, testimony
camdystiolaeth
f = false witness

deall = to understand
camddeall
= to misunderstand

defnyddio = to use
camddefnyddio
= to misuse

dehongli
= to interpret
camddehongli
= to misinterpret

dehongliad (-au)
m = interpretation
camddehongliad
m = misinterpretation

cam (camau) m = step; wrong,
cam = crooked, bent; false, mis-

cam
= false, mis-

cyhuddiad (-au)
m = accusation
ar gyhuddiad o = accused of
camgyhuddiad (-au)
m = false accusation

cyhuddo = to accuse
cyhuddedig
= accused
camgyhuddo
= to accuse falsely

cymeriad (-au)
m = character
camgymeriad
m = mistake

ffawd (ffodion) f = fortune
anffawd f = misfortune
ffodus = fortunate
camgymeriad anffodus
= an unfortunate mistake

maddau = to forgive
maddeuant m = forgiveness
maddeuol = forgiving
camgymeriad anfaddeuol
= an unforgivable mistake

cymryd = to take
camgymryd
= to mistake

lliwiad (-au) m = colouring
camliwiad
m = misrepresentation

lliwio = to colour
camliwio
= to misrepresent

rhifo = to count
camrifo
= to miscount

sillafu = to spell
camsillafu
= to misspell

syniad (-au) m = idea
camsyniad
m = misconception, mistake

camsyniol
= mistaken

ymddwyn = to behave
camymddwyn
= to misbehave

cân (caneuon) f = song

arobryn = prize-winning
cân arobryn
= a prize-winning song

parablu = to prattle
cân-barablu
= patter-song

cyflwyniad m = presentation
cyflwyno = to present
cân-gyflwyno
= signature tune

serch (-iadau)
m = (passionate) love
cân-serch
= love-song

gwerin (-oedd)
f = folk, people
cân werin (caneuon gwerin)
= folk-song

diwedd m = end; ceiniog (-au) f = penny
diwedd y gân yw'r geiniog
= there's no such thing as a free lunch

yr un = the same; cwcw (-od) f = cuckoo
yr un gân sydd gan y gwcw
= always saying the same thing

adrodd = to recite, to report
adroddgan (-au)
f = recititive

cyd = joint
cytgan (-au)
m/f = chorus, refrain

galar m = mourning, grief
galargan
f = dirge

cân (caneuon) f = song

hwyr = late
hwyrgan (-au)
f = serenade, nocturne

nos (-au) f = night
nosgan (-au)
f = nocturne

rhyfel (-oedd) m/f = war
rhyfelgan (-au)
f = war-song

ymdaith (ymdeithiau) f = march
ymdeithgan
f = marching-song

caniad (-au)
m = singing, ringing

ffôn (ffonau) m = telephone
caniad ffôn
= telephone call

cysegr (-au) m = sanctuary
caniadaeth y cysegr
= sacred music

caniadaeth
f = music, singing

caniedydd (-ion)
m = song-writer, lyricist;
song-book

pêr = sweet
y Pêr Ganiedydd
= William Williams,
Pantycelyn

canig (-ion)
f = song

cantor (-ion)
m = singer

cantorion gwerin
= folk-singers

cantores (-au)
f = singer

canu
= to sing

cloch (clychau) f = bell
canu cloch
= to ring a bell

corn (cyrn) m = horn
canu'r corn
= to sound the horn

telyn (-au) f = harp
canu'r delyn
= to play the harp

grwndi m = purr, purring
canu grwndi
= to purr

iach = healthy
canu'n iach (i)
= to say good-bye (to)

pianydd (-ion) m = pianist
canu'r piano
= to play the piano

mae'r ffôn yn canu
= the phone's ringing

llafar m = speech
llafarganu
= to chant

canu
m = singing

gorau = best
y canu gorau
= the best singing

codi = to raise, to rise
codwr canu
m = precentor

cymanfa (-oedd) f = assembly
cymanfa ganu
= singing festival

canwr (-wyr)
m = singer

darogan (-au)
f = prediction, forecast,
   prophecy

gwae (-au) m = woe
darogan gwae
= prediction of doom

tywydd m = weather
tywydd annarogan
= unpredictable weather

annarogan
= unpredictable

darogan, daroganu
= to predict, to foretell

daroganwr (-wyr)
m = forecaster, prophet

datgan
= to declare, to state

ariannol = financial
datganiad ariannol
= financial statement

bachog = hooked
datganiadau bachog
= sound bites

datganiad (-au)
m = statement, declaration

cenhadaeth (cenadaethau)
f = mission
datganiad cenhadaeth
= mission statement

dros dro = interim
datganiad dros dro
= interim statement

unochrog = unilateral; annibyniaeth f = independence
datganiad unochrog o annibyniaeth
= unilateral declaration of independence

gwasg (gweisg) f = press
datganiad i'r wasg
= press statement

datganu
= to recite

datganiad (-au)
m = recital, rendering

datgeiniad (-iaid)
m = singer, narrator

cerdd (-i) f = poem
dychangerdd
f = satirical poem, lampoon

dychan (-au)
m = satire

golwg (golygon)
m/f = sight; appearance
golwg ddychanol
= a satirical look

dychanol
= satirical

dychanu
= to satirise, to make fun of

dychanwr (-wyr)
m = satirist

gochan
= to praise

gogan (-au)
f = satire

goganu
= to satirise

goganwr (-wyr)
m = satirist

canol (canolau) m = centre, middle

canol
= centre, middle

ar ganol
= in the middle of (work, meal)

ynghanol
= in the middle of (a place)

tref (-i) (trefydd) f = town
Canol y Dref
= the Town Centre

dinas (-oedd) f = city; fort
Canol y Ddinas
= the City Centre

dydd (-iau) m = day
canol dydd, canolddydd
m = midday

dosbarth (-au) m = class
dosbarth canol
= middle class

dwyrain m = east
y Dwyrain Canol
= the Middle East

tonfedd (-i) f = wavelength
tonfedd ganol
= medium wavelength

tymor (tymhorau) m = term
yn y tymor canol
= in the medium term

parth (-au) m = district
canolbarth
m = midland area

Lloegr f = England
Canolbarth Lloegr
= the Midlands

cyd = joint
cydganol
= concentric

canoledig
= centralised

man (-nau)
m/f = place
canolfan (-nau)
f/m = centre

the noun **canolfan**
can be either feminine or
masculine. It is widely used
and 27 examples are given on
the opposite page.

canoli
= to centralise, to centre

canoliad
m = centralisation

datganoli
= to devolve

datganoliad
m = devolution

mater (-ion)
m = matter, issue
materion datganoledig
= devolved matters

pŵer (pwerau)
m = power
pwerau datganoledig
= devolved powers

gwrth = against
gwrthganoli
= to decentralise

gwrthganoliad
m = decentralisation

canolig
= middling, medium

tymor-canolig
= medium-term

Caerdydd = Cardiff
Caerdydd Canolog
= Cardiff Central (station)

gwres m = heat, warmth
gwres canolog
= central heating

canolog
= central

canolwr (-wyr)
m = arbitrator; centre

canolfan (canolfannau) f/m = centre

cylch (-oedd) m = circle
ail-gylchu = to recycle
canolfan ail-gylchu
= recyling centre

galwad (-au) f = a call
galw = to call
canolfan alwadau
= call centre

asesiad (-au)
m = assessment
canolfan asesu
= assessment centre

celfyddydol = artistic
celfyddyd (-au) m = art
canolfan celfyddydau
= arts centre

coedwig (-oedd)
f = forest
canolfan coedwig
= forest centre

croesawu = to welcome
croeso m = welcome
canolfan croeso / groeso
= tourist information centre

chwarae (-on)
m = game, sport
canolfan chwareuon
= sports centre

taith (teithiau) f = journey
teithio = to travel
canolfan deithio
= travel centre

teulu (-oedd)
m = family
canolfan deuluol
= family centre

dinas (-oedd) f = city
dinesig = civic
canolfan dinesig
= civic centre

tan, dan = under
to (toeon) m = roof
canolfan dan do
= indoor centre

cadw = to keep
canolfan gadw
= detention centre

gardd (gerddi) f = garden
garddio = to garden
canolfan (g)arddio
= garden centre

gwaith (gweithiau)
m = work
canolfan gwaith
= job centre

gwasanaeth (-au) m = service
cwsmer (-iaid) m = customer
canolfan gwasanaeth cwsmeriaid
= customer service centre

gweithgaredd (-au)
m = activity
canolfan gweithgareddau
= activities centre

awyr m = air, sky
agored = open
canolfan gweithgareddau awyr agored
= out-door pursuits centre

cyngor m = advice
cynghori = to advise
Canolfan Gynghori
= Citizens Advice Bureau

cymuned (-au)
f = community
canolfan gymuned
= community centre

hamddenol = leisurely
hamdden m/f = leisure
canolfan hamdden
= leisure centre

hyfforddiant m = training
hyfforddi = to train
canolfan hyfforddi
= training centre

iach = healthy
iechyd m = health
canolfan iechyd
= health centre

marchog (-ion) m = rider
marchogaeth = to ride
canolfan marchogaeth
= riding centre

merlyn (merlod) m = pony
merlota = to pony trek
canolfan merlota
= pony-trekking centre

mynydd (-oedd)
m = mountain
canolfan mynydd
= mountain centre

sglefrio = to skate
canolfan sglefrio
= skating centre

ymwelydd (ymwelwyr)
m = visitor
canolfan ymwelwyr
= visitors centre

câr (ceraint) m = kinsman, relative

câr (ceraint)
m = kinsman, relative

gwlad (gwledydd) f = country
gwladgarol
= patriotic

gwladgarwr (-wyr)
m = patriot

hygar
= amiable

anhygar
= unpleasant

caredig
= kind

angharedig
= unkind

caredigion
pl = friends

caredigrwydd
m = kindness

angharedigrwydd
m = unkindness

mewn = in
mewn cariad
= in love

syrthio, cwympo = to fall
syrthio mewn cariad
= to fall in love

cariad
m = love

tros, dros = over; ei = his, her; pen (-nau) m = head
clust (-iau) f/m = ear
dros ei ben a'i glustiau mewn cariad
dros ei phen a'i chlustiau mewn cariad
= head over heels in love

cariad (-on)
m/f = lover, sweetheart

mab (meibion)
m = son
cariadfab
m = lover, sweetheart

merch (-ed)
f = daughter, woman
cariadferch
f = sweetheart, mistress

cariadlon, cariadus
= lovable, beloved, loving

tref (-i) (-ydd) f = town
(originally = homestead)
cartref (-i)
m = home

ymgeledd m = care
cartref ymgeledd
= nursing home

gwaith (gweithiau)
m = work
gwaith cartref
= homework

perchennog (perchnogion)
m = owner
perchennog cartref
= home owner

gartref
= at home

digartref
= homeless

cartrefol
= homely

cartrefu
= to make one's home

cartrefwr (-wyr)
m = home maker

llwy (-au) f = spoon
llwy garu (llwyau caru)
= love spoon

llythyr (-au) m = letter
llythyr caru
= love letter

caru
= to love

caruaidd
= loving

carwr (-wyr)
m = lover

carwriaeth (-au)
f = love affair, courtship

carreg (cerrig) f = stone (testicles)
craig (creigiau) f = rock, crag

aelwyd (-ydd)
f = hearth
carreg yr aelwyd
= hearthstone

drws (drysau) m = door
carreg y drws
= trothwy (-au) (-on)
= doorstep, threshold

bedd (-au)
m = grave
carreg fedd
= gravestone, tombstone

milltir (-oedd) f = mile
carreg filltir
= milestone

pwysig = important
carreg filltir bwysig
= an important milestone

ffin (-iau) f = boundary
carreg ffin
= boundary stone

llyfn, llefn = smooth
carreg lefn
= pebble

palmant m = pavement
carreg balmant
= flag stone

bustl m = gall, bile
cerrig (y) bustl
= gallstones

mân = small, tiny
cerrig mân
= chippings

aml = frequent; cnoc (-iau) m/f = knock
dyfal = diligent; tonc (-iau) f = tinkle; torri = to break
aml gnoc a dyr y garreg
dyfal donc a dyr y garreg
= constant dripping wears the stone (perseverance pays)

caregog
= stony

caregu
= to petrify

croes (-au) f = cross
croes garreg
= stone cross

oes (-au) (-oedd) f = age
Oes y Cerrig
= the Stone Age

o fewn = within
tafliad (-au) m = throw
o fewn tafliad carreg
= within a stone's throw

wal (-iau) f = wall
sych, sech = dry
waliau cerrig sych
= dry stone walls

cerigyn (cerigos)
m = pebble

garw (geirwon) = harsh, rough; hen = old
gafr (geifr) f = goat; crwydro = to wander
"Ar y creigiau geirwon, mae'r hen afr yn crwydro"
= On the rough crags, the old goat is wandering
  Cân werin : "Oes gafr eto?"

craig (creigiau)
f = rock, crag

tref (-i) (-ydd) f = town
(originally = homestead)
tregraig
= homestead on the rock

creigfa (-feydd)
f = rockery, rocky place

gardd (gerddi) f = garden
creigardd
f = rock-garden

creigiog
= rocky

llethrog = sloping, steep
llethr (-au) (-i) m/f = slope
creiglethr (-au)
f/m = rocky slope

creigiwr (creigwyr)
m = quarryman (rock face)

cas m = hatred

cas
m = hatred

atgas
= odious, hateful

atgasedd, digasedd
m = odium, hatred

dyn (-ion) m = man
dyngasedd
m = misanthropy

dyngaswr (-wyr)
m = misanthropist

peth (-au) m = thing
casbeth (-au)
m = aversion

cas
= nasty

casáu
= to hate

casineb
m = hatred, enmity

hil (-iau) f = race
casineb hiliol
= racial hatred

gwir m = truth
caswir
m = an unpalatable truth

cefn (cefnau) m = back

cefn (-au)
m = back

dydd (-iau) m = day
golau (goleuadau) m = light
cefn dydd golau
= broad daylight

nos (-au)
f = night
cefn nos
= dead of night

ceffyl (-au) m = horse
ei = his; cwta,cota = short
ar gefn ei geffyl cwta
= in a bad mood

gwyn, gwen = white; ei = her
ar gefn ei cheffyl gwyn
= on her high horse; doing well for herself

cegin (-au) f = kitchen
cegin gefn
= back kitchen

asgwrn (esgyrn) m = bone
di-asgwrn-cefn
= spineless; invertebrate

gefngefn
= back to back

heol (-ydd)
f = road
heol gefn
= back road

mainc (meinciau) f = bench
meinciwr (-wyr) m = bencher
meincwyr cefn
= back-benchers

main = thin, small, lean
meingefn
m = small of the back; spine (of a book)

tra = extremely, very
trachefn, drachefn
= again

trachefn a thrachefn
= again and again

wrth = by, with, to
wrth gefn
= in hand, in reserve

cronfa (-feydd)
f = fund
cronfa wrth gefn
f = contingency

chwaraewr (-wyr)
m = player
chwaraewr wrth gefn
= reserve player

pwn (pynnau) m = pack, burden
cefnbwn
m = backpack

tir (-oedd) m = land
cefndir
m = background

cerddoriaeth f = music
cerddoriaeth gefndirol
= background music

cefn (-au) m = back

cefnen (-nau)
f = ridge

gwasgedd (-au) m = pressure; uchel = high; loud
cefnen o wasgedd uchel
= ridge of high pressure

llen (-ni) f = sheet, curtain
cefnlen
f = back-cloth

llu (-oedd) m = multitude
cefnlu
m = reserves (army)

llwm, llom = bare
cefnllwm
= barebacked

nodi = to mark, to note
cefnodi
= to endorse

cefnog
= well-off, wealthy, rich

cefnogaeth
f = support

arian pl = money
cefnogaeth ariannol
= financial support

ennyn = to light, to kindle
ennyn cefnogaeth
= to kindle support

cefnogi
= to support

carn (-au) m = hoof; hilt
cefnogi i'r carn
= to support to the hilt

cefnogol
= supportive

cefnogwr (-wyr)
m = supporter

selog = ardent, zealous
cefnogwr selocaf
= a most ardent supporter

cefnu
= to withdraw

cefnu ar
= to turn one's back on,
to desert

cefnwr (-wyr)
m = back, full back

cêl m = concealment, hiding
cêl = hidden

cêl m = concealment, hiding
cêl = hidden

achles (-au)
m/f = refuge

achlesu
= to protect, to shelter

achlysur (-on)
m = occasion*
(*originally = shelter)

achlysurol
= occasional

argel (-ion)
m/f = secluded place

argel
= hidden, secret

[gwair = bend, curve]
cellwair (cellweiriau)
m = joke, banter

cellwair
= to joke, to banter

cellweirus
= jocular, witty

cellweiriwr (-wyr)
m = jester, joker

celu
= to hide, to conceal

gwybodaeth (-au)
f = information, knowledge
celu gwybodaeth
= to withhold information

cêl m = concealment, hiding
cêl = hidden

tan, dan = under
dan gêl
= in secret

clyd = snug
clydwch
m = warmth, shelter

datgeliad
m = detection

datgelu
= to detect, to reveal

diogel
= safe, secure

anniogel
= unsafe, insecure

diogelu
= to safeguard, to protect

*cymdeithas (-au) f = society; hardd = beautiful; harddwch
m = beauty; Cymru f = Wales*
Cymdeithas Diogelu Harddwch Cymru
= Council for the Protection of Rural Wales

diogelwch
m = security, safety

*camera (camerâu)
m = camera*
camerâu diogelwch
= security cameras

*golau (goleuadau)
m = light, lighting*
goleuadau diogelwch
= security lighting

gwregys (-au) m = belt
gwregys diogelwch
= safety-belt

rhwyd (-au) (-i) f = net
rhwyd ddiogelwch
= safety net

rhybudd (-ion) m = warning
rhybudd diogelwch
= security alert

trwydded (-au) f = license
trwydded ddiogelwch
= security pass

dir = certain
dirgel (-ion)
m = secret

yn y dirgel
= in secret

dirgelion
pl = secrets, mysteries

llochesu = to shelter; lloches (-au) f = refuge, shelter
lloches ddirgel
= secret hide-out

dirgel
= secret

dirgelu
= to conceal, to hide

nofel (-au) f = novel; datrys = to solve
nofelau datrys a dirgelwch
= detective novels

dirgelwch
m = mystery

gochel, gochelyd (rhag)
= to avoid, to beware of

gocheladwy
= avoidable

anochel(adwy)
= unavoidable, inevitable

gochelgar
= cautious, wary

gochelgarwch
m = caution

gocheliad
m = avoidance

ymochel, ymochelu
= to beware (of), to guard (against)

ymgelu
= to hide oneself

ymgeledd
m = care

ymgeleddu
= to care for, to cherish

cenedl (cenhedloedd) f = nation

cenedl (cenhedloedd)
f = nation

dyn (-ion) m = man
cenedl-ddyn (-ion)
m = gentile

unedig = united
y Cenhedloedd Unedig
= the United Nations

cenedlaethol
= national

amgueddfa (-feydd) f = museum
oriel (-au) f = gallery; Cymru f = Wales
Amgueddfa Genedlaethol ac Oriel Cymru
= National Museum and Gallery of Wales

bwrdd (byrddau) m = board
elusen (-nau) f = charity; loteri f = lottery
Bwrdd Elusennau'r Loteri Genedlaethol
= National Lottery Charities Board

cynnil = thrifty
cynilo = to save
Cynilion Cenedlaethol
= National Savings

llyfrgell (-oedd)
f = library
y Llyfrgell Genedlaethol
= the National Library

parc (-au) (-iau) m = park
ban (-nau) m/f = peak
Parc Cenedlaethol
Bannau Brycheiniog
= Brecon Beacons National
  Park

swyddfa (-feydd) f = office
archwilio = to audit
y Swyddfa Archwilio
Genedlaethol
= the National Audit Office

ymddiried = to trust; ymddiriedolaeth f = trust (charity)
yr Ymddiriedolaeth Genedlaethol
= the National Trust

cenedlaetholaidd
= nationalistic

cenedlaetholdeb
m = nationalism

cenedlaetholgar
= nationalist

cenedlaetholwr (-wyr)
m = nationalist

cenedligrwydd
m = nationality, nationhood

cenhedlaeth (cenedlaethau)
f = generation

cenhedlu
= to procreate, to generate

atal (-ion) m = prevention
atal cenhedlu
= contraception

rheoli = to control
rheoli cenhedlu
= birth-control

atgenhedlu
= to regenerate,
  to reproduce

atgenhedliad
m = regeneration,
  reproduction

gwrth = against
gwrthgenhedlyn (gwrthgenhedlion)
m = contraceptive

cerdd (-i) f = poem, music

tant (tannau)
m = string of instrument
cerdd dant
= penillion singing

coleg (-au) m = college; brenhinol = royal
drama (dramâu) f = drama
Coleg Brehinol Cerdd a Drama Cymru
= Royal Welsh College of Music and Drama

offeryn (-nau) m = instrument
offerynnau cerdd
= musical instruments

sioe (-au) f = show
sioe gerdd, drama gerdd
= musical

theatr (-au) f = theatre
theatr gerdd
= music-hall

angerdd
m/f = passion

angerddol
= passionate, intense

angerddoldeb
m = ardour, intensity

blodyn (blodau)
m = flower
blodeugerdd
f = anthology

bugail (bugeiliaid)
m = shepherd
bugeilgerdd (-i)
f = pastoral poem

cyngerdd (cyngherddau)
m/f = concert

mawr = big
cyngerdd mawreddog
= grand concert

neuadd (-au) f = hall
neuadd gyngerdd
= concert hall

dychan (-au) m = satire
dychangerdd (-i)
f = satirical poem

gwatwar = to mock
gwatwargerdd (-i)
f = satire

[hwian = to murmur]
hwiangerdd (-i)
f = lullaby, nursery rhyme

pen (-nau) m = head
pencerdd (penceirddiaid)
m = chief poet / musician

rhiain (rhianedd) f = maiden
rhieingerdd (-i)
f = love poem

cerddor (-ion)
m = musician

cerddorfa (-feydd)
f = orchestra

ieuenctid m = youth
cerddorfa ieuenctid
= youth orchestra

cerddorfaol
= orchestral

cerddoriaeth
f = music

clasur (-on) m = classic
clasurol = classical
cerddoriaeth glasurol
= classical music

yn = in; byd (-oedd)
m = world
ym myd cerddoriaeth
= on the musical scene

doeth = wise; annoeth = unwise; doethineb m = wisdom
doethur (-iaid) m = doctor (of a university); mewn = in
Doethur mewn Cerddoriaeth
= Doctor of Music

cerddorol
= musical

eisteddfod (-au) f = eisteddfod; cydwladol = international
Eisteddfod Gerddorol Gydwladol Llangollen
= Llangollen International Musical Eisteddfod

bach = small
ci bach
= puppy

dafad (defaid) f = sheep
cŵn defaid
= sheep-dogs

hela = to hunt
cŵn hela
= foxhounds

trywydd (-ion) m = trail
cŵn trywydd
= tracker dogs

aderyn (adar) m = bird
adargi (adargwn)
m = retriever

blaidd (bleiddiaid) m = wolf
bleiddgi (-gwn)
m = wolfhound

bol (-iau) m = belly
bolgi (-gwn)
m = glutton

brathu = to bite
brathgi (-gwn)
m = a fierce, snappy dog

cachu = to defecate
cachgi (-gwn)
m = coward; sneak

celwydd (-au) m = lie
celwyddgi (-gwn)
m = liar

clapian = to tell tales
clapgi (-gwn)
m = a gossip, a tell-tale

cor (-rod) m = dwarf
corgi (-gwn)
m = corgi

chwiw (-iau) f = whim
chwiwgi (-gwn)
m = cheat; sneak

gafael (-ion) f = grip
gafaelgi (-gwn)
m = mastiff

gwarchod
= to guard
gwarchodgi (-gwn)
m = guard dog

gwanc m = greed, lust
gwancus = greedy
gwenci (gwencïod)
f = weasel

llechwraidd = furtive
llechgi (-gwn)
m = sneak

llwfr = cowardly
llwfrgi, llyfrgi (-gwn)
m = coward

mil (-od) m = animal
milgi (-gwn)
m = greyhound

cacynen (cacwn)
f = wasp, hornet

ciaidd
= brutal

cieidd-dra
m = brutality

tyn = tight
cyndyn
= stubborn

cynddaredd
f = rage, fury

y gynddaredd
= rabies

cynddeiriog
= furious

cynddeiriogi
= to infuriate

cynddeiriogrwydd
m = fury, rage, frenzy

ffon (ffyn) f = stick
cynffon (-nau)
f = tail

oen (ŵyn) m = lamb
cynffonnau ŵyn bach
= catkins

llall (lleill) = other, another
un wrth gynffon y llall
= nose to tail

cynffonna
= to curry favour, to flatter

cynffonnwr (cynffonwyr)
m = toady, sycophant

cig (cigoedd) m = meat

bras = fat; tew = fat
cig bras, cig tew
= fat meat

carw (ceirw) m = deer
cig carw
= venison

coch = red
cig coch
= lean meat

eidion (-nau) m = bullock
cig eidion
= beef

eidionyn (-nau)
m = beefburger

(y)sglodyn (-ion) m = chip
eidionyn a sglodion
= beefburger and chips

gwaed
m = blood
cig a gwaed
= flesh and blood, human

gwedder (gweddrod)
m = wether, castrated ram
cig gwedder
= mutton

gwyn, gwen = white
cig gwyn
= fat (on meat)

llo (lloi) m = calf
cig llo
= veal

mochyn (moch)
m = pig
cig moch
= bacon, ham, pork

brechdan (-au)
f = sandwich
brechdan gig moch
= bacon/ham sandwich

cig mochyn
= pork

oena = to lamb
oen (ŵyn) m = lamb
cig oen
= lamb

Cymreig = Welsh (not meaning Welsh speaking)
cig oen Cymreig
= Welsh lamb

golwyth (-ion)
m = chop
golwythion cig oen
= lamb chops

darn (-au) m = piece
darn o gig
= a joint of meat

briw = broken, bruised
briwgig
m = mincemeat

hela = to hunt
helgig
m = game

lliain (llieiniau) m = cloth
llengig
f = diaphragm

torri = to break, to cut
torllengig
m = rupture, hernia

marw = dead
marwgig
m = gangrene

bach (-au) m = hook
cigfach
m = meat hook

noeth = naked
cignoeth
= raw, painful

cigaidd, ciglyd, cigiog
= fleshy

cigydd (-ion)
m = butcher

cigyddiaeth
f = butcher's trade

cigyddio
= to slaughter

ysydd (yswyr)
m = consumer, eater
cigysydd (-ion)
m = carnivore

cigysol
= carnivorous

cil (ciliau) m = corner, flight, recess

haul (heuliau) m = sun
cil haul = machlud
m = sunset

lleuad (-au) f = moon
cil y lleuad
= the waning of the moon

llygad (llygaid) m/f = eye
cil y llygad
= the corner of the eye

ar gil
= receding, on the wane

encil (-au)
m = retreat

ar encil
= in retreat

encilfa (-feydd)
f = retreat

encilio
= to retreat

enciliwr (-wyr)
m = deserter

gwrth = against
gwrthgilio
= to backslide

gwrthgiliad
m = backsliding, withdrawal

gwrthgiliwr (-wyr)
m = backslider

ymgilio
= to retreat

ymgiliad
m = retreat

ymgiliwr (-wyr)
m = one who fails to fulfil
his obligations; a "Welcher"

agor = to open
cilagored
= ajar

chwerthin = to laugh
cilchwerthin
= to giggle, to titter

trem (-iau) f = look
cildrem
f = leer

troi = to turn
cildroi
= to reverse, to turn back

cilan (-nau)
f = cove

dwrn (dyrnau) m = fist
cildwrn
m = tip, gratuity

tyn = tight
cildyn
= obstinate, stubborn

dant (dannedd) m = tooth
cilddant
m = wisdom / molar tooth

bach (-au) m = hook
cilfach (-au)
f = alcove, creek, inlet

man (-nau) m/f = place
cilfan (-nau)
f = lay-by

mil (-od) m = animal
cilfilyn (cilfilod)
m = ruminant

ciliad (-au)
m = flight

cant (-au) m = circle, rim
cilgant (-au)
m = crescent

cnoi = to chew, to gnaw
cilgnoi, cnoi cil
= to chew over, to consider

cilio
= to retreat

cilio oddi wrth
= to shy away from

gwên (gwenau) f = smile
gwenu = to smile
cilwenu
= to smirk, to simper

gwgus = frowning
gwgu = to frown, to scowl
cilwg (cilygon)
m = scowl, frown

cladd (claddau) m = burial place

cladd (-au)
m = burial place

angladd (-au)
m/f = funeral

angladdol
= funereal

claddedig
= buried

claddedigaeth (-au)
f = burial

claddfa (-feydd)
f = graveyard, cemetery

cell (-oedd) f = cell
claddgell
f = burial chamber, crypt

ogof (ogofâu) f = cave
claddogof
f = catacomb

asgwrn (esgyrn) m = bone; cynnen f = contention

claddu
= to bury

claddu asgwrn y gynnen
= to bury the hatchet

gwrth = against
clawdd (cloddiau)
m = embankment, dyke

gwrthglawdd (-gloddiau)
m = rampart

llif (-ogydd) m = flood, flow
llifglawdd (-gloddiau)
m = river embankment

mwyn (-au) m = mineral, ore
mwynglawdd
m = mine

plwm m = lead
mwyngloddiau plwm
= lead mines

llech (-i) f = slate, slab
cloddfa (-feydd)
f = quarry

cloddfa lechi
= slate quarry

cloddiad (-au)
m = excavation

cloddio
= to excavate, to quarry

mwyngloddio
= to mine

cloddilion
pl = fossils

cludo = to carry, to transport

talu = to pay
talu a chludo
= cash and carry

caeth = captive, bound
caethgludo
= to take into captivity

caethgludiad
m = captivity

dargludiad
m = conduction
dargludo
= to conduct

lled = partly
lled-ddargludydd (-ion)
m = semi-conductor

dargludydd (-ion)
m = conductor

traws = cross
trawsgludo
= to transfer (in law)

trawsgludiad
m = deed of conveyancing

tros = over
trosgludo
= to transport, to deliver

dyddiad (-au) m = date
dyddiad trosgludo
= delivery date

bwyd (-ydd) m = food
cludfwyd
m = take-away

cludadwy
= portable

cludiad (-au)
m = carriage; conveyance

cyhoeddus = public
cluidiant cyhoeddus
= public transport

gan gynnwys = including
gan gynnwys cludiant
= including delivery

cludiant (-iannau)
m = transport

cludwr (-wyr)
m = porter

cludydd (-ion)
m = carrier, conveyor

mellten (mellt) f = lightning
cludydd mellt
= lightning conductor

clust (clustiau) f/m = ear   clyw m = hearing

clust (-iau)
f/m = ear

cwpan (-au) m/f = cup
clust cwpan
= handle of a cup

tost = sore
clust dost
 = earache

main = lean, slim, thin
clust fain
 = acute hearing

enillydd (-wyr) m = winner
ennill clust
 = to win the ear

achlust
m = rumour

achlust
= attentive

clustfeinio
= to listen intently,
   to eavesdrop

tlws (tlysau) m = jewel
clust(d)lws (-lysau)
m = ear-ring

ffôn (ffonau) m = telephone
clustffon (-au)
 = head set

nodi = to mark, to note
clustnodi
= to earmark

clustog (-au)
f = cushion, pillow

clyw
m = hearing

cymorth (cymhorthion)
m = aid, help
cymorth clyw
= hearing aid

o fewn = within
o fewn clyw
= within earshot

aroglau (-au) (-on)
arogl (-au) (-ion)
m = smell, scent

tarth (-au) m = vapour
arogldarth
m = incense

arogli, arogleuo
= to smell

erglyw(ed)
= to listen, to hear

hyglyw
= audible

anhyglyw
= inaudible

clywadwy
= audible

anghlywadwy
= inaudible

clywed
= to hear, to sense, to feel,
   to smell

calon (-nau) f = heart; ei = his
clywed ar ei galon
= to feel inclined

wrth glywed
= on hearing

byddar = deaf; sawl = he that, who so;   mynnu = to wish
nid oes neb mor fyddar â'r sawl na fyn glywed
= there's none so deaf as those who do not want to hear

clywededd
m = audibility

clywedigaeth
f = hearing

clywedol
 = aural

gweld, gwel ed = to see
clyweled
= audio-visual

clyweliad (-au)
m = audition

ymglywed â
= to feel inclined to

clwyf (clwyfau) m = wound, disease
claf = sick, ill clefyd (clefydau) m = disease, illness

claf = sick, ill
claf (cleifion)
m = sick-person, patient

mewnol = internal
claf mewnol
= in-patient

allanol = external
cleifion allanol
= out-patients

oedran (-nau) m = age
cleifion oedrannus
= elderly patients

gwahân m = separation
gwahangleifion
= lepers

clafychu
= to sicken, to fall ill

atglafychu
= to relapse

clefyd (-au)
m = disease, illness

anaele = dire, incurable
clefydau anaele
= incurable diseases

coch = red
y clefyd coch
= scarlet fever

gwair (gweiriau) m = hay
clefyd y gwair
= hay fever

melyn = yellow
y clefyd melyn
= jaundice

melys = sweet; siwgr m = sugar
y clefyd melys, clefyd y siwgr
= diabetes

ysgyfaint m = lung
clefyd yr ysgyfaint
m = lung disease

esgor (ar) = to give birth
esgor clefyd
= to shake off an illness

clefydeg
f = pathology

clefydegol
= pathological

clwyf (-au)
m = wound, disease

Gwener f = Friday; Venus
gwenerol = venereal
clwyf gwenerol
= venereal disease

marchog (-ion) m = rider
marchogaeth = to ride
clwyf y marchogion
= piles, haemorrhoids

pen (-nau)
m = head
clwyf pennau
= mumps

troed (traed) m/f = foot
genau (-euau) m = mouth
clwyf y traed a'r genau
= foot and mouth disease

asen (-nau) f = rib
eisglwyf
m = pleurisy

gwahanu = to separate
gwahanglwyf
m = leprosy

hun f = sleep
hunglwyf (-au)
m = coma

mis (-oedd) m = month
misglwyf
m = menstruation

prudd = sad, serious
pruddglwyf
m = depression, melancholy

pruddglwyfus
= depressed

clwyfo
= to wound, to sicken

clwyfus
= wounded, sore, sick

coch (cochion) = red

coch (cochion)
= red

aeronen (aeron) f = berry
aeron cochion
= red berries

bara m = bread
bara coch
= brown bread

barcuta = to hang-glide; barcud,barcut (-iaid) m = kite
barcut coch (barcutiaid cochion)
= red kite

buwch (buchod) f = cow; bach = small; cwta,cota = short
buwch fach goch gota
= ladybird

cimwch (cimychiaid) m = lobster
cimwch coch
= crayfish

crys (-au) m = shirt
y Crysau Cochion
= the Welsh Rugby Team

cwrw (-au) (cyrfau) m = beer, ale
cwrw coch
= brown ale

dimai (-eiau) f = half-penny
dimai goch
= brass farthing

twymyn (-au) f = fever
y dwymyn goch
= scarlet fever

draig (dreigiau) f = dragon
y Ddraig Goch
= the Red Dragon

ffilm (-iau) f = film
ffilm goch
= a poor film; a 'blue' film

gwallt (-iau) m = hair
gwallt coch
= auburn hair

gweld = to see; golau (goleuadau) m = light
gweld y golau coch
= to see the red light (i.e. to see the danger)

gwiwer (-od) f = squirrel
gwiwer goch
= red squirrel

Indiad (Indiaid) m = Indian
Indiaid Cochion
= Red Indians

llew (-od) m = lion
y Llew Coch
= the Red Lion

papur (-au) m = paper
papur coch
= brown (wrapping) paper

siwgr m = sugar
siwgr coch
= brown sugar

boch (-au) f = cheek
bochgoch
= rosy-cheeked

bron (-nau) f = breast
brongoch (-iaid)
f = robin redbreast

crino = to wither
crin = withered
cringoch
= russet

gwrid m = blush
gwrido = to blush
gwritgoch
= rosy-cheeked, ruddy

melyn, melen = yellow
melyngoch
= orange (colour)

cochder, cochni
m = redness

cochen
f = a redheaded person

cochi
= to redden, to blush

clust (-iau) f/m = ear; ei = his
cochi at ei glustiau
= to blush very deeply

cochyn
m = a redheaded person

codi = to raise, to rise, to lift, to erect, to get up

codi
= to raise, to rise

arswydus = terrible, horrifying
arswydo = to fear, to dread
arswyd m = terror, dread
codi arswyd (ar)
= to terrify

awyddus = eager
awydd
m = desire, eagerness
codi awydd (i)
= to develop an interest (in)

gobaith (gobeithion)
m = hope
codi gobeithion
= to raise (one's) hopes

gwrych (-oedd) m = hedge
gwrychyn (gwrych)
m = bristle
codi gwrychyn
= to make (someone) angry

helynt (-ion)
f = trouble, fuss
codi helynt
= to make a fuss

mwnci (mwncïod)
m = monkey
codi mwnci (rhywun)
= to get (someone's)
   back up

ofnus = fearful
ofn (-au) m = fear
codi ofn ar
= to frighten

pensiwn (pensiynau)
m = pension
codi pensiwn
= to draw a pension

plentyn (plant) m = child
ysgol (-ion) f = school
codi'r plant o'r ysgol
= to pick up the children
   from school

stŵr
m = fuss, rumpus
codi stŵr
= to kick up a fuss

ysgyfarnog (-od) m = hare
codi ysgyfarnog
= to raise a red herring (i.e. something irrelevant)

blawd m = flour
blawd codi
= self-raising flour

bau m = muck, filth
Jac Codi Bau
= excavator (JCB)

codiad (-au)
m = rise, rising, source,
   erection

ehedeg = to fly
ehedydd (-ion) m = (sky) lark
Codiad yr Ehedydd
= the Rising of the Lark

haul (heuliau)
m = sun
codiad yr haul
= sunrise

codwr (-wyr)
m = riser, raiser, lifter

pwysau m = weight
codwr pwysau
= weight-lifter

cyfodi
= to arise, to rise, to raise

cyfodiad (-au)
m = erection, rise, rising

atgyfodi
= to revive, to resurrect

atgyfodiad
m = resurrection

bywyd (-au) m = life
yr Atgyfodiad a'r Bywyd
= the Resurrection and the Life

cyfog
m = sickness, vomit

cyfogi
= to vomit, to be sick

cyfoglyd
= nauseating, sickening

coeden (coed) f = tree (wood)

coeden (coed)
f = tree (wood)

Nadolig m = Christmas
coeden Nadolig
= Christmas tree

dod = to come; ei = his
dod at ei goed
= to come to his senses

saer (seiri) m = builder
saer coed
m = carpenter

tân (tanau) m = fire
tân coed
= firewood

telori = to warble
telor y coed
m = woodpecker

(y)sgrechian = to shriek
(y)sgrech y coed
m = jay

mân = small, tiny
mangoed
pl = brushwood

gwig (-oedd) f = wood
coedwig (-oedd)
f = forest

trofannol = tropical
coedwigoedd trofannol
= tropical forests

coediog
= wooded

coedwigaeth
f = forestry

comisiwn (comisiynau) m = commission
Comisiwn Coedwigaeth
= Forestry Commission

coedwigo
= to afforestate

coedwigwr (-wyr)
m = forester

tir (-oedd) m = land
coetir
m = woodland

coetmon (coetmyn)
m = lumberjack

coel (coelion) f = belief, trust; credit

coel (-ion)
f = belief, trust; credit

ar goel
= on credit, on trust

prynu = to buy
prynu ar goel
= to buy on credit

argoel (-ion)
f = omen, sign (prospects)

argoeli
= to bode, to portend

da = good
argoeli'n dda
= to bode well

argoelus
= ominous, foreboding

hygoel
= credible

anhygoel
= incredible

hygoeledd
m = credulity, gullibility

hygoelus
= credulous, gullible

oferedd m = dissipation
ofer = wasteful, vain
ofergoel (-ion)
f = superstition

ofergoeledd m
ofergoeliaeth f
= superstition

ofera = to squander
ofergoelus
= superstitious

certh = true, certain, terrible
coelcerth (-i)
f = bonfire, beacon

angladd (-au) m/f = funeral
coelcerth angladdol
= funeral pyre

coelio
= to believe, to trust, to credit

anghoelio
= to disbelieve, to distrust

cof (-ion)
m = memory

ar gof
= remembered

gogr, gogor (-au) m = sieve
cof fel gogor
= a memory like a sieve

plentyn (plant) m = child
cof plentyn
= a childhood memory

cynnes = warm; pawb = all, everyone
cofion cynnes i bawb
= warm regards to all

allan = out; ei = his
allan ei gof
= out of his mind

anfon = to send
anfon cofion
= to convey one's regards

brith, braith = speckled
brith gof
= a vague memory

cadw = to keep; mewn = in
cadw mewn cof
= to keep in mind

colli = to lose
colli cof
= to lose one's memory

er = for; since
er cof am
= in memory of

ers = since; cyn = before
ers cyn cof
= from time immemorial

galw = to call; i = to, into
galw i gof
= to recall

gyda = with; hyn = this, these
gyda hyn mewn cof
= with this in mind

o fewn = within
o fewn cof
= within living memory

hel(a)= to hunt, to gather
hel atgofion
= to reminisce

atgof (-ion)
m = reminiscence

atgofus
= reminiscent

atgofio
= to recollect, to recall

gwallus = faulty
gwall (-au)
m = defect, fault
gwallgof
= mad, insane

clefyd (-au) m = disease; gwartheg pl = cattle
clefyd y gwartheg gwallgof
= mad cow disease

tŷ (tai) m = house
gwallgofdy (-dai)
m = mental hospital

dyn (-ion) m = man
gwallgofddyn (-ion)
m = lunatic

gwallgofi
= to become/go mad

gwallgofiaid
pl = maniacs, madmen

gwallgofrwydd
f = madness, insanity, lunacy

hanner (haneri) m = half
hanercof
= half-witted

cof (cofion) m = memory

cofeb (-ion)
f = memorial

colofn (-au) f = pillar, column
cofgolofn (-au)
f = monument

cofiadur (-on)
m = recorder

byth = ever, always, never
bythgofiadwy
= unforgettable, ever memorable

cofiadwy
= memorable

hun: hunan (hunain) = self
hunangofiannol
= autobiographical

cofiannol
= biographical

cofiannydd (cofianwyr)
m = biographer

cofiant (cofiannau)
m = biography

hunangofiant
m = autobiography

cofio
= to remember

cofio am
= to remember about

mam (-au) f = mother
dy = your
cofia fi at dy fam!
= remember me to your
  mother!

cofio at
= to remember to

anghofio (am)
= to forget (about)

anghofiedig
= forgotten

llech (-i) f = slate, slab
coflech (-i)
f = memorial slab

llyfr (-au) m = book
coflyfr (-au)
m = record book

nod (-au)
m/f = aim, mark, note
cofnod (-ion)
m = record, minute, memo

ar gofnod
= on record

cyfarfod (-ydd) m = meeting
cofnodion y cyfarfod
= the minutes of the meeting

trosglud m = delivery
trosglud cofnodedig
= recorded delivery

llythyr (-au) m = letter
llythyr cofnodedig
= recorded letter

cofnodedig
= recorded

cof (cofion) m = memory

nodi = to mark, to note
cofnodi
= to record

rhestr (-i) (-au)	*arian*	*dall (deillion)*
f = list	*pl = money*	*m = blind person*
cofrestr (-au)	**cofrestr arian**	**Cofrestr y Deillion**
f = register	= cash register	= Blind Person's Register

cofrestrfa (-feydd)   **cofrestredig**
f = registry   = registered

cofrestru   **cofrestrydd (-ion)**
= to register   m = registrar

byr, ber (byrion) = short
cofus   **byrgofus**
= having a good memory   = forgetful

anghofus   **anghofrwydd**
= forgetful   m = forgetfulness

gweini = to serve
cofweini   **cofweinydd (-ion)**
= to prompt   m = prompter

capel (-i) (-au)   *gwasanaeth (-au)*
m = chapel   *m = service*
coffa   **capel coffa**   **gwasanaeth coffa**
m = remembrance   = memorial chapel   = memorial service

gwobr (-au) f = prize, award   *marw = dead*
gwobr goffa   **marwgoffa**
= memorial prize   m = obituary

neuadd (-au) f = hall
neuadd goffa
= memorial hall

atgoffa
= to remind

coffâd   **coffadwriaeth (-au)**   **coffadwriaethol**
m = commemoration   f = remembrance, memorial   = commemorative

coffadwy
= memorable

rhestr (-i) (-au) f = list
coffáu   **rhestr goffáu**
= to commemorate   = roll of honour

ebargofiant
m = oblivion

coll
m = loss

coll
= lost

ar goll
= lost, missing

dyled (-ion) f = debt
dyled goll
= bad debt

eiddo m = property
eiddo coll
= lost property

heb = without
heb goll
= without loss

cyfr- = completely
cyfrgoll
= utterly lost

deilen (dail) f = leaf
deilgoll, collddail
= deciduous

[difant = vanished]
difancoll
f = oblivion

abwyd (-od) m = bait; earthworm
coll-abwyd
m = loss leader

colladwy
= perishable

llwyr = complete

cyfrif (-on) m = account
elw (-au) m = profit

colled (-ion)
f/m = loss

colled lwyr
= a total loss

cyfrif elw a cholled
= profit and loss account

ar golled
= at a loss

colledig
= lost

colledigaeth
f = perdition

colledu
= to cause loss

digolledu
= to compensate

digollediad
m = compensation

colledus
= fraught with loss

amyneddgar = patient
amynedd m = patience

dydd (-iau) m = day
colli'r dydd

colli
= to lose

colli amynedd (â)
= to lose patience (with)

*= to lose the day / the
battle / the game*

*dylanwad (-au)
m = influence*
colli dylanwad
= to lose influence

*parchus = respectable
parch m = respect*
colli parch
= to lose respect

trên (trenau) m = train
colli'r trên
= to lose / miss the train

colli ar
= to lose one's grip on

colli o
= to lose by

ymgolli
= to lose / immerse oneself
(in a book)

collwr (-wyr)
m = loser

mab (meibion) m = son
côr meibion
= male voice choir

cân (caneuon) f = song
corawl
= choral

corgan (-au)
f = chant

gwaith (gweithiau)
m = work
gweithgor (-au)
m = working party

cyfan = entire
Cymru f = Wales
Gweithgor Cymru Gyfan
= All-Wales working party

pwyll
m = discretion, steadiness
pwyllgor (-au)
m = committee

addysg f = education
pwyllgor addysg
= education committee

archwilio = to audit
pwyllgor archwilio
= audit committee

brys m = haste
pwyllgor brys
= emergency committee

cyllid (-au) m = finance
pwyllgor cyllid
= finance committee

cyfrif (-on) m = account
cyhoeddus = public
Pwyllgor Cyfrifon Cyhoeddus
= Public Accounts Committee

cynllun (-iau) m = plan
cynllunio = to plan
pwyllgor cynllunio
= planning committee

dethol
= to select
Pwyllgor Dethol
= Select Committee

gwaith (gweithiau) m = work
pwyllgor gwaith
= executive committee

llyw (-iau) m = helm, rudder
pwyllgor llywio
= steering committee

neilltuol = special
pwyllgor neilltuol
= ad-hoc committee

rheoli = to manage
pwyllgor rheoli
= management committee

sefydlu = to settle
sefydlog = fixed, settled
pwyllgor sefydlog
= standing committee

cyngor m = advice
ymgynghori = to consult
pwyllgor ymgynghori
= consultative committee

cyd = joint
cyd-bwyllgor
= joint committee

is = lower, below, under
is-bwyllgor
= sub-committee

[rhaith (rheithiau) f = law, right] cyfraith (cyfreithiau) f = law
rheithgor (-au)
m = jury

corff (cyrff) m = body

atebol = accountable
corff atebol
= accountable body

etholedig = elected
corff etholedig
= elected body

cyhoeddus = public
corff cyhoeddus
= public body

tylino = to knead (dough)
tylino'r corff
= to massage

corffilyn (-ilod)
m = corpuscle

eglwys (-i) f = church
corff yr eglwys
= the nave

gwrth = against
gwrthgorffyn (-nau)
m = antibody

llu (-oedd) m = multitude
corfflu
m = corps (army), squad

cyffur (-iau) m = drug
y Corfflu Cyffuriau
= the Drugs Squad

corffol
= corpulent

corffolaeth
f = stature, bodily size

corffoledd
m = physique

darlledu = to broadcast; Prydain f = Britain
Y Gorfforaeth Ddarlledu Brydeinig
= The British Broadcasting Corporation (BBC)

corfforaeth (-au)
f = corporation

cynllun (-iau) m = plan
cynllun corfforaethol
= corporate plan

corfforaethol
= corporate

corfforedig
= incorporated

corffori,
= to incorporate

corfforiad
m = incorporation

datgorffori
= to dissolve (e.g. Parliament)

datgorfforiad
m = dissolution

ymgorffori
= to embody

ymgorfforiad
m = embodiment

corfforol
= physical

addysg
f = education
addysg gorfforol
= physical education

anabl = disabled
anabledd (-au)
m = disability
anabledd corfforol
= physical disability

anfantais (-eision)
f = disadvantage
anfantais gorfforol
= physical disadvantage

nam (-au) m = defect, fault
plentyn (plant) m = child
plentyn â nam corfforol
= a physically handicapped
   child

presenoldeb m = presence
presenoldeb corfforol
= physical presence

cosb (cosbau) f = punishment, penalty

cic (-iau)
f = kick
cic gosb (ciciau cosb)
= penalty kick

penodedig
= fixed
cosb benodedig
= fixed penalty

dihenydd m = death
dienyddiad m = execution
cosb ddihenydd
= capital punishment

eithaf(ol) = extreme
y gosb eithaf
= capital punishment

uchaf = highest
cosb uchaf
= maximum penalty

cymal (-au) m = clause; joint
cymal cosb
= penalty clause

digosb
= unpunished

cosbadwy
= punishable

cosbedigaeth
f = punishment

cosbi
= to punish, to penalise

cwrt (cyrtiau) m = court
cwrt cosbi
= penalty area

mesur (-au) m = measure
mesurau cosbi
= punitive measures

cosbol
= punitive

ymgosbol
= ascetic

crawn m = pus : crawn (crawnau) m = hoard

crawn
m = pus

crawni
= to fester
crawnllyd
= festering, purulent

crawniad (-au)
m = abscess

crawn (-au)
m = hoard

cylch (-oedd) m = circle
cylchgrawn (cylchgronau)
m = magazine

mis (-oedd) m = month
cylchgrawn misol
= a monthly magazine

wythnos (-au) f = week
cylchgrawn wythnosol
= a weekly magazine

cronfa (cronfeydd)
f = fund

achub = to save
plentyn (plant) m = child
Cronfa Achub y Plant
= Save the Children Fund

llesáu = to benefit
lles m = benefit
Cronfa Les
= Benevolent Fund

cyfle (-oedd) m = opportunity
newydd = new
Cronfa Cyfleodd Newydd
= New Opportunities Fund

olew m = oil
cronfeydd olew
= oil reserves

croniad
m = accrual

ôl = behind, rear
ôl-groniad
m = back-log

croniadur (-on)
m = accumulator

croniant (croniannau)
m = accumulation

cronni
= to accumulate, to accrue; to dam

cronnus
= cumulative

cred (credau) f = belief, faith

cred (-au)
f = belief, faith

cyfeiliornus = erroneus
cred gyfeiliornus
= wishful thinking

di-gred
= without belief

hygred
= credible

hygrededd
m = credibility

union = exact, direct
uniongred
= orthodox

anuniongred
= unorthodox

credadun (-iaid)
(credinwyr)
m = believer

anghredadun (-iaid) (-ion)
(anghredinwyr)
m = infidel, non-believer

credadwy
= credible

anghredadwy
= incredible

credadwyaeth
f = credibility

crediniaeth
f = belief

anghrediniaeth
f = lack of belief, unbelief

crediniol
= believing

anghrediniol
= unbelieving, incredulous

crediniwr, credwr (-wyr)
m = believer

anghrediniwr (-wyr)
m = unbeliever, infidel

llythyr (-au) m = letter
credlythyrau
pl = credentials

credo (-au)
f = creed, belief

gorfodaeth f = enforcement
credorfodaeth
f = indoctrination

gorfodi = to compel
credorfodi
= to indoctrinate

credu
= to believe

cwblhau = to complete
cwb(w)l = all
cwbwlgredu
= to believe everything

dal i = to continue
daliwch i gredu!
= keep going! have faith!

anghredu
= to disbelieve

crefydd (crefyddau) f = religion

crefydda
= to profess religion

cân (caneuon) f = song
crefyddgan
f = spiritual

crefyddol
= religious

tröedigaeth (-au)
f = conversion
tröedigaeth grefyddol
= religious conversion

anghrefyddol
= irreligious

crefyddwr (-wyr)
m = a religious person

croes (croesau) f = cross

croes (-au)
f = cross

coch (cochion) = red
y Groes Goch
= the Red Cross

coes (-au) f = leg
coesgroes
= cross-legged

cyd = joint
cytgroes
= concurrent, convergent

dir = certain
dirgroes
= opposite

llygad (llygaid) m/f = eye
llygatgroes
= cross-eyed

dweud = to say, to tell
croes-ddweud
= to contradict

cad (-au) (-oedd) f = battle
croesgad (-au)
f = crusade

hoel(en) (hoelion) f = nail
croeshoeliad
m = crucifixion

hoelio = to nail
croeshoelio
= to crucify

croes = cross, contrary
yn groes i
= contrary to

disgwyl (-ion) m = expectation
yn groes i'r disgwyl
= contrary to expectation

cwb(w)l = all
yn gwbl groes
= totally opposed to

mynd = to go
mynd yn groes i
= to go against

croesi
= to cross, to oppose

ymgroesi
= to cross oneself

croesymgroes
= criss-cross; vice-versa

croesiad (-au)
m = hybrid

croeso m = welcome

croeso
m = welcome

cynnes = warm; pawb m = everyone, all
croeso cynnes i bawb
= a warm welcome to all

â chroeso
= with pleasure

bwrdd (byrddau) m = board
Cymru f = Wales
Bwrdd Croeso Cymru
= Wales Tourist Board

canolfan (-nau)
f/m = centre
Canolfan Croeso/Groeso
=Tourist Information Centre

estyn = to extend
estyn croeso
= to extend a welcome

glas = blue, grey
glas groeso
= a cool welcome

os croeso, croeso
= if something is worth doing, it's worth doing well

ystafell (-oedd) f = room
ystafell groeso
= reception room

digroeso
= unwelcome, inhospitable

croesawiad
m = welcome

croesawu
= to welcome

croesawgar, croesawus
= hospitable, welcoming

anghroesawus
= inhospitable

croesawydd (-ion)
m = receptionist

crwm, crom = curved, bent

crwm, crom
= curved, bent

amgrwm, argrwm,
= convex

blaen = front
blaengrwm
= bow-fronted

cefn (-au) m = back
cefngrwm
= hunchbacked

cau = hollow
ceugrwm
= concave

gwar (-rau)
m/f = nape/scruff of the neck
gwargrwm
= stooping

gwargrymu
= to stoop
   (especially through age)

cromen (-ni) (-nau)
f = dome

bach (-au) m = hook
cromfach (-au)
f = bracket, parenthesis

rhwng = between
rhwng cromfachau
= in brackets

cell (-oedd) f = cell
cromgell (-oedd)
f = vault

llech (-i) f = flat stone
cromlech (-i) (-au)
f = cromlech

crwmach, crwba
m = hump

cryman (-au)
m = sickle

crymder
m = camber (road)

crymedd (-au)
m = curvature

crymu
= to stoop

ymgrymiad
m = bow

ymgrymu
= to bow

crwn, cron (crynion) = round, circular

crwn, cron (crynion)
= round, circular

bord (-ydd) f = table
y Ford Gron
= the Round Table

hir = long
hirgron
= oval

cronnell (cronellau)
f = sphere, globe

crynnu
= to round

tâl (talau) f = end, top
talgrynnu
= to round off

crych, crech = wrinkled

crych, crech = wrinkled
crych (-au)
m = wrinkle, crease

gwên (gwenau) f = smile
crechwen (-au)
f = guffaw, derisive laughter

ton (-nau) f = wave
crychdon (-nau)
f = ripple

llais (lleisiau) m = voice
crychlais (-leisiau)
m = tremolo

crychlyd
= wrinkled

crychni
m = a wrinkling

naid (neidiau) f = jump
crychnaid (-neidiau)
f = bound, leap, gambol

nod (-au) m/f = mark, note
crychnod (-au)
m = quaver, trill

crychu
= to wrinkle

gwefus (-au) f = lip; ei = her
crychu ei gwefus
= to curl her lip

llygad (llygaid) m/f = eye
crychu ei llygaid
= to screw up her eyes

cryd (crydiau) m = shivering

cryd (crydiau)
m = shivering

cymal (-au) m = joint
cryd cymalau
= rheumatism

daear (-oedd) f = earth
daeargryd (-iau)
m = earth tremor

echryd
m = horror, dread

echrydus
= horrible, dreadful, fearful

ysgryd
m = shiver, thrill

crŷn, cryn m = shivering, trembling

crŷn. cryn
= shivering, trembling

daear (-oedd) f = earth
daeargryn (-fâu) (-feydd)
m/f = earthquake

dir = certain
dirgryniad (-au)
m = vibration, tremor

dirgrynol
= vibrating
dirgrynu
= to vibrate, to convulse

dychryn (-iadau)
m = fright, terror

dychryn, dychrynu
= to frighten
dychrynllyd
= dreadful, frightful

cryndod (-au)
m = tremor, shiver

crynedig
= trembling, shaky

crynu
= to shiver, to shake

esgid (-iau) f = shoe
crynu yn ei 'sgidiau
= to quake in her shoes

Crynwr, Crynydd (Crynwyr)
m = Quaker

cryno = compact, concise

cryno
= compact, concise

adroddiad (-au) m = report
adroddiad cryno
= summary report

tabl (-au) m = table
tabl cryno
= summary table

crynhoad (crynoadau)
m = compendium, digest

ystadegau pl = statistics; Cymreig = Welsh
Crynhoad Ystadegau Cymreig
= Digest of Welsh Statistics

crynhoi
= to gather together

i grynhoi
= to sum up

crynodeb (-au)
m = summary, précis

gweithredol = executive
crynodeb gweithredol
= executive summary

crynodebu
= to summarise

crynoder
m = conciseness

crynodedig
= concentrated

crynodi
= to concentrate

crynodiad (-au)
m = concentration

disg (-iau) m = disk
crynoddisg
= compact disc (CD)

cudd = hidden, concealed

cudd
= hidden, concealed

anhuddo
= to cover (a fire)

ynghudd
= hidden

bendith (-ion) f = blessing
bendith gudd
= a blessing in disguise

heddlu m = police
yr heddlu cudd
= the secret police

pleidlais (-leisiau) f = vote
pleidlais gudd
= secret ballot

datguddiad (-au)
m = revelation, disclosure
datguddio
= to reveal

llyfr (-au) m = book
Llyfr y Datguddiad
= the Book of Revelations

gor = over, super, hyper-
gorchudd (-ion)
m = cover, covering

gwely (-au) m = bed
gorchudd gwely
m = bed-cover

gorchuddio
= to cover

dadorchuddio
= to unveil (e.g. a plaque)

cuddfa (-feydd) (-fâu)
f = hiding place

man (-nau) m/f = place
cuddfan (-nau)
f = hiding place

cuddiad (-au)
m = hiding, concealment

cuddiedig
= hidden

cuddio (rhag)
= to hide (from)

gwedd (-au) f = form, aspect
cuddwedd
f = camouflage

ymguddio
= to hide oneself

cwyddo = to fall
digwydd = to happen   **gogwyddo** = to incline   **tramgwyddo** = to offend

cwyddo
= to fall

cwyddog
= tottering

digwydd
= to happen

fel (y) mae'n digwydd
= as it happens

digwyddiad (-au)
m = event, occurrence

cyfres (-i) f = series
cyfres o ddigwyddiadau
= a series of events

cyd = joint
cyd-ddigwyddiad
m = coincidence

digwyddol
= fortuitous

cyd-ddigwyddol
= coincidental(ly)

gogwydd (-ion)
m = inclination, tendency

gogwyddo
m = to incline, to tend

ar ogwydd
gogwyddol
= inclined, slanting

maen (meini)
m = stone

tramgwyddo
= to offend

tramgwydd (-au)
m = offence; hindrance

maen tramgwydd
= stumbling block

tramgwyddiaeth
f = delinquency

tramgwyddus
= delinquent

tramgwyddwr (-wyr)
m = delinquent

cyd = joint, united, together

ar = on
ar y cyd (â)
= jointly, in partnership (with)

mentrus = enterprising
menter (mentrau) f = venture
menter ar y cyd
= joint venture

arloeswr (-wyr) m = pioneer
arloesi = to pioneer
menter arloesol ar y cyd
= pioneering joint-venture

testun (-au) m = subject, text
cyd-destun
m = context

cydiad
m = coupling, junction, joint

cydio yn
= to join, to grasp

danhadlen (danadl)
f = nettle
cydio yn y danadl
= to grasp the nettle(s)

ail = second
ailgydio
= to rejoin

cydiwr (cydwyr)
m = clutch (car)

cord (-au) (-iau) m = chord
cytgord (-iau)
m = harmony

anghytgord (-iau)
m = discord, dissension

marw = to die
ergyd farwol
= a fatal blow

creulondeb m = cruelty
ergyd greulon
= a cruel blow

ergyd (-ion)
f/m = blow, shot, stroke, hit

cyfergyd (-ion)
m = concussion

ergydio
= to strike, to shoot

gyda
= with

i gyd
= all

ynghyd â
= together with

cyfalaf m = capital
cyf- + [alaf (-au) m = wealth, riches]

cyfalaf
m = capital

gwaith (gweithiau) m = work
cyfalaf gweithiol
= working capital

adnoddau pl = resources
adnoddau cyfalaf
= capital resources

cyllideb (-au) f = budget
cyllideb gyfalaf
= capital budget

dibrisiad m = depreciation
dibrisiad cyfalaf
= capital depreciation

elw (-au) m = profit
elw cyfalaf
= capital gain

gwario = to spend
gwariant cyfalaf
m = capital expenditure

dwys = intensive
dwysgyfalaf
= capital intensive

cyfalafiaeth
f = capitalism

cyfalafol
= capitalistic

cyfalafu
= to capitalise

cyfalafwr (-wyr)
m = capitalist

cyfoeth m = wealth, riches
cyfalafwr cyfoethog
= wealthy capitalist

cyfan (cyfanion) m = total, the whole, entirety

cyfan (-ion)
m = total, the whole
cyfan = whole, complete

cwbl = all, total
yn gyfan gwbl
= completely

croen (crwyn) m = skin
â chroen cyfan
= uninjured, unscathed

ar = on
ar y cyfan
= on the whole

trwy = through
trwy'r cyfan
= throughout it all

wedi = after
wedi'r cyfan
= after all

bara m = bread
grawn pl = grain
bara grawn cyfan
= wholemeal bread

yn = in; Cymru f = Wales
yng Nghymru gyfan
= in the whole of Wales

tir (-oedd) m = land
cyfandir
m = continent

cyfandirol
= continental

cyfaniad
m = integration

astudiaeth (-au) f = study
astudiaethau cyfannol
= integrated studies

cynllun (-iau) m = plan
cynlluniau cyfannol
= integrated plans

cyfannol
= integrated, holistic

cyfannu
= to integrate, to make whole

atgyfannu
= to reintegrate

datgyfannu
= to disintegrate

cyfanrwydd
m = wholeness, totality, entirety

swm (symiau) m = sum
cyfanswm
m = total sum

ased (-ion) (-au) m = asset
cyfanswm asedion
= total assets

cyfartal = equal, equivalent

cymhwyster (cymwysterau)
m = qualification
cymwysterau cyfartal
= equivalent qualifications

dilys = valid
dilysu = to validate
dilysrwydd cyfartal
m = equal validity

gêm (gêmau)
f = game
gêm gyfartal
= draw, tied game

hawl (-iau)
f = right, claim
hawliau cyfartal
= equal rights

triniaeth (-au)
f = treatment
triniaeth gyfartal
= equal treatment

anghyfartal
= unequal

cyfartaledd
m = average, equality

ar gyfartaledd
= on average

anghyfartaledd
m = inequality, disparity

cyfartalion
pl = isotopes

pris (-iau) m = price
pris cyfartalog
= average price

cyfartalog
= average

cyfartalu
= to make equal

cyfarwydd = familiar

cyfarwydd
= familiar

anghyfarwydd
= unfamiliar, unaccustomed

cyfarwyddeb (-au)
f = directive

cyfarwyddiad (-au)
m = direction, instruction,
    guidance

amwys = ambiguous; diamwys = unambiguous
cyfarwyddiadau diamwys
= unambiguous instructions

cyfarwyddiadur (-on)
m = directory, reference book

cyfarwyddiaeth (-au)
f = directorate

cyfarwyddo
= to direct, to instruct, to familiarise, to brief

cyfarwyddwr (-wyr)
m = director

cyffredinol = general
Cyfarwyddwr Cyffredinol
= Director General

cyllid (-au) m = finance
Cyfarwyddwr Cyllid
= Finance Director

cyfarwyddyd
m = guidance, instruction,
    brief, directive

galw = to call; galwedigaeth (-au) f = vocation
cyfarwyddyd galwedigaethol
= vocational guidance

gyrfa (-oedd) f = career
cyfarwyddyd gyrfaoedd
= careers guidance

tan, dan = under
dan gyfarwyddyd
= under instruction, to order

cyfair, cyfer (cyfeiriau) m = direction
cyfeiriad (-au) m = direction, address (postal), reference

cyfeiriad (-au)
m = direction, address

gwneud = to make, to do
cyfeiriad gwneud
= a false address

pob, bob = all, every, each
o bob cyfeiriad
= from every direction

croes = cross
croesgyfeiriad
m = cross-reference

cyfeireb (au)
f = reference

cyfeiriadur (-on)
m = directory

cyfeiriedig
= addressed

cyfeiriadaeth
f = orientation

cyfeirannu
= to orienteer, orienteering

cyfeiriant (-iannau)
m = bearing

cyfeirio
= to direct, to address (letter)

arall (eraill) = other
arallgyfeirio
= to diversify

cyd = joint
cydgyfeirio
= to converge

dargyfeirio
= to diverge, to diversify

dargyfeiredd
m = divergence
dargyfeiriad (-au)
m = diversion

cyfeirydd (-ion)
m = indicator (car)

ar gyfer
= for (= in preparation for)

gogyfer (â)
= opposite

cyfle (cyfleoedd) m = opportunity

ardderchog = excellent
cyfle ardderchog
= an excellent opportunity

aur m = gold; euraid = golden
cyfle euraid
= a golden opportunity

unigryw = unique
cyfle unigryw
= a unique opportunity

achub = to save
achub y cyfle
= to take the opportunity

ail = second
ail-gyfle
m = second chance

cyfleu
= to convey (thoughts or
feelings), to imply

cyfleus
= convenient

anghyfleus
= inconvenient, inopportune

trin = to treat
carthion pl = sewage

cyfleuster, cyfleustra
(cyfleusterau)
m = convenience, facility

cyhoeddus = public
cyfleusterau cyhoeddus
= public conveniences

cyfleusterau trin carthion
= sewage treatment
facilities

anghyfleuster (-au)
anghyfleustra
m = inconvenience

cyflog (cyflogau) m/f = wage, salary

clirio = to clear
cyflog clir
= take-home pay

cychwyn = to start
cyflog cychwynnol
= starting salary

isafswm (-symiau)
m = minimum
isafswm cyflog
= minimum wage

negodi = to negotiate
negodi am gyflog
= pay negtiations

pecyn (-nau) m = package
pecyn cyflog
= pay package

cyflogadwy
= employable

anghyflogadwy
= unemployable

cyflogaeth
f = employment

achlysur (-on) m = occasion
cyflogaeth achlysurol
= casual employment

dros dro = temporary
cyflogaeth dros dro
= temporary employment

blaenorol = previous, former
cyflogaeth flaenorol
= previous employment

amod (-au) m/f = condition
amodau cyflogaeth
= conditions of employment

gor = over, super, hyper-
gorgyflogaeth
f = over-employment

tan, dan = under
tangyflogaeth
f = under-employment

hun: hunan (hunain) = self
hunangyflogedig
= self-employed

cyflogedig
= employed

cyflogedig (-ion)
m/f = employee

y cyflogedig
= the employed

cyflogi
= to employ

cyflogwr (cyflogwyr)
m = employer

cyfle (-oedd) m = opportunity; cyfartal = equal
Cyflogwr Cyfle Cyfartal
= an Equal Opportunity Employer

cyfraith (cyfreithiau) f = law

anudon m = perjury
cyfraith anudon
= law of perjury

trefn (-au) f = order
cyfraith a threfn
= law and order

bwlch (bylchau) m = gap
bwlch yn y gyfraith
= a legal loop-hole

hyddysg = proficient, expert
hyddysg yn y gyfraith
= legally qualified

merch (-ed) f = daughter
merch-yng-nghyfraith
f = daughter-in-law

torri = to cut, to break
torcyfraith
m = breach of the law

digyfraith
= lawless

cyfreitheg
f = jurisprudence

cyfreithgar
= litigious

cyfreithiad
m = litigation

cyfreithio
= to go to law

barn (-au)
f = opinion
barn gyfreithiol
= legal opinion

cymorth (cymhorthion)
m = aid, help
cymorth cyfreithiol
= legal aid

cyfreithiol
= legal, judicial

diffiniad (-au) m = definition
diffiniad cyfreithiol
= legal definition

lled = partly
lled-gyfreithiol
= quasi-legal

ymgynghorwr (-wyr)
m = consultant, adviser
ymgynghorwr cyfreithiol
= legal adviser

anghyfreithiol
= illegal, non-legal

**cyfreithiwr
(cyfreithwyr)**
m = solicitor

gwraig (gwragedd)
f = woman, wife
cyfreithwraig
f = solicitor

ymgyfreithiwr (-wyr)
m = litigant

bar (barrau) m = bar
bargyfreithiwr
m = barrister

ieuaf = youngest
bargyfreithiwr ieuaf
= junior barrister

comisiynydd (-wyr) m = commissioner; llw (-on) m = oath
Cyfreithwyr a Chomisiynwyr Llwon
= Solicitors and Commissioners for Oaths

dyhead (-au) m = aspiration
dyheadau cyfreithlon
= legitimate aspirations

cyfreithlon
= legitimate, lawful

anghyfreithlon
= illegitimate, unlawful

plentyn (plant) m = child
plentyn anghyfreithlon
= an illegitimate child

cyfreithlondeb
m = legality, legitimacy

anghyfreithlondeb
m = illegality, illegitimacy

cyfreithloni
= to legalise

cyfran (cyfrannau) f = share, portion
(cyf- + rhan (-nau) f = part)

cyfran (-nau)
f = share, portion

teg = fair
cyfran deg
= fair share

daliad (-au)
m = holding
cyfranddaliad (-au)
m = share

cyffredin
= common, ordinary
cyfranddaliadau cyffredin
= ordinary shares

cyfranddaliwr (-wyr), cyfranddeiliad (-iaid)
m = shareholder

cyfraniad (-au)
m = contribution

cymharu = to compare
cyfraniad cymharol
= relative contribution

gradd (-au) f = grade
cyfraniad graddedig
= graduated contribution

yswiriant m = insurance
cenedlaethol = national
Cyfraniadau Yswiriant Cenedlaethol
= National Insurance Contributions

digyfraniad
= non-contributory

cyfrannedd (-aneddau)
m = proportion

mewn = in
mewn cyfrannedd
= in proportion

cyfrannol
= contributory; proportional

achos (-ion)
m = cause; case
achos cyfrannol
= contributory cause

esgeulus = negligent
esgeuluso = to neglect
esgeuluster cyfrannol
m = contributory
    negligence

cynrychiolaeth (-au) f = representation
cynrychiolaeth gyfrannol
= proportional representation

cysondeb m = consistency, regularity
cyson = constant, regular, consistent
cyfrannu (at)
= to contribute (to)
cyfrannu'n gyson
= to contribute regularly

cyfrannwr (cyfranwyr)
m = contributor

cyfranogi
= to participate, to partake

cyfranogiad (-au)
m = participation

cyfranogaeth (-au)
f = participation

cyfrannog, cyfranogol
= participating, participative

cyfranogwr (-wyr)
m = participant

cyfrif (cyfrifon) m = account
(cyf- + rhif (-au) m = number)

adneuo = to deposit
adnau (-euon) m = deposit
cyfrif adnau
= deposit account

cyfredol = current
cyfrif cyfredol
= current account

cynilion pl = savings
cynilo = to save
cyfrif cynilo
= savings account

archwilio = to audit
cyfrifon archwiledig
= audited accounts

pob, bob = all, every, each
ar bob cyfrif = wrth gwrs
= of course, by all means

llawer = many, much
ar lawer cyfrif
= in many ways

sawl = many, how many
ar sawl cyfrif
= in many ways

swyddog (-ion) m = officer
swyddog cyfrifo
= accounting officer

taliad (-au) m = payment
taliad ar gyfrif
= payment on account

amcan (-ion) m/f = objective
amcangyfrif (-on)
m = estimate

cyd = joint
cyd-gyfrif
m = joint account

cyfrif
= to count, to reckon

cyw (-ion) m = chick; cyn = before; deor, deori = to hatch
cyfrif y cywion cyn eu deor
= to count one's chickens before they are hatched

ail = second
ailgyfrif
= to recount

cam = wrong, mis-
camgyfrif
= to miscalculate

amcanu = to intend, to aim
amcangyfrif
= to estimate

tan, dan = under
tanamcangyfrif
= to underestimate

cyfrifeg, cyfrifyddiaeth
f = accountancy

cyfrifen (-nau)
m = (bank) statement

cyfrifiad (-au)
m = census; calculation

camgyfrifiad
m = miscalculation

cyfrifiadur (-on)
m = computer

rhaglen (-ni) f = programme
rhaglen gyfrifiadurol
f = computer programme

cyfrifiadureg
f = computer science

cyfrifiaduro
= to computerise

cyfrifiadurwr (-wyr)
m = computer operator

cyfrifiannell (-ianellau)
m = calculator

cyfrifiannu
= to calculate, to compute

cyfrifiant (-iannau)
m = computation

cyfrifol (am)
= responsible (for)

anghyfrifol
= irresponsible

dechrau = to begin, to start
cyfrifoldebau dechreuol
= initial responsibilities

penodol = specific
cyfrifoldebau penodol
= specific responsibilities

cyfrifoldeb (-au)
m = responsibility

cyfrifwr (-wyr)
m = teller (at elections)

cyfrifydd (-ion) (cyfrifwyr)
m = accountant

cyfyng = narrow, confined, restricted

cyfyng
= narrow, confined, restricted

cyngor (cynghorion) m = advice, counsel
cyfyng-gyngor
m = quandary, dilemma, predicament

cyfyngder (-au)
m = distress, anguish

cyfyngdra
m = narrowness; distress

cyfyngedig
= limited, restricted, confined

atebolrwydd m = liability
atebolrwydd cyfyngedig
= limited liability

cwmni (-ïau) m = company
Cwmni Cyfyngedig
= Limited Company (cyf)

cyhoeddus = public
Cwmni Cyhoeddus Cyfyngedig (CCC)
= Public Limited Company (PLC)

cyfyngiad (-au)
m = constraint, restriction

ariannol = financial
cyfyngiadau ariannol
= financial constraints

digyfyngiad
= unrestricted

cyfyngol
= restricted, exclusive

cyfyngu
= to confine, to restrict

datgyfyngu
= to derestrict

cyffredin = common, ordinary

cyffredin
= common, ordinary

amgyffred
= to comprehend

amgyffred, amgyffrediad
m = comprehension

diben (-ion) m = purpose
diben cyffredin
= common purpose

marchnad (-oedd) f = market
y Farchnad Gyffredin
= the Common Market

pobl (-oedd) f = people
pobl gyffredin
= ordinary people

polisi (polisïau) m = policy; amaeth m = agriculture
Polisi Amaethyddol Cyffredin
= Common Agricultural Policy (CAP)

anghyffredin
= uncommon, unusual

cyffredinedd
m = mediocrity

cyffredinrwydd
m = commonness

cyffredinol
= general

cyfarfod (-ydd) m = meeting; blynyddol = annual
Cyfarfod Cyffredinol Blynyddol
= Annual General Meeting (AGM)

yn gyffredinol
= generally, in general

arbennig = special
Cyfarfod Cyffredinol Arbennig
= Extraordinary General Meeting (EGM)

cyffredinoli
= to generalise

cyffredinoliad (-au)
m = generalisation

cyffredinolrwydd
m = generality

cyngor (cynghorau) m = council
cyngor (cynghorion) m = advice, counsel

celfyddyd (-au) f = art (arts)
Cyngor Celfyddydau Cymru
= Arts Council of Wales

cymuned (-au) f = community
cynghorau cymunedol
= community councils

defnyddiwr (-wyr) m = user, consumer
Cyngor Defnyddwyr
= Consumers' Council

diogelwch m = security
y Cyngor Diogelwch
= the Security Council

dinas (-oedd) f = city
Cyngor y Ddinas
= the City Council

plwyf (-i) m = parish
cyngor plwyf
= parish council

cyfrin = secret
Cyfrin-Gyngor
m = Privy Council

Cyfrin-Gyngorydd (-wyr)
m = Privy Councillor

ar gyngor
= on the advice of

cyfyng = narrow, restricted
cyfyng-gyngor
m = quandary, dilemma

mewn = in
mewn cyfyng-gyngor
= in a quandary

treth (-i) f = tax
Treth Gyngor, Treth y Cyngor
= Council Tax

cynghori
= to advise, to counsel

canolfan (-nau) f/m = centre
Canolfan Gynghori
= Citizen's Advice Bureau

cynghorwr (-wyr)
m = counsellor

ysgol (-ion) f = school
cynghorwr ysgol
= school counsellor

cynghorydd (-wyr)
m = councillor

tref (-i) (trefydd) f = town
cynghorydd tref
= town councillor

sir (-oedd) f = county (in Wales)
cynghorwyr sir
= county councillors

ymgynghori
= to consult

cyfnod (-au) m = period
cyfnod ymgynghori
= consultation period

ymgynghoriad (-au)
m = consultation

cyhoeddus = public
ymgynghoriad cyhoeddus
= public consultation

ymgynghorol
= advisory, consultative

corff (cyrff) m = body
corff ymgynghorol
= advisory body

dogfen (-ni) (-nau) f = document
dogfen ymgynghorol
= consultative document

gwasanaeth (-au) m = service; cymodi = to reconcile cymrodeddu = to compromise, to arbitrate
Y Gwasanaeth Ymgynghorol, Cymodi a Chymrodeddu
= The Advisory, Conciliatory & Arbitration Service (ACAS)

arbennig = special
ymgynghorydd (-wyr)
m = adviser, consultant
ymgynghorydd arbennig
= special adviser

cyhoedd = public
argyhoeddi = to convince

argyhoeddi
= to convince

argyhoeddiad (-au)
m = conviction

argyhoeddiadol
= convincing

mwy = more, bigger; na = than; erioed = ever
yn fwy argyhoeddiedig nag erioed
= more convinced than ever

argyhoeddiedig
= convinced

diargyhoedd
= blameless

cyhoedd = public
y cyhoedd
m = the public

ar gyhoedd
ar goedd
= publicly

agor = to open
ar agor i'r cyhoedd
= open to the public

lles m = benefit, interest
er lles y cyhoedd
= in the public interest

llygad (llygaid) m/f = eye
yn llygad y cyhoedd
= in the glare of publicity

ymddiriedaeth f = trust
ymddiriedaeth y cyhoedd
= public confidence

cynhebrwng (cynebryngau)
m = funeral
anghyhoedd
= private, non-public

cynhebrwng anghyhoedd
= private funeral

pen (-nau) m = head; bwrdd (byrddau) m = table, board
cyhoeddi pen bwrdd
= desk-top publishing

cyhoeddi
= to publish; to announce

cyhoeddiad (-au)
m = announcement;
    publication

anlladrwydd m = lewdness, obscenity
cyhoeddiad anllad
= an obscene publication

carthu = to cleanse, to purge; ffos (-ydd) f = ditch
carthffos (-ydd) f = sewer, drain
carthffosydd cyhoeddus
= public sewers

cyhoeddus
= public

yn gyhoeddus
= publicly

gofyn (-ion) m = requirement; benthyca = to borrow
Gofynion Benthyca Cyhoeddus
= Public Borrowing Requirements

gwariant (gwariannau) m = expenditure
gwariant cyhoeddus
= public expenditure

gŵyl (gwyliau)
f = festival (holidays)
gŵyl gyhoeddus
= public holiday

oriel (-au)
f = gallery
oriel gyhoeddus
= public gallery

perchenogaeth (-au) f/m = ownership
perchenogaeth gyhoeddus
= public ownership

ymgyrch (-oedd)
f/m = campaign

cyhoeddusrwydd
m = publicity

ymgyrch gyhoeddusrwydd
= publicity campaign

cyhoeddwr (-wyr)
m = publisher; announcer

cylch (cylchoedd) m = circle
amgylchedd (-au) m = environment

amgylch (-oedd)
m = environs; circumference

o amgylch
= o gwmpas
= around, round about

byd (-oedd) m = world
amgylchfyd
m = environment

amgylchedd (-au)
m = environment

cynefin
= accustomed, familiar
amgylchedd cynefin
= familiar environment

asiantaeth (-au) f = agency
Asiantaeth yr
Amgylchedd
= the Environment Agency

llygredd m = pollution
llygru = to pollute
llygru'r amgylchedd
= to pollute the environment

amgylcheddol
= environmental

cyfeillgar = friendly
amgylcheddol gyfeillgar
= environmentally friendly

amgylcheddwr (-wyr)
m = environmentalist

amgylchiad (-au)
m = circumstance

cyfyng
= narrow, confined, restricted
amgylchiadau cyfyng
= dire circumstances

lliniaru = to alleviate; lliniarol = soothing
amgylchiadau lliniarol
= mitigating circumstances

tan, dan
= under
o dan yr amgylchiadau
= under the circumstances

truan (trueiniaid)
m = poor fellow, wretch
amgylchiadau truenus
= wretched circumstances

tystiolaeth f = evidence
amgylchiadol, amgylchus
= circumstantial

tystiolaeth amgylchiadol
= circumstantial evidence

amgylchu, amgylchynu
= to surround, to encircle

amgylchynol
= surrounding

cylch (-oedd)
m = circle

allwedd (-au) (-i)
f = key; clef
cylch allwedd
= key-ring

dieflig, cythreulig
= devilish, fiendish
cylch dieflig
= a vicious circle

gwaith (gweithiau) m = work
cylch gwaith
(cylchoedd gwaith)
= remit; terms of reference

trafod = to discuss
cylch trafod
(cylchoedd trafod)
= discussion group

Aberhonddu = Brecon
Aberhonddu a'r Cylch
= Brecon & District

cylch (cylchoedd) m = circle
amgylchedd (-au) m = environment

awyr f = air, sky
awyrgylch
m/f = atmosphere

awyrgylchol
= atmospheric

coron (-au) f = crown
corongylch (-au)
m = halo, corona

dal = to hold, to catch
dalgylch (-oedd)
m = catchment area

hanner (hanerau) m = half
hanner-cylch
m = semi-circle

hir = long
hirgylch
m = ellipse

lleuad (-au)
f = moon
lleugylch (-au)
m = halo

teledu m = television
cau = to shut, to close
teledu cylch-cau
= closed circuit television

tro (-eon)
m = turn; time
trogylch (-au)
m = orbit

yn = in
ynghylch
= about, concerning

o gylch
= around

taith (teithiau) f = journey
cylchdaith (-deithiau)
f = (legal) circuit

tro (troeon) m = turn; time
cylchdro
m = rotation, orbit

trydan m = electricity
cylched trydan
= electricity circuit

byr, ber (byrion) = short
cylched fer
= short circuit

cylched (-au)
f = circuit

cylchedd (-au)
m = circumference

cylchfa (-oedd) (-fâu)
f = zone

man (-nau) m/f = place
cylchfan (-nau)
f = (traffic) roundabout

crawn (-au) m = hoard
cylchgrawn
(cylchgronau)
m = magazine

chwarter (-i) (-au)
m = quarter
cylchgrawn chwarterol
= quarterly magazine

llythyr (-au) m = letter
cylchlythyr (-au)
 = circular

rhedeg = to run
cylchredeg
= to circulate

rhediad (-au) m = flow, slope
cylchrediad (-au)
m = circulation

rhes (-i) f = row, rank
cylchres (-i)
f = rota, roster

cylchol
= recurring, cyclic

ail = second
ailgylchu, ailgylchynu
= to recycle

cylchu
= to circle, to encircle

amgylchu
= to encircle

cylchynol
= circulating

cylchynu
= to surround

cyllid (cyllidau) m = revenue, income, finance

cyllid (-au)
m = revenue, finance

adran (-nau) f = department
Adran Gyllid
= Finance Department

gwlad (gwledydd) f = country
Cyllid y Wlad
= the Inland Revenue

defnyddio = to use
defnydd (-au) m = use
defnydd cyllid
= use of funds

ffynhonnell (ffynonellau)
f = source
ffynonellau cyllid
= sources of funds

menter (mentrau) f = enterprise, venture
preifat = private
Menter Cyllid Preifat
= Private Finance Initiative (PFI)

cyllideb (-au)
f = budget

araith (areithiau) f = a speech
Araith y Gyllideb
= the Budget Speech

mantol (-ion) f = balance
cyllideb fantoledig
= a balanced budget

o fewn = within
o fewn y gyllideb
= within the budget

cyllidebol
= budgetary

cyfyngiad (-au) m = constraint
cyfyngiadau cyllidebol
= budgetary constraints

cyllidebu
= to budget, budgeting

cyllido
= to finance

cyllidwyd gan
= financed by

cymar (cymheiriaid) m = partner, companion

cymar (cymheiriaid)
m = partner, companion

cymhareb
(cymarebau)
f = ratio

digymar
= incomparable

cymhares (cymaresau)
f = partner

cydnabyddedig = acknowledged
cymhares gydnabyddedig
= common-law wife

cymhariaeth (cymariaethau)
f = comparison

cymharol
= comparative, relative

newydd = new
cymharol newydd
= comparatively new

tlodi m = poverty
tlodi cymharol
= relative poverty

anghymarol
= incomparable

cymharu (â)
= to compare (with)

o'i gymharu â
= compared with

cymharus
= well-matched, compatible

anghymarus
= ill-matched, incompatible

cymharydd
m = comparator

cymheiriad (-iaid)
m = peer

cymdeithas (-au) f = society, association

* 'cymdeithas' is a
contraction of
'cydymdeithas' which
meant the companionship
of people on a journey (see
taith / ymdaith)

cerdded = to walk
cerddwr (-wyr) m = walker
Cymdeithas y Cerddwyr
= the Ramblers' Asociation
mabwysiadu = to adopt
cymdeithas fabwysiadu
= an adoption society

gwareiddiad (-au)
m = civilisation
anwar(aidd) = uncivilised
gwâr, gwaraidd = civilised
cymdeithas wâr
= civilised society

tŷ (tai)
m = house (housing)
Cymdeithas Dai
= a Housing Asociation
clòs = close, closely knit
cymdeithas glòs
= a close-knit society

gwirfoddoli = to volunteer
gwirfoddolwr (-wyr)
m = volunteer
gwirfoddol = voluntary
Cymdeithas Wirfoddol
= a Voluntary Asociation

cymdeithaseg
f = sociology

cymdeithasegol
= sociological

cymdeithasegwr (-wyr)
m = sociologist

cymdeithasgar
= sociable, friendly

**anghymdeithasgar
gwrth-gymdeithasgar**
= unsociable

cymdeithasiad (-au)
m = Association

erthygl (-au) f = article
Erthyglau Cymdeithasiad
= Articles of Association

cymdeithasol
= social

amddifad = destitute; amddifadu = to deprive;
amddifadiad m = deprivation
amddifadiad cymdeithasol
= social deprivation

diwygio = to reform, to revise; diwygiad (-au) m = reform,
revival; diwygiwr (diwygwyr) m = reformer
diwygiwr cymdeithasol
= social reformer

gwasanaeth (-au) m = service
gwasanaethau cymdeithasol
= social services

seiat (seiadau)
f = fellowship meeting
seiadau cymdeithasol
= social gatherings

tuedd (-iadau)
f = tendency (trends)
tueddiadau cymdeithasol
= social trends

awr (oriau) f = hour
oriau anghymdeithasol
= unsocial hours

anghymdeithasol
= unsocial

gwrth = against
gwrth-gymdeithasol
= anti-social

ymddygiad m = behaviour
**ymddygiad
gwrth-gymdeithasol**
= anti-social behaviour

cymdeithasu
= to associate, to socialise

cymell (ar) = to urge
argymell = to recommend

argymell
= to recommend

**argymhelliad
(argymhellion)**
m = recommendation

llunio = to shape, to form
llunio argymhellion
= to formulate
   recommendations

cymell (ar)
= to urge

cymelliadaeth
f = motivation

digymell
= spontaneous

digymhellrwydd
m = spontaneity

elw (-au) m = profit
cymhelliad (cymelliadau)   **cymhelliad elw**
m = motive, incentive   = profit motive

hun: hunan (hunain) = self
cymhelliant   **hunan-gymhelliant**
m = motivation   m = self-motivation

cymryd = to take, to accept

cymryd ar
= to pretend

cymryd at
= to take a liking to

cymryd oddi wrth
= to detract from

*awen (-au)
f = rein (horse); muse (poet)*
cymryd yr awenau
= to take charge

*trosodd, drosodd
= over*
cymryd drosodd
= to take over

caniataol = permitted
cymryd yn ganiataol
= to take for granted

coes (-au) f = leg
cymryd y goes
= to run away

gwystl (-on) m = hostage
cymryd gwystlon
= to take hostages

*rhan (-nau)
f = part*
cymryd rhan
= to take part

*sylw (-adau)
m = notice, attention*
cymryd sylw
= to take notice

cymeradwy
= acceptable, approved

anghymeradwy
= unacceptable

cymeradwyaeth (-au)
f = approval, applause,
   ovation

*byddar = deaf
byddarol = deafening*
cymeradwyaeth fyddarol
= deafening applause

*llythyr (-on)
m = letter*
llythyr o gymeradwyaeth
= letter of recommendation

cymeradwyo
= to approve

anghymeradwyo
= to disapprove

cymeriad (-au)
m = character

brith, braith = speckled
cymeriad brith
= a shady character

hoffi = to like
cymeriad hoffus
= a likeable fellow

cymryd = to take, to accept

naw = nine
cymeriad ar y naw
= a hell of a character

cryf, cref = strong; ei = his; cryfder (-au) m = strength
cryfder ei gymeriad
= his strength of character

cam
= *wrong, mis-*
camgymeriad (-au)
m = mistake

amryfusedd (-au)
m = oversight, error
camgymeriad amryfus
= an inadvertent mistake

digymeriad
= disreputable

cymeriadaeth (-au)
f = characterisation

ymgymeriad (-au)
m = undertaking

ymgymryd (â)
= to undertake, to take up (a new job)

angladd (-au) m/f = funeral
ymgymerwr (-wyr)
m = contractor, undertaker
ymgymerwr angladdau
= funeral director, undertaker

cymun, cymundeb m = communion

cymun, cymundeb
m = communion

bendigo = to praise, to bless
bendigaid = blessed, holy
Cymun Bendigaid
= Holy Communion

esgymun, ysgymun
= accursed

ysgymunedig
= excommunicated

ysgymuniad
m = excommunication

esgymuno, ysgymuno
= to excommunicate

cymuned (-au)
f = community

clòs = close, closely-knit
cymunedau clòs
= close-knit communities

Ewrop f = Europe
y Gymuned Ewropeaidd
= the European Community

gofal (-on) m = care
gofal yn y gymuned
= care in the community

nyrs (-ys) f = nurse
nyrs gymuned
= community nurse

cymunedol
= community

gwasanaeth (-au)
m = service
gwasanaeth cymunedol
= community service

meddyg (-on) m = doctor
meddygaeth f = medicine
meddygaeth gymunedol
= community medicine

tarian (-au)
f = shield
Tarian Gymunedol
= Community Shield

ysbryd (-ion)
m = spirit
ysbryd cymunedol
= community spirit

cymuno
= to take communion

cymunwr (-wyr)
m = communicant

cymydog (cymdogion) m = neighbour

cymydog (cymdogion)
m = neighbour

busnesa = to meddle
cymydog busneslyd
= a nosey neighbour

cwmwd (cymydau)
m = province, region, commote

cymdogaeth (-au)
f = neighbourhood

canolfan (-nau)
f/m = centre
canolfan cymdogaeth
= neighbourhood centre

uned (-au)
f = unit
uned gymdogaeth
= neighbourhood unit

cymdogaethol
= neighbouring

cymdoges (-au)
f = neighbour

cymdogol
= neighbourly

gwarchod = to look after
gwarchod cymdogol
= *neighbourhood watch*

cymdogrwydd
m = neighbourliness

cymynnu = to bequeath
gorchymyn = to command

cymynnu
= to bequeath

cymyndod
m = burial, committal

rhodd (-ion) f = gift
cymynrodd (-ion)
m = legacy, bequest

rhoi, rhoddi = to give, to put
cymynroddi
= to bequeath

cymynnwr (cymynwyr)
m = testator

gor = over, super, hyper-
gorchymyn
= to command

gorchymyn
(gorchmynion)
m = command, order

prynu = to buy; gorfodi = to compel; gorfodol = compulsory
Gorchymyn Prynu Gorfodol
= Compulsory Purchase Order

sefydlog = settled
gorchmynion sefydlog
= standing orders

deg = ten
y Deg Gorchymyn
= the Ten Commandments

gorchmynnol
= imperative, prescriptive

rhy = too
rhyorchmynnol
= too prescriptive

cyn = before, former, pre-

dechrau = to start, to begin
cyn dechrau
= before starting

cyn i mi ddechrau
= before I start/started

hyn = this, these
cyn hyn
= before now

hynny = that, those
cyn hynny
= before then

pryd (-iau) m = time
cyn pryd
= early, untimely

nid cyn pryd
= not before time

perchennog
(perchenogion)
m = owner
cyn-berchennog
m = former owner

Cristion (Christogion)
m = Christian
Crist m = Christ
Cyn-Crist (CC)
= Before Christ (BC)

taid (teidiau)
m = grandfather
cyndaid (cyndeidiau)
m = ancestor, forefather

terfynol = final
cyn-derfynol
= semi-final

trigo = to live
trigolion pl = inhabitants
cyndrigolion
= former inhabitants

maer (-od) (meiri)
m = mayor
cyn-Faer
m = former Mayor

brodor (-ion)
m = native
cynfrodor
m = aboriginee

myfyriwr (-wyr)
m = student
cyn-fyfyrwyr
= former students

hanesydd (-ion) m = historian
hanes (-ion) m = history
cynhanesyddol
= prehistoric

crair (creiriau)
m = holy relic
cynghrair (cynghreiriau) *
m = league, alliance

* from the medieval custom of
swearing allegiance before a
holy relic.

cynghreiriad
(cynghreiriaid)
m = ally (allies)

gaeaf (-au) m = winter
cynhaeaf (cynaeafau)
m = harvest

cynaeafu
= to harvest

gŵyl (gwyliau) f = festival
gŵyl y cynhaeaf
= the harvest festival

llwyn (-i) m = grove of trees
cynllwyn (-ion)
m = plot, conspiracy
 (original meaning = ambush)

cynllwynio
cynllwyno
= to conspire

cyd = joint
cydgynllwyn
m = collusion

cynllwyniwr, cynllwynwr
(cynllwynwyr)
m = conspirator

cydgynllwyno
= to collude

Rhufeiniad (-iaid) m = a Roman
cyn-Rufeinig
= pre-Roman

cynnar = early

cynt = earlier, sooner   **cyntaf** = first, earliest

cynnar = early

deg = ten
arddegau pl = teens
arddegau cynnar
= early teens

rhy = too
llawer = many, much
rhy gynnar o lawer
= much too early

ymddeol = to retire
ymddeoliad cynnar
m = early retirement

cynt, cynharach
= earlier, sooner, formerly

cyn gynted â...
= as soon as...

modd (-ion)
m = manner, means
cyn gynted ag y bo modd
= as soon as possible

hun f = sleep
cyntun
m = nap

gynt
= formerly

dydd (-iau) m = day
y dyddiau gynt
= the days of yore

blwyddyn (blynyddoedd)
f = year
y flwyddyn gynt
= the previous year

ynghynt
= previously, earlier

cyntaf
= first

melin (-au) f = mill
cael = to have, to get; malu = to grind
y cyntaf i'r felin gaiff falu
= first come first served

araith (areithiau) f = a speech
araith gyntaf
= a maiden speech

cefnder (-oedd) m = cousin
cefnder cyntaf
= first cousin (m)

cyfnither (-oedd) f = cousin
cyfnither gyntaf
= first cousin (f)

cychwyn = to start
cychwyn m = start
o'r cychwyn cyntaf
= from the outset

cymorth (cymhorthion)
m = aid, help
cymorth cyntaf
= first aid

blwch (blychau) m = box
blwch cymorth cyntaf
= first aid box

lle (-oedd) (llefydd)
m = place
yn y lle cyntaf
= in the first place

gorau m = best
gorau po gyntaf
= the sooner the better

prynu = to buy
tro (troeon) m = turn; time
prynwr (am y) tro cyntaf
m = first time buyer

gwobr (-au)
f = prize, award
y wobr gyntaf
= the first prize

sedd (-au) f = seat
cyntedd (-au)
m = porch, lobby

cyntefig
= primitive

cynnwys (cynhwysion) m = content(s)

cynnwys (cynhwysion)
m = content(s)

rhestr (-i) f = list
rhestr gynnwys
= inventory

**cynhwysedd
(cynwyseddau)**
m = capacity

**cynhwysiad
(cynwysiadau)**
m = content

mawr = big
cynhwysfawr
= comprehensive

cynhwysol
= inclusive

cymdeithas (-au) f = society
cymdeithas gynhwysol
= an inclusive society

cynhwysoldeb
m = inclusiveness

**cynhwysydd
(cynwysyddion)**
m = container

**cynhwysyn
(cynhwysion)**
m = ingredient

cynnwys
= to include, to contain,
to consist

**yn gynnwys
gan gynnwys**
= including

heb = without
heb gynnwys
= excluding

cynwysedig
= inclusive

cynnyrch (cynhyrchion) m = product, produce

llaeth m = milk
cynnyrch llaeth
= dairy produce

terfynol = final
cynnyrch terfynol
= end-product

amrywiaeth m/f = variety
amrywiaeth gynnyrch
= product range

cil (-iau) m = corner, recess
cilgynnyrch
m = by-product

is = lower, below, under
is-gynnyrch
m = by-product

cynhyrchedd
m = productivity

**cynhyrchiad
(cynyrchiadau)**
m = production

mewn = in; gwlad (gwledydd) f = country
crynswth m = whole, entirety
Cynhyrchiad Mewnwladol Crynswth
= Gross Domestic Product

atgynhyrchiad
m = reproduction

cynhyrchiol
= productive

anghynhyrchiol
= unproductive

gwrth = against
gwrthgynhyrchiol
= counter-productive

cynhyrchu
= to produce

atgynhyrchu
= to reproduce

gor = over, super, hyper-
gorgynhyrchu
= to over-produce

mas (masiau) f = mass
masgynhyrchu
= to mass-produce

gwaith (gweithiau) m = work
gweithgynhyrchu
= to manufacture

cynhyrchydd (-wyr)
m = producer

cynorthwyo = to assist
cynhyrchydd cynorthwyol
= assistant producer

gweithgynhyrchydd (-wyr)
m = manufacturer

cyrch (cyrchoedd) (cyrchau) m = attack, raid
ymgyrch (ymgyrchoedd) f/m = campaign

awyr f = air, sky
cyrch awyr
= air raid

ar = on
ar gyrch
= on a raid

atgyrch (-ion)
m = reflex

deddf (-au) f = law, act
Deddf Disgyrchedd
= Law of Gravitation

disgyrchedd
m = gravitation

craidd (creiddiau)
m = core, centre
craidd disgyrchiant
m = centre of gravity

disgyrchol
= gravitational
disgyrchu
= to gravitate

disgyrchiant
m = gravity

hygyrch
= accessible

anhygyrch
= inaccessible, remote

hygyrchedd
m = accessibility

anhygyrchedd
m = inaccessibility

rhyfel (-oedd)
m/f = war
rhyfelgyrch (-oedd)
m = campaign

trais (treisiau)
m = violence, rape
treisgyrch (-oedd)
m = aggression

tro (troeon)
m = turn; time
trogyrch
m = turnover

cynnydd (cynyddion)
m = increase
trogyrch cynyddol
= increasing turnover

man (-nau) m/f = place
cyrchfan (-nau)
m/f = resort; rendezvous

milwr (-wyr) m = soldier
cyrchfilwyr
 = guerillas

cyrchfa (-feydd)
f = rendezvous

nod (-au) m/f = aim, mark, note
cyrchnod (-au)
m = destination

cyrchu
= to attack; to access

cyrchu (at)
= to make (for)

diogel = safe; diogelu = to safeguard
Cymru f = Wales; gwlad (gwledydd) f = country
Ymgyrch Diogelu Cymru Wledig
= Campaign for the Preservation of Rural Wales

ymgyrch (-oedd)
f/m = campaign

marchnata = to market
ymgyrch farchnata
= marketing campaign

gwleidyddol = political
ymgyrch wleidyddol
= political campaign

cronfa (-feydd) f = fund
cronfa ymgyrchu
= fighting fund

ymgyrchol
= campaigning

ymgyrchu (dros)
= to campaign (for)

ymgyrchydd (-wyr)
m = campaigner

cysgu = to sleep

trwyn (-au) m = nose; ei = his
cysgu ar ei drwyn
= to doze off

llwynog (-od) m = fox
cysgu llwynog
= to pretend to be asleep

mochyn (moch) m = pig
twrch (-od) m = boar
cysgu fel mochyn / twrch
= to sleep like a log

cwsg
= asleep
cwsg
m = sleep

rhwng = between; deffro =
to awake; effro = awake
rhwng cwsg ac effro
= half awake

gaeaf (-au) m = winter
gaeafgwsg
m = hibernation

gaeafol = wintry
gaeafgysgu
= to hibernate

swyno = to charm
swyn (-ion) m = charm, spell
swyngwsg
m = hypnotism

yn = in
ynghwsg
= asleep

cysgadrwydd
m = sleepiness, drowsiness
    lethargy

cysgadur (-iaid)
m = sleeper

cysglyd
= sleepy, drowsy

cysgwr (-wyr)
m = sleeper

cyson = consistent, constant, regular

gofal (-on) m = care
gofal cyson
= constant care

anghyson
= inconsistent

cysondeb (-au)
cysonder (-au)
m = consistency

anghysondeb (-au)
anghysonder (-au)
m = inconsistency

cysoni
= to reconcile

cystal (â) = as good (as)

neb m = anyone, no one
cystal â neb
= as good as anyone

gogystal
= as well

yn ogystal â
= as well as

cystadleuaeth
(cystadlaethau)
(cystadleuon)
f = competition

agor = to open; agored = open
cystadleuaeth agored
= open competition

cyflog (-au)
m/f = wage, salary
cyflog gystadleuol
= a competitive salary

tendro = to tender
tendro cystadleuol
= competitive tendering

cystadleuol
= competitive

cystadleuydd
(cystadleuwyr)
m = competitor

cystadlu â
= to compete with

cystadlu ar
= to compete in

cyswllt (cysylltau) (cysylltiadau) m = connection, contact, link

cyswllt (cysylltau) (-iadau)
m = connection, contact, link

hwn, hon = this
yn y cyswllt hwn
= in this connection

dolen (-nau)
f = loop, link, ring
dolen gyswllt
= connecting link

swyddog (-ion)
m = officer
swyddog cyswllt
= liaison officer

datgysylltiad
m = disestablishment

datgysylltiedig
= disconnected
datgysylltu
= to disconnect, to detach

digyswllt
= incoherent, disjointed

ebychu = to gasp, to exclaim
ebychiad (-au) m = ejaculation
ebychiadau digyswllt
= incoherent mutterings

gair (geiriau) m = word
cysylltair
m = conjunction

cysylltedd
m = linkage

cysylltiad (-au)
m = connection, link
(communications)

cysylltiad fideo
= video link

mewn = in
mewn cysylltiad â
= in connection with

cyhoeddus = public
cysylltiadau cyhoeddus
= public relations

diwydiannol = industrial
cysylltiadau diwydiannol
= industrial relations

llafur (-iau) m = labour
cysylltiadau llafur
= labour relations

hil (-iau) f = race
cysylltiadau hiliol
= race relations

cysylltiedig
= connected, accompanying

mater (-ion) m = matter, issue
materion cysylltiedig
= related matters

cysylltiol
= connecting, connected

anghysylltiol
= unconnected

nod (-au) m/f = aim, mark, note
cysylltnod (-au)
m = hyphen

cysylltu (â)
= to connect, to link,
to contact, to join, to liaise

cyd = joint
cydgysylltu
= to co-ordinate

cydgysylltydd (-ion)
m = co-ordinator

ymgysylltu (â)
= to affiliate, to ally (with)

cysylltydd (-ion)
m = operator, contact

cywair (cyweiriau) m = pitch, key; condition, repair

cywair (cyweiriau)
m = pitch, key; condition

lleddf = plaintive; slanting
y cywair lleddf
= the minor key

llon = merry, joyful
y cywair llon
= the major key

atgyweiriad
m = restoration, repair,
   renovation

atgyweirio
= to restore, to repair

atgyweiriwr (-wyr)
m = repairer, restorer

traws = cross
trawsgyweiriad
m = transposition,
   modulation

trawsgyweirio
= to transpose,
   to change key

corn (cyrn) m = horn, tube
cyweirgorn (cyweirgyrn)
m = tuning key

cyweiriad (-au)
m = repair, adjustment

anghyweiriad
m = disrepair

cyweirio
= to put in order, to repair;
   to tune (a musical instru-
   ment)

gwely (-au) (gwelâu)
m = bed
cyweirio'r gwely
= to make the bed

(y)menyn m = butter
cyweirio 'menyn
= to make butter

nod (-au) m/f = aim, mark, note
cyweirnod
m = tonic note (music); keynote (i.e. prevailing thought of a
speech); key signature

cywilydd m = shame

cywilydd
m = shame

codi = to raise, to rise
codi cywilydd ar
= to shame

gwell = better; angau m/f = death; na = than
gwell angau na chywilydd
= better death than dishonour

digywilydd
= impudent

cywilydd-dra
m = shamefulness

digywilydd-dra
m = impudence, effrontery

cywilyddgar
= bashful, shy

cywilyddio
= to shame

cywilyddus
= shameful

cywir = correct
(cy- + gwir m = truth)

cywir
= correct

diddwytho = to deduce; diddwythiad (-au) m = deduction
diddwythiad cywir
= a correct deduction

yr eiddoch yn gywir
= yn ddiffuant
= yours sincerely

cwbl = complete, entire
yn gwbl gywir
= completely correct

hyd (-oedd) m = length
hyd cywir
= correct length

manwl = exact
manwl-gywir
= precise, rigorous, exact

rhif (-au) m = number
anghywir
= incorrect, wrong

rhif anghywir
= wrong number

tra = extremely, very
trachywir
= precise

trachywiredd
m = precision

cywirdeb (-au)
m = accuracy, correctness

anghywirdeb
m = inaccuracy

hylif (-au) m = liquid, fluid
cywiriad (-au)
m = correction

cywiro
= to correct

hylif cywiro
= correction fluid

chwaeth (-au) f = taste

poblogaidd = popular
chwaeth boblogaidd
= popular taste

pawb m = everyone
pawb â'i chwaeth
= *each to his/her liking*

di-chwaeth
= tasteless

archwaeth
m/f = appetite

codi = to raise, to rise
codi archwaeth ar
= *to whet one's appetite*

chwaethu
= to taste

archwaethu
= to savour, to relish

chwaethus
= tasteful

chwant (-au) m = appetite, desire, lust

rhyw f = sex
chwant (-au)
m = appetite, desire

chwant rhywiol
= sexual desire

drwg = bad
drygchwant
m = evil desire

tra = extremely, very
trachwant
m = greed, craving

didrachwant
= without greed

trachwantu
= to crave, to covet

trachwantus
= greedy, avaricious

chwantu
= to desire, to lust

chwantus
= desirous, lustful

chwennych, chwenychu
= to desire

chwenychiad (-au)
m = desire

chwarae (chwaraeon) m = play, game, sport

bach = little
chwarae bach
= with little or no effort

nid ar chwarae bach
= no easy matter

dŵr (dyfroedd) m = water
chwaraeon dŵr
= water sports

troi = to turn; chwerw = bitter; chwerwedd m = bitterness
chwarae'n troi'n chwerw
= laughter turns to tears

cylch (-oedd) m = circle; cyn = before
ysgol (-ion) f = school
cylch chwarae cyn-ysgol
= before school play group

maes (meysydd) m = field
maes chwarae
= playing field, play ground

hap (-iau)
f = chance, luck
ar hap = by chance
hapchwarae
m = lottery, gambling

peiriant (peiriannau)
m = machine
hapchwarae = to gamble
peiriant hapchwarae
= gambling machine

chwarae, chware
= to play, to perform

chwarae â
= to play with

chwarae dros
= to play for

castiog = full of tricks
cast (-iau) m = trick, prank
chwarae castiau
= to play tricks, to hoax

mig (-ion)
f = spite
chwarae mig
= to play hide and seek

mochyn (moch) m = pig
coed pl = wood
chwarae mochyn coed
= to play leap-frog

sbonc (-iau) f = leap
sboncio = to bounce
chwarae sboncen
= to play squash

o gwmpas = about
chwarae o gwmpas
= to play about

chwarae wic-wiw
= to mess someone about

fel = like, as; cath (-od) f = cat
llygoden (llygod) f = mouse
fel cath yn chwarae â llygoden
= to torment

tŷ (tai) m = house
chwaraedy
m = theatre, play house

chwaraefa (-feydd)
f = pitch, playing field

amchwaraefa (-feydd)
f = amphitheatre

lle (-oedd) m = place
chwaraele (-oedd)
m = playground

chwaraegar, chwareus
= playful

chwaraewr (-wyr)
m = player, performer, actor

chwilio = to search
archwilio = to audit   ymchwilio = to research

archwiliad
m = audit, scrutiny

allan = out
archwiliad allanol
= external audit

mewn = in
archwiliad mewnol
= internal audit

trywydd (-ion) m/f = trail
trywydd archwiliad
= audit trail

archwilio
= to audit, to scrutinise

**archwiliwr, archwilydd
(archwilwyr)**
m = auditor

adroddiad (-au) m = report
adroddiad archwiliwr
= auditor's report

bryd (-iau)
m = disposition, intent
chwilfrydig
= curious

chwilgar
= inquisitive

chwilgarwch
m = inquisitiveness

chwiliad (-au)
m = search

anchwiliadwy
= inscrutable, unsearchable

chwilio am
= to search for

eira m = snow; y llynedd f = last year
chwilio am eira y llynedd
= to waste time looking for what might have been

gwarant (-au) f = warrant
gwarant chwilio
= search warrant

rhag = before, pre-
rhagchwiliad
m = reconnaissance

rhagchwilio
= to reconnoitre

chwiliwr (-wyr)
m = searcher

chwilmanta, chwilota
= to pry, to rummage

chwilotgar
= prying

chwilotwr (-wyr)
m = rummager, searcher

llys (-oedd)
m = court
chwilys
m = inquisition

chwilysol
= inquisitorial
chwilyswr (-wyr)
m = inquisitor

ymchwil
f = research

cronfa (-feydd) f = fund
cronfa ymchwil
= research fund

cymrodor (-ion) m = fellow
cymrodor ymchwil
= research fellow

cynorthwy-ydd (-wyr)
m = assistant
cynorthwywyr ymchwil
= research assistants

traethawd (traethodau)
m = dissertation
traethawd ymchwil
= research thesis

annibynnol = independent
ymchwiliad annibynnol
= independent inquiry

cyhoeddus = public
ymchwiliad cyhoeddus
= public inquiry

ymchwiliad
m = inquiry, investigation

ymchwilio
= to research, to
  investigate

ymchwiliadol, ymchwiliol
= investigative,
  investigatory

**ymchwilydd
(ymchwilwyr)**
m = researcher

chwith m = left*
gogledd (-au) m = north *

chwith m = left*
chwith
= awkward, unfortunate

o chwith
= the wrong way,
   back to front

tu m = side; allan = out
tu chwith allan
= inside out

llaw (dwylo) f = hand
llawchwith
= left-handed

llawchwithedd
m = left-handedness

lled = partly
lletchwith
= awkward, clumsy

lletchwithdod
m = awkwardness

chwithdod, chwithdra
m = strangeness

chwithedd
m = embarrassment

chwitheddu
= to embarrass

chwithig
= strange, awkward

chwithigrwydd
m = awkwardness,
   clumsiness

gogledd (-au)*
m = north, northern

Iwerddon f = Ireland
Gogledd Iwerddon
= Northern Ireland

goleuni m = light
Goleuni'r Gogledd
= the Northern Lights

*chwith and gogledd are
related. As you look towards
the rising sun, north is on the
left-hand side.*

môr (moroedd) m = sea
Môr y Gogledd
= the North Sea

pegwn (-ynau) m = pole
Pegwn y Gogledd
= the North Pole

goleddol
= northern, northerly

Gogleddwr (-wyr) (Gog)
m = North Walian

chwydd (chwyddi) (chwyddau) m = swelling

chwydd (-i) (-au)
m = swelling

tro (-eon) m = turn; time
chwydd-dro
m = inflationary spiral

chwyddedig
= bloated

ymchwydd (-iadau)
m = surge, boom (financial)

ymchwyddo
= to surge
ymchwyddol
= booming

chwyddhad
m = magnification

chwyddhadur
m = magnifier

chwyddhau
= to magnify
*cynnydd (cynyddion)
m = increase*

chwyddiad (-au)
m = magnification,
   enlargement

chwyddiannol
= inflationary

cynnydd chwyddiannol
= an inflationary increase

chwyddiant
m = inflation

datchwyddiant
m = deflation
datchwyddol
= deflationary

gor = over, super, hyper-
gorchwyddiant
m = hyper-inflation

chwyddo
= to swell, to increase

ail = second
ail-chwyddo
= to reflate

gwydr (-au) m = glass
chwyddwydr
m = magnifying glass

chwŷl (chwylion)
m/f = turn, course, change

ail, eil = second
eilchwyl
= again

gor = over, super, hyper-
gorchwyl (-ion)
m/f = task, assignment

cylch (-oedd) m = circle
cylch gorchwyl
= terms of reference

dychweledig
= returned

dychweledigion
pl = converts

dychweliad (-au)
m = return, conversion

dychwel, dychwelyd (at)
= to return, to convert (to)

dymchweliad (-au)
m = overthrow

dymchwel(yd)
= to overturn, to overthrow

ymchwel(yd)
= to return, to overturn

dadymchwel(yd)
= to overturn, to overthrow

chwil
= reeling, staggering

meddw = drunk
yn feddw chwil
= reeling drunk

poeth = hot
chwilboeth
= scorching hot

chwilio
= to search

briw = broken, bruised
chwilfriw
= smashed to smithereens

briw (-iau) m = wound
chwilfriwio
= to shatter, to smash

tro (troeon) m = turn; time
troad (-au) m = turning, bend
chwyldro
chwyldroad (-au)
m = revolution

amaethyddiaeth
f = agriculture
Chwyldro Amaethyddol
= Agricultural Revolution

diwydiant (-iannau)
m = industry
Chwyldro Diwydiannol
= Industrial Revolution

diwylliant (-iannau)
m = culture
Chwyldro Diwylliannol
= Cultural Revolution

Ffrainc f = France
Ffrengig = French
Y Chwyldro Ffrengig
= the French Revolution

gwrth = against
gwrthchwyldro
m = counter-revolution

chwyldroadol
= revolutionary

chwyldroadwr (-wyr)
m = revolutionary

troi = to turn
chwyldroi
= to revolve, to rotate, to revolutionise

olwyn (-ion) f = wheel
chwylolwyn
f = fly-wheel

da m = goodness da = good

byw = living
da byw
m = livestock

da boch chi!
= goodbye!

pluen (plu) f = feather
da plu
m = poultry

nos (-au) f = night
nos da!
= good night!

daioni
m = goodness

da-da = **fferins**
pl = sweets

siwrnai (-eiau) f = journey
siwrnai dda
= a good journey

daionus
= beneficial

gwell = better

gwell
= better

mynd = to go
mae'n well i fi fynd...
= I had better go...

byth = ever, never
gwell byth
= even better

mae'n well gen i fynd
mae'n well 'da fi fynd...
= I prefer to go...

gwell gan
= to prefer

llawer = much, many
yn well o lawer
= much better, better by far

lle (-oedd) (llefydd) m = place; gallu = to be able
nid da lle gellir gwell
= not good where you could do better

gwella, gwellhau
= to improve

cyfwella
= to convalesce

gwelladwy
= curable

gwellhad
m = recovery, cure

cyfwellhad
m = convalescence

anwelladwy
= incurable

ar wellhad
= on the mend

gwelliant (gwelliannau)
m = improvement,
    amendment

cynnig = to offer, to propose
cynnig gwelliant
= to propose an amendment

gwellwell
= better and better

yn wellwell
= much better

gorau m = best gorau (goreuon) = best

mwy = more; mwyaf = most
gorau po fwyaf
= the more the better

cerpyn (carpiau) m = rag
carpiau gorau
= best clothes; 'glad rags'

ar y gorau
= at best

gwneud = to make, to do; gwaethaf = worst
gwneud y gorau o'r gwaethaf
= to make the best of a bad job

rhoi = to give; to put
rhoi'r gorau i
= to give up, to stop

o'r gorau
= very well, alright, OK

goreuaeth
f = optimism

goreuydd (-ion)
m = optimist

dadl (dadleuon) (dadlau) f = debate, argument, dispute
cynhadledd (cynadleddau) f = conference

cynhadledd
(cynadleddau)
f = conference

bord (-ydd) f = table
crwn, cron = round
cynhadledd ford-gron
= a round-table conference

clyw
m = hearing
clyw-gynhadledd
= an audio-conference

cynadledda
= to confer, to meet in
conference

ystafell (-oedd) f = room
ystafell gynadledda
= conference room

uwch
= higher
uwchgynhadledd
f = summit conference

daear (-oedd) f = earth
Uwchgynhadledd
y Ddaear
= the Earth Summit

dadl (dadleuon) (dadlau)
f = debate, argument

cerydd (-on) m = reprimand
dadl gerydd
= a censure debate

chwyrn, chwern = vigorous
dadleon chwyrn
= bitter disputes

cloi = to lock
cloi'r ddadl
= to end the argument

sail (seiliau) f = base, basis
sail y ddadl
= the basis of the argument

torri = to cut, to break
torri dadl
= to settle a dispute

estyniad (-au) m = extension; ymestyn = to extend
ymestyn y ddadl
= to prolong the debate

di-ddadl
= unquestionable, indisputable

gwrth = against
gwrthddadl (-euon)
f = counter argument

mân = small, tiny
mân-ddadlau
= petty arguments, quibbles

dinistrio = to destroy
mân-ddadleuon dinistriol
= destructive squabbles

dadlau (â)
= to argue, to debate (with)

i'w ddadlau
= at issue, under debate

gwrthddadlau
= to object, to argue
against

dadleuaeth (-au)
f = controversy

dadleugar
= argumentative

dadleuol
= controversial, debatable

pwnc (pynciau) m = subject, topic
pwnc dadleuol
= a controversial topic

dadleuwr (-wyr)
m = debater, advocate, controversialist

daear (daearoedd) f = earth, ground

llawr (lloriau) m = floor
daear lawr
= ground floor

troed (traed) m/f = foot
ei = his
cadw ei draed ar y ddaear
= to keep his feet on the ground, to be realistic

ci (cŵn) m = dog
trwyn (-au) m = nose
ci â'i drwyn wrth y ddaear
= someone who can scent a bargain

crawen (-nau) f = crust
crawen y ddaear
= the earth's crust

crombil (-iau) m/f = stomach
crombil y ddaear
= the bowels of the earth

cyfeillgar = friendly; cyfaill (cyfeillion) m = friend
Cyfeillion y Ddaear
= the Friends of the Earth

tes m = heat; cynnes = warm
cynhesu = to warm
cynhesu'r ddaear
= global warming

cwsg m sleep
cysgu = to sleep
cysgu fel daear
= to sleep like a log

tan, dan = under
dan ddaear
= underground

trên (trenau) m = train
trên tanddaearol
= underground train

eiddew m = ivy
eiddew'r ddaear
= ground ivy

eithaf (-oedd) f = extremity
eithafoedd y ddaear
= the ends of the earth

gellygen (gellyg) f = pear
gellyg y ddaear
= artichokes

gwifren (gwifrau) f = wire
gwifren ddaear
= earth wire

halen m = salt
halen y ddaear
= the salt of the earth

mochyn (moch) m = pig
mochyn daear
= broch (-od)
m = badger

nefol, nefolaidd = heavenly
nef (-oedd) f = heaven
nef a daear
= heaven and earth

twrch (tyrchod) m = boar
twrch daear
= gwadd (-od)
m = mole

tŷ (tai) m = house
daeardy (-dai)
m = dungeon

cell (-oedd) f = cell
daeargell (-oedd)
f = dungeon, vault

ci (cŵn) m = dog
daeargi (daeargwn)
m = terrier

cryd (-iau) m = shivering
daeargryd (-iau)
m = earth tremor

crŷn = shivering
daeargryn (-fâu) (-feydd)
m/f = earthquake

daeareg
f = geology

daearegol
= geological

daearegydd (diaregwyr)
m = geologist

daearol
= earthly

annaearol
= unearthly, eerie, weird

tanddaearol
= subterranean

daearu
= to earth, to inter, to burrow

daearyddiaeth
f = geography

daearyddol
= geographical

daearyddwr (-wyr)
m = geographer

dal, dala = to catch, to hold
cynnal = to support, to sustain

cynnal
= to support, to sustain

cadw
= to keep
cynnal a chadw
= maintenance

cynaliadwy
= sustainable

cynaladwyedd
m = sustainability

cynhaliaeth
f = subsistence, support

gorchymyn m = order
gorchymyn cynnal a chadw
= maintenance order

anghynaliadwy
= unsustainable

cynhaliad
m = support

lwfans (-au) m = allowance
lwfans cynhaliaeth
= subsistence allowance

hun: hunan (hunain) m=self
cynhaliol
= sustaining, supporting

hunangynhaliol
= self-supporting

cynhaliwr (cynhalwyr)
m = carer, supporter

dal, dala
= to catch, to hold

dal ati
= to persevere, to persist

dal i
= to continue to

annwyd (anwydau) m = cold
dal annwyd
= to catch a cold

cof (-ion) m = memory
dal mewn cof
= to keep in mind

dychmygus = imaginative
dychymyg m = imagination
dal dychymyg
= to seize the imagination

gwystl (-on)
m/f = hostage; pledge
dal gwystlon
= to hold hostages

popeth m = everything
dal-popeth
m = catch-all

crib (-au) f/m = crest, comb
cribddail
m = extortion

does dim dal ar...
= there's no depending on

di-ddal
= unreliable, fickle

dalfa (-feydd)
f = custody, arrest; catch

yn y ddalfa
= in custody

bod m = existence
dalfod
m = endurance

daliad (-au)
m = holding, tenure;
     opinion

cyfran (-nau) f = share
cyfranddaliad
m = shareholding

rhydd = free
rhydd-ddaliad
m = freehold

**cyfranddaliwr
(cyfranddalwyr)**
m = shareholder

ymddaliad
m = posture

oes (-oedd) f = age, lifetime
daliadaeth am oes
= life tenure

daliadaeth (-au)
f = tenure, tenancy

cerdyn (cardiau) m = card
dalwyr cardiau
= cardholders

daliwr (dalwyr)
m = holder, captor

deiliad (-iaid)
m = tenant, holder

dangos = to show
arddangos = to exhibit, to display   **ymddangos** = to appear

arddangos
= to exhibit, to display,
    to demonstrate

neuadd (-au)
f = hall
neuadd arddangos
= exhibition hall

talu = to pay
Talwch ac
Arddangoswch
= Pay and Display

arddangosfa (-feydd)
f = exhibition

awyren (-nau)
f = aeroplane
arddangosfa awyrennau
= fly past, flying display

delw (-au) f = image, idol
cwyr m = wax
arddangosfa delwau cwyr
= waxworks

tân m = fire; gwyllt = wild
tân gwyllt m = firework(s)
arddangosfa tân gwyllt
= fireworks display

arddangosiad (-au)
m = demonstration

gwleidyddol = political
arddangosiad
gwleidyddol
= a political demonstration

hedd, heddwch m = peace
heddychu = to pacify
arddangosiad heddychol
= a peaceful demonstration

arddangosiaeth
f = exhibitionism

ymarddangosiaeth
f = showmanship

arddangosol
= demonstrative

arddangoswr (-wyr)
m = exhibitor, demonstrator

dangos
= to show

dant (dannedd) m = tooth
dangos ei ddannedd
= to show his anger

ochr (-au) f = side; ei = his
dangos ei ochr
= to stand and be counted

amser (-au) m = time
amser a ddengys
= time will tell

ystafell (-oedd) f = room
ystafell ddangos
= show room

dangoseg (-ion)
f = index, table of contents

dangosol
= indicative

dangosydd (-ion)
m = indicator

economeg f = economics
dangosyddion
   economaidd
= economic indicators

ymddangos
= to appear

llys (-oedd) m = court
ymddangos mewn llys
= to appear in court

ail = second
ailymddangos
= to reappear

taro = to strike
ymddangosiad trawiadol
= a striking appearance

ymddangosiad (-au)
m = appearance

ymddangosiadol
= apparent

darpar (darpariadau) m = preparation, provision
cyfarpar m = equipment, apparatus, provision

cyfarpar
m = equipment, appliance,
provision

achub = to save
cyfarpar achub
= rescue equipment

clyweled = audio-visual
cyfarpar clyweled
= audio-visual equipment

trydan m = electricity
cyfarpar trydan
= electrical equipment

ynni m = energy
cyfarpar ynni
= power equipment

cyfarpar(u)
= to equip, to prepare

darpar (-iadau)
m = preparation, provision

hun: hunan (hunain) = self
hunan-ddarpar
= self-catering

darpar
= intended, elect, prospective

esgobaeth (-au) f = diocese
esgob (-ion) m = bishop
Darpar-Esgob
m = Bishop Elect

gŵr (gwŷr)
m = man, husband
darpar-ŵr
= husband-to-be, fiancé

gwraig (gwragedd)
f = woman, wife
darpar-wraig
= wife-to-be, fiancée

ymgeisydd (ymgeiswyr)
m = candidate
darpar-ymgeisydd
= prospective candidate

darpar(u)
= to provide, to prepare

darpariaeth (-au)
f = provision, preparation

darparwr (-wyr)
m = provider

datrys = to solve

datrys
= to solve

nofel (-au) f = novel
dirgelwch m = mystery
nofelau datrys a dirgelwch
= detective novels

datrysiad (-au)
m = solution

drysfa (-feydd)
f = labyrinth, maze

drysiant
m = entanglement

drysïen (drysi)
f = thorn, briar

dryslyd
= confused

yr henoed pl = the elderly
yr henoed dryslyd
= the elderly mentally infirm

drysni
m = intricacy, tangle

draenen (drain) f = thorn
trwy'r drain a'r drysni
= through thick and thin

llwyn (-i) m = grove
dryslwyn
m = thicket

drysu
= to be confused

dryswch
m = confusion

anhrefn f = chaos
dryswch ac anhrefn
= confusion and chaos

mewn = in
mewn dryswch
= in confusion

dyrys
= intricate, entangled

pwnc (pynciau) m = subject, topic
dyrysbwnc
m = problem

dau, dwy = two

mesul = by
fesul dau
= two by two

cant (cannoedd) m = hundred; blwydd (-i) f = year(s) old
daucanmlwyddiant
m = bicentenary

min (-ion) m = edge, lip
miniog = sharp, pointed
daufiniog, deufin
= double-edged

wyneb (-au)
m = face
dauwynebog
= hypocritical

deuawd (-au)
m/f = duet

deuaidd
= binary

deg = ten
deuddeg
= twelve

taro = to strike, to hit
taro deuddeg
= to be spot on

ugain = twenty
deugain
= forty

naw = nine
deunaw
= eighteen

deuol
= dual

grudd (-iau) f = cheek
deurudd
pl = cheeks

mil (-oedd) f = thousand
dwy fil
= two thousand

bron (-nau) f = breast
dwyfron (-nau)
f = breast; both breasts

llaw f = hand
dwylo
pl = hands

de f = right side*
de m = south *

i'r dde*
= to the right

adain (adenydd) f = wing
adain dde
= right-wing

asgell (esgyll) f = wing
asgell dde
= right-wing

llaw (dwylo) f = hand
llawdde
= skilful, dexterous

deheuig
= dexterous, skilful

deheurwydd
m = dexterity

destlus
= neat, tidy

destlusrwydd
m = neatness

i'r de*
= to the south

dwyreiniol
= oriental
dwyrain m = east
de-ddwyrain
m = south-east

gorllewinol
= western, westerly
gorllewin m = west
de-orllewin
m = south-west

parth (-au) m = district
deheubarth
m = southern region

y Deheubarth
= South Wales

*As you look towards the rising sun, south is on the right hand side

deheuol
= southern, southerly

deheuwr (-wyr)
m = southerner

deddf (deddfau) f = law; Act

deddf (-au)
f = law; Act

masnach f = trade, commerce
disgrifiad (-au) m = description
Deddf Disgrifiadau Masnach
= Trade Descriptions Act

erthyliad (-au) m = abortion
erthylu = to abort
Deddf Erthylu
= Abortion Act

llywodraeth (-au)
f = government
Deddf Llywodraeth Cymru
= Government of Wales Act

senedd (-au)
f = parliament
Deddf Seneddol
= Act of Parliament

cynneddf (cyneddfau)
f = faculty

is = lower, below, lower
is-ddeddf
= bye-law

deddfol
= legal, lawful

deddfu
= to legislate

deddfwr (-wyr)
m = legislator, law maker

deddfwriaeth
f = legislation

arfaethu = to intend
deddfwriaeth arfaethedig
= proposed legislation

eilaidd = secondary
deddfwriaeth eilaidd
= secondary legislation

deddfwriaethol
= legislative

pŵer (pwerau) m = power
pwerau deddfwriaethol
= legislative powers

defod (-au)
f = custom, rite, ceremony

defodaeth
f = ritual

defodol
= ceremonial

defnydd, deunydd (-iau) m = material; use, usage

sugno = to suck
amsugno = to absorb
defnydd amsugnol
= absorbent material

crai
= raw, crude, fresh
defnyddiau crai
= raw materials

ffrwydrad (-au)
m = explosion
defnyddiau ffrwydrol
= explosive materials

ar ddefnydd
= in use

o ddefnydd
= of use

cam = wrong, mis-
camddefnydd
m = misuse

diddefnydd
= useless

defnyddio
= to use

camddefnyddio
= to misuse

defnyddiol
= useful

adborth m = feedback
adborth defnyddiol
= useful feedback

defnyddioldeb
m = usefulness

defnyddiwr (defnyddwyr)
m = user, consumer

achlysurol = occasional
defnyddiwr achlysurol
= occasional user

cydnaws = compatible
yn gydnaws â'r
   defnyddwyr
= user-friendly

delw (delwau) f = image, idol

delw (-au)
f = image, idol

annelwig
= shapeless, vague

perthynas (perthnasau)
m/f = relative, relationship
arddel perthynas
= to recognise a relationship

arddel
= to claim, to own

arddeliad (-au)
m = conviction, approval

diarddel
= to repudiate

diarddeliad
m = expulsion, repudiation

cerfio = to carve
cerfddelw (-au)
f = statue

cyn = before
cynddelw (-au)
f = prototype, model

pen (-nau) m = head
penddelw (-au)
f = bust

bryd (-iau)
m = disposition, intent
delfryd (-au)
m/f = an ideal

delfrydiaeth
f = idealism

delfrydol
= ideal

delfrydwr (-wyr)
m = idealist

addoli = to worship
delw-addoli
= to worship images

torrwr (-wyr) m = cutter
delw-dorrwr
m = iconoclast

gwedd (-au)
f = form, aspect
delwedd (-au)
f = image

gloywi = to brighten
gloyw = shining, glossy
delwedd loyw
= a glossy image

ystrydeb (-au) f = stereotype, cliché
delwedd ystrydebol
= a stereotyped image

deol = to banish, to exile

deol
= to banish, to exile

deoledig
= banished, exiled

oed m = age, time of life
oed ymddeol
= retirement age

ymddeoledig
= retired

ymddeol
= to retire

ymddeoliad
m = retirement

cynnar = early
ymddeoliad cynnar
= early retirement

derbyn = to receive, to accept

derbyn
= to receive, to accept

derbynfa (-feydd)
f = reception (office, hotel)

derbynyddes (-au)
f = receptionist

derbyniad (-au)
m = reception

derbyniadwy
= admissible

annerbyniadwy
= inadmissible

pecyn (-nau) m = package
pecyn derbyniol
= an acceptable package

derbyniol
= acceptable

cwbl = all, whole, complete
yn gwbl annerbyniol
= completely unacceptable

annerbyniol
= unacceptable

derbyniwr (derbynwyr)
m = recipient

derbynneb (derbynebau)
f = receipt

derbynnedd
m = intake (e.g. students)

swyddogol = official
Derbynnydd Swyddogol
= Official Receiver

gwestai (-eion) m = guest
derbynwest (-i)
m = reception (meal)

derbynnydd (-ynyddion)
m = receiver; receptionist

dibynnu (ar) = to depend, to rely (on)

dibynnu
= to depend, to rely

dibynadwy
= reliable, dependable

ffynhonnell (ffynonellau)
f = source
ffynonellau dibynadwy
= reliable sources

dibynadwyedd, dibynnedd
m = reliability

dibyniad, dibyniant
m = dependence

dibyniaeth
f = dependence

annibyniaeth
f = independence

dathlu = to celebrate
dathliadau annibyniaeth
pl = independence
celebrations

brwydr (-au) f = battle,
conflict, struggle; tros = for
brwydr dros annibyniaeth
= struggle for independence

cryn = considerable
cryn annibyniaeth
= considerable
independence

dibynnol
= dependent

perthynas (perthnasau)
m/f = relative
perthynas dibynnol
= dependent relative

plentyn (plant) m = child
plentyn dibynnol
= dependent child

annibynnol
= independent

gor = over, super, hyper-
gor-ddibynnol
= over-dependent

Annibynnwr (Annibynwyr)
m = Congregationalist

dibynnydd (dibynyddion)
m = dependant

lwfans (-au) m = allowance
lwfans dibynnydd
= dependant's allowance

dichon = to be able
dichon = possibly, perhaps

dichonadwy
= possible, feasible

annichon, annichonadwy
= impossible

dichonol
= potential, viable

dichonolrwydd
m = potentiality, viability

astudiaeth (-au) f = study
astudiaeth ddichonoldeb
= feasibility study

dichonoldeb
m = feasibility, viability

da = good
digon da
= good enough

digon m = enough,
          sufficiency
digon = enough, sufficient

digon yw digon
= enough is enough

gafael (-ion) f = hold, grasp
digon o afael arni
= plump

pell = far
digon pell
= far enough

gwala f = enough; ei = his
digon ei wala
= plenty

o ddigon
= by far

cael = to get, to have
cael digon ar
= to have enough of

hawdd = easy
mae'n ddigon hawdd i...
= it's easy enough to...

rhyfedd = strange
rhyfedd ddigon
= strangely enough

uwchben = above; ei = his
uwchben ei ddigon
= very well off, in clover

hun: hunan (hunain) = self
hunanddigonedd
= self-sufficiency

digonedd
m = abundance, plenty

annigonedd
m = insufficiency

digoni
= to satisfy, to suffice

digonol
= sufficient, adequate

hunanddigonol
= self-sufficient

cwbl = complete
yn gwbl annigonol
= completely inadequate

annigonol
= insufficient, inadequate

digonolrwydd
m = abundance, sufficiency

annigonolrwydd
m = inadequacy

gogonedd
m = glory

gogoneddiad
m = glorification

gogoneddu
= to glorify

gogoneddus
= glorious

gogoniant (-iannau)
m = glory

diffyn = to protect
amddifyn = to defend, to protect

amddiffyn
= to defend, to protect

amddiffyn (-ion)
m = defence, protection

gweinyddiaeth (-au) f = Ministry
y Weinyddiaeth Amddiffyn
= the Ministry of Defence

amddiffynadwy
= defensible

anamddiffynadwy
= indefensible

amddiffynfa (-feydd)
f = fortress

grym (-oedd) m = force
amddiffyniad grymus
= a robust defence

hun: hunan (hunain) = self
hunanamddiffyniad
m = self defence

amddiffyniad (-au)
m = defence

amddiffynnol
= defensive

amddiffynnwr (amddiffynwyr)
m = defender

toll (-au) f = toll
diffyndoll (-au)
f = tariff (e.g.on imports)

diffyn
= to protect

diffyndollaeth
f = protectionism

diffynnydd (diffynyddion)
m = defendant

dig m = anger, wrath

dig
m = anger, wrath
dig = angry

dal, dala = to hold, to catch
dal dig
= to bear a grudge

edrych = to look
edrych yn ddig
= to glare

llawn = full
dicllon, digllon
= angry, wrathful

dicter
m = anger, displeasure

diddig
= contented

anniddig
= irritable

diddigrwydd
m = contentment

anniddigrwydd
m = irritability

digio wrth
= to be angry with

cadw = to keep
cadw digofaint
= to bear a grudge

digofaint
m = anger, indignation

digofus
= angry, indignant

dim m = anything, nothing

byd (-oedd) m = world
dim byd
= nothing

diolch (-iadau) m = gratitude; diolch = to thank
dim diolch
= no thanks

eto = again
dim eto
= not yet, not again

enaid (eneidiau) m = soul; byw = living
dim enaid byw
= not a living soul, nobody

gronyn (-nau) (grawn) m = grain; call = wise
dim gronyn callach
= not a bit the wiser

cwblhau = to complete
cwb(w)l = entire
dim o gwbl
= not at all

gwerth (-oedd)
m = worth, value
dim gwerth
= worthless, no good

llawer = much
dim llawer
= not a lot, not much

lle (-oedd) (llefydd) m = place
dim o'i le ar...
= nothing wrong with...

mymryn (-nau) m = bit
dim mymryn callach
= not a bit the wiser

ond = but
dim ond
= only

ots, ods m = care
dim ots
= no matter

rhagor m = more
dim rhagor
= no more

dim siw na miw
= not a single word / sound

sôn = to mention
dim sôn am...
= no mention of...

un = one
dim un
= not a single one

anad = before
yn anad dim
= above all

gyda = with
gyda dim
= for two pins

i = to
i'r dim
= exactly, to a 'T'

peth (-au) m = thing
y peth i'r dim
= the very thing

di-ddim, diddim
= useless, worthless

diddymiad
m = dissolution, abolition,
    liquidation (of a company)

diddymu
= to abolish, to liquidate

disgyn = to descend

disgyn
= to descend

disgyn ar
= to attack, to swoop

disgynfa (-feydd)
f = descent, landing place

disgyniad (-au)
m = descent

disgynneb (disgynebau)
f = anticlimax

disgynnol
= descending

disgynnydd (disgynyddion)
m = descendant

diwyd = diligent, industrious
diwydiant (diwydiannau) m = industry

diwydiannol
= industrial

adfeilio = to fall into decay
adfail (adfeilion) m/f = ruin
adfeilion diwydiannol
= industrial ruins

amgueddfa (-feydd)
f = museum
amgueddfa ddiwydiannol
= industrial museum

anafu = to injure; anaf (-au) m = injury
anafau diwydiannol
= industrial injuries

craith (creithiau) f = scar; chwyldro (-adau) m = revolution
creithiau y Chwyldro Diwydiannol
= the scars of the Industrial Revolution

cysylltiad (-au)
m = connection
cysylltiadau diwydiannol
= industrial relations

gwastraffus = wasteful
gwastraff m = waste
gwastraff diwydiannol
= industrial waste

ystad (-au) f = estate
ystad ddiwydiannol (ystadau diwydiannol)
= industrial estate(s)

diwydiant (-iannau)
m = industry

dur m = steel
y diwydiant dur
= the steel industry

glo m = coal
y diwydiant glo
= the coal industry

fferyllfa (-feydd) f = pharmacy
fferyllydd (-ion) m = pharmacist
y diwydiant fferyllol
= the pharmaceutical industry

gwladoli = to nationalise
diwydiannau gwladoledig
= nationalised industries

gweini = to serve
diwydiannau gweini
= service industries

gwaith (gweithiau) m = work; cynhyrchu = to produce
diwydiant gweithgynhyrchu
= manufacturing industry

gwau, gweu
= to knit, to weave
diwydiant gweol
= textile industry

gwlân (gwlanoedd)
m = wool
diwydiant gwlân
= woollen industry

trwm, trom = heavy
diwydiant trwm
= heavy industry

ysgafn = light
diwydiant ysgafn
= light industry

crebachu = to wither; traddodiad (-au) m = tradition
crebachiad y diwydiannau traddodiadol
= the contraction of the traditional industries

diwydiannaeth
f = industrialisation

diwydiannu
= to industrialise

diwydiannwr (-anwyr)
m = industrialist

diwydrwydd
m = diligence

atodi
= to append

atodiad (-au)
m = supplement, appendix

lliw (-iau) m = colour
atodiad lliw
= colour supplement

yn ôl = according to; enill = to earn; to win
atodiad yn ôl enillion
= earnings related supplement

llen (-ni) f = sheet
atodlen (-ni)
f = schedule, supplement

atodol
= supplementary, ancillary

atodyn (atodion)
m = attachment

datod
= to undo, to untie

annatod
= indissoluble

rhan (-nau) f = part
rhan annatod
= an integral part

annatodadwy
= inextricable

ymddatod
= to dissolve, to undo

dodi
= to put, to place, to give

bai (beiau) m = blame
dodi bai ar
= to put blame on

wy (-au) m = egg
dodwy
= to lay eggs

dodiad (dodiaid)
m = placing

ar = on
arddodiad (-iaid)
m = preposition

blaen = front
blaenddodiad (-iaid)
m = prefix

ôl = behind, rear
ôl-ddodiad (-iaid)
m = suffix

rhag = before, pre-
rhagddodiad (-iaid)
m = prefix

gwrth = against
gwrthod
= to refuse, to reject

gwrthodedig
= rejected

gwrthodedigion
pl = rejects

gwrthodiad (-au)
m = refusal, rejection

ymwrthod (â)
= to abstain, to repudiate

ymwrthodiad
m = abstinence

ymwrthodwr (-wyr)
m = abstainer

llwyr = complete
llwyrymwrthodwr
m = teetotaller

tra = extremely, very
traddodi
= to hand down, to deliver

traddodiad (-au)
m = tradition

traddodiadol
= traditional

chwalu = to scatter; patrwm (patrymau) m = pattern
chwalu'r patrwm traddodiadol
= to upset the traditional pattern

traddodiadwr (-wyr)
m = traditionalist

drwg (drygau) m = harm   drwg = bad

drwg (drygau) m = harm
drwg = bad

caws m = cheese
y drwg yn y caws
= the fly in the ointment

arian pl = money
arian drwg
= counterfeit money

mae'n ddrwg gen' i
mae'n ddrwg 'da 'fi
= I'm sorry

eithaf = quite
eithaf drwg
= quite bad

di-ddrwg
= harmless

da = good
di-ddrwg di-dda
= indifferent

meddwl = to think
di-feddwl-drwg
= unsuspecting

teimlad (-au)
m = feeling
drwgdeimlad (-au)
m = bad feeling

tybiaeth (-au)
f = supposition
drwgdybiaeth (-au)
f = suspicion

gweithredwr (gweithredwyr) m = operator
drwgweithredwr (-wyr)
m = offender, evil-doer

sawr m = odour
drycsawr
m = stench

sawrus = savoury
drycsawrus
= stinking

drygedd
m = vice, evil

byd (-oedd) m = world
drygfyd
m = adversity

drygioni
m = wickedness

drygionus
= mischievous

naws (-au) f = nature
drygnaws
= malevolent

drygu
= to harm, to hurt

gwaeth = worse

gwaeth
= worse

na = than
gwaeth na
= worse than

mynd = to go
mynd yn waeth
= to become worse

gwaethwaeth
= from bad to worse

gwaethygiad
m= deterioration

gwaethygu
= to get worse, to deteriorate

gwaethaf = worst

gwaethaf
= worst

modd (-ion)
m = manner, means
gwaetha'r modd
= worse luck

er gwaethaf
= in spite of

gwaethafiaeth
gwaethafyddiaeth
f = pessimism

gwaethafol
= pessimistic

gwaethafydd (-ion)
m = pessimist

cynrychioladol
= representative

cyfrannol = proportional
cynrychiolaeth (-au) **cynrychioliaeth gyfrannol** **digynrychiolaeth**
f = representation = proportional representation = unrepresented

cam = wrong, mis-
cynrychioli **camgynrychioli**
= to represent = to misrepresent

cynrychiolydd *parhaol = permanent*
(cynrychiolwyr) **cynrychiolydd parhaol**
m = representative, delegate = permanent representative

drych (-au) **ardderchog** **ardderchogrwydd**
m = mirror = excellent m = excellence

ysbïo = to spy
gau = false *ysbïaeth f = espionage*
geuddrych **ysbienddrych**
m = hallucination m = binoculars, telescope

meddwl (meddyliau) m = mind, thought
drychfeddwl, meddylddrych
m = idea

fel = like, as
drychiolaeth (-au) **fel drychiolaeth**
f = apparition, spectre = like a ghost, very pale

edrych am **edrych ar** **edrych ar ôl**
= to look for = to look at = to look after

ymlaen = on, onward(s)
edrych at **edrych dros** **edrych ymlaen at**
= to look towards = to look over, to overlook = to look forward to

cil (-iau) m = corner, recess *cipio = to snatch*
ciledrych **cipedrych**
= to glance = to glimpse

awch m = keenness
awchus = sharp, eager
edrychiad (-au) **edrychiad awchus**
m = a look, a glance = an eager look

edrychwr (-wyr)
m = spectator

goddrych (-au) **goddrychedd** **goddrychol**
m = subject m = subjectivity = subjective

gwrth = against
gwrthrych (-au) **gwrthrychedd** **gwrthrychol**
m = object m = objectivity = objective

arddull (-iau)
f = style

addurno = to decorate
addurniad (-au)
m = decoration
addurniadol = decorative
arddull addurnedig
= decorated style

dysgu
= to teach, to learn
arddulliau dysgu
= teaching styles

arddulliedig
= stylised

cyferbyniad (-au)
m = contrast
cyferbynnu
= to contrast
arddulliau cyferbyniol
= contrasting styles

graen m = lustre, gloss
graenus = sleek, polished,
arddull raenus
= polished style

arddullydd (-wyr)
m = stylist

cynnull
= to assemble, to convene,
   to gather together

ymgynnull
= to assemble

cynulleidfa (-oedd)
f = congregation, audience

man (-nau) m/f = place
man ymgynnull
= assembly point

cynulleidfaol
= congregational

cynulliad (-au)
m = assembly

cynrychioladol
= representative
cynulliad cynrychioladol
= representative assembly

ethol = to elect
etholedig = elected
cynulliad etholedig
= elected assembly

aelod (-au) m = member
Aelod Cynulliad (AC)
= a Member of the Welsh Assembly (AM)

llywodraeth (-au) f = government; Cymru f = Wales
Llywodraeth y Cynulliad Cymru
= the Welsh Assembly Government

cynullydd (-wyr)
m = convenor

dull (dulliau)
m = form, method, manner

deg = ten
degol = decimal
dull degol
= decimal system

ymarferol = practical
tuag at = towards
dull ymarferol tuag at
= a practical approach to

priod = proper
priod-ddull (-iau)
m = idiom

gwedd (-au) f = form, aspect
dullwedd (-au)
f = mannerism

trais (-eisiau) m = violence
di-drais = non-violent
dulliau di-drais
= non-violent methods

pob = all, each, every
modd (-ion) m = means
ym mhob dull a modd
= by every possible means

dŵr, dwfr (dyfroedd) m = water

budredd m = filth
budr = filthy
dŵr budr
= foul water

claearineb
m = lukewarmness
dŵr claear
= luke-warm water

croywder m = clarity
croyw = fresh, clear
dŵr croyw
= fresh water

halen m = salt
hallt = salty
dŵr hallt
= sea water, brine

mwyn (-au)
m = mineral, ore
dŵr mwynol
= mineral water

anweddiad m = evaporation
anwedd m = vapour
anwedd dŵr
= water vapour

corddi
= to churn, to agitate
corddi'r dyfroedd
= to stir things up

cronfa (-feydd)
f = fund
cronfa ddŵr
= reservoir

madfall (-od) f = lizard
madfall y dŵr
= newt

melin (-au) f = mill
melin ddŵr
= water-mill

nofio = to swim; tan, dan = under
nofio tanddŵr
= sub-acqua swimming

tra = extremely, very
pont (-ydd) f = bridge
traphont ddŵr
= acqueduct

twym = warm
twymydd dŵr
m = waterheater

rhod (-au) f = wheel
rhod ddŵr
= water wheel

cil (ciliau)
m = recess, corner
cilddwr (-ddyrau)
m = back-water

cefn (-au) m = back
dau, dwy = two
cefndeuddwr (-ddyrau)
m = watershed

gwrth = against
gwrth-ddŵr
= waterproof

merfaidd, merllyd = insipid
merddwr
m = stagnant water

ci (cŵn) m = dog
dwrgi, dyfrgi (dyfrgwn)
m = otter

clòs = close
dwrglos
= watertight, waterproof

march (meirch) m = stallion
dyfrfarch
m = hippopotamus

dyfradwy
= watered

dyfredig
= irrigated

ffos (-ydd) f = ditch
dyfrffos
f = water channel

dyfrhad
m = irrigation

dyfrhau, dyfrio
= to water, to irrigate

dad-ddyfrïo
= to dehydrate

lliw (-iau) m = colour
dyfrliw, dyfrlliw (-iau)
m = a water-colour

dyfrllyd
= watery

dyfrol
= aquatic

hynt (-oedd) f = way, course
dyffryn (-noedd)
m = (wide) valley, vale

dwyn = to bring, to take, to steal

anfri m = disgrace
dwyn anfri
= to bring into disrepute

trosodd, drosodd = over
dwyn drosodd
= to take over

i fyny = up
dwyn i fyny
= to bring up

cof (-ion) m = memory
dwyn ar gof
= to bring to mind

pwysau m = pressure
dwyn pwysau
= to bring pressure

ymlaen = on, onward(s)
dwyn ymlaen
= to bring forward

dygiedydd (-ion)
m = bearer, carrier

ymddwyn
= to behave

cam = wrong, mis-
camymddwyn
= to misbehave

camymddygiad
m = misbehaviour,
   misconduct

ymddygiad (-au)
m = behaviour, conduct

gwâr = civilised
anwar(aidd) = uncivilised
ymddygiad anwar
= uncivilised behaviour

arddegyn (arddegau)
m = teenager, adolescent
ymddygiad arddegol
= adolescent behaviour

bygwth = to threaten
bygythiad (-au) m = threat
ymddygiad bygythiol
= threatening behaviour

gwarth
m = shame, disgrace
ymddygiad gwarthus
= disgraceful behaviour

lledneisrwydd
m = decency
ymddygiad llednais
= decent behaviour

sarhad (-au) m = insult
sarhau = to insult
ymddygiad sarhaus
= insulting behaviour

dwys = intense, serious, profound

ffermio = to farm
ffermio dwys
= intensive farming

gofal (-on) m = care
mewn gofal dwys
= in intensive care

rhaglen (-ni) f = programme
rhaglen ddwys
= an intensive programme

cyddwysedd
m = condensation

llaeth, llefrith m = milk
llaeth cyddwys
= condensed milk

llafur (-iau) m = labour
llafurddwys
= labour intensive

pigo = to prick, to pick
dwysbigo
= to prick (conscience)

dwysáu
= to intensify

poblogaeth (-au)
f = population
dwysedd y boblogaeth
= the population density

dwysedd (-au)
m = density

bwyd (-ydd) m = food
dwysfwyd
= concentrated food

dwyster, dwystra
m = seriousness, gravity

cyfalaf m = capital
dwysgyfalaf
= capital intensive

- 140 -

dydd (dyddiau) m = day

o'r blaen = before
y dydd o'r blaen
= the other day

cario = to carry
cario'r dydd
= to win the day

cleisio = to bruise; clais
(cleisiau) m = bruise
clais y dydd
= day-break

cyn = before
cynddydd
m = dawn

dyddiad (-au)
m = date

dyddiadur (-on)
m = diary

dyddiol
= daily

calan (-nau) (-ni) m = first day (month, season)
Dydd Calan
= New Year's Day

ar ddydd Mercher
= on Wednesdays

hanner (haneri) m = half
hanner dydd
= midday

ar = on; diwedd m = end
ar ddiwedd y dydd
= at the end of the day

cwrs (cyrsiau) m = course; un = one
cyrsiau undydd
= one day courses

diwedd m = end
diwedydd
m = evening

tra = extremely, very
trennydd
= the day after tomorrow

dyddhau
= to dawn

cau = to close, to shut
dyddiad cau
= closing date

geni = to be born
dyddiad geni
= date of birth

dyddiedig
= dated

beunydd(iol)
= daily

ein = our; bara m = bread
ein bara beunyddiol
= our daily bread

heddiw
= today

ddydd Mercher
= (on this) Wednesday

ildio = to yield
ildio'r dydd
= to concede victory

ers = since; llawer = many
ers llawer dydd (SW)
= **erstalwm** (NW)
= this long time

tri, tair = three
tridiau
pl = three days

cwblhau = to complete
dyddiad cwblhau
= deadline

dyddio
= to date, to dawn

byth = ever, never
byth a beunydd
= constantly, all the time

diwrnod m = day (24 hour period)

braf
= fine
diwrnod braf, heddiw
= a fine day, today

cadno (cadnoaid) m = fox
cadno o ddiwrnod
= a very changeable day
  weather-wise

cloc (-iau) m = clock
wyth = eight
cloc wyth niwrnod
= grandfather clock

- 141 -

dyn (dynion) m = man
dynes (dynesau) f = woman, lady

dyn (-ion)
m = man

hoyw = gay
dyn hoyw
= a homosexual

llaeth, llefrith m = milk
dyn llaeth
= milkman

arthio = to growl
arth (eirth) m = bear
yn arth o ddyn
= a rough, ignorant man

cawraidd = gigantic
cawr (cewri) m = giant
yn gawr o ddyn
= a giant of a man

clamp (-iau) m = monster
yn glamp o ddyn
= a monster of a man

adyn (-od)
m = scoundrel

byd (-oedd) m = world
bydol = worldly
bydolddyn (-ion)
m = a worldly man

cardod (-au) f = charity
cardota = to beg
cardotyn (-ion)
m = beggar

coeg = vain, false, empty
coegddyn (-ion)
m = rascal

cyd = joint
cyd-ddyn (-ion)
m = fellow man

segura = to (be) idle
segur = idle
segurddyn (-ion)
m = idler

ysgeler = villainous
ysgelerder m = villainy
ysgelerddyn (-ion)
m = miscreant

dynan
m = dwarf, pygmy

dyneddon
pl = pygmies

dyndod
m = manhood

dyneiddiaeth
f = humanism

dyneiddiol
= humanistic

dyneiddiwr (-wyr)
m = humanist

dyngar
= humane

dyngarol
= philanthropic,
  humanitarian

achos (-ion) m = cause
achosion dyngarol
= humanitarian causes

dyngarwch
m = philanthropy

dyngarwr (-wyr)
m = philanthropist

lladd = to kill
dyniaethau
pl = humanities

dynladdiad
m = manslaughter

adnoddau pl = resources
adnoddau dynol
= human resources

hawl (-iau) f = right
hawliau dynol
= human rights

dynol
= human

trychineb (-au) m/f = disaster
trychinebau dynol
= human disasters

annynol
= inhuman

rhyw (-iau) f = sort, kind; sex
dynoliaeth
f = humanity
dynolryw
f = mankind

addysg
f = education

parhau = to continue
addysg barhaus
= continuing education

pellach = further
addysg bellach
= further education

prif = chief, main; ffrwd (ffrydiau) f = stream
addysg brif-ffrwd
= mainstream education

meithrin = to nurture, to rear
addysg feithrin
= nursery education

crefydd (-au) f = religion
addysg grefyddol
= religious education

oedolyn (oedolion) m = adult
addysg oedolion
= adult education

rhyw (-iau) f = sex
addysg ryw
= sex education

tystysgrif (-au) f = certificate; cyffredinol = general; uwchradd = secondary
Tystysgrif Gyffredinol Addysg Uwchradd (TGAU)
= General Certificate of Secondary Education (GCSE)

addysgadwy
= educable

addysgedig
= educated

addysgiadol
= instructive, educational

addysgol
= educational

angen (anghenion) m = need; arbennig = special
Anghenion Addysgol Arbennig (AAA)
= Special Educational Needs (SEN)

cyd = joint
cydaddysgol
= co-educational

ysgol (-ion) f = school
ysgol gydaddysgol
= a co-educational school

addysgu
= to educate, to teach

addysgwr (-wyr)
addysgydd (-ion)
m = educationalist, tutor

dysg
m/f = learning

hyddysg
= expert, learned

dysgedig
= learned

annysgedig
= unlearned

dysgeidiaeth
f = doctrine

dysgu
= to learn, to teach

cof (-ion) m = memory
dysgu ar gof
= to learn by heart

cydol m/f = whole; oes (-au) (-oedd) f = age
Dysgu Gydol Oes
= Lifelong Learning

Pader (paderau) m = Lord's Prayer (prayers)
person (-iaid) m = parson
dysgu Pader i berson
= to teach your grandmother (to suck eggs)

pabell (pebyll) f = tent
Pabell y Dysgwyr
= the Learners Pavilion (National Eisteddfod)

dysgwr (dysgwyr)
m = learner

dywedyd, dweud (wrth) = to say, to tell (to)

dweud, dywedyd
= to say, to tell

plwmp = direct; plaen = clear
dweud yn blwmp ac yn blaen
= to say bluntly and plainly

blewyn (blew) m = hair, fur; tafod (-au) m = tongue
dweud yn ddi-flewyn-ar-dafod
= to say without mincing words

trefn (-au) f = order
dweud y drefn
= to scold

gair (geiriau) m = word
dweud gair
= to have a word

gwir m = truth
dweud y gwir
= to tell the truth

atal (-ion) m = impediment
atal dweud
m = stammer

dawn (doniau) m/f = talent
dawn dweud
= gift of the gab

heb = without
heb ddweud na bw na be
= without saying anything

ar-ddweud
= to dictate

arddywediad
m = dictation

di-ddweud
= taciturn

gor = over, super, hyper-
gor-ddweud
= to exaggerate

gwrth = against
gwrth-ddweud
= to contradict

dywediad (-au)
m = saying

croes = cross
croesddywediad (-au)
m = contradiction

gwrth = against
gwrthddywediad (-au)
m = contradiction

effaith (effeithiau) f = effect

andwyo = to spoil
effaith andwyol
= an injurious effect

dilyn = to follow
effaith ddilynol
= a knock-on effect

caseg (cesig) f = mare; eira m = snow
caseg eira = a rolling, growing snowball
effaith gaseg eira
= a snow-ball effect

dieffaith
= without effect

sgil m = pillion; back
sgil-effaith
m = side-effect

effeithio
= to effect

effeithiol
= effective

eithaf = fairly, quite
eithaf effeithiol
= pretty effective

aneffeithiol
= ineffective

effeithiolrwydd
m = effectiveness

effeithlon
= efficient

effeithlonrwydd
m = efficiency

aneffeithlon
= inefficient

aneffeithlonrwydd
m = inefficiency

eglur = clear, evident

eglur
= clear, evident

aneglur
= unclear, obscure

egluro
= to explain

eglurhad (-au)
m = explanation

eglurhaol
= explanatory

eglurdeb, eglurder
m = clarity

eilio = to plait, to interweave
adeilad m/f = building   cyfeiliant m = accompaniment

rhestr (-au) f = list
adeilad (-au)
m/f = building

adeilad rhestredig
= a listed building

adeiladaeth (-au)
f = construction, structure

awgrymog = suggestive
awgrymu = to suggest
adeiladol
= constructive

awgrymiad adeiladol
m = constructive suggestion

beirniadaeth (-au)
f = criticism
beirniadaeth adeiladol
= constructive criticism

castell (cestyll) m = castle; awyr f = air, sky
adeiladu
= to build, to construct

adeiladu cestyll yn yr awyr
= to build castles in the air

cwmni (cwmnïau)
m = company
cwmni adeiladu
= construction company

cymdeithas (-au)
f = society, association
cymdeithas adeiladu
= building society

rheoliad (-au)
m = regulation
rheoliadau adeiladu
= building regulations

ail = second
ailadeiladu
= to rebuild

adeiladwr (-wyr)
adeiladydd (-ion)
m = builder

gwaith (gweithiau) m = work
adeiladwaith
m = construction, structure

ardal (-oedd) f = area
adeiledig
= built-up

ardaloedd adeiledig
= built-up areas

adeiledd (-au)
m = structure

cof (-ion) m = memory
cofadail (cofadeiladau)
f = monument, cenotaph

cyfeiliant (cyfeiliannau)
m = accompaniment

digyfeiliant
= unaccompanied

cyfeilio
= to accompany (in music)

cyfeilydd (-ion)
m = accompanist

eil (-ion)
f = shed, lean-to

eithrio
= to except, to exclude

ac eithrio
= with the exception of

oddi = from, out of
oddieithr
= except, unless

eithr
= except, but, save that

eithriad (-au)
f = exception

dieithriad
= without exception

eithriadol
= exceptional
yn eithriadol o
= exceptionally

blerwch m= untidiness
yn eithriadol o flêr
= exceptionally untidy

anffafriol = unfavourable
yn eithriadol o ffafriol
= exceptionally favourable

ansadrwydd m = instability
yn eithriadol o ansad
= exceptionally unsteady

haul (heuliau) m = sun
yn eithriadol o araul
= exceptionally sunny

astrus = difficult
yn eithriadol o astrus
= exceptionally difficult

astudio = to study
yn eithriadol o astud
= exceptionally diligent

pertrwydd m = prettiness
yn eithriadol o bert
= exceptionally pretty

petruso = to hesitate
yn eithriadol o betrus
= exceptionally hesitant

trwsgl = clumsy, awkward
yn eithriadol o drwsgl
= exceptionally clumsy

twpdra m = stupidity
yn eithriadol o dwp
= exceptionally daft

tywyllwch m = darkness
yn eithriadol o dywyll
= exceptionally dark

di-ddawn = untalented
yn eithriadol o ddawnus
= exceptionally talented

annedwydd = unhappy
dedwyddwch m = happiness
yn eithriadol o ddedwydd
= exceptionally happy

dichell m = slyness, guile
yn eithriadol o
ddichellgar
= exceptionally sly

diddosrwydd
m = shelter
yn eithriadol o ddiddos
= exceptionally snug

donioldeb, doniolwch
m = wit, humour
yn eithriadol o ddoniol
= exceptionally witty

drewi = to stink
drewdod m = stink
yn eithriadol o ddrewllyd
= exceptionally stinking

dygnwch m = perseverance
yn eithriadol o ddygn
= exceptionally assiduous

enbydrwydd m = danger
yn eithriadol o enbyd
= exceptionally dangerous

bregedd m/f = frailty
yn eithriadol o fregus
= exceptionally frail

brynti, bryntni m = filth
yn eithriadol o frwnt
= exceptionally dirty

anffasiynol = unfashionable
yn eithriadol o ffasiynol
= exceptionally fashionable

ffwdanu = to fuss, to bother
yn eithriadol o ffwdanus
= exceptionally fussy

coegni m = sarcasm
yn eithriadol o goeglyd
= exceptionally sarcastic

coethi = to refine
coethder m = refinement
yn eithriadol o goeth
= exceptionally refined

cweryla = to quarrel
cwerylgar = quarrelsome
yn eithriadol o gwerylgar
= exceptionally quarrelsome

anghwrtais = discourteous
cwrteisrwydd m = courtesy
yn eithriadol o gwrtais
= exceptionally courteous

eithrio = to except, to exclude, to opt out

cyfoethogi = to enrich
cyfoeth m = wealth, riches
yn eithriadol o gyfoethog
= exceptionally wealthy

cynnen (cynhennau)
f = contention
yn eithriadol o gynhennus
= exceptionally contentious

cyfrwyster, cyfrwystra
m = cunning, craftiness
yn eithriadol o gyfrwys
= exceptionally cunning

halogi = to pollute
yn eithriadol o halogedig
= exceptionally polluted

hurtrwydd m = stupidity
yn eithriadol o hurt
= exceptionally stupid

nwyfusrwydd m = vivacity
yn eithriadol o nwyfus
= exceptionally vivacious

gonestrwydd m = honesty
yn eithriadol o onest
= exceptionally honest

rhuglder m = fluency
yn eithriadol o rugl
= exceptionally fluent

simsanu = to totter
yn eithriadol o simsan
= exceptionally unsteady

sioncrwydd m = agility
yn eithriadol o sionc
= exceptionally nimble

smalio = to joke
yn eithriadol o smala
= exceptionally droll

gwamalu = to waver
yn eithriadol o wamal
= exceptionally fickle

gwelwder m = paleness
gwelwi = to grow pale
yn eithriadol o welw
= exceptionally pale

gwich (-iau) m = squeak
gwichian = to squeak/squeal
yn eithriadol o wichlyd
= exceptionally squeaky

ystyfnigrwydd
m = obstinacy
yn eithriadol o ystyfnig
= exceptionally obstinate

aderyn (adar) m = bird
aderyn dieithr
= a stranger

dieithr
= strange, unfamiliar

dieithrio, dieithro
= to estrange, to alienate

dieithryn (dieithriaid)
m = stranger

dieithrwch
m = strangeness

elw (elwau) m = profit, gain

elw (-au)
m = profit, gain

crynswth m = whole, entirety
elw crynswth
= gross profit

clir = clear
elw clir = elw net
= net profit

cymhelliad (cymelliadau)
m = motive
cymhelliad elw
= profit motive

maint (meintiau)
m = size, quantity
maint yr elw
= profit margin

budredd (-i) m = filth, dirt
budr = dirty
budr-elw
m = filthy-lucre

di-elw
= profitless

ffawd (ffodion)
f = fortune, fate
ffawdelw (-au)
m = windfall

gor = over, super-, hyper-
gorelw (-au)
m = excess profit

elwa (ar)
= to profit

ymelwa
= to exploit

ymelwad
m = exploitation

enw (-au) m = name; noun

anwes (-au) m = fondness
enw anwes
= pet name

bardd (beirdd) m = bard
enw barddol
= bardic name

bedydd m = baptism
enw bedydd
= christian name

go-iawn = real
enw go-iawn
= real name

gwael = vile, wretched
enw gwael
= notoriety

priod = married
enw priod
= married name

ar ei enw
= to his name

o'r enw
= called

cyd = joint
cydenw
m = namesake

cyfenw (-au)
m = surname

morwyn (-ynion) f = maiden
(cyf)enw morwynol
= maiden (sur)name

di-enw, dienw
= anonymous

ffug = fictitious
ffugenw (-au)
m = pseudonym

[llys = spurious, false]
llysenw = glasenw (-au)
m = nickname

enwad (-au)
m = denomination

enwadol
= denominational, sectarian

anenwadol
= non-denominational

cydenwadol
= inter-denominational

enwadur (-on)
m = denominator

enwebai (-eion)
m = nominee

enwebedig
= nominated

enwebiad (-au)
m = nomination

enwebu
= to nominate

enwebydd (-ion)
m = nominator

enwedig
= special

yn enwedig
= especially, particularly

enwi
= to name, to specify

byd (-oedd) m = world
enwog
= famous

byd-enwog
= world-famous

anenwog
= unrenowned

enwogi
= to make famous

enwogion
pl = famous people/celebrities

enwogrwydd
m = fame, renown

benyw (-od) f = woman
enw (-au)
m = noun

enwau benywaidd
= feminine nouns

cyffredin = common
enw cyffredin
= common noun

gwrywaidd = masculine
enwau gwrywaidd
= masculine nouns

priod = proper
enw priod
= proper noun

berf (-au) f = verb
enwol
= nominal, nominative (case)

berfenw (-au)
m = infinitive (of verb)

rhag = before, pre-
rhagenw (-au)
m = pronoun

esbonio = to explain

esbonio
= to explain

esboniad (-au)
m = explanation

esboniadol
= explanatory

hun: hunan (hunain) = self
hunanesboniadol
= self-explanatory

anesboniadwy
= inexplicable

esboniwr (esbonwyr), esbonydd (-ion)
m = exponent

esgus (esgusion) m = an excuse

tros, dros = over, for
esgus dros
= an excuse for

llipa = limp, weak
esgus llipa
= a feeble excuse

pitw = paltry
esgus pitw
= a paltry excuse

hel(a) = to hunt, to gather
hel esgusion
= *to find excuses*

diesgus
= inexcusable

esgusadwy
= excusable

esgusawd (esgusodion)
m = apology, excuse

esgusodi
= to excuse

esgusodwch fi!
= excuse me!

esgusodol
= excusable

anesgusodol
= inexcusable

esgyn = to ascend, to rise, to mount (a horse)

esgyn
= to ascend, to rise

gor = over, super, hyper-
goresgyn
= to overcome, to conquer

anhawster (anawsterau)
m = difficulty
goresgyn anawsterau
= to overcome difficulties

goresgyniad (-au)
m = conquest, invasion

goresgynnwr
(goresgynwyr)
m = conqueror, invader

goresgynnydd
(goresgynyddion)
m = conqueror, invader

tros = over
trosgynnol
= transcendental

trosgynnu
= to transcend

pren (-nau) m = wood, tree
esgynbren (-nau)
m = perch, roost

maen (meini) m = stone
esgynfaen
m = horse block

esgynfa (-feydd)
f = ascent, rise, take-off

esgyniad (-au)
m = ascension, ascent

esgynneb (esgynebau)
f = climax

esgynnol
= ascending

ethol = to elect
cyfethol = to co-opt   dethol = to select

cyfethol
= to co-opt

cyfetholedig
= co-opted

aelod (-au) m = member
aelod cyfetholedig
= co-opted member

dethol
= to select

dewis = to choose
dewis a dethol
= to pick and choose

dethol
m = selection, choice

hap (-iau) f = chance
dethol ar hap
= random selection

annethol
= non-selective

dethol, detholedig
= selected, chosen, select

clwb (clybiau) m = club
clwb dethol
= a select club

detholiad (-au)
m = selection

naturiol = natural
detholiad naturiol
= natural selection

detholrwydd
m = exclusiveness

detholus
= selective

ethol
= to elect

ail = second
ailethol
= to re-elect

etholaeth (-au)
f = constituency, electorate

senedd m = parliament
seneddol = parliamentary
etholaeth seneddol
= parliamentary constituency

ymyl (-on)
m/f = edge, border
etholaeth ymylol
= a marginal constituency

etholedig
= elected

cynrychiolydd (-wyr)
m = representative
cynrychiolwyr etholedig
= elected representatives

anetholedig
= unelected

etholiad (-au)
m = election

cyffredinol = general
etholiad cyffredinol
= general election

rhybudd (-ion) m = warning
etholiad dirybudd
= a snap election

diwrthwynebiad
= uncontested
etholiad diwrthwynebiad
= an uncontested election

lleol = local
etholiadau lleol
= local elections

rhydd = free
etholiadau rhydd
= free elections

is = lower, below, under
is-etholiad
= by-election

etholiadol
= electoral

swyddog (-ion) m = officer; cofrestru = to register
Swyddog Cofrestru Etholiadol
= Electoral Registration Officer

etholwr, etholydd
(etholwyr)
m = constituent, voter

cofrestr (-au) f = register
cofrestr etholwyr
= electoral roll

ffordd (ffyrdd) f = way, road
hyfforddi = to train

ffordd (ffyrdd)
f = way

allan = out
ffordd allan
= way out

amgen, amgenach
= other, alternative
ffordd amgen(ach)
= another way

mentrus = enterprising
ffordd fentrus
= an enterprising way

byw m = life
ffordd o fyw
= way of life, lifestyle

math (-au) m/f = kind
yn y fath ffordd
= in such a way

i ffwrdd (NW) = **bant (**SW)
= away

mewn = in
mewn ffordd
= in a way

siarad (â) = to speak (to)
mewn ffordd o siarad
= in a manner of speaking

llawer = many, much
mewn llawer ffordd
= in many ways

pell = far
o bell ffordd
= by a long way, by far

un = one; neu = or
ei gilydd = each other
un ffordd neu'i gilydd
= one way or another

un = one; mwy = more, bigger; mwyaf = most
effeithlon = efficient; effeithiol = effective
un o'r ffyrdd mwyaf effeithlon/effeithiol...
= one of the most efficient/effective ways...

unig = only; lonely
yr unig ffordd
= the only way

ar = on
diarffordd
= remote, inaccessible

dau, dwy = two
dwyffordd
= two-way, return

tocyn (-nau) m ticket
tocyn dwyffordd
= a return ticket

dŵr (dyfroedd) m = water
dyfrffyrdd
pl = waterways

gris (-iau) m = step, stair
grisffordd (grisffyrdd)
f = stairway

is = lower, below, under
isffordd (isffyrdd)
f = subway

troed (traed) m/f = foot
troedffordd (troedffyrdd)
f = foot path

un = one
tocyn unffordd
= a single ticket

ffordd (ffyrdd)
f = road

blaen (-au) m = end; upper reaches
cwm (cymoedd) m = valley
Ffordd Blaenau'r Cymoedd
= the Heads of the Valleys Road

deuol = dual
ffordd ddeuol
= dual-carriageway

mawr = big
ffordd fawr
= highway

rheol (-au) f = rule
Rheolau Ffordd Fawr
= the Highway Code

trwsio = to repair
trwsio'r ffordd fawr
= to repair the highway

ffordd (ffyrdd) f = way, road
hyfforddi = to train

mynediad (-au) m = access
ffordd fynediad
= access road

lliniaru = to ease, to soothe,
to alleviate
ffordd liniaru
= relief road

cerbyd (-au) m = vehicle
ffordd gerbydau
= carriageway

osgoi
= to avoid
ffordd osgoi
= by-pass

achub = to save
achub y ffordd
= to take a short cut

angel (engyl) (angylion) m = angel; diawl (-iaid) m = devil
pen (-nau) m = head; tân (tanau) m = fire
angel pen ffordd, diawl pen tân
= an angel away, a devil at home

cysylltu = to connect, to join
ffordd gysylltu
= link road

Rhufeiniwr (Rhufeinwyr)
m = Roman
Ffordd Rufeinig
= Roman Road

traws = cross
ar draws y ffordd
= across the road

damwain (damweiniau)
f = accident
damwain ffordd
= road accident

min (-ion) m = edge, lip
min y ffordd
= the road side

rhwydwaith (rhwydweithiau) m = network
rhwydwaith ffyrdd
= road network

i fyny'r ffordd/lan y ffordd
= up the road

pont (-ydd) f = bridge
pont ffordd
= viaduct

cefn (-au) m = back
cefnffordd (cefnffyrdd)
f = trunk road

cau = hollow
ceuffordd (ceuffyrdd)
f = tunnel

croes (-au) f = cross
croesffordd (croesffyrdd)
f = crossroad

cil (-iau) m = recess, corner
cilffordd (cilffyrdd)
f = by-road

cyffordd (cyffyrdd)
f = junction (rail, road)

cylch (-oedd) m = circle
cylchffordd (cylchffyrdd)
f = ring road

gwib f = rush
gwibffordd (gwibffyrdd)
f = expressway

prif = chief
priffordd (priffyrdd)
f = highway

rheilen (rheiliau) f = rail
rheilffordd (rheilffyrdd)
f = railway

ager m = steam
rheilffordd ager
= steam railway

tan, dan = under
tanffordd (tanffyrdd)
f = underpass

tra = extremely, very
traffordd (traffyrdd)
f = motorway

tros = over
trosffordd (trosffyrdd)
f = fly-over

un = one
unffordd
= one-way (street, traffic)

fforddolyn (fforddolion)
m = road-user

stryd (-oedd) f = street
stryd unffordd
= one-way street

fordd (ffyrdd) f = way, road
hyfforddi = to train

hyfforddi
= to train

hyfforddai (hyfforddeion)
m = trainee

hyfforddedig
= trained

hyfforddiadol
= training

annog
= to encourage, to urge
annog hyfforddiant
= to encourage training

antur (-iau)
m = venture, adventure
hyfforddiant antur
= adventure training

hyfforddiant
m = training, instruction

galw = to call; galwedigaeth (-au) f = vocation, occupation
hyfforddiant galwedigaethol
= vocational training

swydd (-i) f = job, post
hyfforddiant mewn swydd
= in service training

gwaith (gweithiau) m = work
hyfforddiant wrth y gwaith
= on the job training

llwyr = complete
trylwyr = thorough
hyfforddiant trylwyr
= thorough training

hyfforddiol
= instructive

hyfforddus
= trained

hyfforddwr (-wyr)
m = trainer, instructor

ffrwyth (ffrwythau) f = fruit

ffrwyth (-au)
f = fruit

dwyn = to bring
dwyn ffrwyth
= to bear fruit

sudd (-ion) m = juice
sudd ffrwythau
= fruit juices

diffrwyth
= barren

diffrwythder
diffrwythdra
m = barrenness

gronyn (grawn) m = grain
grawnffrwyth
m = grapefruit

llawn = full
ffrwythlon
= fertile, fruitful

anffrwythlon
= sterile

ffrwythlondeb, -der
ffrwythlonrwydd
m = fertility

anffrwythlonedd
m = sterility

croes = cross
ffrwythloni
= to fertilise

croesffrwythloni
= to cross fertilise

ffrwythloniad
m = fertilisation,
        impregnation

croesffrwythloniad
m = cross fertilisation

ffrwytho
= to bear fruit

ffrwythus
= fruity

ffurf (ffurfiau) f = form, shape

ffurf (-iau)
f = form, shape

ar ffurf
= in the form of

di-ffurf
= shapeless, amorphous

cyd = joint
cydffurfio
= to conform

cydffurfiol
= conforming

anghydffurfiol
= nonconformist, dissident

Anghydffurfiaeth
f = Nonconformity

Anghydffurfiwr (-wyr)
m = Nonconformist

swyddog (-ion) m = officer
cydymffurfio (â)
= to comply (with)

swyddog cydymffurfio
= compliance officer

cydymffurfiaeth
f = conformity

cydymffurfiwr (-wyr)
m = conformist

perygl (-on) m = danger
cyffuriau peryglus
= dangerous drugs

caeth = captive
yn gaeth i gyffur
= drug addicted

cyffur (-iau)
m = drug

un = one
unffurf
= uniform

unffurfiaeth
f = uniformity

ffurfaidd
= shapely

ffurfeb
f = formula

ffurfiad (-au)
m = formation

anffurfiad (-au)
m = deformity

cam = wrong, mis-
camffurfiad
m = malformation

ffurfio
= to form

anffurfio
= to disfigure

traws = cross
trawsffurfio
= to transform

trawsffurfiad (-au)
m = transformation

disgyblaeth f = discipline
disgyblaeth ffurfiol
= formal discipline

ffurfiol
= formal

anffurfiol
= informal

ffurfioldeb (-au)
m = formality

ffurfioli
= to formalise

llen (-ni) f = sheet
ffurflen (-ni)
f = form, proforma

enwebu = to nominate
ffurflen enwebu
= nomination form

cyfamodi = to covenant
ffurflen gyfamodi
= covenant form

hawl (-iau) f = claim
hawlio = to claim
ffurflen hawlio
= claim form

aelod (-au) m = member
ymaelodi = to enroll
ffurflen ymaelodi
= membership form

ffydd (ffyddau) f = faith

ffydd (-au)
f = faith

y cyhoedd = the public
ffydd y cyhoedd
= public confidence

cadw = to keep
cadw ffydd
= to keep faith

colli = to lose
colli ffydd
= to lose faith

cynnig (cynigion) m = offer, proposal
diffyg (-ion) m = lack, deficiency
cynnig o ddiffyg ffydd
= a motion of no confidence

gweithred (-oedd) m = act
gweithred o ffydd
= an act of faith

anffyddiaeth
f = atheism

anffyddiwr (anffyddwyr)
m= atheist

ffyddiog
= confident

llawn = full
ffyddlon
= faithful

anffyddlon
= unfaithful

ffyddlondeb, ffyddlonder
m = fidelity, faithfulness

anffyddlondeb
m = infidelity, unfaithfulness

ffyddloniaid
pl = (the) faithful ones

gadael = to leave, to allow
caniatâd m = permission, consent

can, gan = with
caniatâd
m = permission, consent

absenoldeb m = absence
absenoldeb heb ganiatâd
= absent without leave

caniataol
= permitted, granted

caniatáu
= to allow, to permit

gadael
= to leave, to allow

bod = to be
gadewch iddo fe fod
= leave him alone

baw m = dirt
gadael yn y baw
= to leave in the lurch

ymadael (â)
= to depart

ymadawedig
= deceased

yr ymadawedig
= the deceased

ymadawiad (-au)
m = departure

ymadawol
= farewell, valedictory

cyngerdd (cyngherddau)
m/f = concert
cyngerdd ymadawol
= farewell concert

pregeth (-au)
f = sermon
pregeth ymadawol
= valedictory sermon

- 155 -

gair am air
= verbatim

call = wise
gair i gall
= a word of warning

ysgwydd (-au) f = shoulder
gair dros ysgwydd
= a promise one does not intend to keep

ar y gair
= at that very moment

gyda = with
gyda'r gair
= at that very moment

prosesu = to process
prosesydd geiriau
m = word processor

un = one; cant (cannoedd) m = hundred
...un gair am gant
= ...to sum up

anair (aneiriau)
m = ill-report, shame

ansawdd (ansoddau)
m = quality
ansoddair (ansoddeiriau)
m = adjective

arwydd (-ion)
m/f = sign, signal
arwyddair (arwyddeiriau)
m = motto

cipio = to snatch
cipair (cipeiriau)
m = catchphrase

croes = cross
croesair (croeseiriau)
m = crossword

drygioni m = wickedness
drygair
m = scandal, bad report

ffraeth = witty
ffraethair (ffraetheiriau)
m = witticism, joke

llednais = polite, courteous
lledneisair (-eiriau)
m = euphemism

rhag = before, pre-
rhagair (rhageiriau)
m = preface, foreword

trwydded (-au) f = licence
trwyddedair (-eiriau)
m = password

da = good
geirda
m = good report, testimonial

tro (troeon) m = turn; time
geirdro
m = pun

dall = blind
geirddallineb
m = word-blindness

geirfa (geirfaoedd)
f = vocabulary

geiriad
m = wording, phrasing

arall (eraill) = other
aralleiriad
m = paraphrase

geiriadur (-on)
m = dictionary

geirio
= to word, to phrase

aralleirio
= to paraphrase

geiriog
= wordy

aml = frequent, often
amleiriog
= verbose

amleiriogrwydd
m = verbosity

ymryson (-au) m = contest
ymryson geiriol
= a battle of words

geiriol
= verbal

gwir = true
geirwir
= truthful

geirwiredd
m = veracity, truthfulness

gallu = to be able
deall = to understand

deall m = intellect
deall = to understand

cael = to have, to get
cael ar ddeall
= to be given to understand

rhoi = to give; to put
rhoi ar ddeall
= to inform

cam = wrong, mis-
camddeall
= to misunderstand

dealladwy
= intelligible, understandable

annealladwy
= unintelligible, incomprehensible

dealledig
= understood, implicit

ennill = to win, to earn
dealltwriaeth
f = understanding

ennill dealltwriaeth
= to gain an understanding

camddealltwriaeth
m = misunderstanding

deallus
= intelligent

deallusion
pl = intelligentsia, intellectuals

anneallus
= unintelligent

hawl (-iau) f = right; eiddo m = property
deallusol
= intellectual

hawliau eiddo deallusol
= intellectual property rights

prawf (profion) m = test
deallusrwydd
m = intelligence

prawf deallusrwydd
= intelligence test

gallu
= to be able

diallu
= powerless

efallai
= perhaps

arbennig = special
gallu (-oedd)
m = ability, aptitude

galluoedd arbennig
= special abilities

cynhenid = innate
gallu cynhenid
= innate ability

ymennydd (ymenyddiau)
m = brain
gallu ymennydd
= brain power

ystod (-au)
f = range
ystod gallu
= ability range

anallu (-oedd)
m = inability
analluedd
m = invalidity, disability

lwfans (-au) m = allowance
gofal (-on) m = care
lwfans gofal analluedd
= invalid care allowance

holl = all
galluog
= intellectually able, gifted

hollalluog
= almighty, omnipotent

hollalluogrwydd
m = omnipotence

analluog
= incapable

galluogi
= to enable, to empower

analluogi
= to incapacitate

gelyn (gelynion) m = enemy [gâl m = enmity, enemy]

anial
= wild, desolate

anialwch
m = wilderness

dial (ar)
= to avenge

dial, dialedd
m = vengeance, revenge

dialgar
= vindictive, vengeful

dialydd (-ion)
m = avenger

ymddialwr (-wyr)
m = avenger

galanas (-au)
f = massacre, carnage

galanastra
m = slaughter

gelyn (-ion)
m = enemy

gelyniaeth
f = animosity, hostility

**gelyniaethol, gelyniaethus
gelynol**
= hostile

llwyr = complete
llanastr
m = mess, disorder

llanastr llwyr
= a total shambles

ofnadwy = awful, dreadful
llanastr ofnadwy
= an awful mess

geni = to give birth

geni
= to give birth

drama (dramâu) f = drama
drama'r geni
= nativity play

man (-nau) m/f = place, mark
man geni
= place of birth; birth mark

pwysau m = weight
pwysau geni
= birth weight

heb = without; ei = his
bai (beiau) m = fault
heb ei fai, heb ei eni
= everyone has his faults

gofidio = to grieve;
gofid (-iau) m = grief, trouble
heb ei ofid, heb ei eni
= everyone has his troubles

adeni
= to regenerate

adenedigaeth
f = regeneration, rebirth

ail = second
aileni
= to regenerate

ailenedigaeth
f = rebirth

cyn = before
cyn-geni
= antenatal

cynhenid
= inherent, innate

y Dadeni
m = the Renaissance

rhieni
pl = parents

cyntaf = first
cyntaf-anedig
= first-born

marw = dead
marw-anedig
= stillborn

ganedig
= born

newydd = new
newydd-anedig
= newly-born

unig = only
unig-anedig
= only-begotten

genedigaeth (-au)
f = birth

tref (-i) (-ydd) f = town
fy nhref enedigol
= my native town

genedigol
= native

amenedigol
= perinatal

glas (gleision) = blue, green, grey, silver, young, fresh, raw
glasu = to turn blue/green, to turn grey/pale, to sprout, to ripen, to dawn

glas
= blue

afu m/f = liver
afu glas
= gizzard (of a fowl)

glasog (-au)
f = gizzard

cleren (clêr) f = house fly
cleren las
= bluebottle

cragen (cregyn) f = shell
cragen las
= mussel

rhuban (-au) m = ribbon
y Rhuban Glas
= the Blue Ribbon (prize)

coch = red
glasgoch
= purple

uwch = higher
uwch-las
= ultra-violet

glas
= green

gwellt pl = grass, straw
glaswellt
= green grass, pasture

glaswelltog
= grassy

gwyrdd = green
gwyrddlas
= verdant

strimyn (-nau) m = belt
y strimyn glas
= the green belt

glas
= grey

crëyr (crehyrod)
m = heron
crëyr glas
= heron

cudyll, curyll (-od)
m = hawk, kestrel
cudyll glas
= sparrow hawk

llaeth, llefrith m = milk
llaeth glas
m = skimmed milk

dŵr (dyfroedd) m = water
glastwr
m = milk and water

glastwraidd
= insipid

glastwreiddio
= to dilute, to water down

gwyn, gwen = white
gwynlasu
= to become deathly pale

wyneb (-au) m = face
wyneblasu
= to become pale

glas
= young, raw

bore (-au) m = morning
ar y bore glas
ar las y bore
= at the crack of dawn

myfyriwr (myfyrwyr)
m = student
glasfyfyriwr (glasfyfyrwyr)
m = fresher

croen (crwyn) m = skin
glasgroen
m = epidermis

llanc (-iau) m = youth
glaslanc (-iau)
m = youngster, lad

oed m = age, time of life
glasoed
m = adolescence

rhew m = ice, frost
glasrew
m = frozen rain, black ice

gleisiad (-iaid)
m = young salmon

glesni
m = blueness

glynu (wrth) = to adhere, to cling, to stick (to)

glynu
= to adhere, to cling, to stick

gelen (gelod) f = leech
fel = like, as
glynu fel gelen
= to cling like a leech
ynglŷn â (= parthed)
= concerning, as regards, in connection with

glynol
= adhesive
anlynol
= non-stick

adlyn (-ion)
m = adhesive

adlyniad (-au)
m = adhesion

adlynol
= adhesive

canlyn
= to follow

ymlaen = on, onward(s)
canlyn ymlaen
= to follow on

canlyniad (-au)
m = result, consequence

o ganlyniad (i)
= as a consequence (of)

ariannol = financial
canlyniadau ariannol
= financial consequences

etholiad (-au) m = election
canlyniad yr etholiad
= the result of the election

canlynol
= following, ensuing

canlynwr (-wyr)
m = follower

cyd = joint
cydlynu
= to coordinate, to cohere

cydlyniad
m = cohesion, coherence

cydlynol, cydlynus
= coherent

cydlynydd (cydlynwyr)
m = coordinator

dilyn
= to follow

hynt f = course
helynt (-ion) f = trouble
dilyn hynt a helynt
= to follow the fortunes

trywydd (-ion)
m = trail
dilyn y trywydd
= to follow the trail

dilyniad (-au)
m = following, pursuit

dilyniant (-iannau)
m = sequence

dilynol
= subsequent, following

dilynwr (-wyr)
m = follower

erlid
= to persecute

erledigaeth
f = persecution

erlidiwr (erlidwyr)
m = persecutor

erlyn
= to prosecute

gwasanaeth (-au) m = service; coron (-au) f = crown
Gwasanaeth Erlyn y Goron
= the Crown Prosecution Service

erlyniad (-au)
m = prosecution

erlynydd (erlynwyr)
m = prosecutor

ymlid
= to pursue, to chase

ymlidiwr (ymlidwyr)
m = pursuer

ymlynu (wrth)
= to attach, to adhere (to)

ymlyniad
m = attachment

ymlyniaeth
f = adhesion

ymlynwr (-wyr)
m = adherent, follower

goddef m = toleration, sufferance
dioddef = to suffer, to endure

dioddef
= to suffer, to endure

dioddefaint
m = suffering

dynol = human
dioddefaint dynol
= human suffering

dioddefgar
= patient, long-suffering

dioddefgarwch
m = forbearance

dioddefol
= tolerable

annioddefol
= unbearable

**dioddefwr, dioddefydd
(dioddefwyr)**
m = sufferer

trosedd (-au) m/f = crime
dioddefwyr troseddau
= victims of crime

goddef
= to tolerate, to permit

goddefgar
= tolerant

anoddefgar
= intolerant

goddefgarwch
m = tolerance

goddefol
= permissive, permissible

cymdeithas (-au) f = society
y gymdeithas oddefol
= the permissive society

gofal (gofalon) m = care
dyfal = diligent

dyfal
= diligent, painstaking

parhad m = continuation
dyfalbarhad
m = perserverance

parhau = to continue
dyfalbarhau
= to persevere

parhaus = continuous, on-going
dyfalbarhaus
= persevering

*bugail (bugeiliaid)
m = shepherd*
gofal bugeiliol
= pastoral care

*plentyn (plant)
m = child*
gofal plant
= child care

*preswyl (-iau) m/f = dwelling
preswyl = residential*
gofal preswyl
= residential care

saib (seibiau) m = pause, rest; seibiant m = respite
gofal seibiant
= respite care

mewn = in; tan,dan = under
mewn gofal, dan ofal
= in care

ôl = rear, behind
ôl-ofal
= after-care

diofal
= careless

diofalwch
m = carelessness

gofalaeth
f = care

rhag = before, pre-
rhagofal (-on)
m = precaution

tân (tanau) m = fire
rhagofalon tân
= fire precautions

gofalu (am)
= to take care (of)

gofalus
= careful

**gofalydd, gofalwr
(gofalwyr)**
m = carer

golwg (golygon) m/f = sight, view; appearance

golwg (golygon)
m/f = sight, view; appearance

cyntaf = first
ar yr olwg gyntaf
= at first glance

glaw (-ogydd) m = rain
bwrw glaw = to rain
mae golwg bwrw glaw
arni hi
= it looks like rain

ofn (-au) m = fear
ofnadwy = awful, dreadful
mae golwg ofnadwy
arno fe
= he looks dreadful

taranu = to thunder
taran (-au) f = thunder
mae golwg taran
arni hi
= it looks lke thunder

pob = all, every, each
i bob golwg
= to all appearances

bwrw = to cast, to strike
bwrw golwg ar/dros
= to look at/over; to inspect

mewn = in
mewn golwg
= in view, in mind

o'r golwg
= out of sight

un = on
ar un olwg
= in one sense

ei = his
wrth ei olwg
= by the look of him

adolwg (adolygon)
f = retrospect

gwariant m = expenditure
adolygiad (-au)
m = review

adolygiad gwariant
= spending review

adolygu
= to review, to revise

adolygwr (-wyr)
adolygydd (-ion)
m = reviewer

aelod (-au) m = member
aelod amlwg
= a prominent member

dewis(iad) (-au) m = choice
dewis amlwg
= an obvious choice

amlwg
= prominent, obvious

gwendid (-au) m = weakness
gwendid amlwg
= an obvious weakness

hun: hunan (hunain) = self
hunan-amlwg
= self-evident

perffeithrwydd m = perfection
perffaith = perfect
yn berffaith amlwg
= perfectly obvious

anamlwg
= obscure

amlygiad (-au)
m = manifestation

amlygu
= to highlight, to make clear

amlygrwydd
m = prominence

chwant (-au) m = desire
chwenychu'r amlygrwydd
= to seek the limelight

barn (-au) f = opinion
arolwg barn
= opinion survey/poll

arolwg (arolygon)
m = survey

arolygiad (-au)
m = inspection

arolygiaeth
f = supervision, surveillance

arolygu
= to inspect, to supervise

arolygwr (-wyr), arolygydd (arolygddion)
m = inspector, superintendent

golwg (golygon) m/f = sight, view; appearance

cipio = to snatch
cipolwg (cipolygon)
m = glance, glimpse

diolwg
= sightless; plain, ugly

rhag = before, pre-
rhagolwg (rhagolygon)
m = outlook, prospect

tywydd m = weather
rhagolygon y tywydd
= the weather forecast

golygfa (-feydd)
f = view, scene, scenery

trem (-au) f = glance, look; aderyn (adar) m = bird
golygfa trem aderyn
= a bird's eye view

ysblennydd = splendid; tros, dros = over, for
bae (-au) m = bay
golygfeydd ysblennydd dros y bae
= splendid views across the bay

golygiad (-au)
m = view, aspect

golygol
= visual

golygon
pl = eyes

golygus
= handsome

anolygus
= unsightly

golygu
= to mean, to imply

hynny = that, those; wrth gwrs = of course
mae hynny'n golygu wrth gwrs...
= that means of course...

golygu
= to edit

golygydd (-ion)
m = editor

golygyddiaeth
f = editorship

golygyddol
= editorial

erthygl (-au) f = article
erthygl olygyddol
= editorial

gollwng = to release

gollwng
= to release

deigryn (dagrau) m = tear
gollwng dagrau
= to shed tears

dŵr (dyfroedd) m = water
gollwng dŵr
= to leak

tros, dros = over, for
cof (cofion) m = memory
gollwng dros gof
= to forget

gollyngdod
m = release, absolution

gollyngiad
m = release, liberation

ymollwng
= to let oneself go, to collapse

ymollyngdod
m = relaxation

awen (-au)
f = (poetic) muse; rein
gorawen
f = joy, elation, rapture

awydd (-au)
m = eagerness, desire
gorawydd
m = mania, over-eagerness

awyddu = to desire
awyddus = eager
gorawyddus
= over-eager

twr (tyrrau) m = heap, crowd
tyrru = to crowd together
gordyrru
= overcrowding

dyled (-ion) f = debt
dyledus = owing, due
gorddyledus
= overdue

aur m = gold
goreuro
= to gild

[powys m = rest]
gorffwys
m = rest; pause (in music)

cyffwrdd â = to touch
gorgyffwrdd â
= to overlap

cymhleth = complicated
gorgymhleth
= over-complicated

i fyny = up
gorifyny
m = ascent

gwaered m = downward slope
goriwaered
m = descent

llethu = to overpower
gorlethu
= to overwhelm

lludded m = weariness
gorludded
m = exhaustion

[ôr (orau) f/m = limit, margin]
goror (-au)
m/f = frontier

y Gororau
= the Welsh Marches

syml = simple
gorsyml
= simplistic

symleiddio = to simplify
gorsymleiddio
= to oversimplify

trechu = to defeat
gorthrechu
= to oppress

tŵr (tyrau) m = tower
gorthwr
m = keep

gwario = to spend
gorwario
= to overspend

gwariant m = expenditure
gorwariant
m = overspend

gwych = splendid
gorwych
= gorgeous, superb

ŵyr (wyrion)
m = grandson, grandchild
gorwyr (gorwyrion)
m = great-grandson

wyres (-au)
f = grand-daughter
gorwyres (-au)
f = great-grand-daughter

ymateb
= to respond
gorymateb
= to over-react

ynysol = insular
ynys (-oedd) f = island
gorynys
f = peninsular

gosod = to put, to place, to set, to let
ymosod = to attack

gosod
= to put, to set, to let

ar osod
= to let

ail = second
ail-osod
= to replace, to restore

gosod
= set

gosod
= false, artificial

gosodiad (-au)
m = assertion; placing;
setting, arrangement (music)

ymosod (ar)
= to attack

ymosodiad (-au)
m = attack

ymosodedd
m = aggression

---

cynsail (cynseiliau)
f = precedent
gosod cynsail
= to set a precedent

maglu = to snare, to trap
magl (-au) f = snare, trap
gosod magl
= to set a trap

tŷ (tai) m = house
gosod tŷ
= to let a house

cyd = joint
cydosod
= to assemble

cyfosod
 = to place side by side

cysodi
= to set type

mewn = in
mewnosod
= to insert

darn (-au)
m = piece, part
darn gosod
= set-piece

dant (dannedd) m = tooth
dannedd gosod
= false teeth

gosodiant (-iannau)
m = installation

curo = to beat
ymosod a churo
= assault and battery

chwyrnellu = to whirl
ymosodiad chwyrn
= a vigourous attack

galw = to call
di-alw-amdano = uncalled for
ymosodiad di-alw-amdano
= an uncalled for attack

ymosodol
= aggressive, attacking

---

hoel(en) (hoelion) f = nail
arch (eirch) f = coffin
gosod hoelen mewn arch
= to do someone an injury

trefn (-au) f = order
mewn = in
gosod mewn trefn
= to put in order

is = lower, below, under
is-osod
= to sublet

llinell (-au) f = line
llinell gydosod
= assembly line

cyfosodiad (-au)
m = synthesis

cysodydd (cysodwyr)
m = compositor

mewnosod
m = input

cwpwrdd (cypyrddau)
m = cupboard
cwpwrdd gosod
= built-in cupboard

gwallt (-au) m = hair
gwallt gosod
= wig, toupée

gosodyn (gosodion)
m = fixture

gwrth = against
gwrthymosod
= to counterattack

deifio = to scorch
ymosodiad deifiol
= a scathing attack

ffyrnigo = to enrage
ffyrnigrwydd m = ferocity
ymosodiad ffyrnig
= a fierce attack

ymosodwr (-wyr)
m = assailant, attacker

---

gostwng = to lower, to reduce
darostwng = to subdue   ymostwng = to submit

darostwng
= to subdue, to subjugate,
  to humiliate

darostyngedig
= subjugated, subjected

darostyngiad (-au)
m = subjection,
    humiliation

ymddarostwng
= to humble oneself

ymddarostyngiad
m = submission, humiliation

pris (-iau) m = price, value
gostwng y pris
= to lower the price

gostwng
= to lower, to reduce

gostyngedig
= humble

gostyngeidrwydd
m = humility

gwerth (-oedd) m = value
gostyngiad mewn gwerth
= devaluation

gostyngiad (-au)
m = reduction

gostyngol
= reduced

ymostwng
= to submit

ymostyngiad
m = submission (to authority)

ymostyngar
= submissive

gradd (graddau) f = grade; degree

gradd (-au)
f = grade; degree

anrhydedd (-au) m/f = honour
gradd anrhydedd
= honours degree

cwrs (cyrsiau) m = course
cwrs gradd
= degree course

mewn = in
mewn graddau
= gradually

traethawd (traethodau)
m = dissertation, thesis
traethawd gradd
= degree dissertation

helaethrwydd m = abundance;   helaeth = abundant
i raddau helaeth
= to a great extent

i raddau
= to some extent

mwy = more, bigger; neu = or;   llai = less, smaller
i raddau mwy neu raddau llai
= to a greater or lesser extent

canol = middle
canolradd
= intermediate

cant (cannoedd)
m = hundred
canradd
= centigrade

cyd = joint
cydradd, cydraddol
= equal

cydraddoldeb
m = equality

cyfradd, cyfraddol
= of equal rank

banc (-iau) m = bank
cyfradd y banc
= the bank rate

cyfnewid = to exchange
cyfradd cyfnewid
= rate of exchange

cyfradd (-au)
m/f = rate

gradd (graddau) f = grade; degree

llog (-au) m = interest
cyfradd llog
= rate of interest

cyfraddiad (-au)
m = rating

cyn = before
cynradd
= primary

ysgol (-ion) f = school
ysgol gynradd
= primary school

diraddio
= to degrade

diraddiad
m = degradation

diraddiol
= degrading

dinesydd (dinasyddion)
m = citizen
dinasyddion eilradd
= second class citizens

ail = second
eilradd
= secondary, second-rate

is = lower, below, under
isradd
= subordinate, inferior

is-raddedigion
= undergraduates

israddio
= to downgrade

israddol
= inferior, subordinate

israddoldeb
m = inferiority

uwch = higher
uwchradd
= superior; secondary (school)

uwchraddedig
= postgraduate

myfyriwr (-wyr) m = student
myfyrwyr uwchraddedig
= postgraduate students

uwchraddio
= to upgrade

uwchraddol
= superior

graddeb (-au)
f = climax

graddedig
= graduated; graded

graddedigiaeth
f = graduation

graddedigion
pl = graduates

graddeg (-au)
f = scale; gradient

graddfa (-feydd) (-fâu)
f = scale, range

ar = on; bach = small
ar raddfa fach
= on a small scale

mawr = big, large
ar raddfa fawr
= on a large scale

graddiad (-au)
m = gradation; graduation

graddiant (-iannau)
m = gradient

graddio
= to graduate; to grade

graddoli
= to confer a degree; to grade, to classify

graddol
= gradual
yn raddol
= gradually, by degrees

cynnydd (cynyddion)
m = increase, growth
cynnydd graddol
= a gradual increase

proses (-au)
f/m = process
proses raddol
= a gradual process

grym (grymoedd) m = force, power, strength

grym (-oedd)
m = force, power, strength

awyren (-nau)
f = aeroplane
grym awyrennol
= air power

ewyllysgar = willing
ewyllys (-iau) f/m = will
grym ewyllys
= will-power

marchnad (-oedd)
f = market
grymoedd y farchnad
= market forces

gwleidydd (-ion)
m = politician
grymoedd gwleidyddol
= political forces

cydbwysedd
m = balance
cydbwysedd grym
= balance of power

dod = to come
dod i rym
= to come into force from...;
to take effect as of...

mewn = in
mewn grym
= in force

di-rym, dirym
= powerless

yn ddirym
= null and void

dirymiad (-au)
m = cancellation, revoca-
tion, annullment

dirymu
= to annul, to nullify, to
revoke, to invalidate

grymus
= powerful, vigourous

grymuso
= to strengthen, to fortify

**grymustra,
grymuster (-au)**
m = power, might

gwadu = to deny

gwadu
= to deny

coeden (coed) m = wood; mynydd (-oedd) m = mountain
gwadu coed a mynydd
= to deny absolutely

du m = black; gwyn, gwen = white
mae hi'n gwadu'r du yn wyn
= she denies what is obviously true

llw (-on) m = oath
gwadu llw
= to deny on oath

gwadiad (-au)
m = denial

gwadadwy
= deniable

anwadadwy, anwadol
= undeniable

ymwadu
= to renounce

ymwadiad
m = denial; disclaimer

hun: hunan (hunain) = self
hunanymwadiad
= self-denial

diymwad
= undeniable

gwaed
m = blood

ceiliog (-od) m = cockerel; cyw (-ion) m = chick
mae gwaed y ceiliog yn y cyw
= like father, like son

gwirion = innocent
gwaed gwirion
= innocent blood

ifanc = young
gwaed ifanc
= young blood

ei = his, her
am ei waed, am ei gwaed
= after his / her blood

curiad (-au) m = beat, throb
curiad y gwaed
= the pulse

trallwysiad (-au) m = transfusion
trallwyso = to transfer blood
gwasanaeth (-au) m = service; cenedlaethol = national
y Gwasanaeth Cenedlaethol Trallwyso Gwaed
= the National Blood Transfusion Service

gwenwynllyd = venomous
gwenwyn m = poison
gwenwyniad gwaed
m = blood poisoning

mewn = in
oer = cold
mewn gwaed oer
= in cold blood

coch = red; cyfan = entire
o waed coch cyfan
= a thoroughbred through
   and through

da = good
o waed da
= from a good family

prawf (profion) m = test
prawf gwaed
= blood test

pwysedd m = pressure
pwysedd gwaed
= blood pressure

tolchennu = to coagulate
tolch (-au); tolchen (-ni)
f = clot
tolchen waed
 = blood clot

tywalltiad m = a pouring
tywallt; arllwys
= to pour, to spill
tywallt gwaed
= to spill/shed blood

enwaededig
= circumcised

enwaediad
m = circumcision

enwaedu
= to circumcise

ci (cŵn) m = dog
gwaedgi
m = bloodhound

coch = red
gwaedgoch
= bloodshot

cynnes = warm
gwaed-gynnes
= warm-blooded

gwaediad
m = bleeding

llif (-ogydd) m = flow
gwaedlif
m = haemorrhage

oer = cold
gwaedoer
= cold-blooded

gwaedlyd
= bloody, bleeding

gwaedogen
f = black pudding

gwaedoliaeth
f = blood relationship

rhudd = crimson, red
gwaedrudd
= blood red

gwaedu
= to bleed

gwahân m = separation, difference

gwahân
m = separation, difference

ar wahân (i)
= apart, separate (from)

diwahân
= inseparable

arwahanrwydd
m = separatism, apartheid

gwahanadwy
= separable, distinguishable

anwahanadwy
= inseparable

gwahanedig
= divided, separated. severed

gwahanfa (-fâu)
f = point/place of
separation/divergence

dŵr (dyfroedd) m = water
gwahanfa-ddŵr
m = watershed

mur (-iau) m = wall
gwahanfur
m = barrier, partition

lliw (-iau) m = colour
gwahanfur lliw
= colour bar

claf (cleifion)
m = sick person
gwahangleifion
pl = lepers

clwyf (-au)
m = disease, wound
gwahanglwyf
m = leprosy

gwahaniad (-au)
m = separation

cyfreithiol = legal
gwahaniad cyfreithiol
= legal separation

gwahaniaeth (-au)
m = difference
    (differentials)

amlwg = obvious
gwahaniaethau amlwg
= obvious differences

arwyddocâd m = significance; arwyddocaol = significant
gwahaniaethau arwyddocaol
= significant differences

barn (-au)
f = opinion, judgement
gwahaniaeth barn
= difference of opinion

dirnad = to comprehend,
to understand
gwahaniaeth dirnadwy
= a discernible difference

gwahaniaethiad
m = discrimination

gwahaniaethol
= differentiating, discriminative, differential

gwahaniaethu (rhwng)
= to discriminate, to distinguish (between)

gwahanol
= different

dewis (-iad)
m = choice, option
dewis gwahanol
= an alternative

cwbl = all, whole, total
holl = all; hollol = entire
yn gwbl/hollol wahanol
= totally/wholly different

adeg (-au)
f = time, occasion
ar wahanol adegau
= at different times

gwahanu
= to separate

ymwahanu
= to divide, to separate, to disperse

gwaith (gweithiau)
m = work

caib (ceibiau) f = mattock, hoe
rhaw (-iau) (rhofiau) f = shovel, spade
gwaith caib a rhaw
= hard, manual work; donkey-work

cartref (-i) m = home
gwaith cartref
= home-work

dur m = steel
gwaith dur
= steel works

gwäell (gweill) (gwëyll)
f = knitting needle
gwaith ar y gweill
= work in the pipeline

parhaus = continuing
gwaith parhaus
= on-going work

tŷ (tai) m = house
gwaith tŷ
= house work

addroddiad (-au) m = report
adroddiad gwaith
= progress report

ar waith
= in hand, underway

cylch (-oedd) m = circle
cylchoedd gwaith
= working groups

rhoi = to give; to put; pob = all, each, every
gewyn (-nau) m = sinew
rhoi pob gewyn ar waith
= to put every sinew to work

pwyllgor (-au)
m = committee
pwyllgor gwaith
= executive committee

trwydded (-au)
f = licence
trwydded waith
= work-permit

wrth y gwaith
= on the job

adwaith (adweithiau)
m = reaction

greddf (-au) f = instinct
adwaith greddfol
= an instinctive reaction

adweithio
= to react

gor = over, super, hyper-
goradweithio
= to over-react

adweithiol
= reactionary, reactive

adweithiwr (adweithwyr)
m = reactionary

adweithydd (-ion)
m = reactor; reagent

anfad = wicked
anfadwaith (-weithiau)
m = villainy

ateg (-ion) f = stay, prop
ategwaith (-weithiau)
m = buttress

brodio = to embroider
brodwaith
m = embroidery

camp (-au) f = achievement,
feat; campus = splendid
campwaith (-weithiau)
m = masterpiece

cerfio
= to carve
cerfwaith (-weithiau)
m = carving, sculpture

clwt (clytiau) m = patch, rag; clytio = to patch
clytiog = patched, ragged
clytwaith
m = patchwork; botch

gwaith (gweithiau) m = work

crefft (-au) f = craft
crefftwaith
m = craftsmanship

crochan (-au) m = pot
crochenwaith
m = pottery

cyfan = whole, complete
cyfanwaith
m = a complete work

cywaith (cyweithiau)
m = project

difyr = entertaining, amusing
difyrwaith (-weithiau)
m = hobby

tymor (tymhorau)
m = season, term
diweithdra tymhorol
= seasonal unemployment

di-waith, diwaith
= unemployed

diweithdra
m = unemployment

ysbeidiol
= occasional
diweithdra ysbeidiol
= casual unemployment

budd-dâl (budd-daliadau)
m = benefit
budd-dâl diweithdra
= unemployment benefit

drwg = bad
drygwaith
m = mischief

fframio = to frame
ffrâm (fframiau) f = frame
fframwaith (-weithiau)
m = framework

gemydd (-ion) m = jeweller
gem (-au) f/m = gem, jewel
gemwaith
m = jewellery

gorchest (-ion) f = achievement
gorchestol = outstanding
gorchestwaith (-weithiau)
m = masterpiece

gwau m = knitting, weaving
gweuad (-au) m = texture3
gwau, gweu
= to knit, to weave
gweuwaith
m = knitwear

gwnïo = to sew, to stitch
gwnïad (gwniadau)
m = sewing, seam
gwniadur (-iau) m = thimble
gwniadwaith
m = needlework, embroidery

hywaith
= dexterous, industrious

anhywaith
= wild, intractable

mecaneg
f = mechanics
mecanyddol = mechanical
mecanwaith (-weithiau)
m = mechanism

peiriant (peiriannau)
m = machine
peirianneg f = engineering
peirianwaith
m = machinery

rheol (-au) f = rule
rheolwaith (-weithiau)
m = routine

rhwyd (-i) (-au) f = net
rhwydwaith (-weithiau)
m = network

rhwydweithio
= to network

rhwyll (-au) f = lattice
rhwyllwaith
m = fretwork, latticework

sail (seiliau) f = base, basis
seilwaith (-weithiau)
m = infrastructure

ymwaith
m = reaction (chemical)

ymweithio
= to react

gwaith (gweithiau) m = work

tŷ (tai) m = house
gweithdy (gweithdai)
m = workshop

gweithfaol
= industrial

gweithfeydd
pl = works

gweithgar
= hardworking, diligent

awyr agored = open air
gweithgareddau
   awyr agored
= open air activities

tan, dan = under;
to (toeau) m = roof
gweithgareddau dan do
= indoor activities

gweithgaredd (-au)
m = activity

gweithgarwch
m = activity

rhychwant (-au) m = scale
rhychwant y gweithgarwch
= the scale of the activity

cynhyrchu = to produce
gweithgynhyrchu
= to manufacture

gweithio
= to work

cyd = joint
cydweithio â
= to co-operate with

glân = clean, pure
glanweithio = glanhau
= to clean

gor = over, super, hyper-
gorweithio
= to overwork

gwrth = against
gwrthweithio
= to counteract

gweithiol
= working

rhag = before, pre-
rhagweithiol
= proactive

rhwng = between
rhyngweithiol
= interactive

gweithiwr (gweithwyr)
m = worker

allwedd (-au) (-i) f = key
gweithwyr allweddol
= key workers

cyd = joint
cydweithiwr (-wyr)
m = colleague

gwaith (gweithiau) f = time

weithiau
= sometimes

ambell = some, few,
occasional
ambell waith
= occasionally, sometimes

nifer(-oedd) m/f = number
cynifer = as/so many
cynifer o weithiau
= so many times

sawl = many; how many?
sawl gwaith?
= how many times?

ugain (ugeiniau) = twenty
ugeiniau o weithiau
= dozens of times

dau, dwy = two
dwywaith
= twice

does dim dwywaith amdano
= *there's no doubt about it*

eil = second
eilwaith
= again

tri, tair = three
tairwaith
= three times

un = one
unwaith
= once

ar unwaith
= at once

gwas (gweision)
m = servant, lad

sifil = civil
gwas sifil
= civil servant

neidr (nadredd) (nadroedd)
f = snake
gwas y neidr
= dragonfly

triw = loyal
gwas triw
= a loyal servant

priodas (-au)
f = marriage, wedding
gwas priodas
= best man

hen = old
yr Hen Was
= the Devil

caeth = captive, confined
caethwas (caethweision)
m = slave

caethineb m = captivity
caethwasiaeth
f = slavery

digrif = amusing
digrifwas (digrifweision)
m = clown, buffoon

hedd, heddwch m = peace
heddwas (heddweision)
m = police officer

gwasaidd
= servile

gwaseidd-dra
m = servility

gwasanaeth (-au)
m = service

arlwy (-on) m/f = feast
gwasanaeth arlwyo
= catering service

coffa m = remembrance
gwasanaeth coffa
= memorial service

cwsmer (cwsmeriaid) m = customer
gwasanaeth cwsmeriaid
= customer service

diolchgar
= grateful, thankful
gwasanaeth diolchgarwch
= service of thanksgiving

gŵyl (gwyliau) f = festival
nos (-au) f = night
gwasanaeth gwylnos
= watchnight service

ieuenctid m = youth
gwasanaeth ieuenctid
= youth service

rheithgor (-au) m = jury
gwasanaeth rheithgor
= jury service

gwella = to improve; safon (-au) f = standard
gwella safonau gwasanaeth
= to improve standards of service

diwasanaeth
= unserviceable

ffurf (-iau) f = form, shape
ffurfwasanaeth
m = liturgy

hun: hunan (hunain) = self
hunanwasanaeth
m = self-service

gwasanaethau
pl = services

ateg (-ion) f = prop, support
gwasanaethau ategol
= support / ancillary services

brys m = haste
gwasanaethau brys
= emergency services

gwasanaethgar
= serviceable, obliging

is = lower, below, under
iswasanaethgar
= subservient

gwasanaethol
= service, serving

gwasanaethu (ar)
= to serve, to service

gwasanaethwr (-wyr)
m = servant

gwastrawd (-odion)
m = groom

gwasg (gwasgau) (gwasgoedd) (gweisg) f = press
gwasg m/f = waist

gwasg (-au) (-oedd)
f = press

dydd (-iau) m = day
y wasg ddyddiol
= the daily press

lleol = local
y wasg leol
= the local press

cynhadledd (cynadleddau) f = conference
cynhadledd i'r wasg
= press conference

datganiad (-au)
m = statement
datganiad i'r wasg
= press statement

rhyddid
m = freedom
rhyddid y wasg
= the freedom of the press

caws m = cheese
cawswasg (-au)
f = cheese press

cywasgedig
= compressed
cywasgedd
m = compression

cywasgiad (-au)
m = contraction,
    compression

cywasgu
= to compress, to contract

cywasgydd (-ion)
m = compressor

dir = certain
dirwasgiad (-au)
m = depression, recession

ardal (-oedd) f = area
ardal ddirwasgedig
= depressed area

dirwasgu
= to crush

hywasg
= compressible

anhywasg
= incompressible

coginio = to cook; cogydd (-ion) m = cook
gwascogydd
m = pressure cooker
amgylchiad (-au) m = circumstance

gwasgedig
= distressed, squeezed

amgylchiadau gwasgedig
= straitened circumstances

aer m = air

gwasgedd (-au)
m = pressure

gwasgedd aer
= air pressure

diwasgedd (-au)
m = depression (weather)

isel = low
cafn (-au) m = trough

uchel = high; loud
cefnen (-nau) f = ridge

gwasgeddu
= to pressurise

cafn o wasgedd isel
= trough of low pressure

cefnen o wasgedd uchel
= ridge of high pressure

credyd (-au) m = credit

gwasgfa (-feydd)
f = pain, pang, squeeze

gwasgfa gredyd
= credit squeeze

gwasgiad (-au)
m = squeezing, a squeeze

esgid (-iau) f = boot, shoe

gwasgu
= to squeeze, to press

mae'r esgid yn gwasgu
= things are a bit tight

gwasgu ar
= to urge

gwedd (gweddau) f = form, aspect, appearance

gwedd (-au)
f = form, aspect, appearance

ar wedd
= in the form of

newydd = new
ar ei newydd wedd
= in its new form

un = one
ar un wedd
= on any account, in one way

agwedd (-au)
f/m = aspect; attitude; stance

ymarferol = practical
agwedd ymarferol
= practical aspect

hil (-ion) f = race
agweddau hiliol
= racial attitudes

ymagweddiad (-au)
m = behaviour, conduct, attitude

arwedd (-au) (-ion)
f = aspect; trait

delw (-au) f = idol, image
delwedd (-au)
f = (mental) image

delweddiaeth
f = imagery
delweddu
= to picture, to symbolise

dir = certain
dirwedd (-au)
m/f = reality

dirweddol
= real, tangible
dirweddwr (-wr)
m = realist

dull (-iau) m = form, manner
dullwedd
f = mannerism

gor = over, super, hyper-
gorwedd
= to lie down, to lie

lled = partially
lled-orwedd
= to loll, to recline

gorweddfa (-feydd)
f = resting place; couch

gorweddian
= to sprawl, to lounge

gorweddog
gorweiddiog
= bedridden

gorweddol
= recumbant

hynod, hynodol
= remarkable
hynodwedd (-au)
f = idiosyncrasy

llawr (lloriau)
m = floor
llorwedd(ol)
= horizontal

llun (-iau) m = picture
llunwedd
f = layout

meddal = soft
meddalwedd
f = software (computer)

gwedd (gweddau) f = form, aspect, appearance

nod (-au) m/f = aim, mark
nodwedd (-ion)
f = characteristic, feature

nodweddiadol
= characteristic

nodweddu
= to typify

rhin (-iau) f = essence
rhinwedd (-au)
f = virtue

rhinweddol
= virtuous

sail (seiliau) f = base, basis
sylwedd
f = substance

sylweddol
= substantial

sylweddoli
= to realise

un = one
unwedd
= like, likewise

gweddaidd
= decent, seemly

anweddaidd
= indecent, unseemly

gweddaidd-dra
gwedduster, gweddustra
m = decency, propriety

anwedduster, -tra
m = indecency

garw (geirwon) = rough
anwedduster garw
= gross indecency

gweddol
= fair, fairly

gweddus
= decent, proper, seemly

anweddus
= indecent, improper

gwedd (gweddoedd) f = yoke, team

ceffyl (-au) m = horse
ceffyl gwedd
= a team horse

gwedd (-oedd)
f = yoke, team

cyd = joint
cydwedd (-ion) (-au)
m = partnership

cydwedd
= similar, like, equal

cydweddiad (-au)
m = analogy

cydweddog (-ion)
m = partner, consort

cydweddog
= conjugal

cydweddol
= suitable, compatible

anghydweddol
= incompatible

cydweddu (â)
= to agree, to fit, to suit

gwedd (gweddoedd) f = yoke, team

diwedd
m = end

ar y diwedd
= in the end, at the end

erbyn = by; against
erbyn y diwedd
= by the end

o'r diwedd
= at last

gwneud = to make, to do
gwneud diwedd ar
= to put an end to

diddiwedd
= endless

cloi = to lock; clo (-eon) (-eau) m = lock
diweddglo (diweddgloeon)
m = conclusion, finale

diweddar
= late

yn ddiweddar
= lately, recently

mor...â = as....as
mor ddiweddar â
= as recently as

y diweddar
= the late

diweddariad (-au)
m = up-date

diweddaru
= to modernise

diweddarwch
m = lateness

diweddeb (-au)
f = cadence

diweddiad (-au)
m = ending, conclusion

diweddu
= to end, to conclude

tro (troeon) m = turn; time

diwethaf
= last (= latest)

y tro diwethaf
= the last time

dyweddi (-ïau) (-ïon)
m/f = fiancé, fiancée

dyweddïad (-au)
m = engagement

dyweddïedig
= engaged

dyweddïo (â)
= to become engaged (to)

dyweddïwr (dyweddïwyr)
m = fiancé, bridegroom

hywedd
= trained, docile

hyweddu
= to train, to break in (horse)

gweddu i
= to suit

gweini (i) = to serve, to attend, to be of service

gweini
= to serve, to attend

cof (-ion) m = memory
cofweini
= to prompt

cofweinydd (-ion)
m = prompter

gweinidog (-ion)
m = minister, pastor

bro (-ydd)
f = locality, vale
gweinidog bro
= community minister

gwladol
= national, state
Gweinidog Gwladol
= Minister of State

lleyg
= lay
gweinidog lleyg
= lay preacher

trafnidiaeth
f = transport, traffic
Gweinidog Trafnidiaeth
= Minister of Transport

prif = chief
Prif Weinidog
= Prime Minister

gweinidogaeth
f = ministry

gweinidogaethol
gweinidogol
= ministerial

gweinidogaethu
= to minister, to officiate

gweinydd (-ion)
m = attendant, waiter

cad (-au) (-oedd) f = battle
cadweinydd
m = ADC

gwlad (gwledydd)
f = country
gwladweinydd (-wyr)
m = statesman

hen = old
hen-wladweinydd
= an elder-statesman

gweinyddes (-au)
f = waitress, maid, nurse,
   barmaid

meithrin = to nurture
gweinyddes feithrin
= nursery assistant

gweinyddiad
m = administration (act of)

cam = wrong, mis-
camweinyddiad, camweinydda
m = maladministration

gweinyddiaeth
f = ministry, administration

cyllid (-au) m = revenue, finance
gweinyddiaeth a chyllid
= administration and finance

gweinyddol
= administrative

cynorthwy-ydd (-wyr)
m = assistant
cynorthwywyr gweinyddol
= administrative assistants

sgìl (sgiliau) m = skill
cadarn = strong
sgiliau gweinyddol cadarn
= strong administrative skills

swyddog (-ion)
m = officer, official
swyddog gweinyddol
= administrative officer

swyddogaeth (-au)
f = function, rôle
swyddogaeth weinyddol
= administrative function

gweinyddu
= to administer

gweinyddwr, gweinyddydd (gweinyddwyr)
m = administrator

gweithred (gweithredoedd) f = act, action, deed
(gwaith m = work + rhedeg = to run)

gweithred (-oedd)
f = act, action, deed

duw (-iau) m = a god; dwyfol = divine
Gweithred Ddwyfol
= Act of God

gweithrediad (-au)
m = operation

cyd = joint
cydweithrediad
m = cooperation

mewn = in
mewn cydweithrediad â
= in cooperation with

gweithrediadol
= operational

Gweithrediaeth
f = Executive

gweithredoedd
pl = deeds (of a house)

gweithredol
= operating, executive

cost (-au) (-iau)
f = cost
costau gweithredol
= operating costs

crynodeb (-au)
m = summary
crynodeb gweithredol
= executive summary

cyfarwyddwr (-wyr)
m = director
cyfarwyddwr gweithredol
= executive director

anweithredol = non-exective
cyfarwyddwyr
anweithredol
= non-executive directors

gweddill (-ion)
m = remainder, surplus
gweddill gweithredol
= operating surplus

pwyllgor (-au)
m = committee
pwyllgor gweithredol
= executive committee

cyd = joint
cydweithredol
= co-operative, collaborative

cymdeithas (-au) f = society
cymdeithas gydweithredol
= co-operative society

fferm (-ydd)
f = farm
fferm gydweithredol
= co-operative farm

mudiad (-au)
m = movement
mudiad cydweithredol
= co-operative movement

gweithredu
= to operate, to implement

cynllun (-iau) m = plan
cynllun gweithredu
= action plan

cydweithredu
= to co-operate,
  to collaborate

prif = chief
Prif Weithredwr
m = Chief Executive

gweithredwr (-wyr)
m = executive, operator

cydweithredwr (-wyr)
m = fellow worker

drwg = bad
drwgweithredwr
m = evil doer

gweithredydd (-ion)
m = agent, operator

gweld, gweled = to see

beio = to blame
bai (beiau) m = fault
gweld bai (ar)
= to blame,
   to find fault with

bwlch (bylchau) m = gap
ar ôl = after
gweld bwlch
ar ôl (rhywun)
= to miss (someone)

llygad (llygaid)
m/f = eye
gweld lygad yn llygad
= to see eye to eye

hyd = to, till, as far as
hyd y gwelaf fi
= as I see it

os = if; da = good
os gwelwch chi'n dda
= please

adwel(e)d
= to see again

blaen = front
blaenweled
= to preview

blaenwelediad
m = foresight

clywed = to hear
clyweled
= audio-visual

clyweliad (-au)
m = audition

cyd = joint
cyd-weld, cydweled (â)
= to agree (with)

anghydweld (â)
= to disagree (with)

cydwelediad (-au)
m = agreement

dwyochrol = bilateral
cydwelediad dwyochrol
= bilateral agreement

anghydwelediad (-au)
m = disagreement

cyf-weld, cyfweled (â)
= to interview

cyfweliad (-au)
m = interview

cyfwelai (cyfweleion)
m = interviewee

cyfwelydd (-wyr)
m = interviewer

gor = over
gorwel (-ion)
m = horizon

rhag = before, pre-
rhag-weld, rhagweled
= to foresee, to anticipate

rhagweladwy
= forseeable

rhagwelediad
m = foresight

anrhagweledig
= unforseen

trum (-iau) f = ridge, peak
trumwel (-ion)
f = skyline

ymweld (â)
= to visit

ymweliad (-au)
m = visit

ymweliadol
= visiting

gweld, gweled = to see

ymwelydd (ymwelwyr)
m = visitor

cartref (-i) m = home
ymweliad cartref
= home visit

tramor = overseas
ymwelwyr tramor
= overseas visitors

canolfan (-nau)
f/m = centre
canolfan ymwelwyr
= visitors' centre

gwelediad (-au)
m = appearance, sight

gwelededd
m = visibility

mewn = in
mewnwelediad
m = insight

syth = straight
sythwelediad
m = intuition

sythweledol
= intuitive

gweledig, gweladwy
= visible

anweledig
= invisible

allforion pl = exports
allforion anweledig
= invisible exports

gweledigaeth (-au)
f = vision

ysbrydoliaeth f = inspiration
ysbrydoli = to inspire
gweledigaeth ysbrydoledig
= an inspired vision

rhith (-iau)
m = shape, form
rhith-weledigaeth
f = hallucination

gweledol
= visual

celf (-au) f = art, craft
celfyddyd (-au) f = art
celfyddydau gweledol
= visual arts

cymorth (cymhorthion)
m = aid, help
cymhorthion gweledol
= visual aids

gweledydd (-ion)
m = prophet, seer, visionary

gwerin (gwerinoedd) f = ordinary people, folk

alaw (-on)
f = tune
alaw werin
= folk-tune

amgueddfa (-feydd)
f = museum
amgueddfa werin
= folk museum

cân (caneuon) f = song
cân werin
(caneuon gwerin)
= folk song (folk songs)

chwedl (-au) f = tale
chwedl werin
= folk-tale

dawns (-iau) f = dance
dawns werin
= folk dance

llên f = literature
llên gwerin, llên y werin
= folk-lore

gwerinaidd
= of the common people, humble, common

gweriniaeth (-au)
f = republic

gweriniaethol
= republican

gweriniaethwr (-wyr)
m = republican

gwerinol
= plebian, proletarian

gwerinwr (-wyr)
m = peasant, country-man

gwerth (gwerthoedd) m = value, worth

arian pl = money
gwerth am arian
= value for money

aros = to wait, to stay
gwerth arhosol
= lasting value

cynhenid = inherent, innate
gwerth cynhenid
= intrinsic worth

enw (-au) m = name; noun
gwerth enwol
= nominal value

gorau = best
gwerth gorau
= best value

ildio = to surrender, to yield
ildiad m = surrender
gwerth ildiad
= surrender value

presenoldeb m = presence
presennol = present
gwerth presennol
= present value

traddodiad (-au)
m = tradition
gwerthoedd traddodiadol
= traditional values

ar werth
= for sale

diwerth
= worthless

rheg (-feydd) f = swear word
rhegi = to swear
dim gwerth ei regi
= not worth a toss

dim gwerth
= no good

treth (-i) f = tax
Treth Ar Werth (TAW)
= Value-Added Tax (VAT)

adwerthu
= to retail

adwerthwr (-wyr)
= retailer

arwerthiant (-iannau)
m = auction

arwerthu
= to auction

arwerthwr (-wyr)
m = auctioneer

cyfan = whole, complete
cyfanwerth
m = wholesale

cyfanwerthol
= wholesale

cyfanwerthu
= to wholesale

cyfanwerthwr (-wyr)
m = wholesaler

cyfwerth (â)
= of equal value, equal (to)

amser (-au) m = time; llawn = full
cywerth
= equivalent

cywerth amser llawn
= full-time equivalent

prid = costly; prid(i)o = to pledge, to pawn
pridwerth (-i)
m/f = ransom

mawr = big
gwerthadwy
= saleable, marketable

gwerthfawr
= valuable, precious

gwerthfawrogi
= to appreciate

gwerthfawrogiad
m = appreciation

gwerthfawrogol
= appreciative

cynllun (-iau) m = plan, scheme; hybu = to promote
gwerthiant (-iannau)
m = sale

cynlluniau hybu gwerthiant
= sales promotion schemes

gwerth (gwerthoedd) m = value, worth

gwerthiant (-iannau)
m = sale

cynrychiolydd (-wyr)
m = representative
cynrychiolydd gwerthiant
= sales representative

targed (-au) m = target
penodol = specific
targedau gwerthiant penodol
= specific sales targets

gwerthu
= to sell

blawd m = flour
gwerthu blawd
= to flatter

peiriant (peiriannau)
m = machine
peiriant gwerthu
= vending machine

mêl m = honey; perchen (-ion) m = owner;
gwenynen (gwenyn) f = bee
gwerthu mêl i berchen gwenyn
= to do something pointless

cenhadaeth (cenadaethau) f = mission
tramor = overseas
cenadaethau gwerthu tramor
= overseas sales missions

mân = tiny, small
mân-werthu
= to retail

mân-werthwr (-wyr)
m = retailer

gwerthusiad (-au)
m = evaluation, appraisal

swydd (i) f = job
gwerthusiad swydd
= job evaluation

ail = second
ail-werthusiad (-au)
m = re-appraisal

gwerthuso
= to evaluate, to appraise

ail = second
ail-werthuso
= to reappraise

gwerthusol
= evaluative

gwerthwr (-wyr)
m = seller, dealer

eiddo m = property
gwerthwr eiddo
= estate agent

hynafolyn (-olion)
m = antique
gwerthwr hynafolion
= antiques dealer

gwir m = truth
gwir = true, real, genuine

anrhydedd (-au)
m/f = hounour
anrhydeddu = to honour
anrhydeddus = honourable
Y Gwir Anrhydeddus
= The Right Honourable

parch m = respect
parchu = to respect
parchus = respectable
parchedig = respected
Y Gwir Barchedig
= The Right Reverend

efenglydd (-wyr)
m = evangelist
efenglaidd = evangelical
efengyl (-au) f = gospel
Y Wir Efengyl
= The True Gospel

cas = hateful, hated
y gwir cas, y caswir
= the unpalatable truth

moel = bare
y gwir moel
= the simple truth

perffeithio = to perfect
perffaith = perfect
yn berffaith wir
= perfectly true

peth (-au) m = thing
y peth gwir, y gwir beth
= the real thing

yn wir
= indeed

gwir m = truth
gwir = true, real, genuine

anwir
= untrue, false, lying

anwiredd
m = untruth, lie
anwireddus
= untruthful, lying

cywir
= correct

anwireddu, anwirio
= to falsify

gwireb (-au)
f = truism, maxim

gwiredd
m = truth

gwireddiad
m = verification

breuddwyd (-ion) m/f = dream
oes (-oedd) (-au) m = age, lifetime
gwireddu breuddwyd oes
= to realise a life-long dream

gwireddu
= to make true

bodd (-au)
m = pleasure, willingness
gwirfodd
m =voluntary consent

o wirfodd
= willingly, voluntarily
o'm gwirfodd
= of my own accord

gwirfoddol
= voluntary

gwirfoddoli
= to volunteer

gwirfoddolwr (-wyr)
m = volunteer

croes = cross
croeswiriad
m = cross-check

gwiriad (-au)
m = check

newid m = change
gwiriwch eich newid!
= check your change!

rhestr (-au) f = list
rhestr wirio
= check-list

gwirio
= to check, to verify

iawn = right
gwirion
= silly; innocent

gwiriondeb
m = silliness; innocence

mewn = in
mewn gwirionedd
= as a matter of fact

gwirionedd
m = truth

sâl = ill
yn wirioneddol sâl
= really ill

gwariant
m = expenditure
gwariant gwirioneddol
= actual expenditure

gwirioneddol
= actual, real, genuine

gwirioni ar
= to be infatuated with, to
dote on, to be obsessed with

pen (-nau) m = head; ei = his
gwirioni'i ben efo hi
= to lose his head over her

gwirionyn
m = simpleton

gwisg (gwisgoedd) f = dress, clothing

priodas (-au)
f = marriage, wedding
gwisg briodas
(gwisgoedd priodas)
= wedding dress

ffurfiol
= formal
gwisg ffurfiol
= evening dress

cyfnod (-au)
m = period
gwisg gyfnod
(gwisgoedd cyfnod)
= period costume

hamdden m/f = leisure
gwisg hamdden
= leisure wear

nofio = to swim
gwisg nofio
= swimming costume

sidan m = silk
gwisg sidan
= a silk dress

ysgol (-ion) f = school
gwisg ysgol
= school uniform

amwisg
f = shroud, garment

amwisgo
= to wrap, to clothe

arf (-au)
m/f = weapon (arms)
arfwisg (-oedd)
f = suit of armour

arwisg (-oedd)
f = cloak, outer garment

arwisgiad
m = investiture

arwisgo
= to enrobe

carchar (-au) m = prison
carcharu = to imprison
carcharwisg (-oedd)
f = prison uniform

cyfwisgoedd
pl = accessories

diosg
= to strip, to undress

gŵr (gwŷr)
m = man, husband
diosgwr (-wyr)
m = stripper

gwraig (gwragedd)
f = wife, woman
diosgwraig (-wragedd)
f = stripper

pen (-nau) m = head
penwisg (-oedd)
f = head-dress

trac (-iau) m = track
tracwisg (-oedd)
f = track-suit

tros = over
troswisg (-oedd)
f = overall

urdd (urddau) f = order
urddwisg (-oedd)
f = vestment

gwisgo
= to wear, to dress
  to wear out

dechrau = to begin
yn dechrau gwisgo
= starting to wear

gŵn (gynau) m = gown
gŵn gwisgo
m = dressing gown

traul (treuliau)
f = wear, consumption
traul a gwisgo
= wear and tear

ystafell (-oedd)
f = room
ystafell wisgo
= dressing room, vestry

dadwisgo
= to undress

gwlad (gwledydd) f = country

hen = old; fy = my; tad (-au) m = father; annwyl = dear; bardd (beirdd) m = bard
cantor (-ion) m = singer; enwogion pl = famous ones, celebrities; bri m = renown
"Mae Hen Wlad fy nhadau yn annwyl i mi,
Gwlad beirdd a chantorion, enwogion o fri"
"The Land of my fathers is dear to me,
Land of bards and singers, famous and renowned"

	godidog	*cyllid (-au)*
cefn (-au) m = back	*= wonderful, glorious*	*m = revenue, income*
cefn gwlad	**cefn gwlad godidog**	**Cyllid y Wlad**
m = countryside	= glorious countryside	= Inland Revenue

perfedd (-ion) m = intestine
ym mherfeddion gwlad
= deep in the country

	cymanfa (-oedd)	*mam (-au)*
	f = assembly	*f = mother*
cefnwlad (cefnwledydd)	**Cymanwlad**	**mamwlad**
f = hinterland	f = Commonwealth	f = mother country
gwladaidd	**gwladfa (-oedd) (-feydd)**	
= countrified, rustic	f = colony, settlement	
		carwr (-wyr) m = lover
gwladgarol, gwlatgar	**gwladgarwch**	**gwladgarwr (-wyr)**
= patriotic	m = patriotism	m = patriot

ei = her; gwrol = brave; rhyfelwr (-wyr) m = warrior; tra = exceedingly; mad = good;
dros = for; rhyddid m = freedom; colli = to lose; eu = their; gwaed m = blood
" Ei gwrol ryfelwyr, gwladgarwyr tra mad,
Dros ryddid collasant eu gwaed"
"Her brave warriors, great patriots, For freedom they lost their blood"

	cynnil = thrifty	
	cynilo = to save	*yswiriant m = insurance*
gwladol	**Cynilion Gwladol**	**Yswiriant Gwladol**
= national, state	pl = National Savings	= National Insurance
	cyd = joint	
	cydwladol	**cyd-wladwr (cyd-wladwyr)**
	= international	m = compatriot
	rhwng = between	*masnach (-au) f = trade*
	rhyngwladol	**masnach ryngwladol**
	= international	= international trade
gwladoli	**gwladoliad**	
= to nationalise	m = nationalisation	
	gweini = to serve	
	gwladweiniaeth (-au)	**gwladweinydd (-wyr)**
	f = statesmanship	m = statesman
	gwladwr (-wyr)	
	m = countryman	

gwlad (gwledydd) f = country

gwladwriaeth (-au)
f = state

llesol = beneficial
lles m = benefit, welfare
Y Wladwriaeth Les
= The Welfare State
diwladwriaeth
= stateless

aelod (-au)
m = member
aelod-wladwriaeth
= member state

gwladwriaethol
= state

agoriad (-au) m = opening; senedd (-au) f = parliament
Agoriad Gwladwriaethol y Senedd
= the State Opening of Parliament

gwladychiad
m = colonisation

gwladychu
= to colonise, to inhabit

gwladychwr (-wyr)
m = settler, coloniser

gwledig
= rural

ardal (-oedd) f = area
ardal wledig
= rural area

---

pleidiol = favourable, partial; tra = while; môr (moroedd) m = sea; mur (-iau) m = wall
pur = pure; hoff = favourite; pau (peuoedd) f = land, country
iaith (ieithoedd) f = language; parhau = to continue
"Gwlad, gwlad, pleidiol wyf i'm gwlad, Tra môr yn fur
I'r bur hoff bau, O bydded i'r hen iaith barhau"
"Wales, Wales, pledged am I to Wales, Whilst the sea is a wall
For this pure dear land, O may the old language continue"

---

gwleidydd (-ion)
gwleidyddwr (-wyr)
m = politician

gwleidyddiaeth
f = politics

rhyngwladol = international
gwleidyddiaeth
ryngwladol
= international politics

gwleidyddol
= political

budredd m = filth
budro = to defile, to soil
budr = filthy, foul
budr-wleidydda
= gutter politics

carchar (-au) m = prison
carcharor (-ion)
m = prisoner
carcharor gwleidyddol
= a political prisoner

cynhennus = contentious
cynnen (cynhennau)
f = dispute, contention
cynnen wleidyddol
= a political feud

dyheu = to aspire, to yearn
dyhead (-au)
m = aspiration, yearning
dyheadau gwleidyddol
= political aspirations

ffo m = flight; ffoi = to flee
ffoadur (-iaid)
m = refugee, fugitive
ffoaduriaid gwleidyddol
= political refugees

ffraeo = to quarrel
ffrae (-au) (-on)
f = squabble, wrangle, row
ffrae wleidyddol
= a political row

magl (-au) f = snare, trap
magl wleidyddol
= a political pitfall

cywir = correct
yn wleidyddol gywir
= politically correct

anwleidyddol
= apolitical

---

gwlith (gwlithoedd) m = dew gwlyb, gwleb = wet

gwlithen (-od) (-ni)
f = slug

glaw (-ogydd) m = rain
gwlithlaw
m = drizzle

gwlithyn
m = dewdrop

gwlitho
= to dew, to rain gently

diferol = dripping
gwlyb diferol
= dripping wet

llo (lloi) m = calf
llo gwlyb
= a drip

gwlybaniaeth
m = moisture, humidity

gwlybedd
m = moisture, dampness

gwlybwr (gwlybyron)
m = liquid, fluid

gwlych
m = liquid; gravy

gwylychu
= to soak, to wet

tomen (-ni) f = dunghill
gwylychu'n domen
= to be wet through

gwneud, gwneuthur = to make, to do

cawl m = soup
peth (-au) m = thing
gwneud cawl o bethau
= to make a mess of things

tros, dros = for, over
ei hun = himself
gwneud drosto ei hun
= to fend for himself

bach
= small
gwneud yn fach o
= to belittle

hwyl (-iau) f = fun; ei = her
pen (-nau) m = head
gwneud hwyl am ei phen
= to make fun of her

llygad (llygaid) m/f = eye
bach = small; dear
gwneud llygad bach
= to wink

melin (-au) f = mill
eglwys (-i) f = church
gwneud melin ac eglwys ohoni
= to exaggerate the importance of it

ystumio = to contort; ystum (-iau) m/f = pose (grimaces)
gwneud ystumiau
= to pull faces

haws = easier; dweud = to say, to tell; na = than
haws dweud na gwneud
= easier said than done

nwydd (-au)
m = article (goods)
nwyddau gwneuthur
= manufactured goods

dad-wneud
dadwneuthur
= to undo, to unmake

gwneuthuriad
m = manufacturing,
manufacture

gwneuthuro
= to manufacture

gwneuthurwr (-wyr)
m = manufacturer, maker

ymwneud (â)
ymwneuthur (â)
= to be concerned,
to do, to deal (with)

penodol = specific
ymwneud yn benodol â
= to be particularly
concerned with

gweithgar = hardworking
ymwneud yn weithgar â
= to be actively involved in

gŵr (gwŷr) m = man, husband

gwadd = invited
gŵr gwadd
= guest

gweddw = widowed
gŵr gweddw
= widower

tŷ (tai) m = house
gŵr y tŷ
= the head of the household

tri, tair = three; doethinb m = wisdom; doeth (-ion) = wise
y Tri Gŵr Doeth
= the Three Wise Men

gwyddbwyll f = chess
gwŷr gwyddbwyll
= chessmen

march (meirch) m = stallion
gwŷr meirch
= cavalry

troed (traed) m/f = foot
gwŷr traed
= infantry

anwr (anwyr)
m = coward

anŵraidd
= cowardly

addoli = to worship
arwraddoliaeth
f = hero-worship

cerdd (-i) f = poem
arwrgerdd
f = epic poem

arwr (-wyr)
m = hero

arwres (-au)
f = heroine

arwriaeth
f = heroism

arwrol
= heroic

cant (cannoedd) m = hundred
canwriad (-iaid)
m = centurion

cyn = before
cyn-ŵr
m = former husband

cath (-od) f = cat
gwrcath (-od)
m = tomcat

gwrdod
m = manhood

gwrêng (gwrengod)
m = commoner

hydr = brave
gwrhydri, gorhydri
m = valour

gwrogaeth
f = homage

gwrogi
= to do homage

gwrol
= brave

gwroldeb
m = bravery, courage

gwroli
= to become brave

camp (-au) f = feat
gwrolgamp
f = manly accomplishment

gwych = fine, splendid
gwrolwych
= manly, brave

gwron (gwroniaid)
m = brave man, hero

gwroniaeth
f = heroism

benyw = female; benyw (-od)
f = woman, female
gwryw a benyw
= male and female

gwryw (-od)
m = male

gwryw
= male, masculine

gwrywaidd
= masculine

cydio = to join
gwrywgydiaeth
f = homosexuality

gwrywgydiol
= homosexual

gwrywgydiwr (-wyr)
m = homosexual

aberth (-au) (ebyrth)
m/f = sacrifice
aberthol = sacrificial
aberthwr (aberthwyr)
m = sacrificer

absennol = absent
absennu = to be absent
absenoldeb f = absence
absenolwr (absenolwyr)
m = absentee

aderyn (adar) f = bird
adarydd (-ion)
m = ornithologist
adarwr (adarwyr)
m = fowler, bird hunter

addoli = to worship
addolgar = devout
addoldy (-dai) m = chapel
addolwr (addolwyr)
m = worshipper

addurn (-au) m = adornment
addurnedig = decorated
addurno = to decorate
addurnwr (addurnwyr)
m = decorator, illustrator

yr Alban f = Scotland
Albanwr (-wyr)
m = a Scot, Scotsman

Almaenig = German
Almaenwr (-wyr)
m = a German

Americanaidd = American
Americanwr (-wyr)
m = an American

antur m = venture
anturiath (-au) f = adventure
anturiaethus = adventurous
anturiaethwr (-wyr)
m = adventurer

araith (areithiau) f = speech
areithyddiaeth f = oratory
areithio = to make a speech
areithiwr (areithwyr)
m = public speaker, orator

arloesol = pioneering
arloesi = to pioneer
arloeswr (arloeswyr)
m = pioneer

artaith (arteithiau) f = torture
arteithiol = excrutiating
arteithio = to torture
arteithiwr (arteithwyr)
m = torturer

athrod (-au) m = slander
athrodus = slanderous
athrodwr (arthrodwyr)
m = slanderer

bachog = barbed, incisive
bach (-au) m = hook
bachwr (bachwyr)
m = hooker (rugby)

bedydd (-iau) m = baptism
bedyddio = to baptise
Bedyddiwr (Bedyddwyr)
m = Baptist

bloedd (-iau) f = shout
bloeddio = to shout
bloeddiwr (bloeddwyr)
m = shouter

bawd (bodiau) m = thumb
bodio = to thumb
bodiwr (bodwyr)
m = hitch-hiker

brad (-au) m = treachery
bradwrus = treacherous
bradychu = to betray
bradwr (bradwyr)
m = traitor

breuddwyd (-ion) m/f = dream
breuddwydio = to dream
breuddwydiol = dreamy
breuddwydiwr (-wyr)
m = dreamer

brol (-iau)
m = boast
brolio = to boast
broliwr (brolwyr)
m = boaster, braggart

cabledd (-au) m = blasphemy
cablu = to blaspheme
cableddus = blasphemous
cablwr (cablwyr)
m = blasphemer

capel (-i)
m = chapel
capelwr (capelwyr)
m = chapel-goer

casgliad (-au)
m = collection; conclusion
casglu = to collect
casglwr (casglwyr)
m = collector

ceintach = to grumble
ceintachlyd = querulous
ceintachwr (ceintachwyr)
m = grumbler

cenhadaeth (cenadaethau)
f = mission
cenhadol = missionary
cenhadwr (cenhadon)
m = missionary

cerdded
= to walk
cerddediad m = walk
cerddwr (cerddwyr)
m = walker

cleddyf (-au)
f = sword
cleddyfwr (cleddyfwyr)
m = swordsman

cnaif (cneifion)
m = fleece
cneifio = to shear
cneifiwr (cneifwyr)
m = shearer

consurio = to conjure
consuriol = conjuring
consuriwr (consurwyr)
m = conjuror

cread m = creation
creadigol = creative
creawdwr (-wyr)
m = creator

crefft (-au) f = craft, trade
crefftus = skilled
crefftwr (crefftwyr)
m = craftsman

crintach, crintachlyd
= mean
crintachu = to scrimp
crintachwr (-wyr)
m = miser

crwydro = to wander
crwydrol = wandering
crwydryn (crwydriaid)
crwydrwr (crwydrwyr)
m = wanderer

addef = to admit
cyfaddef = to confess
cyfaddefiad m = confession
cyfaddefwr (cyfaddefwyr)
 m = confessor

cyfathrach f = intercourse
cyfathrachu
= to have intercourse
cyfathrachwr (-wyr)
m = kinsman, friend

cyffes (-ion)
f = confession
cyffesu = to confess
cyffeswr (cyffeswyr)
m = confessor

cyhuddiad (-au)
m = accusation
cyhuddiedig = accused
cyhuddo = to accuse
cyhuddwr (cyhuddwyr)
m = accuser, plaintiff

chwedl (-au) f = story, tale
chwedleuo = to tell a tale
chwedloniaeth f = mythology
chwedlonol = legendary
chwedleuwr (chwedleuwyr)
m = story-teller

dewisiad (-au)
m = selection
dewis = to choose
dewisedig = chosen
dewiswr (dewiswyr)
m = selector

diddan = amusing
diddanu = to amuse
diddanwch
m = entertainment
diddanwr (diddanwyr)
m = entertainer

digrif(ol) = amusing, funny
digrifo = to entertain
digrifwch
m = fun, mirth
digrifwr (digrifwyr)
m = comedian

dinistr m = destruction
dinistrio = to destroy
dinistriol = destructive
dinistriwr (dinistrwyr)
m = destroyer

distryw m = destruction
distrywio = to destroy
distrywiol = destructive
distrywiwr (distrywyr)
m = destroyer

diwygiad (-au)
m = reform, revival
diwygiedig = reformed
diwygio = to revise, to reform
diwygiwr (diwygwyr)
m = reformer, revivalist

dringo = to climb
dringwydd
pl = creepers, climbers
dringwr (-wyr)
m = climber

dyfais (dyfeisiau)
m = invention
dyfeisio = to invent
dyfeisgar = inventive
dyfeisiwr (dyfeiswyr)
m = inventor

eiriol
= to entreat, to beseech
eiriolaeth
f = intercession
eiriolwr (-wyr)
m = mediator, suppliant

eithafiaeth f = extremism
eithaf (-ion) (-oedd)
m = extremity
eithafol = extreme
eithafwr (eithafwyr)
m = extremist

gŵr (gwŷr) m = man, husband

enllib (-ion)
m = libel
enllibus = libellous
enllibiwr (enllibwyr)
m = libeller

galar m = mourning, grief
galarus = mournful
galaru = to mourn
galarwr (galarwyr)
m = mourner

gloddest (-au)
m = revelry, orgy
gloddesta = to carouse
gloddestwr (-wyr)
m = reveller

glo m = coal
glofa (glofeydd) f = colliery
glofaol = mining
glöwr (glowyr)
m = collier, miner

gorchfygu = to conquer
gorchfygiad (-au) m = defeat
gorchfygol = victorious
gorchfygwr (-wyr)
m = victor, conqueror

gormes m = oppression
gormesol = tyrannical
gormesu = to oppress
gormeswr (-wyr)
m = oppressor, tyrant

grwgnach = to grumble
grwgnachlyd = grumbling
grwgnachwr (-wyr)
m = grumbler

gwastraff m = waste
gwastrafflyd = wasteful
gwastraffus = extravagant
gwastraffu = to waste
gwastraffwr (-wyr)
m = spendthrift, waster

gwrando (ar)
= to listen
gwrandawiad
m = hearing
gwrandawr (-wyr)
m = listener

hebrwng
= to accompany, to escort
hebryngydd (-ion) m = guide
hebryngwr (-wyr)
m = escort

hudo = to enchant
hudol(us) = enchanting
hudoliaeth f = enchantment
hudolwr (-wyr)
m = enticer, charmer

lluman (-au)
m = flag, banner
llumanu = to flag
llumanwr (-wyr)
m = linesman

masnach (-au)
f = trade, commerce
masnachol = commercial
masnachu = to trade
masnachwr (-wyr)
m = dealer, trader

menter (mentrau)
f = enterprise, venture
mentrus = enterprising,
            entrepreneurial
mentrwr (mentrwyr)
m = entrepreneur

merlyn (merlod)
m = pony
merlota = to pony-trek
merlotwr (merlotwyr)
m = pony trekker

milwrio = to militate
milwrol = military
milwriaethus = militant
milwr (milwyr)
m = soldier

myfyrio = to contemplate
myfyrgar = studious
myfyrio = to study
myfyriwr (myfyrwyr)
m = student

mynychu = to frequent
mynych = frequent, often
mynychwr (-wyr)
m = frequent attender

mynydda = to mountaineer
mynyddig = mountainous
mynyddwr (-wyr)
m = mountaineer

nofio = to swim
arnofio = to float, to swim
nofiwr (nofwyr)
m = swimmer

ogof (ogofâu) (ogofeydd)
f = cave
ogofwr (-wyr)
m = pot-holer

paffio
= to box
paffiwr (paffwyr)
m = boxer

pregeth (-au) f = sermon
pregethu = to preach
pregethwr (-wyr)
m = preacher

preswyl = residential
preswylio = to live
preswyliwr (preswylwyr)
m = resident

pryniant m = purchase
prynu = to buy
prynwr (-wyr)
m = buyer

pysgodyn (pysgod)
m = fish
pysgodwr (-wyr)
m = fishmonger

pysgota = to fish
pysgotwr (-wyr)
m = fisherman

rheithfarn (-au) f = verdict
rheithgor (-au) m = jury
rheithiwr (rheithwyr)
m = juror

rhwyf (-au) f = oar
rhwyfo = to row
rhwyfwr (rhwyfwyr)
m = oarsman

rhwystr (-au)
m = obstruction, hindrance
rhwystrol = obstructive
rhwystrwr (rhwystrwyr)
m = obstructionist

saethyddiaeth f = archery
saeth (-au) f = arrow
saethu = to shoot
saethwr (-wyr)
m = marksman

sebon (-au) m = soap
seboni = to soap, to flatter
sebonwr (-wyr)
m = flatterer

siop (-au) f = shop
siopa = to shop
siopwr (-wyr)
m = shopkeeper

tafarn (-au)
f = pub
tafarnwr (-wyr)
m = publican, inn keeper

tangnefedd m/f = peace
tangnefeddus = peaceful,
tangnefeddwr (-wyr)
m = peace-maker

trosedd (-au)
m/f = crime, offence
troseddol = criminal
troseddwr (-wyr)
m = criminal, offender

twyll m = deceit, fraud
twyllodrus = deceitful
twyllo = to deceive
twyllwr (twyllwyr)
m = cheat

twrch (tyrchod) m = boar
twrch daear m = mole
tyrchu = to burrow
tyrchwr (tyrchwyr)
m = molecatcher

tyddyn (-nod) (-nau)
m = smallholding
tyddynnwr (tyddynwyr)
m = smallholder

ymddiried = to trust
ymddiriedolaeth (-au)
f = Trust
ymddiriedolwr (-wyr)
m = trustee

ymerodraeth (-au)
f = empire
ymherodr (ymerodron)
ymerawdwr (-wyr)
m = emperor

ymffrostgar = boastful
ymffrost m = boast
ymffrostio = to boast
ymffrostiwr (ymffrostwyr)
m = boaster

ymryson (-au)
m = contest, controversy
ymrysongar = contentious
ymryson
= to contend, to compete

ymgom (-ion) (-iau)
f = chat, conversation
ymgomio = to chat
ymgomiol = chatty
ymgomiwr (ymgomwyr)
m = conversationalist

ymrysonwr (-wyr)
m = contender, contestant

ysbryd (-ion) m = spirit
ysbrydol = spiritual
ysbrydegaith f = spiritualism
ysbrydegwr (ysbrydegwyr)
m = spiritualist

ysbrydoli = to inspire
ysbrydoliaeth f = inspiration
ysbrydoledig = inspired
ysbrydolwr (ysbrydolwyr)
m = inspirer, enthusiast

ystlys (-au)
f/m = side, flank; touchline
ystlyswr (-wyr)
m = sidesman, usher;
    touch judge

gwraig (gwragedd) f = wife, woman

priod
= married; proper
gwraig briod
= married woman

baich (beichiau) m = burden
beichiog = pregnant
gwraig feichiog
= pregnant woman

tŷ (tai) m = house
gwraig tŷ
= house wife

gweddw = widowed
gweddw (-on)
gwraig weddw
f = widow

bwrw = to cast, to throw; hen = old; ffon (ffyn) f = stick
bwrw hen wragedd a ffyn
= to rain cats and dogs

aml = frequent, often
amlwreiciaeth
amlwreigiaeth
f = polygamy

cyn = before
cyn-wraig
f = former wife

gwnïo = to sew
gwniadwraig
f = seamstress

llety (-au) m = lodging
lletygarwch m = hospitality
lletywraig (lletywragedd)
f = landlady

noeth = naked
noethlymun = nude
noethlymunwraig
f = stripper, nudist

gwrach (-od) (-ïod)
f = witch, old hag

breuddwyd (-ion) m/f = dream
breuddwyd gwrach
= wishful thinking

coel (-ion) f = belief
coel gwrach
= old wives' tale

gwreica
= to look for a wife

tŷ (tai) m = house
gwreicty
m = harem, seraglio

gwreigaidd
= womanly

gwreiddyn, gwraidd (gwreiddiau) m = root

boncyff (-ion) m = stump; cangen (canghennau) f = branch
gwreiddyn, boncyff a changen
= lock, stock and barrel

bwrw = to cast, to throw
bwrw gwreiddiau
= to settle down

cnwd (cnydau) m = crop
cnwd gwraidd
m = root crop

wrth = by, at, to
wrth wraidd
= at the root of

gair (geiriau) m = word
gwreiddair
m = root-word

gwreiddiadur
m = etymological dictionary

gwreiddio
= to root, to take root

dadwreiddio, diwreiddio
= to uproot

gwreiddiol
= original

pechod (-au) m = sin
pechod gwreiddiol
= original sin

syniad (-au) m = idea
syniad gwreiddiol
= an original idea

gwreiddioldeb
m = originality

gwreichioni = to spark, to sparkle
gwreichionyn (gwreichion) m = spark
gwreichionyn o wreiddioldeb
= a spark of originality

gwrth = against, counter, contra, anti-

taro = to strike
gwrthdaro
= to clash, to conflict

diwrthdaro
= non-confrontational

trawiad (-au) m = blow
gwrthdrawiad (-au)
m = collision

fflamio = to blaze
fflam (-au) f = flame
gwrthfflam
= flame-resistant

cloc (-(i)au)
m = clock
gwrthglocwedd
= anti-clockwise

crych (-au)
m = crease, ripple, wrinkle
gwrthgrych
= crease-resistant

gwrthiant (gwrthiannau)
m = resistance (ohm)

gwrthydd (-ion)
m = resistor

cyferbyniad (-au) m = contrast
cyferbyn = opposite
gwrthgyferbyniad
m = contrast

Iddew (-on) m = Jew
gwrth-Iddewiaeth
f = anti-semitism

glaw (glawogydd) m = rain
gwrth-law
= rain-proof

gwrthnysig
= obstinate, perverse

ôl = behind, rear
gwrthol
= backwards

ôl a gwrthol
= to and fro

direwi = to defrost
rhew m = frost, ice
gwrthrew(ydd)
m = antifreeze

saim (seimiau) m = grease
seimlyd = greasy
gwrthsaim
= greaseproof

sur (surion) = sour
suryn (-nau) m = acid
gwrthsur (-ion)
m = alkali

gwenwynig = poisonous
gwenwyn m = poison
gwrthwenwyn
m = antidote

gwyfyn (-od)
m = moth
gwrthwyfyn
= mothproof

gwth (gwthiau) m = thrust, push, shove

gwth (-iau)
m = thrust, push, shove

gwynt (-oedd) m = wind
gwth o wynt
= a gust of wind

oedran (-nau) m = age
mewn gwth o oedran
= a ripe old age, very old

gwthio
= to push, to thrust

cwch (cychod) m = boat
dŵr (dyfroedd) m = water
gwthio'r cwch i'r dŵr
= to get things moving

cadair (cadeiriau)
f = chair
cadair wthio
= push chair

gwthiwch!
= push!

gwthiwr (gwthwyr)
m = pusher

greddfol = instinctive
greddf (-au) f = instinct
greddf ymwthio
= an assertive instinct

ymwthgar
= pushy, ambitious

ymwthio
= to push oneself, to assert

ymwthiol
= obtrusive, intrusive

anymwthiol
= unobtrusive

ymwthiwr (ymwthwyr)
m = intruder

gwybod (am) = to know (about)
gwyddor (-au) f = science   egwyddor (-ion) f = principle

gwybod (am)
= to know (about)

sicr = sure; sicrhau = to ensure; sicrwydd m = certainty
gwybod i sicrwydd
= to know for certain

am wn i ...
= for all I know...

fel = like, as
fel y gwyddoch chi
= as you know

heb = without; neb = no one
heb yn wybod i neb
= without anyone knowing

hyd = to, as far as
hyd y gwn i
= as far as I know

hyd y gwyddwn i
= as far as I knew

pwy = who
pwy a ŵyr?
= who knows?

dim m = anything, nothing
wn i ddim
= I don't know

gwybod (-au)
m = knowledge

anwybod
m = ignorance

anwybodaeth
f = ignorance

anwybodus
= ignorant

anwybyddu
= to ignore

arwybod (-au)
m = awareness

diarwybod
= unawares, unexpected

cyd = joint
cydwybod (-au)
f = conscience

cydwybodol
= conscientious

gwrthwynebwr (-wyr)
m = objector, opponent
gwrthwynebwr cydwybodol
= a conscientious objector

digydwybod
= callous

gwybodaeth
f = knowledge, information

trylwyr = thorough
gwybodaeth drylwyr
= a thorough knowledge

breintiedig = privileged
gwybodaeth freintiedig
= privileged information

cyfrinachol = confidential
gwybodaeth gyfrinachol
= confidential information

pellach = further
am wybodaeth bellach...
= for further information...

er = for
er gwybodaeth
= for information

pecyn (-nau) m = package
pecyn gwybodaeth
= information package

rhyddid m = freedom
rhyddid gwybodaeth
= freedom of information

technoleg f = technology
Technoleg Gwybodaeth
= Information Technology

gwybod (am) = to know (about)
gwyddor (-au) f = science   egwyddor (-ion) f = principle

gwybodaeth
f = knowledge, information

holl = all
hollwybodaeth
f = omniscience

hollwybodol
= omniscient

rhag = before, pre-
rhagwybodaeth
f = fore-knowledge

gwybodus
= well-informed

gwybodydd (-ion)
m = prophet

gwybyddus
= known

ymwybodol
= conscious, aware

ffaith (ffeithiau) f = fact
ymwybodol o'r ffaith
= conscious of the fact

ymwybyddiaeth
f = consciousness

hun: hunan (hunain) = self
hunanymwybodol
= self-conscious

anymwybodol
= unconscious, unaware

anymwybyddiaeth
f = unconsciousness

diymwybod
= unconscious, unaware

yn ddiymwybod
= unknowingly

isymwybodol
= sub-conscious

is = lower, below, under
isymwybod
m = sub-conscious

isymwybydddiath
f = sub-consciousness

gwyddor (-au) (-ion)
f = rudiments of knowledge;
    science

holi = to question
holwyddoreg
f = catechism

yr wyddor
f = the alphabet

egwyddor (-ion)
f = principle; alphabet

sylfaenol = basic
egwyddorion sylfaenol
= basic principles

mewn = in
mewn egwyddor
= in principle

diegwyddor
= unscrupulous

egwyddorol
= principled

gwyddoniadur (-on)
m = encyclopaedia

baglor (-ion) m = bachelor; mewn = in
baglor mewn gwyddoniaeth
= bachelor of science (BSc)

gwyddoniaeth (-au)
f = science

gwyddonol
= scientific

gwyddonydd (-wyr)
m = scientist

gwŷs (gwysion)
f = summons, writ

gwydden (gwŷdd) f = tree

blodyn (blodau) m = flower
blodeuwydden
f = flowering shrub

castan (-au) f = chestnut
castanwydden
f = (horse) chestnut tree

cedr m = cedar
cedrwydden
f = cedar tree

côn (conion) m = cone
conwydden (conwydd)
f = conifer

crin = withered, crinkled
crinwydd
pl = dry brushwood

diod (-ydd) f = drink
diodwydd
pl = bay tree(s), laurel(s)

dringo = to climb
dringwydd
pl = climbers, creepers

gwin (-oedd) m = wine
gwinwydden (gwinwydd)
f = vine

gwyn = white
gwynwydd
pl = honeysuckle

(Latin: laurus)
llawrwydd
pl = laurel, bay

olew m = oil
olewydden (olewydd)
f = olive tree

planhigyn (planhigion) m = plant
planhigfa (planigfeydd) f = plantation
planhigyfa (o) olewydd
= a plantation of olive trees

pin (-nau) m/f = pin; needle
pinwydden (pinwydd)
f = pine tree

prysg (-au) m = copse
prysgwydden (-wydd)
f = shrub

tân (tanau) m = fire
tanwydd
m = fuel, firewood

uchel = high; loud
uchelwydd
m = mistletoe

gwyddfa (-feydd)
f = arboretum

gŵyl (gwyliau) f = festival, holiday, holy day, vigil, watch

gŵyl (gwyliau)
f = festival, holiday

banc (-iau) m = bank
gŵyl y banc
= bank holiday

cyhoeddus = public
gŵyl gyhoeddus
= public holiday

Dewi = David
Gŵyl Ddewi
= St. David's Day

Pasg m = Easter
Gwyliau Pasg
= Easter Holidays

bwthyn (bythynnod)
m = cottage

bwrw = to cast, to throw
bwrw gwyliau
= to spend holdays

bwthyn gwyliau
= holiday cottage

ar wyliau
= on holiday

gŵyl (gwyliau) f = festival, holiday, holy day, vigil, watch

annwyl
= dear, beloved

anwyldeb
m = fondness, affection

anwyliad (anwyliaid)
m = loved ones, friends

anwylo
= to caress, to fondle

anwylyd
m/f = darling, beloved

anwylyn (-iaid)
m = favourite

arwyl (-ion)
f = funeral, funeral rites

cylch (-oedd) m = circle
cylchwyl (-iau)
f = anniversary

priodas (-au) f = wedding
cylchwyl briodas
= wedding anniversary

disgwyl (am)
= to expect, to wait (for)

disgwyl (-ion)
disgwyliad (-au)
m = expectation

y tu hwnt i = beyond
y tu hwnt i'r disgwyl
= beyond expectation

annisgwyl
= unexpected

arian pl = money
arian annisgwyl
= wind-fall

disgwyliedig
= anticipated, awaited

hir = long
hirddisgwyliedig
= long-awaited

disgwylgar
= expectant

dydd (-iau) m = day
dygwyl
m = feast day, holy day

Dygwyl Dewi
= St. David's Day

te m = tea
egwyl de
= tea break

gwig (-oedd) m = wood
gwigwyl (-iau)
f = picnic

egwyl (-iau)
f = interval, break, respite

nos (-au) f = night
noswyl, gwylnos
f = eve of festival, vigil

Nadolig m = Christmas
Noswyl Nadolig
= Christmas Eve

gwylfa (-fâu) (-feydd)
f = look-out, watch

gwyliadwrus
= watchful, alert, vigilant

gwyliadwriaeth
f = vigilance, alertness

gwyliedydd (-ion)
m = sentinel, watchman

goruwch = above
gwylio (rhag)
= to watch (for)

goruchwylio
= to supervise, to oversee

goruchwyliaeth
f = supervision

goruchwyliwr (goruchwylwyr)
m = supervisor

glan (-nau) f = bank, shore; glanio = to land
gwyliwr (gwylwyr)
m = (TV) viewer, spectator

gwylwyr y glannau
= the coastguards

gwyllt (gwylltion) = wild, mad
diwylliant (-iannau) m = culture

diwylliant (-iannau)
m = culture

craidd (creiddiau) m = core
diwylliant craidd
= core culture

gwerin f = folk
diwylliant gwerin
= folk-culture

diwylliadol
diwylliannol
= cultural

aml = frequent, often
aml-ddiwylliannol
= multi-cultural

amrywiaeth (-au) f = diversity
amrywiaeth ddiwylliannol
= cultural diversity

diwylliedig
= cultured

anniwylliedig
= uncultured

diwyllio
= to cultivate

gwyllt
= wild

cacynen (cacwn) m = wasp, hornet
yn wyllt gacwn
= furious, wild

pedwar, pedair = four
carn (-au) m = hoof; hilt
ar bedwar carn gwyllt
= at a gallop

brysio = to hurry
brys m = haste
ar frys gwyllt
= in a mad rush

ras (-ys)
f = race
ar ras wyllt
= at high speed

baedd (-od) m = boar
baedd gwyllt
= wild boar

cafn (-au) m = trough
cafn gwyllt
= mill-race

cwch (cychod) m = boat
cwch gwyllt
= speedboat

dŵr (dyfroedd) m = water
dŵr gwyllt
= rapids

hau = to sow
ceirchen (ceirch) f = oats
hau ceirch gwylltion
= to sow wild oats

haden (hadau) f = seed
hau hadau gwylltion
= to sow wild oats

tân (tanau) m = fire
tân gwyllt
= fireworks; wildfire

tiwmor (-au)
m = tumour
tiwmor gwyllt
= malignant tumour

lledu = to spread
lledu fel tân gwyllt
= to spread like wild fire

traeth (-au)
m = beach, shore
traeth gwyllt
= quicksands

nwyd (-au)
m = passion, emotion
nwydwyllt
= wild frenzy

gwylltiad (-iaid)
m = savage

gwylltineb
m = wildness

gwylltio, gwylltu
= to become angry

caclwm m = fury
gwylltio'n gaclwm
= to be wild with rage

gwyn, gwen (gwynion) = white; holy

byd (-oedd) m = world
gwyn eich byd chi!
= lucky you!

calchen f = limestone
gwyn fel y galchen
= white as a sheet

du = black
ar ddu a gwyn
= in writing

bore (-au) m = morning; tan = until; nos (-au) f = night
o fore gwyn tan nos
= from early morning 'til night

draenen (drain) f = thorn
draenen wen
= hawthorn

torth (-au) f = loaf
torth wen
= white loaf

tylluan (-od) f = owl
tylluan wen
= barn owl

bron (-nau) f = breast
bronwen (-nod)
f = weasel

claer = bright, clear
claerwyn
= brilliant white, pure white

disgleirio = to glitter
disgleirwyn
= brilliant white

heulog = sunny
haul (heuliau) m = sun
heulwen
f = sunshine

mign (-au) (-edd)
f = marsh, bog
migwyn
m = white moss on bogs

pen (-nau) m = head
penwyn
= white-haired

Sul (-iau) m = Sunday
Sulgwyn
m = Whitsunday

enwyn
m = buttermilk

allt (elltydd) f = wooded hill
"Dan y Wenallt"
="Under Milk Wood"

fflam (-au) f = flame
gwenfflam
= blazing

gwynder, gwyndra
m = whiteness

gwynfa
f = paradise

byd (-oedd) m = world
gwynfyd (-au)
m = bliss

y Gwynfydau
pl = the Beatitudes
gwynfydedig
= blessed

calch m = lime
gwyngalch
m = whitewash

calchu = to lime
gwyngalchu
= to whitewash

ias (-au) f = thrill, shiver
gwynias
= white hot

gwyniad (-iaid)
m = whiting

gwyniasedd
m = incandescence

gwyniedyn
m = sewin

gwynnu
= to whiten

tywynnu
= to shine

wy (wyau) m = egg
gwynnwy (gwynwyau)
m = white of an egg (albumen)

gwynt (-oedd)
m = wind; smell

cyffredin = common
gwynt cyffredin
= prevailing wind

teg = fair
gwynt teg iddo fe
= good luck to him

gosteg (-ion) m = silence;
proclamation:
gostegu = to silence
mae'r gwynt yn gostegu
= the wind is dropping

ochenaid (-eidiau) f = sigh,
groan; ochneidio = to sigh,
to groan
mae'r gwynt yn ochneidio
= the wind is howling

ei = his; dwrn (dyrnau) m = fist
â'i wynt yn ei ddwrn
= in a hurry, breathless

allan = out, outside
allan o wynt, ma's o wynt
= out of breath

awel (-on) f = breeze
awel o wynt
= a gust of wind

cawod (-ydd) f = shower
cawod o wynt
= a gust of wind

ceiliog (-od) m = cockerel
ceiliog y gwynt
= weather vane

colli = to lose
colli gwynt
= to lose one's breath

tan, dan = under; ei = her
dan ei gwynt
= under her breath

erydu = to erode
erydiad gwynt
m = wind erosion

fferm (-ydd) f = farm
fferm wynt
= wind farm

hwylio = to sail; agos = near
hwylio'n agos at y gwynt
= to take risks

llwnc m = gullet; llyncu = to swallow
llyncu ar un gwynt
= to swallow in one gulp

melin (-au) f = mill
melin wynt
= windmill

pedwar, pedair = four
i'r pedwar gwynt
= scattered in all directions

pibell (-au) (-i)
f = pipe
pibell wynt
= windpipe

pwerus = powerful
pŵer (pwerau) m = power
pŵer gwynt
= wind power

torri = to break, to cut
torri gwynt
= to belch, to burp

corddi
= to churn, to agitate
corwynt (-oedd)
m = whirlwind

chwyrlïo
= to spin, to whirl
chwyrlwynt (-oedd)
m = whirlwind

gyrru
= to drive
gyrwynt (-oedd)
m = hurricane

hwrdd (hyrddod) m = ram
hwrdd (hyrddiau) m = push
hyrddwynt (-oedd)
m = hurricane

lluwchfa (-feydd)
f = snowdrift
lluwchwynt (-oedd)
m = blizzard

gwynt (gwyntoedd) m = wind; smell

gwynt (-oedd)
m = wind, smell

rhewi = to freeze
rhew m = frost, ice
rhewynt (-oedd)
m = freezing wind

tro (troeon)
m = turn; time
trowynt (-oedd)
m = whirlwind, tornado

mesurydd (-ion)
m = meter
gwyntfesurydd
m = anemometer

clòs
= close, shut, tight
gwyntglos
= wind-proof

gwyntio, gwynto
= to smell

gwyntog
= windy, bombastic

hir = long
hirwyntog
= long-winded

gwresog = hot
gwresogi = to heat
gwyntyll wresogi
= fan-heater

gwyntyll (-au)
f = fan

echdynnu = to extract
gwyntyll echdynnu
= extractor fan

gwyntylliad
m = ventilation

gwyntyllu, gwyntyllio
= to ventilate, to air

gŵyr = askew, aslant

gŵyr
= askew, aslant

egwyriant
m = aberration

traws = cross
gwyrdraws
= perverse

troad (-au) m = turn
gwyrdroad (-au)
m = perversion

gwyrdroëdig
= perverted

gwyrdroëdig (-ion)
m = pervert

troi = to turn
gwyrdroi
= to pervert, to distort

cam = crooked, bent
gwyrgam
= crooked

gwyriad (-au)
m = diversion, deviation,
divergence

dros dro = temporary
gwyriad dros dro
= temporary diversion

traws = cross
trawswyriad
m = perversion

ymrwymiad (-au)
m = commitment
ymrwymiad diwyro
= unswerving commitment

gwyro
= to bend, to bow

diwyro
= unswerving, undeviating

lled = fairly, partly
lledwyro
= to incline,
   to make crooked

trawswyro
= to pervert

gyr (gyrroedd) m = drive, push; flock, herd

haearn m = iron
haearn gyr
= wrought iron

cyfle (-oedd) m = opportunity

gyrfa (-oedd)
f = career

cyfleoedd gyrfaol
= career opportunities

gyriedydd (-ion)
m = driver, coachman

gyrru
= to drive

brawychus = terrifying; braw (-au) m = terror
gyrru braw
= to terrify

trwydded (-au) f = licence
cyfredol = current
trwydded yrru gyfredol
= current driving licence

gor = over, super, hyper-
goryrru
= to speed

trawsyriad (-au)
m = transmission

traws = cross
trawsyrru
= to transmit, to broadcast

trawsyrrydd (-yryddion)
m = transmitter

ymyrru, ymyrryd
= to interfere, to intervene

ymyriad (-au)
m = interference

ymyrraeth
f = intervention

anymyrraeth
f = non-intervention

gyrrwr (gyrwyr)
m = driver, rider

ymyrrwr (ymyrwyr)
m = meddler, busy-body

haedd (haeddau) f = merit

haedd (-au)
f = merit

cyrraedd
= to reach, to attain,
   to arrive, to meet

amser (-au) m = time
amser cyrraedd
m = arrival time

cyraeddadwy
= attainable

cyrhaeddgar
= incisive

**cyrhaeddiad
(cyraeddiadau)**
m = attainment, reach

targed (-au) m = target
targedau cyrhaeddiad
= attainment targets

digyrraedd
= stupid, dense

pell = far,distant
pellgyrhaeddol
= far-reaching

gorffwyso = to rest; gorffwys m = rest
haeddiannol
= well-deserved, deserving

gorffwys haeddiannol
= a well-deserved rest

anhaeddiannol, anhaeddol
= undeserved

cael = to get, to have
haeddiant (-iannau)
m = merit

cael ei haeddiant
= to get his/her deserts

haeddu
= to merit, to deserve

haeru = to assert, to allege

prawf (profion) m = test

haeru
= to assert, to allege

haeriad (-au)
m = assertion, allegation

diheuru, diheuro
= to exonerate, to acquit

diheurad, diheuriad (-au)
m = acquittal, apology

ymddiheuro
= to apologise

diheurbrawf
m = ordeal

ymddiheuriad (-au)
m = apology

ymddiheurol
= apologetic

unrhyw = any; oediad (-au) m = delay
ymddiheurwn am unrhyw oediad
= we apologise for any delay

[llug m = light; plague]
haerllug
= impudent, arrogant

haerllugrwydd
m = impudence

hafal = equal, like
cyffelybu = to compare   dyfalu = to guess   efelychu = to imitate

dirgroes = opposite

hafal
= equal, like

yn hafal i
= equals (=)

dihafal
= unequalled, unrivalled, incomparable

hafal a dirgroes
= equal and opposite

cyffelyb
= like, similar, comparable

digyffelyb
= incomparable, peerless

cyffelybu
= to compare, to liken

cyffelybiaeth (-au)
f = similarity; simile

dyfaliad (-au) *
m = guess, conjecture,
    supposition

* *Mediaeval poets used to devise puzzles making extensive use of similes and comparisons to describe their (nameless) subjects*

dyfalu *
= to guess, to conjecture, to speculate

amcan (-ion)
m/f = objective
amcanddyfaliad (-au)
m = guesstimate

efelychiad (-au)
m = imitation

efelychiadol
= imitative

efelychwr (-wyr)
m = imitator

fel
= like, as

efelychu
= to imitate

efelychydd (-ion)
m = simulator

felly
= so

hafaledd
m = equality

hafaliad (-au)
m = equation

cydamserol = simultaneous
hafaliad cydamserol
= simultaneous equation

hefelydd
= similar

haint (heintiau) f = disease

haint (heintiau) f = disease	**anheintedd** m = immunity	**anheintus** = immune
	heintiad (-au) m = infection	
heintio = to infect	**diheintio** = to disinfect	**diheintydd (-ion)** m = disinfectant
	gwrth = against **gwrth-heintio** = to inoculate	*rhydd = free* **heintrydd** = immune
heintus = infectious	*afiechyd (-on)* *m = disease* **afiechydon heintus** = infectious diseases	*brwdfrydedd* *m = enthusiasm* **brwydfrydedd heintus** = infectious enthusiasm
	chwerthinllyd = laughable *chwerthin m = laughter* **chwerthin heintus** = infectious laughter	*gwrth = against* **gwrth-heintus** **gwrth-heintiol** = antiseptic

hawdd = easy

		talcen (-nau) m = forehead *talcen anodd* *= a difficult task*
hawdd = easy	**anodd, anhawdd** = difficult	
	anos = more difficult	*byth = ever, always* **anos byth** = even more difficult
		effro = awake *deffro = to awake*
	anhawster (anawsterau) m = difficulty	**effro i'r anawsterau** = aware of the difficulties
	arweinydd (-ion) m = leader, *conductor (of orchestra.)*	*siaradus = talkative* *siaradwr (-wyr) m = speaker*
gwadd = invited, guest	**arweinydd gwadd** = guest conductor	**siaradwr gwadd** = invited speaker
	gwahodd = to invite	**gwahoddedigion** pl = guests
gwahoddiad (-au) m = invitation	*estyn = to extend, to reach* **estyn gwahoddiad** = to extend an invitation	**gwahoddwr (-wyr)** m = host
hawddgar = amiable	**hawddgarwch** m = amiability	
haws = easier	*mymryn (-nau) m = bit* **mymryn yn haws** = a bit easier	**hawster, hawstra** m = ease

hawl (holion) f = question
hawl (hawliau) f = right, claim, entitlement

ateb (-ion) m = answer

hawl (holion)
f = question

hawl ac ateb
= question and answer

holgar
= inquisitive

croes = cross

holi
= to question, to enquire

arholi
= to examine

croesholi
= to cross-examine

ymholi
= to inquire, to enquire

llafar m = speech

holiad (-au)
m = interrogation

arholiad (-au)
m = examination

arholiad llafar
 = oral examination

sefyll = to stand
sefyll arholiad
= to sit an examination

croesholiad (-au)
m = cross-examination

tranc m = death
trengholiad
m = inquest

trengi = to die
trengholydd (-ion)
m = coroner

cyffredinol = general
ymholiad (-au)
m = inquiry, enquiry, query

ymholiadau cyffredinol
= general enquiries

holiadur (-on)
m = questionnaire

holwr (-wyr)
m = question-master

arholwr (-wyr)
m = examiner

nacâd m = veto
nacáu = to veto

hawl (-iau)
f = right, claim, entitlement

hawl nacáu
= right of veto

cyfartal = equal
hawliau cyfartal
= equal rights

sylfaenol = basic
hawliau sylfaenol
= basic rights

diddymu = to abolish
diddymu'r hawl
= to abolish the right

pwyllgor (-au) m = committee; *tramwy = to roam about*
Pwyllgor Hawliau Tramwy
= Rights of Way Committee

llen (-ni) f = sheet
hawlen (-ni)
f = permit, licence

braint (breintiau)
f/m = right, privilege
hawlfraint
f = copyright

coroni = to crown
coron (-au) f = crown
Hawlfraint y Goron
= Crown Copyright

hawliad (-au)
m = claim

hawlio
= to claim

hawl(i)wr, hawlydd (hawlwyr)
m = claimant

[hebu = to speak]
ateb = to answer cyfathrebu = to communicate gohebu = to correspond

ateb
= to answer

tros, dros = for, over
ateb dros
= to reply on behalf of

heb = without
heb ei ateb
= unanswered

ffraethineb m = wit
ffraetheb (-ion) f = witticism
ateb ffraeth
= a witty reply

ateb (-ion)
m = answer, reply

atebol
= liable, accountable

atebolrwydd
m = accountability, liability

cyfateb (i)
= to correspond (to)

cyfatebiaeth
f = analogy; correspondence

cyfatebol
= corresponding

arian pl = money
arian cyfatebol
= match funding

gwrth = against
gwrthateb
f = rejoinder

gwrtheb
m = repartee

ymateb (-ion)
m = response
ymateb = to repond

chwyrn = swift and heated
ymateb chwyrn
= a vigourous response

llesg = feeble, weak
ymateb llesg
= a feeble response

ysgogi = to stimulate
ysgogi ymatebion
= to provoke responses

ymatebol
= responsive

godidog = wonderful
cyfathrebau godidog
= wonderful communications

cyfathreb (-au)
m = communication

cyfathrebol
= communicative

cyfathrebu
= to communicate

lloeren (-ni) f = satellite
lloeren gyfathrebu
= communications satellite

sgìl (sgiliau) m = skill
sgiliau cyfathrebu
= communications skills

dihareb (diarhebion)
f = proverb

diarhebol
= proverbial

gohebiaeth
f = correspondence

gohebol
= communicating by
   correspondence

cwrs (cyrsiau) m = course
cwrs gohebol
= correspondence course

gohebu (â)
= to correspond (with)

gohebydd (gohebwyr)
m = correspondent, reporter

sylwi = to notice, to observe
sylwebaeth (-au)
f = commentary

sylwebu
= to commentate

sylwebydd (-wyr)
m = commentator

telathrebiaeth (-au)
m = telecommunication

- 209 -

hel(a) = to hunt, to gather = hala (SW)

hel, hela
= to hunt, to gather

ach (-au) f = pedigree
hel achau
= to trace the family tree

clecian = to gossip
hel clecs
= to gossip

cnewllyn (cnewyll) m = kernel
cneuen (cnau) f = nut
hela cnau
= to collect nuts

coc(o)sen (cocos)
f = cockle
hela cocos
= to gather cockles

deilen (dail)
f = leaf
hel dail
= to beat about the bush

tamaid (tameidiau)
m = bit; ei = his
hel ei damaid
= to earn his living

diod (-ydd) f = drink
hel diod
= to booze

llusen (llus) f = whinberry
hela llus
= to gather whinberries

meddwl (meddyliau)
m = mind, thought
hel meddyliau
= to brood

mêl m = honey; cwch
(cychod) m = hive; boat
hel mêl i'r cwch
= to feather one's nest

merch (-ed)
f = girl, daughter
hel merched = mercheta
= to womanise

mwg m = smoke
sach (-au) f = sack
hel mwg i sachau
= to try to do the impossible

stori (straeon)
f = story
hel straeon
= to gossip

tir (-oedd) m = land
heldir (-oedd)
m = hunting ground

trin (-oedd) f = battle
heldrin (-oedd)
m/f = trouble

march (meirch)
m = horse, stallion
helfarch (helfeirch)
m = hunter

ci (cŵn)
m = dog
helgi (helgwn)
m = hound

corn (cyrn) m = horn
helgorn (helgyrn)
m = hunting horn

cri (-au) m = cry
helgri
m = hunting cry

hynt (-oedd) f = way, course
helynt (-ion)
f = course; trouble

helyntus
= troubled

pysgodyn (pysgod) m = fish
helfa bysgod
= a fishing catch

trysor (-au) m = treasure
helfa drysor
= a treasure hunt

helfa (-feydd)
f = a catch, a hunt

heliad
m = a gathering

heliwr (helwyr)
m = huntsman

helwriaeth (-au)
f = hunting; game

ymhél, ymhela
= to deal; to meddle

adfeilio = to fall into ruin
adfail (adfeilion) m = ruin
hen adfeilion
= old ruins

gair (geiriau)
m = word
henair
m = old saying, proverb

paun (peunod) m = peacock
peunes (-au) f = peahen
hen beunes
= gaudy old woman

pryd (-iau)
m = time
(mae'n) hen bryd...
= (it's) high time...

to (toeau) (toeon) m = roof
m/f = generation
yr hen do
= the old generation

tref (-i) (trefydd)
f = town (orig. = homestead)
hendref (-i)
f = lowland farm

diflaniad (-au) m = disappearance
diflannu = to disappear
wedi hen ddiflannu
= have long since disappeared

llaw (dwylo) f = hand
hen ddwylo
= old hands; old dears

ewythr (-edd) m = uncle
hen ewythr
= great uncle

bachgen (bechgyn) m = boy
hen fachgen
= old boy

marw = to die
marw = dead
hen farw
= long dead

merch (-ed)
f = daughter, girl
hen ferch
= spinster

modryb (-edd) f = aunt
hen fodryb
= great aunt

bys (-edd) m = finger
hen fys
= an old bore

cariad (-ion) m/f = lover
hen gariad
= an old flame

ceg (-au) f = mouth
hen geg
= an old gossip

clec (-au) f = gossip
hen glec
= old gossip

coes (-au) f = leg
hen goes
= old girl, old bean

cof (-ion) m = memory
hen gofion
= reminiscences

cwcw (-od) f = cuckoo
hen gwcw
= a stupid person

cyfarwydd = familiar
yn hen gyfarwydd â
= very familiar with

hwch (hychod) f = sow
hen hwch
= slovenly person

llanc (-iau) m = youth
hen lanc
= bachelor

llaw (dwylo) f = hand
(bod yn) hen law ar
= (to be) an expert at

methu = to fail
hen a methedig
= old and infirm

oes (-oedd)
f = age
yn hen oesoedd
= in remote times

sawdl (sodlau) m/f = heel
ei = his, her
ar ei hen sodlau
= down and out

ysguthan (-od) f = wood pigeon
hen 'sguthan
= an old bitch, a slut

gwalch (gweilch) m = hawk
hen walch
= a dishonest rascal

henadur (-iaid)
m = elder, alderman

Henaduriad (-iaid)
m = Presbyterian

Henaduriaeth
f = Presbyterianism

Henadurol
= Presbyterian

dod = to come;   hun: hunan (hunain) = self
ni ddaw henaint ei hunan
= old age does not come by itself

henaint
m = old age

henafol
= ancient, antique

henaidd
= oldish, old fashioned

tad (-au) m = father
cu = dear
hendad, tad-cu
m = grandfather

taid (teidiau)
m = grandfather
hendaid, hen-dad-cu
m = great grandfather

gor
= over, super, hyper-
gorhendaid
m = great great grandfather

heneb(yn) (henebion)
m = ancient monument

Rhufeinig = Roman
henebion Rhufeinig
= Roman remains, monuments

heneiddio
= to grow old, to age

dryswch m = confusion
dryswch heneiddio
= senile dementia

heneiddiol
= ageing

mam (-au) f = mother
cu = dear
henfam, mam-gu = nain
f = grandmother

nain (neiniau)
f = grandmother
hen-nain, hen-fam-gu
f = great grandmother

oed m = age, time of life
henoed
m = old age

yr henoed
pl = the elderly

gofal (-on) m = care
gofal yr henoed
= care of the elderly

henoriaeth
f = seniority

henuriad (-iaid)
m = an elder

henwr (-wyr)
m = old man

henŵraidd
= infirm, feeble

hen = old

hýn, henach
= older

hynaf
= eldest

arddegyn (arddegion)
m = teenager
arddegion hýn
= older teenagers

myfyriwr (myfyrwyr)
m = student
myfyrwyr hýn
= mature students

hynafaidd, hynaflyd
= archaic

hynafedd
m = seniority

hynafiad (hynafiaid)
m = ancestor

hynafiaeth
f = antiquity

hynafiaethol
= antiquarian

llyfrwerthwr (-wyr)
m = bookseller
llyfrwerthwr hynafiaethol
= antiquarian bookseller

hynafiaethydd (-ion)
m = antiquarian

hynafol
= ancient

hynafolyn (hynafolion)
m = antique

gwerthu = to sell
gwerthwr hynafolion
m = antiques dealer

her (heriau) f = challenge
herw m = raid

her (-iau)
f = challenge

unawd (-au) m = solo
yr her unawd
= the challenge solo

beiddio = to dare
herfeiddio
= to defy

beiddgar = daring
herfeiddiol
= defiant

herio, herian
= to challenge

heriol
= challenging

herllyd, heriog
= defiant

heriwr (-wyr)
m = challenger

herw
m = raid

ar herw
= outlawed, on the run

herwa
= to raid, to plunder

cipio = to snatch
herwgipiad (-au)
m = hijacking, kidnapping

herwgipio
= to hijack, to kidnap

herwgipiwr (-wyr)
m = hijacker, kidnapper

cydio = to clutch
herwgydiwr (-wyr)
m = kidnapper

hela = to hunt
herwhela
= to poach

herwhelwr (-wyr)
m = poacher

herwr (-wyr)
m = raider, plunderer

môr (moroedd) m = sea
môr-herwr (-wyr)
m = pirate

rhyfela = to wage war
herwryfela
= guerilla warfare

hil (hilion) (hiloedd) f = race

hil (-ion) (-oedd)
f = race

epil (-iaid)
m = offspring

diepil
= childless

epiliad
m = reproduction

epilio
= to breed

cymdeithas (-au) f = society
gwehilion cymdeithas
= riff-raff of society

hilio
= to breed

gwehilion
pl = riff-raff, dregs

hiliogaeth (-au)
f = descendants

agwedd (-au) f/m = attitude
agweddau hiliol
= racial attitudes

cydraddoldeb m = equality
cydraddoldeb hiliol
= racial equality

hiliol
= racial, racist

cysylltiad (-au)
m = connection
cysylltiadau hiliol
= race relations

gwrth = against
gwrth-hiliol
= anti-racist

sefydliad (-au) m = institute
hilydd (-ion)
m = racist

hilyddiaeth
f = racialism

hilyddiaeth sefydliadus
= institutionalised racialism

hin f = weather

hin
f = weather

brith, braith = speckled
breithin
f = unsettled weather

drwg = bad
drycin (-oedd)
f = stormy weather

drycinog
= stormy

oer = cold
oerin
m = cold weather

sych = dry
sychin
f = drought, dry weather

treuliad m = digestion
hindreuliad
m = weathering

treulio = to wear out
hindreulio
= to weather

da = good
hindda
f = fair weather

hindda a drycin
= fair weather and foul

mynegi = to indicate, to express, to state
hinfynegydd (-ion)
m = barometer

hinon
f = fair weather
hinoni
= to clear up

ansawdd (ansoddau)
m = quality
hinsawdd (hinsoddau)
f = climate

bywiogus
= invigorating
hinsawdd fywiogus
= invigorating climate

hinsoddi
= to acclimatise

hinsoddol
= climatic

hir (hirion) = long : hyd (-oedd) (-au) (-ion) m = length
hyd = till, to

maith = long, tedious
yn hir ac yn faith
= at great length

cyn = before
cyn bo hir
= before long

gwyliau pl = holidays
gwyliau hir
= long vacation

ymhen = at the end of; hwyr = late
ymhen hir a hwyr
= at long last

tymor (tymhorau) m = term, season
yn y tymor hir, yn y hir-dymor
= in the long term

dihirwch
m = wickedness

dihiryn (dihirod)
m = scoundrel

gohiriad (-au)
m = adjournment, suspension, postponement

dedfryd (-au) f = sentence
dedfryd ohiriedig
= suspended sentence

taliad (-au) m = payment
taliad gohiriedig
= deferred payment

gohirio
= to postpone, to adjourn

aeth (-au) m = pain, grief
hiraeth
m = longing, nostalgia

hiraethu
= to yearn, to long

aethus = painful, grievous
hiraethus
= homesick

pell = far, distant
hirbell
= distant

dysgu = to learn, to teach
dysgu o hirbell
= distance learning

hirder
m = length

disgwyl = to expect, to await
hirddisgwyliedig
= long-awaited

crwn, cron = round
hirgrwn, hirgron
= oval

hoedl (-au) f = life, life time
hirhoedledd
m = longevity

hoedlog = living
hirhoedlog
= long-lived

llwm, llom = bare, barren, bleak
hirlwm m = a time of scarcity, a bad patch, a lean period
(period between end of winter and beginning of spring)

gwallt (-au) m = hair; gwalltog = hairy
hirwalltog
= long-haired

aros = to wait, to stay
hirymaros
= to endure

ymharous = patient
hirymarhous
= long-suffering

hir (hirion) = long : hyd (-oedd) (-au) (-ion) m = length
hyd = till, to

hyd
= till, to

angheuol = fatal
angau m/f = death
hyd angau
= until death

bedd (-au)
m = grave
hyd fedd
= until death

hyn = this, these
hyd yn hyn
= until now

hynny = that, those
hyd hynny
= until then

hyd at
= as far as

hyd yn oed
= even

yma = here
hyd yma
= so far, up to now

o hyd
= always, still

o hyd ac o hyd
= over and over again

ar hyd
= along, throughout

lled (-au) m = breadth, width
gwlad (gwledydd) f = country
ar hyd a lled y wlad
= throughout (the length and breadth of) the country

hyd (-oedd) (-au)
m = length

braich (breichiau) f/m = arm
o hyd braich
= at arm's length

cynnig = to offer, to propose
cynnig o hyd braich
= to offer grudgingly

cydol
m/f = entirety, the whole

trwy = through
mis (-oedd) m = month
trwy gydol y mis
= throughout the month

cyhyd
= of equal length

cyhyd â
= as (so) long as

cyhydedd
m = equator

cyhydeddol
= equatorial

rhedeg = to run
hydred (-ion)
m = longitude

hydredol
= longitudinal

gŵr (gwŷr) m = man
gwryd, gwrhyd (-au)
m = fathom (6 feet)

honni (ar) = to allege, to assert

honni (ar)
= to allege, to assert

honedig
= alleged

honiad (-au)
m = allegation, assertion

ymhongar
= dogmatic, assertive

diymhongar
= unpretentious,
   unassuming

naws (-au) f = nature
naws ddiymhongar
= an unassuming nature

ymhonni
= to pretend, to lay claim to

ymhonnwr (ymhonwyr)
m = pretender

pen (-nau) m = head
ei = his
ar ei ben ei hun
= on his own

ei = his, her
liwt (-iau) f = lute
ar ei liwt ei hun
= freelance

eu = their; tom f = dung
tomen (-ni) f = dung-heap
ar eu tomen eu hunain
= on their own ground

pastwn (-ynau) m = baton, truncheon, club
o'i ben a'i bastwn ei hun
= off his own bat, on his own initiative

yn = in; ei = his, her, its
ynddo'i hun
= in itself

aberthu = to sacrifice
aberth (ebyrth) m/f = sacrifice
hunanaberth (-au)
m = self-sacrifice

parchu = to respect
parch m = respect
hunan-barch
m = self-respect

pwysigrwydd
m = importance
hunanbwysig
= self-important

tosturi m = compassion
tosturiol = compassionate
hunandosturiol
= self-pitying

dinistr(iad) m = destruction
dinistrio = to destroy
hunanddinistriol
= self-destructive

disgybl (-ion) m = pupil
disgyblaeth f = discipline
hunanddisgyblaeth
f = self-discipline

esboniad (-au)
m = explanation
hunanesboniadol
= self-explanatory

meddiant (meddiannau)
m = possession
hunanfeddiannol
= self-possessed

boddhaol
= satisfactory, satisfying
hunanfoddhaol
= smug, complacent

cynhaliol
= supporting, sustaining
hunangynhaliol
= self-supporting

hyder
m = confidence
hunanhyder
m = self-confidence

llesol = beneficial
lles m = benefit, welfare
hunan-les
m = self-interest

gwerthuso
= to evaluate, to appraise
hunan-werthuso
= self-appraisal

gwadu = to deny
gwadiad (-au) m = denial
hunanymwadiad
m = self-denial

ysgogiad (-au) m = impulse
ysgogi = to move, to impel
hunanysgogaeth
f = automation

hunaniaeth
f = identity

gau = false
geuhunaniaeth
f = false identity

hunangar, hunanol
= selfish

anhunanol
= unselfish

hunanoldeb
m = selfishness

anhunanoldeb
m = selflessness

hwyl (hwyliau) f = mood; sail

hwyl (-iau)
f = mood

mawr = big
hwyl fawr!
= goodbye! ; all the best!

sbri m = fun
hwyl a sbri
= fun and games

cael = to get, to have
cael hwyl am
= to make fun of

mewn = in; da = good
mewn hwyl dda
= in a good mood

pob = all, each, every
pob hwyl!
= best of luck!

anhwyl (-iau)
m = sickness

anhwylus
= unwell, out of sorts

anhwylder, - deb (-au)
m = sickness, illness

dihwyl
= out of sorts

hwyliog
= full of life

hwylus
= convenient

anhwylus
= inconvenient

ffordd (ffyrdd) f = way
hwyluso'r ffordd
= to pave the way

hwyluso
= to facilitate

hwyluswr (-wyr)
m = facilitator

hwylustod
m = convenience

anhwylustod
m = inconvenience

morio = to sail
hwylforio
= wind-surfing

hwyl (-iau)
f = sail

hwyliad (-au)
m = a sailing

berfa (berfâu)
f = wheelbarrow
hwylio berfa
= to push a wheelbarrow

yn erbyn = against
llanw (-au) m = tide
hwylio'n erbyn y llanw
= to swim against the tide

hwylio
= to sail

hwyliwr (hwylwyr)
m = navigator, leader

hwyr m = late in the day, evening;   hwyr = late

gyda = with
gyda'r hwyr
= in the evening

hwyrach
= later; perhaps

gwell = better; na = than
gwell hwyr na hwyrach
= better late than never

hwyraidd
= latish, rather late

hwyrder, hwyrdra
m = lateness

trwm = heavy
hwyrdrwm
= slow, drowsy, sluggish

dyfodiad (-iaid) m = incomer
hwyrddyfodiad (-iaid)
m = late-comer

bryd (-iau) m = intent
hwyrfrydig
= reluctant

cân (caneuon) f = song
hwyrgan (-au)
f = serenade, nocturne

cloch (clychau) f = bell
hwyrgloch
f = curfew

nos (-au) f = night
hwyrnos
f = evening

hwyrhau
= to get / become late

hwyrol
= evening

hy, hyf = bold

hyder
m = confidence

dihyder
= lacking in confidence

hyderu
= to trust

beiddio = to dare
hyfaidd
= arrogant

hyfder, hyfdra
m = boldness, audacity

hyderus
= confident

anhyderus
= diffident

hyll = ugly

hylltod, hylltra
m = ugliness

hyllu
= to disfigure

ellyll (-on)
m = fiend

ellyllaidd
= fiendish

ellylles (-au)
f = she-demon, fury

erch = frightful
erchyll
= hideous, horrible

erchylltra, erchyllter (-au)
m = atrocity, horror

erchyllu
= to make hideous

hysbys = known, evident

hysbys
= known, evident

dyn (-ion) m = man
dyn hysbys
= soothsayer

dangos = to show
hysbys y dengys y dyn
= a man always shows
    his origins

anhysbys
= unknown

hysbyseb (-ion)
f = advertisement

hysbysebol
= promotional

hysbysebu
= to advertise

asiantaeth (-au) f = agency
asiantaeth hysbysebu
= advertising agency

gwario = to spend
gwariant m = expenditure
gwariant hysbysebu
= advertising expenditure

ymgyrch (-oedd)
f/m = campaign
ymgyrch hysbysebu
= advertising campaign

hysbysebwr (-wyr)
m = advertiser

hysbysfa
f = information centre

bwrdd (byrddau) m = board, table
hysbysfwrdd
m = notice-board, sandwich board

hysbysiad (-au)
m = announcement, notice

pwysig = important
hysbysiad pwysig
= important announcement

hysbysion
pl = notices

hysbysrwydd
m = information

anhysbysrwydd
m = uncertainty

hysbysu
= to inform, to notify

hysbyswr (-wyr)
m = informant, informer

iach
= healthy

golwg (golygon) m/f = sight, view; appearance
iach yr olwg
= healthy-looking

awyr f = air, sky
awyr iach
= fresh air

canu = to sing
canu'n iach (â)
= to say farewell (to)

cwbl = all, complete
yn gwbl iach
= completely healthy

holl = all
holliach
= perfectly healthy

afiach
= unhealthy, sick

iachâd
m = cure, healing

iacháu
= to heal

awdur (-on) m = author
iachawdwr (-wyr)
m = saviour

iachawdwriaeth
f = salvation

iachawr (-wyr)
m = healer

iachol
= healthy

iachus
= healthy, bracing

iachusol
= health giving

iachusrwydd
m = healthiness

iechyd
m = health

da = good
iechyd da!
= good health! cheers!

yfed = to drink
yfed yr iechyd (at)
= to drink the health (to)

meddwl (meddyliau)
m = mind, thought
iechyd meddwl
= mental health

bwrdd (byrddau) m = board
lleol = local
Bwrdd Iechyd Lleol
= Local Heath Board

cyngor (cynghorau)
m = council; cymuned (-au)
f = community
Cyngor Iechyd Cymunedol
= Community Health Council

gofal (-on) m = care
sylfaenol = basic
Gofal Iechyd Sylfaenol
= Primary Health Care

niwed (niweidiau) m = harm,
injury; niweidio = to harm
niweidiol i iechyd
= harmful to health

afiechyd (-on)
m = disease, illness

anadl (-au) (-on) m/f = breath
afiechydon anadlon
= respiratory diseases

calon (-nau) f = heart
afiechyd y galon
= heart disease

heintus = infectious
afiechydon heintus
= infectious diseases

ysgyfant (-aint) m = lung
afiechyd yr ysgyfaint
= lung disease

iechydaeth
f = sanitation

iechydfa (-feydd)
f = sanitorium

iechydol
= hygienic, sanitary

iaith (ieithoedd) f = language

cyntaf = first
iaith gyntaf
= first language

llafar = oral, vocal
iaith lafar
= spoken language

lleiafrif (-oedd) m = minority
ieithoedd lleiafrifol
= minority languages

bwrdd (byrddau) m = board
Bwrdd yr Iaith Gymraeg
= the Welsh Language Board

cael = to have, to get; crap (-iau) m = grasp, inkling
cael crap ar yr iaith
= to have a grasp of the language

gloyw = bright, polished
gloywder m = brightness
gloywi'r iaith
= to polish the language

labordy (-dai)
m = laboratory
labordy iaith
= language laboratory

tynged (tynghedau)
f = destiny, fate
"Tynged yr Iaith"
= the Fate of the Language

anghyfiaith
= alien (speaking a foreign language)

aml = frequent, often
amlieithog
= multi-lingual

bratiog = tattered, shoddy
bratiaith
f = poor language

cyfieithiad (-au)
m = translation

cyfieithu
= to translate

pryd (-iau) m = time
cyfieithu ar y pryd
= simultaneous translation

cyfieithydd (-wyr)
m = translator

dau, dwy = two
dwyieithog
= bilingual

dwyieithogrwydd
m = bilingualism

gormod = too much
gormodiaith
f = hyperbole, exaggeration

gwên (gwenau) f = smile
gweniaith
f = flattery

diweniaith
= sincere, without flattery

gwenu = to smile
gwenieithio
= to flatter

gwenieithus
= flattering

gwenieithiwr (-wyr)
m = flatterer

lled = partly, fairly
llediaith
f = accent, 'twang'

mam (-au) f = mother
mamiaith (mamieithoedd)
f = mother tongue

rhydd = free
rhyddiaith
f = prose

rhyddieithol
= prosaic

tafod (-au) m = tongue
tafodiaith (tafodieithoedd)
f = dialect

tafodieithol
= colloquial

ieitheg
f = philology

ieithegol
= philological

ieithegydd (-ion)
m = philologist

gwedd (-au) f = form, aspect
ieithwedd
f = style, phraseology

ieithydd (-ion)
m = linguist

ieithyddiaeth
f = linguistics

ieithyddol
= linguistic

iawn m = right
iawn = right   iawn = very

iawn m = right
iawn = right; very

mae'n iawn iddo fe
= it's all right for him

da = good
da iawn
= very good

llawer = many, much
llawer iawn
= very many

trywydd (-ion)
m = trail, track
ar y trywydd iawn
= on the right track

cyfiawn
= righteous, just

dig m = anger
dig cyfiawn
= righteous anger

anghyfiawn
= unjust, unfair

hun: hunan (hunain) = self
hunangyfiawn
= self-righteous

cyfiawnadwy
= justifiable

anghyfiawnadwy
= unjustifiable

cyfiawnder
m = justice

anghyfiawnder
m = injustice

cyfiawnhad
m = justification

cyfiawnhau
= to justify

go = somewhat, rather
go-iawn
= real, proper

un = one
uniawn, union
= upright

tâl (taliadau) m = payment
iawndal
m = compensation (financial)

iawnder (-au)
m = right(s)

is = lower, below, under

is
= lower, below, under

Yr Almaen f = Germany
Yr Isalmaen
= Holland

Canghellor (Cangellorion)
m = Chancellor
Is-Ganghellor
m = Vice-Chancellor

iarll (ieirll) m = earl
isiarll (isieirll)
m = viscount

llawr (lloriau) m = floor
islawr
m = basement

isaf
= lowest

isafu
= to minimise

isel
= low

safon (-au) f = standard; truenus = miserable, wretched
mae'r safonau yn druenus o isel
= the standards are miserably low

iselder (-au)
m = depression (of mind)

iselhau
= to lower

isod
= below

llofnod (-au) m = signature
y llofnod isod
= the signature below

lladd = to kill
ymladd = to fight

lladd
= to kill

amser (-au) m = time
lladd amser
= to kill time

gwair (gweiriau) m = hay
lladd gwair
= to mow grass

pluen (plu) f = feather
lladd â phluen
= to damn with faint praise

sŵn (synau) m = sound
lladd sŵn
= to deaden sound

fel = like, as; neidr (nadroedd) (nadredd) f = snake
fel lladd nadroedd
= at a furious pace

adladd
m = aftermath; second cut

lladd ar
= to denounce, to vilify

ei gilydd = each other
lladd ar ei gilydd
= to find fault with each other

tŷ (tai) m = house
lladd-dŷ (lladd-dai)
m = abattoir

lladdedig
= killed

lladdedigaeth
f = slaughter

lladdfa (-feydd)
f = massacre, holocaust

lladdiad (-au)
m = killing, massacre

hil (-ion) f = race
hil-laddiad
m = genocide

hun: hunan (hunain) = self
hunanladdiad
m = suicide

hunanladdiadol
= suicidal

poen (-au) m/f = pain
lladdwr (-wyr)
m = killer

poenladdwr (-wyr)
m = pain-killer

lleiddiad (-iaid)
m = assassin, killer

chwynnu = to weed
chwynyn (chwyn) m = weed
chwynleiddiad (-au)
m = weed-killer

ffwng (ffyngoedd) (ffyngau) m = fungus
ffwngleiddiad (-au)
m = fungicide

llysiau pl = vegetables, herbs
llysleiddiad (-au)
m = herbicide

pla (plâu) m = plague
plaleiddiad (-au)
m = pesticide

pryf (-ed) m = insect, vermin
pryfleiddiad (-au)
m = insecticide

ymladd (-au)
m = fight

peidio â = to cease, to stop
ymladd di-baid
= ceaseless fighting

greddf (-au) f = instinct
greddf ymladd
= fighting instinct

ymladd
= to fight

ymladdgar
= pugnacious

ymladdwr (-wyr)
m = fighter

glew (glewion)
= brave, valiant
ymladdwr glew
= a brave fighter

ymlâdd
= to wear oneself out

wedi ymlâdd
= dead beat

llafur (llafuriau) m = labour

llafur (-iau)
m = labour

crefftus = skilled
llafur crefftus
= skilled labour

digrefftus = unskilled
llafur digrefftus
= unskilled labour

lled = partly
llafur lled-grefftus
= semi-skilled labour

crwydro = to wander
llafur crwydrol
= migrant labour

estron (-iaid) m = foreigner
estron = foreign
llafur estron
= immigrant labour

ysbeidiol
= occasional, intermittent
llafur ysbeidiol
= casual labour

plaid (pleidiau)
f = party
Y Blaid Lafur
= The Labour Party

cysylltiad (-au)
m = connection
cysylltiadau llafur
= labour relations

maes (meysydd) m = field
maes llafur
= syllabus

trosi = to turn
trosiant llafur
m = labour turnover

llafurio
= to labour, to toil

llafurus
= laborious, painstaking

llafurwr (-wyr)
m = labourer

llais (lleisiau) m = voice

llais (lleisiau)
m = voice

creision pl = crisps, flakes
cras = baked, toasted
llais cras
= a strident/raucous voice

gwlad (gwledydd)
f = country
llais y wlad
= public opinion

adlais (adleisiau)
m = echo

adleisio
= to echo, to resound

awr (oriau) f = hour
awrlais (awrleisiau)
m = clock

croch = strident
crochlais (crochleisiau)
m = shout

crych = wavy, curly
crychlais (crychleisiau)
m = tremolo

cryg, creg = hoarse
cryglais (crygleisiau)
m = croak, hoarse voice

is = lower, below, under
is-lais (is-leisiau)
m = under tone

main = slender, thin, slim
meinllais, meinlais (-au)
m = treble, shrill voice

melys = sweet
melyslais
= sweet voiced

plaid (pleidiau) f = party
pleidlais (pleidleisiau)
f = vote

mwyafrif (-au) m = majority
pleidlais fwyafrifol
= majority vote

pwysau m = weight, pressure
pwyslais
m = emphasis, stress

taflu = to throw
tafleisydd (-ion) (-wyr)
m = ventriloquist

lleisio
= to sound, to voice

lleisiol
= vocal

lleisiwr (lleiswyr)
m = vocalist

llam (llamau) m = leap

llam (-au)
m = leap

llyffant (-od) m = toad
llam llyffant
= leap-frog

gwrth = against
gwrth-lam
m = rebound

adlam
m = rebound

cic (-iau) f = kick
cic adlam
= drop-kick

gôl (goliau) f = goal
gôl adlam
= drop-goal

ar adlam
= on the rebound

diadlam
= irreversible, irretrievable

adlamu
= to rebound

carw (ceirw) m = deer
carlam
m = gallop

cwrs (cyrsiau) m = course
cwrs carlam
= crash course

ar garlam
= at a gallop, at full speed

carlamu
= to gallop

carlamus
= pushy, rash

dychlamu
= to throb, to leap

(e)hedeg, hedfan = to fly
llamhidydd (llamidyddion)
m = porpoise

llamsachus
= capering, prancing

llamu
= to leap, to bound

llan (llannau) f = (parish) church, enclosure

Mair = Mary; pwll (pyllau) m = pool; gwyn, gwen = white; collen (cyll) f = hazel; go = rather; ger = near; chwyrn = vigorous; trobwll (-byll) m = whirlpool; ogof (-âu) f = cave; coch = red
Llanfairpwllgwyngyllgogerychwyrndrobwllllantysiliogogogoch
The church of St Mary (in the) pool of white hazel rather near the vigorous whirlpool
(and the) church of St Tysilio (near) the red cave

cadair (cadeiriau) f = chair
cadeirlan (-nau)
f = cathedral

coed pl = wood
coedlan (-nau)
f = copse, dell, glade

[cordd (-au) f = tribe, clan]
corlan (nau)
f = (sheep) fold, pen

chwarae = to play
corlan chwarae
= playpen

corlannu
= to pen sheep

gwin (-oedd)
m = wine
gwinllan (-nau) (-noedd)
f = vineyard

olewydden (olewydd)
f = olive tree
olewyddlan (-nau)
f = olive grove

pêr = sweet
perllan (-nau)
f = orchard

coch = red
coch y berllan
= bullfinch

tref (-i) (-ydd) f = town
du (duon) = black
treflan ddu
f = black-township

ŷd (ydau)
m = corn
ydlan
f = barnyard

llannerch (llanerchau)
(llennyrch)
f = a clearing, a glade

llaw (dwylo) f = hand

law yn llaw (â)
= hand in hand (with)

dur m = steel; maneg (menyg) f = glove; sidan m = silk
llaw ddur mewn maneg sidan
= *an iron hand in a velvet glove*

allan = out
allan o law
= without delay

ar ei law, at ei law
= in his power

naill = the one...the other; arall (eraill) = other
ar y naill law ac ar y llaw arall
= on the one hand and on the other hand

cledr, cledren (cledrau) f = palm; rail
cledr y llaw
= the palm of the hand

tan, dan = under
dan law
= in hand

gyda = with
gyda llaw
= by the way

iro = to grease
iro llaw
= to bribe

maes (meysydd) m = field
maes o law
= in due course, presently

mewn = in
mewn llaw
= in hand

o law i law
= from hand to hand

wrth = by, with, at, to
wrth law
= to hand, accessible

cyfleus = convenient
yn gyfleus wrth law
= conveniently to hand

ysgwyd = to shake
ysgwyd llaw
= to shake hand(s)

ysgydwad (-au) m = shake
ysgydwad llaw
= a hand shake

curo = to beat, to strike
curo dwylo
= to applaud, to clap hands

gefynnu = to handcuff
gefyn (-nau) m = fetter
gefynnau dwylo
= handcuffs

llaesu
= to relax, to slacken
llaesu dwylo
= to slacken off, to flag

nyddu = to spin
nyddu dwylo
= to wring one's hands

pleth (-au) f = plait
plethu dwylo
= to give up

ail = second
ail-law
= second-hand

tystiolaeth (-au) f = evidence
tystiolaeth ail-law
= heresay evidence

blaen = front
blaenllaw
= prominent; forehand

aelod (-au) m = member
aelod blaenllaw
= a prominent member

ergyd (-ion) f/m = blow, shot
ergyd blaenllaw
= a forehand stroke

llaw (dwylo) f = hand

can, gan = with
canllaw (-iau)
f/m = guideline; handrail

bras = coarse, rough
canllawiau bras
= rough guidelines

gris (-iau) m = step (stairs)
canllawiau grisiau
= banisters

de f = right side
deheulaw
f = right hand

ger = near
gerllaw
= near-at-hand, here-abouts

gwag = empty
gwaglaw
= empty-handed

ergyd (-ion)
f/m = blow, shot
ergyd gwrthlaw
= a backhand stroke

gwrth = against
gwrthlaw
= backhand

heb = without
heblaw am
= apart from, besides

casgliad (-au) m = collection; cân (caneuon) f = song
hylaw
= handy, dexterous
casgliad hylaw o ganeuon
= a handy collection of songs

anhylaw
= unskilful, awkward, unwieldy

is = lower, below, under
islaw
= below, beneath

uwch = higher
uwchlaw
= above

agored = open
llawagored
= generous

chwith = left
llawchwith
= left-handed

triniaeth (-au)
f = treatment
llawdriniaeth
f = operation

de
f = right side
llawdde
= right-handed, skilful

dewin (-iaid)
m = magician
llawddewin (-iaid)
m = palmist

dewiniaeth
f = magic
llawddewiniaeth
f = palmistry

dryll (-iau) m = rifle, gun
llawddryll (-iau)
m = revolver, pistol

ei = his
crys (-au) m = shirt
llawes (llewys)
f = sleeve
yn llawes ei grys
= in his shirt sleeves

torchi
= to roll up, to tuck
torchi (eich) llewys
= to roll up (your) sleeves

llaw (dwylo) f = hand

llaw (dwylo)
f = hand

maeth
m = nourishment
llawfaeth
= hand-reared, tame

meddyg (-on)
m = doctor
llawfeddyg (-on)
m = surgeon

byr, ber (byrion)
= short
llaw-fer
f = shorthand (secretarial)

bom (-iau)
m/f = bomb
llawfom
f = hand grenade

morwyn (morynion)
f = maid
llawforwyn
f = maid servant

bwyall, bwyell (bwyeill)
f = axe
llawfwyall (llawfwyeill)
f = hand-axe

ffon (ffyn) f = stick
llawffon
f = walking stick

caead (-au) m = cover, lid
llawgaead
= stingy, mean

llawio
= to handle

llifio = to saw
llif (-iau) f = saw
llawlif (-iau)
f = hand-saw

llyfr (-au)
m = book
llawlyfr
m = handbook, manual

ysgrif (-au) f = article, essay
llawysgrif
f = manuscript

ysgrifen f = writing
llawysgrifen
f = handwriting

naid (neidiau) f = leap
llofnaid (-iau)
f = vault

neidio = to jump
llofneidio
= to vault

nod (-au) m/f = mark, note
llofnod (-au) (-ion)
m = signature, autograph

tyst (-ion) m = witness
tystlofnod
m = counter-signature

llofnodi
= to sign

llofnodwr (-wyr)
m = signatory

rhudd = crimson, red
llofrudd (-ion)
m = murderer

brad (-au) m = treachery
bradlofrudd (-ion)
m = assassin

llofruddiaeth (-au)
f = murder

llofruddio
= to murder

bradlofruddio
= to assassinate

lloffa
= to glean

lloffion
pl = gleanings

llyfr (-au) m = book
llyfr lloffion
= scrap book

cyflawn
= complete, full

hufen (-nau) m = cream
hufen cyflawn
= full cream

anghyflawn
= incomplete

amser (-au) m = time
yng nghyflawnder yr amser
= in the fullness of time

cyflawnder
m = fullness, abundance

cyflawnhad
m = consummation

cyflawni
= to fulfil, to deliver

cyflawniad (-au)
m = fulfilment, completion

cyflawnrwydd
m = completeness

dylanwad (-au)
m = influence

tan, dan = under
dan ddylanwad
= under the influence of

dylanwadol
= influential

mawr (mawrion) = big
hoel(en) (hoelion) f = nail; wyth = eight
y mawrion dylanwadol = yr hoelion wyth
 = the influential/important people; the 'big guns'

dylanwadu ar
= to influence

llanw (-au)
m = tide

trai m = ebb
trai a llanw
= ebb and flow

llanw
= to fill

pen (-nau) m = head
penllanw
m = high tide, high water

di-benllanw
= off-peak

llawn
= full

bwriad (-au) m = intention
da = good
yn llawn bwriadau da
= full of good intentions

ymyl (-on)
m/f = border, edge
yn llawn i'r ymylon
= full to capacity

camp (-au)
f = feat, achievement
y Gamp Lawn
= the Grand Slam

trwydded (-au) f = licence
gyrru = to drive
trwydded yrru lawn
= full driving licence

dim m = anything, nothing
llathen (-ni) f = yard (3 feet)
dim yn llawn llathen
= not quite all there, simple

afradu = to waste
afradlon
= extravagant, prodigal

[crau m = blood, gore]
creulon
= cruel

dir = certain
dirlawn
= saturated

dirlawnder
m = saturation

llawn
= full

gor = over, super, hyper-
gorlawn
= overcrowded, overflowing

yn orlawn
= dan ei sang
= choc-a-bloc

gras (grasusau) (grasau)
m = grace
graslon
= gracious

heddychwr (-wyr)
m = pacifist
heddychlon
= peaceful

rhad (-au) m = grace
rhadlon
= gracious

sudd (-ion) m = juice
suddlon
= succulent, juicy

llawnder, llawndra
m = abundance, fullness

llenwad
m = filling

adlenwad
m = refill

adlenwi
= to refill

galw m = demand
cyflenwad (-au)
m = a supply, a consignment

cyflenwad a galw
= supply and demand

tanwydd (-au) m = fuel
cyflenwad tanwydd
= fuel supply

gor = over, super, hyper-
gorgyflenwad
m = over-supply

cyflenwi
= to supply

tros, dros = over, for
cyflenwi dros
= to cover for (staff)

cyflenwol
= complementary

cyflenwr (-wyr)
m = supplier, provider

llenwi (â)
= to fill, to complete

bwlch (bylchau) m = gap
i lenwi'r bwlch
= to fill the gap

gor = over, super, hyper-
gorlenwi
= to overfill

llond
 = full

ceg (-au)
f = mouth
llond ceg
= mouthful

llwy (-au) f = spoon
te m = tea
llond llwy de
= teaspoonful

llonydd
m = still, quiet

llonyddu
= to quieten, to calm

ymlonyddu
= to grow calm

llonyddwch
m = stillness, quietness

aflonydd
= restless, anxious

aflonyddol
= disruptive

aflonyddu (ar)
= to grow restless, to disturb

aflonyddwch
m = unrest, disturbance

lle (lleoedd) (llefydd) m = place

agored = open
lle agored
= open space

bynnag = -ever
lle bynnag
= wherever

chwech = six
lle chwech
= toilet

gwag = empty
lle gwag
= vacancy, empty place

tân (tanau) m = fire
lle tân
= fireplace

tros, dros = over; i gyd = all
dros y lle i gyd
= all over the place

ei = his, its
o'i le
= wrong

beth? = what?
beth sydd o'i le ar...?
= what is wrong with..?

o = of, from; i = to
o le i le
= from place to place

yn = in
yn lle
= instead of

ei = his, its
yn ei le
= in his place

pa = what?
pa lle? = ble?
= where?

cadarn = strong
cadarnle (-oedd)
m = stronghold

cyfle (-oedd)
m = opportunity

gwagio, gwagu = to empty
gwagle (-oedd)
m = void

gwaith (gweithiau) m = work
gweithle (-oedd)
m = work place, shop floor

rhyw = some
rhywle
= somewhere

safiad m = stand
safle (-oedd)
m = site, location, position

tarddu = to emerge, to issue
tarddle (-oedd)
m = source

troed (traed) m/f = foot
troedle (-oedd)
m = foothold; foot-stool

llecyn (-nau)
m = spot
lleol
= local

angen (anghenion)
m = need
anghenion lleol
= local needs

cangen (canghennau)
f = branch
cangen leol
= local branch

cynghorydd (cynghorwyr)
m = councillor
cynghorydd lleol
= local councillor

clymu = to bind
ymglymu = to involve
ymglymiad lleol
m = local involvement

lleoli
= to locate

lleoliad (-au)
m = location

ar leoliad
= on location

adleoli
= to relocate

adleoliad
m = relocation

pecyn (-nau) m = package; hael = generous
pecyn adleoliad hael
= a generous relocation package

dadleoli
= to dislocate

dadleoliad
m = dislocation

lled (lledau) m = breadth, width

pen (-nau) m = head
lled y pen
= wide open

byd (-oedd) m = world
lledled y byd
= throughout the world

ewin (-edd) m/f = nail
o led ewin
= by a whisker

si (sïon) m = rumour
mae si ar led
= there's a rumour around

ar led
= abroad, around

cyfled â
= as wide / broad as

darlledu
= to broadcast

darllediad (-au)
m = broadcast

darlledwr (-wyr)
m = broadcaster

lledaeniad (-au)
m = propagation (of knowledge)

lledaenu
= to disseminate, to propagate

chwithig = awkward, strange
lleden chwithig
= sole

rhedeg = to run
lledred (-au)
m = latitude

lleden (-od)
f = plaice, flat fish

asgell (esgyll) f = wing; ei = her
lledu ei hesgyll
= to spread her wings

lledu
= to broaden, to spread

tryledu
= to diffuse

tryllediad (-au)
m = diffusion

ymledu
= to spread, to expand

ymledol
= spreading

llydan
= (very) wide

llydanu
= to widen, to dilate

lled = fairly, partly

da = good
lled dda
= fairly good, fairly well

berwi = to boil
lledferwi
= to simmer, to parboil

byw = living
lledfyw
= half alive, half dead

iaith (ieithoedd) f = language
llediaith (lledieithoedd)
f = accent, twang

llwm, llom = bare
lledlwm
= ragged, half-naked

rhith (-iau) m = shape, form
lledrith (-iau)
f = illusion

gŵyr = askew
lledwyr
= crooked

ymyl (-on) m/f = edge
lledymyl (-au)
f = margin

chwith = left
lletchwith
= awkward, clumsy

hem (-au) m = rivet
lletem (-au)
f = wedge

tŷ (tai) m = house
llety (-au)
m = lodging(s)

lletya
= to lodge

lletygar
= hospitable

llef (-au)
f = cry

ban (-nau) m/f = peak
ban = loud, lofty
banllef (-au), bonllef (-au)
f = loud shout

dolef (-au)
f = plaintive cry, bleat

dolefain
= to cry out

dolefus
= plaintive, doleful

goslef (-au)
f = tone, intonation

hun f = sleep
hunllef (-au)
f = nightmare

huno = to sleep
hunllefus
= nightmarish

llefain
= to cry, to cry out

glaw (glawogydd) m = rain
llefain y glaw
= to weep

croch = strident
crochlefain
= to clamour

llafar
m = speech, utterance

ar lafar
= spoken

llafar
= vocal

aflafar
= harsh, unmelodious

llafareg
f = speech training

llafariad (-iaid)
f = vowel

llafarol
= vocal

cyflafar
m = conference

cyflafareddiad
m = arbitration

cyflafareddu
= to arbitrate

cyflafareddwr (-wyr)
m = arbitrator

llefaru
= to speak, to utter

llefarwr (-wyr)
m = speaker

llefarydd (-ion)
m = spokesman

y Llefarydd
m = the Speaker

tafod (-au) m = tongue
ar dafod leferydd
= colloquially; by heart

lleferydd
m/f = speech

nam (-au)
m = fault, flaw
nam ar y lleferydd
= speech impediment

therapi (therapïau)
f = therapy
therapi lleferydd
= speech therapy

lleidr (lladron) m = thief, robber

pen (-nau) m = head
ffordd (ffyrdd) f = road
lleidr pen-ffordd
m = highwayman

braich (breichiau) f/m = arm
un = one
lleidr unfraich
= one-arm bandit

mân
= small, tiny
mân-leidr
m = pilferer

môr (moroedd) m = sea
môr-leidr (môr-ladron)
m = pirate

siop (-au) f = shop
siop-leidr
m = shoplifter

awyr f = air, sky
awyr-ladrad
m = air-piracy

llên f = literature
llên-ladrad
m = plagiarism

lladrad (-au)
m = theft, robbery

môr-ladrad
m = piracy

siopladrad
m = shoplifting

lladradaidd
= stealthy, furtive

chwiw (-iau) f = whim
chwiwladrata
= to pilfer

llên f = literature
llên-ladrata
= to plagiarise

lladrata
= to steal, to rob

lladroni
= to pilfer

lladronllyd
= pilfering

llên f = literature

llên
f = literature

gwerin (-oedd)
f = ordinary people, folk
llên gwerin, llên y werin
= folklore

pabell (pebyll)
f = tent, pavilion
Y Babell Lên
= The Literature Pavilion

darllen
= to read

darllenadwy
= readable, legible

annarllenadwy
= unreadable, illegible

darllenfa (-fâu) (-feydd)
f = reading room; lectern

darllengar
= studious, fond of reading

darlleniad (-au)
m = a reading

darllenwr, darllenydd (darllenwyr)
m = reader

ffug = fictitious, false
ffuglen
f = fiction

gwyddonol = scientific
ffuglen wyddonol
= science fiction

llengar
= fond of literature, literary

llenor (-ion)
m = writer, author

llenorol, llenyddol
= literary

llenydda
= to compose literature

llenyddiaeth
f = literature

cyfoes = contemporary
llenyddiaeth gyfoes
= contemporary literature

llen (llenni) f = sheet, curtain

llen (-ni)
f = sheet, curtain

tân (tanau) m = fire
llen-tân
= safety curtain

y tu ôl i = behind
y tu ôl i'r llenni
= behind the scenes

adlen (-ni)
f = awning

amlen (-ni)
f = envelope

atodi = to append
atodlen (-ni)
f = schedule

brith, braith = speckled
brithlen (-ni)
f = tapestry

crog = hanging, hung
croglen (-ni)
f = rood-screen

cyfarch = to greet
cyfarchlen (-ni)
f = compliments slip

dadleniad (-au)
m = disclosure

dadlennol
= revealing
dadlennu
= to disclose, to reveal

hidl (-au) f = sieve
hidlo = to strain, to filter
hidlen (-ni)
f = strainer, filter

lamp (-au)
m = lamp
lamplen (-ni)
f = lampshade

mantol (-ion) f = balance
yn y fantol = in the balance
mantolen (-ni)
f = balance sheet

môr (moroedd) m = sea
morlen (-ni)
f = chart

mur (-iau) m = wall
murlen (-ni)
f = poster

nen (-nau) (-noedd)
f = heavens
nenlen (-ni)
f = canopy

awr (oriau) f = hour
orlen (-ni)
f = time-sheet

prawf (profion) m = proof
proflen (-ni)
f = proof sheet

rhag = before, pre-
rhaglen (-ni)
f = programme

treiglad (-au) m = mutation; treiglo = to mutate; to roll
rhaglen dreigl
= a rolling programme

dogfen (-nau) f = document; dogfennol = documentary
rhaglen ddogfennol (rhaglenni dogfennol)
= documentary programme(s)

cyflwyno = to present; cyflwyniad (-au) m = presentation
hwn, hon = this; gan = by, with
Cyflwynwyd y rhaglen hon gan....
= This programme was presented by ....

rhaglennu
= to programme

sengl = single
Dogfen Raglennu Sengl
= Single Programming
   Document

rhaglennwr (rhaglenwyr)
m = programmer

sach (-au) m/f = sack
sachlen (-ni)
f = sackcloth

taenu = to spread
taenlen (-ni)
f = spreadsheet

llenu
= to veil

---

lleuad (lleuadau) f = moon

golau m = light   **llewyrch m = brightness**   **lloer (-au) f = moon**

lleuad (-au)
f = moon

llawn = full
lleuad lawn
= full-moon

gwendid (-au) m = weakness
gwendid y lleuad
= the waning of the moon

cylch (-oedd) m = circle
lleugylch (-au)
m = halo

rhith (-iau) m = shape, form
lleurith
m = mirage

golau (goleuau) (goleuon)
goleuad (goleuadau)
m = light, illumination

stryd (-oedd) f = street
goleuadau stryd
= street lights/lighting

diffodd = to put out
diffodd y golau
= to put out the light

golau (l)leuad
m = moonlight

golau (l)leuad
= moonlit

llifo = to flow
llifolau (llifoleuadau)
m = floodlight, spotlight

llifoleuo
= to floodlight

golau
= light, fair

celwydd (-au) m = lie
celwydd golau
= a white lie

goleuant (-annau)
m = illumination

tŷ (tai) m = house
goleudy (goleudai)
m = lighthouse

goleuedig
= enlightened

goleuedigaeth
f = enlightenment

goleuedd
m = luminosity

goleuni
m = light

goleuo
= to illuminate, to enlighten

llewyrch, llewych
m = brightness, lustre, gleam

dilewyrch
= gloomy, lack-lustre

adlewyrchiad (-au)
m = reflection

llewychiant (-iannau)
m = luminosity

llewychol
= luminous

llewyrchu, llewychu
= to shine

adlewyrchu
= to reflect

adlewyrchydd (-ion)
m = reflector

dyfodol m = future
dyfodol llewyrchus
= a prosperous future

llewyrchus
= bright, prosperous

llewyrchyn
m = glimmer

cannu = to bleach
lloergan
m = moonlight

lloer (-au)
f = moon

lloeren (-ni) (-nau)
f = satellite

dysgl (-au) f = dish
dysgl loeren
= satellite dish

teledu m = television
teledu lloeren
= satellite television

lloerig (-ion)
m = lunatic

lloerig
= lunatic

lloerigrwydd
m = lunacy

lloerol
= lunar

llif (llifogydd) m = flood, flow, current

llif (llifogydd)
m = flood, flow, current

arian pl = money
llif arian
= cash flow

ar lif
= in flood

adlif (-oedd)
m = flow, ebb

adlifo
= to flow back

cefn (-au) m = back
cenlli(f) (-oedd)
m/f = torrent, deluge

cyd = joint
cydlifiad
m = confluence (rivers)

dylif
m = flood

dylifo
= to flow, to pour

elifiant (-iannau)
m = effluent, discharge

ffrwd (ffrydiau) f = stream
ffrydlif (-oedd)
m/f = flood, stream

gor = over, super, hyper-
gorlif (gorlifogydd)
m = overflow, overspill

hylif (-au)
m = fluid, liquid

cannu = to bleach
hylif cannu
= bleach

hylif, hylifol
= fluid, liquid

glanhau = to clean
glanheuad m = a cleaning
glanedydd hylif
m = liquid detergent

gwrtaith (gwrteithiau)
m = fertiliser, manure
gwrtaith hylif
= liquid fertiliser

hylifo
= to liquify

hylifydd (-ion)
m = liquidiser, blender

is = lower, below, under
islif (islifogydd)
m = undercurrent

llaid m = mud
lleidlif (-au)
m = mud flow

mewn = in
mewnlifiad
m = influx, inflow

rhew m = ice, frost
rhewlif (-iau)
m = glacier

rhewi = to freeze
rhewlifol
= glacial

pridd m =earth
llifbridd
m = alluvium

dôr (dorau) f = door
llifddor (-au)
f = flood-gate, lock

dŵr (dyfroedd) m = water
llifddwfr (llifddyfroedd)
m = flood, torrent

llifedd
m = fluidity

llifeiriant (-iaint)
m = flood

llifeirio,
llifo
= to flow

gwlad (gwledydd) f = country
llaeth m = milk; mêl m = honey
gwlad yn llifeirio o laeth a mêl
= a land flowing with milk and honey

gorlifo
= to overflow

trylifo
= to percolate

gwaddod (-ion) m = sediment
llifwaddod (-ion)
m = alluvium

llifeiriol
= flowing

llifydd (-ion)
m = fluid

llifyddol
= fluid

llinell (llinellau) f = line
llin (llin(i)au) m/f = line, lineage

llinell (-au) f = line
llin (-iau) m/f = line

bwlch (bylchau) m = gap
llinell fwlchog
= a broken line
ar linell
= on line

cymorth m = help, aid
llinell gymorth
= help-line

amlinelliad (-au)
m = outline

amlinellu
= to outline, to set out

croes (-au) f = cross
croeslin
= diagonal

crwm = convex, curved
cromlin (-iau)
f = curve, chord (of a circle)

cyflin
= parallel

cyflin (-iau)
f = parallel

cyfuwch = as high
cyfuchlin (-iau)
m = contour line

cyfuchlinedd (-au)
m = contour

gwaelod (-ion) m = bottom
gwaelodlin
m = base line

llif (-ogydd) m = flow, flood
llilin
= streamlined

llifo = to flow
llilinio
= to streamline

môr (moroedd) m = sea
morlin (-iau)
m = coast line

ach (-au) (-oedd)
f = lineage, pedigree
llinach (-au)
f = lineage, pedigree

tagfa (-feydd) f = blockage
tagu = to choke, to stifle
llindagu
= to throttle, to strangle

llinelliad (-au)
m = delineation, drawing

llinellog
= lined, ruled

llinellol, llinol
= linear

tan, dan = under
tanlinellu
= to underline

llinellu
= to line, to draw

llinellwr (-wyr)
m = linesman

bogail (bogeiliau) m/f = navel
llinyn y bogail, bogeilin
= umbilical cord

mesur (-au) m = measure
llinyn mesur
= yard stick

llinyn (-nau)
m = string, tape

cael = to get, to have; dau, dwy = two
pen (-nau) m = head; ynghyd = together
cael deupen y llinyn ynghyd
= to make ends meet

wrth = to, by, at; ffedog (-au) f = apron
mam (-au) f = mother; ei = her
wrth linynnau ffedog ei mam
= to her mother's apron-strings

offeryn (-nau) m = instrument
offeryn llinynnol
= a stringed instrument

llinynnol
= stringed

llith (llithiau) (llithoedd) f = lesson

llith (-iau) (-oedd)
f = lesson

darllen = to read
darllen y llith
= to read the lesson (in church)

athro (athrawon) m = teacher
athrylith (-oedd)
f = genius, talent

athrylithgar
= talented, having genius

crog (-au) f = cross
crogi = to hang, to crucify
Croglith
f = Gospel for Good Friday

Gwener
f = Friday
Dydd Gwener y Groglith
= Good Friday

darlith (-iau) (-oedd)
f = lecture

gwefr (-au) m = thrill
gwefreiddio = to thrill, to electrify
darlith wefreiddiol
= a thrilling lecture

darlithfa (-feydd)
f = lecture-room

darlithio
= to lecture

uwch = higher
uwch-ddarlithydd
m = senior lecturer

darlithydd (darlithwyr)
m = lecturer

darlithyddiaeth (-au)
f = lecturership

rhag = before, pre-
rhaglith
f = preface, preamble

llithr (llithrau) m = slip, slide

llithr (-au)
f = slip, slide

gwrth = against
gwrth-lithr
= non-slip

llithren (-nau) (-ni)
f = chute, slide

llithriad (-au)
m = slip, slippage

tafod (-au) m = tongue
llithriad tafod
= a slip of the tongue

eira m = snow
eirlithriad (-au)
m = avalanche

tir (-oedd) m = land
tirlithriad (-au)
m = landslip

llithrfa (-oedd)
f = slipway

llithrig
= slippery

llysywen (llyswennod) f = eel
llithrig fel llysywen
= slippery like an eel

llithrigrwydd
m = slipperiness

llithrio
= to slip

gwadn (-au) m/f = sole (of foot)
llithrwadn (-au)
m = skate

lliw (lliwiau) m = colour; dye

lliw (-iau)
m = colour

dydd (-iau) m = day
lliw dydd
= by day

diflannu = to disappear
lliw anniflan
= fast colour

nos (-au) f = night
lliw nos
= by night

aderyn (adar) m = bird; yr un = the same
hedeg = to fly; lle (-oedd) (llefydd) m = place
adar o'r un lliw hedant i'r un lle
= birds of a feather flock together

haul (heuliau) m = sun
lliw haul
= suntan

enfys (-au) f = rainbow
lliwiau'r enfys
= the colours of the rainbow

gwahanfur (-au)
m = barrier
gwahanfur lliw
= colour bar

gloyw = bright
tryloyw = transparent
tryloywder (-au) lliw
m = colour transparency

amryw = many, various
amryliw
= multicoloured, variegated

arlliw (-iau)
m = trace, tint

arlliwio
= to tint, to shade

cyfliw
= of the same colour

di-liw
= colourless, drab

cam = wrong, mis-
camliwio
= to misrepresent

twyllodrus = fraudulent
camliwiad twyllodrus
m = fraudulent
    misrepresentation

ffug = fictitious, false
ffugliw
m = camouflage

ffugio = to pretend
ffugliwio
= to camouflage

gor = over, super, hyper-
gorlliw, gorliw
m = brightness, brilliance

gorliwio
= to exaggerate,
   to overemphasise

gwarchod = to guard
gwarchodliw
m = camouflage

llygoden (llygod) f = mouse
llygliw
= mouse-coloured, grey

min (-ion) m = lip, edge
minlliw (-iau)
m = lipstick

rhudd = crimson, red
rhuddliw
m = rouge

tri, tair = three
trilliw
= tortoiseshell, tabby

llifo
= to dye

dall = blind
lliwddall
= colour-blind

dallineb m = blindness
lliwddallineb
m = colour-blindness

lliwgar
= colourful

lliwiad
m = colouring, colouration

lliwiog, lliwiedig
= coloured

lliwio
= to colour, to dye

afliwio
= to discolour

diliwio
= to become pale

lliwur (-au)
m = dye

llong (llongau) f = ship

llong (-au)
f = ship

carthu = to scour, to dredge, to 'muck out'
llong garthu (llongau carthu)
= dredger

hofran = to hover
llong hofran
= hovercraft

hwyl (-iau) f = sail
llongau hwyliau
= sailing ships

golau (goleuadau) m = light
llong olau
= lightship

asiant (-au) (-iaid)
m = agent
asiant llongau
= shipping agent

iard (-iau) (ierdydd)
f = yard
iard longau
 = shipyard

saer (seiri)
m = carpenter, builder
saer llongau
 = shipbuilder, shipwright

ager m = steam
agerlong (-au)
f = steamer

awyr f = air, sky
awyrlong (-au)
f = airship

cad (-au) (-oedd) f = battle
cadlong (-au)
f = battleship

herw m = raid
herwlong (-au)
f = pirate ship

rhwyfo = to row; rhwyf (-au) f = oar
rhwyflong (-au)
f = galley ship

suddo = to sink
suddlong (-au)
f = submarine

treillio = to trawl
treillong (-au)
f = trawler

dryllio = to shatter; drylliog = shattered
drylliad (-au) m = wreck
llongddrylliad (-au)
m = shipwreck

llongi, llongiadu
= to ship

llongiad
m = shipment

llongwr (-wyr)
m = sailor

llongwriaeth
f = seamanship, navigation

pysgota = to fish
llynges bysgota
= fishing fleet

brenhinol = royal
Y Llynges Frenhinol
= The Royal Navy

llynges (-au)
f = navy, fleet

canolfan(-nau) f/m = centre
canolfan llynges
= naval base

llyngesol
= naval

llyngesydd (-ion)
m = admiral

llon = cheerful, merry, glad, happy

llon
= cheerful, merry, glad

adlonni
= to entertain

adloniadol
= entertaining

ysgafn = light
adloniant ysgafn
m = light entertainment

adloniant (adloniannau)
m = entertainment

hylon
= cheerful

cyfarch = to greet
llongyfarch
= to congratulate

llongyfarchiadau
llongyfarchion
pl = congratulations

llonder, llonedd
m = joy, cheerfulness, gaiety

lloniant
m = joy

llonni
= to cheer, to gladden

ymlonni
= to gladden

llosg m = burning; arson: llosg = burning, burnt

llosg
m = burning

eira m = snow
llosg eira
= chilblains

haul (heuliau) m = sun
llosg haul
m = sunburn

pwnc (pynciau) m = topic, subject
pwnc llosg
= burning / controversial topic

amlosgfa (-feydd)
f = crematorium

amlosgi
= to cremate

amlosgiad
m = cremation

golosg
m = coke

golosgi
= to char, to singe

hylosg
= combustible, inflammable

hylosgiad
m = combustion

aberthu = to sacrifice
llosgaberth
m = burnt offering; holocaust

ach (-au) f = pedigree
llosgach
m = incest

llosg, llosgedig
= burnt, burning

llosgadwy
= combustible

anllosgadwy
= incombustible

maen (meini)
m = stone

mynydd (-oedd)
m = mountain

llosgfa (-fâu) (-feydd)
f = burning, inflammation

llosgfaen (llosgfeini)
m = pumice-stone; lava

llosgfynydd (-oedd)
m = volcano

cannwyll (canhwyllau) f = candle
dau, dwy = two; pen (-nau) m = head
llosgi'r gannwyll y ddau ben
= to burn the candle at both ends

llosgi
= to burn

corff (cyrff) m = body
corfflosgi
= to cremate

mud = dumb
mudlosgi
= to smoulder

llosgiad (-au)
m = burn(s), burning

llosgwr (-wyr)
m = arsonist

llosgydd (-ion)
m = incinerator

llu (lluoedd) m = multitude, host

llu (-oedd)
m = multitude, host

arf (-au) f = weapon (arms)
lluoedd arfog
= armed forces

cefn (-au) m = back
cefnlu
m = reserves

gwirfoddol = voluntary
Cefnlu Gwirfoddol
= Volunteer Reserves

corff (cyrff) m = body
corfflu (-oedd)
m = corps (army)

gobaith (-eithion) m = hope
Gobeithlu
m = Band-of-Hope

hedd, heddwch m = peace
heddlu (-oedd)
m = police force, police

llafur (-iau) m = labour
llafurlu (-oedd)
m = manpower, workforce

gosgordd (-ion) f = escort
gosgorddlu (-oedd)
m = bodyguard, retinue

gwaith (gweithiau) m = work
gweithlu
m = workforce, manpower

marchog (-ion) m = rider
march (meirch) m = stallion
marchoglu, marchlu
m = cavalry

tasg (-au) f = task
tasglu (-oedd)
m = task-force

tŷ (tai) m = house
teulu (-oedd)
m = family

estyn = to extend
teulu estynedig
= extended family

rhiant (rhieni) m = parent
teulu un rhiant
= one-parent family

ffrae (-au) (-on) f = quarrel
ffrae deuluol
= domestic squabble

teuluol
= domestic

trosedd (-au) m/f = crime, offence
troseddlu (-oedd)
m = crime squad

[gwest (-i) f = lodging, rest]
lluest (-au)
m = tent, camp

lluestfa (-oedd)
f = encampment

lluestu
= to camp

lluosi = to multiply
lliaws m = multitude, host

lluosi
= to multiply

dewis = to choose
lluosddewis
= multiple-choice

blwydd f = years old
lluosflwydd
= perennial

sillafu = to spell
sillaf (-au) f = syllable
lluosill(afog)
= polysyllabic

symiant m = summation
swm (symiau) m = sum
lluoswm
m = product (mathematics)

lluosiad, lluosogiad
m = multiplication

lluosog
= numerous, plural

yn y lluosog
= in the plural

lluosogi
= to multiply

lluosogrwydd
m = multitude

lluosydd (-ion)
m = multiplier

llun (lluniau) m = picture; form, shape

llun (-iau)
m = picture; form, shape

lliw (-iau) m = colour
lluniau lliw
= coloured photographs

ar lun
= in the form of

heb = without
trefn (-au) f = order
heb na llun na threfn
= shapeless

pob, bob = all, each, every
lliw (-iau) m = colour
o bob lliw a llun
= of every shape and colour

tynnu = to pull
tynnu llun
= *to take a photograph*

di-lun
= shapeless, formless

adluniad (-au)
m = reconstruction

adlunio
= to remodel, to reconstruct

afluniaidd
= shapeless, deformed
aflunio
= to disfigure, to distort

afluniad
m = distortion

arlunio
= to paint, to portray
arlunydd (-wyr)
m = artist

arluniaeth
f = art of portraying, painting

arwydd (-ion) m/f = sign
arwyddlun (-iau)
m = emblem, logo

bras = rough, approximate
braslun (-iau)
m = sketch, outline

braslunio
= to sketch, to outline

cerfio = to carve
cerflun (-iau)
m = statue, engraving

cerfluniaeth (-au)
f = sculpture

cerflunydd (-wyr)
m = sculptor

cern (-au) f = cheek, jaw
cernlun (-iau)
m = profile

cyflun (-iau)
m = replica, image
cyflun = similar

neges (-au) f = message
neges gyflun
= fax message

trwy = through
trwy'r cyflunydd
= by fax

cyflunedd
m = similarity

cyflunio
= to form, to fashion

cyn = before
cynllun (-iau)
m = plan, design

agored = open
cynllun agored
= open-plan

busnes (-au) m/f = business
cynllun busnes
= business plan

gwella = to improve
cynllun gwella
= improvement plan

strategol = strategic
cynllun strategol
= strategic plan

blaen = front
blaengynllun (-iau)
m = blue-print

llun (lluniau) m = picture; form, shape

cynllunio
= to plan, to design

cais (ceisiadau)
m = application
cais cynllunio
= planning application

canolfan (-nau)
f/m = centre
canolfan cynllunio
= design centre

caniatâd
m = permission
caniatâd cynllunio
= planning permission

amlinellu = to outline
caniatâd cynllunio
amlinellol
= outline planning permission

ôl = behind, rear
ôl-ganiatâd cynllunio
= retrospective planning
  permission

proses (-au) m/f = process
proses gynllunio
= planning process

swyddog (-ion) m = officer
swyddog cynllunio
= planning officer

cynlluniad
m = planning, design

cynlluniwr (-wyr)
m = planner

cynllunydd (-wyr)
m = designer

cysgod (-au) (-ion) m = shadow
cysgodlun (-iau)
m = silhouette

darlun
m = picture

mân = small, tiny
mân-ddarlun
m = a miniature

darluniad (-au)
m = portrayal

darluniadol
= illustrated, pictorial

darluniadwy
= picturesque

darlunio
= to illustrate

darluniol
= pictorial

digrif = amusing
digriflun (-iau)
m = caricature

canllaw (-iau)
f/m = guideline
canllawiau dylunio
= design guidelines

dyluniad (-au)
m = design

dylunio
= to design

cyfarwyddyd (-iadau)
m = instruction, direction
cyfarwyddiadau dylunio
= design brief

dylunydd (-ion)
m = designer

eil = second
eilun (-od)
m = idol

addolgar = devout
eilunaddolgar
= idolatrous

addoli = to worship
eilunaddoli
= to worship idols

addoliad
m = worship
eilunaddoliad
m = idolatry

addolwr (-wyr)
m = worshipper
eilunaddolwr (-wyr)
m = idolator

gludiog = sticky
glud (-ion) m = glue
gludlun (-iau)
m = collage

gwawdio = to ridicule
gwawdlyd = scornful
gwawdlun (-iau)
m = cartoon, caricature

- 245 -

llun (lluniau) m = picture; form, shape

llun (-iau)
m = picture; form, shape

môr (moroedd) m = sea
morlun (-iau)
m = seascape

mur (-iau) m = wall
murlun (-iau)
m = mural

noethni m = nudity
noethi = to undress, to strip
noethlun (-iau)
m = a nude

patrwm (patrymau)
m = pattern
patrymlun (-iau)
m = template

rhag = before, pre-
rhaglunio
= to design

rhaglunydd (-ion)
m/f = designer

taflu = to throw
taflunio
= to project (an image)

tafluniad (-au)
m = projection

taflunydd (-ion)
m = projector

uwch = higher
uwchdaflunydd (-ion)
m = overhead projector

tebyg = like, similar
tebyglun (-iau)
m = identikit picture

tir (-oedd) m = land
tirlun (-iau)
m = landscape

copi (copïau) m = copy
llungopi (llungopïau)
m = photocopy

lluniad (-au)
m = drawing

lluniadaeth
f = draughtsmanship

lluniadu
= to draw

lluniadydd (-ion)
m = draughtsman

lluniaeth (-au)
m = food, sustenance

cael = to get, to have
lluniaeth ar gael
= refreshments available

llawn = full
lluniaeth llawn
= full board

rhag = before, pre-
rhagluniaeth
f = providence

rhagluniaethol
= providential

lluniaidd
= shapely, graceful

lluniant (-iannau)
m = formation, alignment

ail = second
ail-lunio
= to reform, to reshape

aml = frequent, often
aml-lunio
= to replicate

llunio
= to form, to shape

lluniol
= formative

lluniwr (llunwyr)
m = maker

recordydd (-ion)
m = recorder
llun-recordydd
m = video-recorder

gwedd (-au)
f = form, aspect
llunwedd
f = lay-out

llusg (llusgion) m = drag

llusg (-ion)
m = drag

bad (-au) m = boat
llusgfad (-au)
m = tug-boat

llusgiad
m = dragging

llusgo
= to drag

malwoden (malwod) f = snail
llusgo fel malwoden
= to dawdle

troed (traed) m/f = foot
llusgo ei thraed
= to drag her feet

ymlusgiad (ymlusgiaid)
m = reptile

ymlusgo
= to crawl

llwch m = dust   :   lluwch m = snowdrift, dust

lludw m = ashes
llwch a lludw
= dust and ashes

llyfu = to lick
llyfu llwch
= to bite the dust

magu = to rear, to breed
magu llwch
= to collect dust

taflu = to throw; ei = his
llygad (llygaid) m/f = eye
taflu llwch i'w lygaid
= to confuse him
trwyn (-au) m = nose
trwynlwch
m = snuff

tynnu = to pull
tynnu llwch
= to dust

llychlyd
= dusty

llychwin
= dusty, spoiled

dilychwin
= spotless

llychwino
= to besmirch, to stain

llychyn
m = a particle of dust

lluwch
m = snowdrift, dust

lluwchio
= to dust, to drift

gwynt (-oedd) m = wind
lluwchwynt (-oedd)
m = blizzard

llwybr (llwybrau) m = path

ceffyl (-au) m = horse
llwybr ceffyl
= bridleway

coch = red
llwybr coch
= a well worn path

cyhoeddus = public
llwybr cyhoeddus
= public footpath

llaeth m = milk
y Llwybr Llaethog
= the Milky Way

tarw (teirw) m = bull
llwybr tarw
= a short cut

taflu = to throw
taflwybr (-au)
m = trajectory

llwybraidd
= dexterous

llwybreiddiad (-au)
m = direction

llwybreiddio
= to direct

llwybro
= to walk

ymlwybro
= to make one's way

llwybrwr (-wyr)
m = wayfarer

llwybrydd (-ion)
m = pathfinder

llwyd = grey

llwyd
= grey

gwrych (-oedd) m = hedge
llwyd y gwrych
= hedge sparrow

to (-au) m = roof
llwyd y to
= house sparrow

edrych = to look
edrych yn llwyd
= to look peaky

papur (-au) m = paper
papur llwyd
= brown (wrapping) paper

pen (-nau) m = head
penllwyd
= grey haired

penllwydni
m = grey / white hair

penllwyd (-ion)
m/f = salmon trout, sewin

llwydaidd
= drab

du (duon) = black
llwyd-ddu
= dark grey

nos (-au) f = night
llwydni, llwydi
m = mildew

llwydnos
f = dusk, evening

llwydo
= to turn mouldy

golau (goleuadau) m = light
llwydolau
m = twilight

rhew (-ogydd) m = ice, frost
llwydrew = barrug
m = hoar frost

llwydd (llwyddau) (llwyddon) m = success

llwydd (-au) (-on)
m = success

aflwydd (-au) (-ion)
m = misfortune, calamity

hylwydd
= prosperous

anhylwydd
= unfortunate

llwyddiannus
= successful

andras (-iaid) m = devil
andras o lwyddiannus
= incredibly successful

hynod = remarkable
yn hynod o lwyddiannus
= remarkably successful

aflwyddiannus
= unsuccessful

llwyddiant (-iannau)
m = success

aruthrol = marvellous
llwyddiant aruthrol
= a terrific success

dros dro = temporary
llwyddiant dros dro
= a flash in the pan

masnachu = to trade
llwyddiant masnachol
= a commercial success

pob = all, every, each
pob llwyddiant
= every success

aflwyddiant (-iannau)
m = misfortune, failure

llwyddo
= to succeed

aflwyddo
= to fail

llwyr = complete

llwyr
= complete

adferiad (-au) m = recovery
adferiad llwyr
= a complete recovery

colled (-ion) m = loss
colled llwyr
= a complete loss

llanastr m = disaster
llanastr llwyr
= a complete disaster

trylwyr
= thorough

trylwyredd
m = thoroughness

llwyrdeb, llwyredd
m = completeness

bryd (-iau) m = disposition, intent
llwyrfryd
m = devotion, dedication

atal = to stop, to prevent
ymatal = to refrain, to abstain
llwyrymatal
= to refrain completely

llwyrymataliwr (-wyr)
m = teetotaller

gwrthod = to refuse
ymwrthod = to abstain
llwyrymwrthodol
= teetotal

llwyrymwrthodwr (-wyr)
m = teetotaller

llwyth (llwythau) m = tribe
llwyth (llwythi) m = load

llwyth (-au)
m = tribe

tŷ (tai) m = house
tylwyth (-au)
m = household

teg = fair
y tylwyth teg
= fairies

llwyth (-i)
m = load

dyn (-ion) m = man
diog = lazy
llwyth dyn diog
= a lazy man's load (which causes more trouble than it saves)

crug (-iau)
m = cairn; pile
cruglwyth (-i)
m = mass, heap

golwyth (-ion)
m = chop, rasher

tân (tanau) m = fire
tanllwyth (-i)
m = a blazing fire

tor (-rau) f = belly
torllwyth (-i)
f = bellyful; litter

llwytho
= to load

dadlwytho
= to unload

gor = over, super, hyper-
gorlwytho
= to overload, to overburden

llwythog
= laden

llyfr (llyfrau) m = book

clawr (cloriau) m = cover, lid
meddal = soft
llyfr clawr meddal
= paperback (book)

emyn-dôn f = hymn tune
emyn (-au) m = hymn
llyfr emynau
= hymnal

gweddi (-ïau) f = prayer
cyffredin = common
Llyfr Gweddi Gyffredin
= Book of Common Prayer

lloffa = to glean
lloffion pl = gleanings
llyfr lloffion
m = scrapbook

swmp m = bulk, size
swmpus = bulky
llyfr swmpus
= a substantial book

brad m = treachery; glas (gleision) = blue
Brad y Llyfrau Gleision
= the Treachery of the Blue Books

siop (-au)
f = shop
siop lyfrau
= bookshop

ail-law = secondhand
stondin (-au) m = stall, stand
stondin llyfrau ail-law
= secondhand book stall

talfyrru
= to abridge, to abbreviate
talfyrru'r llyfr
= to abridge the book

tocyn (-nau)
m = ticket
tocynnau llyfrau
= book tokens

ymlacio = to relax
gyda = with; da = good
ymlacio gyda llyfr da
= to relax with a good book

blwydd (-i) f = year (old)
blwyddlyfr (-au)
m = year-book

cyfair (cyfeiriau) m = direction
cyfeirflyfr (-au)
m = reference book

deddf (-au) f = law; Act
deddflyfr (-au)
m = statute book

dydd (-iau) m = day
dyddlyfr (-au)
m = journal, diary

gwers (-i) f = lesson
gwerslyfr (-au)
m = textbook

llaw (dwylo) f = hand
llawlyfr (-au)
m = hand book

nod (-au) m/f = mark, note
nodlyfr (-au)
m = note book

taith (teithiau) f = journey
teithlyfr (-au)
m = travel book

tywyso = to guide
tywyslyfr (-au)
m = guide book

pryf (-ed) m = insect, vermin
llyfrbryf (-ed)
m = book-worm

Llyfrfa (-feydd)
f = official publishing house

cell (-oedd)
f = cell
llyfrgell (-oedd)
f = library

cangen (canghennau)
f = branch
llyfrgell gangen
= branch library

llyfrgellydd (-wyr)
m = librarian

nodi = to mark, to note
llyfrnod (-au)
m = bookmark

rhwymo = to bind
llyfr-rwymwr (-wyr)
m = book-binder

gwerthu = to sell
llyfrwerthwr (-wyr)
m = bookseller

llyfrydd (-ion)
m = bibliographer

llyfryddiaeth (-au)
f = bibliography

lliw (-iau) m = colour; llawn = full
llyfryn lliw llawn
= full-colour brochure

llyfryn (-nau)
m = booklet, pamphlet

llygad (llygaid) m/f = eye

barcud, barcut (barcutiaid)
m = kite (bird)
llygad barcud
= a very sharp eye

cath (-od)
f = cat
llygaid cath
= cat's eyes; very sharp eyes

direidi m = mischief
direidus = mischievous
llygaid direidus
= mischievous eyes

dydd (-iau)
m = day
llygaid y dydd
= daisies

nodwydd (-au)
f = needle
llygad nodwydd
= eye of a needle

pefrio = to sparkle
pefriol = sparkling
llygaid pefriol
= sparkling eyes

amser (-au) m = time
yn llygad yr amser
= in the nick of time

haul (heuliau) m = sun
yn llygad yr haul
= in direct sunlight

lle (-oedd) (llefydd)
m = place
yn llygad ei le
= absolutely right

ffynnon (ffynhonnau)
f = fountain, well, spring
o lygad y ffynnon
= from the horse's mouth

esgid (-iau)
f = boot, shoe
dim ond llygaid ac esgidiau
= extremely thin

taflu = to throw
gafr (geifr) f = goat
taflu llygad gafr at
= to lust after

cannwyll (canhwyllau)
f = candle
cannwyll y llygad
= the apple of the eye

dolur (-iau) m = pain, hurt
dolurio = to hurt, to ache
dolur llygad
m = eyesore

llwybr (-au)
m = path
llwybr llygad
= short cut

dau, dwy = two
deulygadur
m = binoculars

tynnu = to pull
llygad-dynnu
= to attract, to bewitch

llygad-dynnol
= bewitching

tyst (-ion) m = witness
llygad-dyst (-ion)
m = eye-witness

llygadog
= sharp-eyed

llygadol
= optic

rhwth = gaping
llygadrwth
= wide-eyed, staring

rhythu = to stare, to gape
llygadrythu
= to stare

craffu = to look / listen intently; craff = observant
llygatgraff
= sharp-eyed

llygadu
= to eye, to ogle

gobaith (gobeithion) m = hope
llygedyn o obaith
= a glimmer of hope

llygedyn (-nau)
= ray, glimmer, beam

anghenfil (angenfilod)
m = monster

llygeidiog
= observant; with many eyes

un = one
unllygeidiog
= one-eyed; blinkered

anghenfil unllygeidiog
= a one-eyed monster

llygru = to corrupt, to contaminate

llygru
= to corrupt, to contaminate

dadlygru
= to decontaminate

llwgr
= corrupt

dilwgr
= pure, uncorrupted

gwobr (-au)
f = prize, award
llwgrwobrwy (-on)
m = bribe

llwgrwobrwyaeth
f = bribery
llwgrwobrwyo
= to bribe

llygradwy
= corruptible

anllygradwy
= incorruptible

llygredig
= corrupt, defiled

anllygredig
= incorruptible, pure

llygredigaeth
f = corruption

llygredd
m = pollution, corruption,
    sleaze, depravity

llygriad
m = corruption

llym, llem = sharp, keen, acute, severe, stringent

llym, llem
= sharp, acute, stringent

beirniadaeth (-au)
f = criticism
beirniadaeth lem
= severe criticism

mesur (-au)
m = measure
mesurau llym
= swingeing measures

aflym, aflem
= blunt, obtuse

awch m = ardour, zest
awchus = eager, sharp
awchlym
= sharp-edged, keen

cyflym
= quick, fast

trac (-iau) m = track
trac cyflym
= fast-track

cyflymder, cyflymdra
m = speed, velocity

uchaf = highest
cyflymdra uchaf
= maximum speed

camera (camerâu)
m = camera
camerâu cyflymder
= speed cameras

cyfyngiad (-au)
m = constraint
cyfyngiad cyflymder
= speed limit

cyflymiad (-au)
m = acceleration

cyflymu
= to accelerate, to speed up

datgyflymu
= to decelerate

cyflymydd (-ion)
= **sbardun (-au)**
m = accelerator

llymder, llymdra
m = severity, stringency

tost = sore
llymdost
= severe, harsh

llymhau, llymu
= to sharpen

sur (surion) = sour; surbach = surly; surni m = sourness
llymsur
= acrid, bitter, very sour

llys (llysoedd) m = court

apelio = to appeal
apêl (apel(i)au) f = appeal
Llys Apêl
= Court of Appeal

barn (-au)
f = judgement, opinion
llysoedd barn
= law courts

coron (-au)
f = crown
Llys y Goron
= the Crown Court

milwr (milwyr)
m = soldier
Llys Milwrol
= Court Martial

ieunctid
m = youth
Llys Ieunctid
= Juvenile Court

mân = small, tiny
hawl (-iau) f = claim
Llys Mân Hawliau
= Small Claims Court

sir (-oedd) f = county
Llys Sirol
= County Court

ynad (-on) m = magistrate
Llys yr Ynadon
= the Magistrates' Court

ysgariad (-au) m = divorce
Llys Ysgariad
= Divorce Court

dirmyg m = contempt
dirmyg llys
= contempt of court

gorchymyn (gorchmynion)
m = command, order
Gorchymyn Llys
= Court Order

uchel = high; loud
Uchel Lys
= High Court

cad (-au) (-oedd) f = battle
cadlys (-oedd)
f = camp, battle quarters

chwilio = to search for
chwilys
m = inquisition

pen (-nau) m = head
pencadlys
m = headquarters

tribiwn (-iaid) m = tribune
tribiwnlys (-oedd)
m = tribunal

trysor (-au)
m = treasure
trysorydd (-ion)
m = treasurer
Trysorlys
m = Treasury

cangell (-au) f = chancel
Canghellor (Cangellorion)
m = Chancellor
Canghellor y Trysorlys
= Chancellor of the
   Exchequer

llysaidd
= polite, courtly

plentyn (plant)
m = child
llysblant
pl = stepchildren

chwaer (chwiorydd)
f = sister
llyschwaer (llyschwiorydd)
f = stepsister

mam (-au) f = mother
llysfam (-au)
f = stepmother

merch (-ed) f = daughter, girl
llysferch (-ed)
f = stepdaughter

cenhadaeth (cenadaethau)
f = mission
**llysgenhadaeth
(llysgenadaethau)**
f = embassy

cenhadwr (-wyr)
m = missionary
llysgenhadwr (-wyr)
m = ambassador

cennad (cenhadau) (-on)
f/m = representative
llysgennad (llysgenhadon)
m = ambassador

tad (-au)
m = father
llystad (-au)
m = stepfather

llysieuyn (llysiau) f = vegetable, herb

cawl m = soup, broth
cawl llysiau
= vegetable soup

eira m = snow
eirlys
m = snowdrop

mêr (merion) m = fibre, pith
merllys (- iau)
m = asparagus

pêr = sweet
perlysiau
pl = herbs

glas = blue
glaslys
m = woad

mwg m = smoke
myglys
m = tobacco

llysieueg
f = botany
llysieuol
= herbaceous, herbal

llysieuwr (-wyr)
m = vegetarian

planhigyn (planhigion)
m = plant
planhigion llysieuol
= herbaceous plants

llysieuydd (-ion)
m = botanist

meddyginiaeth (-au)
f = remedy, medicine
meddyginiaeth lysieuol
= herbal remedy

perlysieuydd
m = herbalist

lleuen (llau) f = lice, parasite
llysleuen (llyslau)
f = aphid, blight

tyfu = to grow
llystyfiant (-iannau)
m = vegetation

ysydd (yswyr) m = consumer, eater
llysysydd (-ion)
m = herbivore

llythyr (llythyrau) (llythyron) m = letter

llythyr (-au) (-on)
m = letter

caru = to love
llythyr caru
= love letter

cofrestru = to register
llythyr cofrestredig
= registered letter

blwch (blychau) m = box
blwch llythyron
= pigeon hole

twll (tyllau) m = hole
twll llythyrau, llythyrdwll
m = letter box

braint (breintiau)
f/m = privilege
breintlythyr
m = patent

cylch (-oedd) m = circle
cylchlythyr (-au)
m = a circular

tyst (-ion) m = witness
tystlythyr (-au)
m = reference

llythreniad
m = lettering

cyflythreniad
m = alliteration

llythrennedd
m = literacy

anllythrennedd
m = illiteracy

llythrennog
= literate

anllythrennog
= illiterate

llythrennol
= literal

llythyren (llythrennau)
f = letter (i.e. type, alphabet)

bras = coarse, rough
llythrennau bras
= block capitals

prif = chief
priflythrennau
= capital letters

llythyru
= to correspond

llythyrwr (-wyr)
llythyrydd (-ion)
m = letter-writer

llyw (llywiau) m = helm, rudder

wrth = by, with, to
wrth y llyw
= in charge

llywio
= to steer, to guide, to direct

llywodraeth (-au)
f = government

llywiad
m = steering

llywiwr (-wyr)
m = helmsman

estron (-iaid) m = foreigner
estron = foreign
llywodraeth estron
= foreign government

lleol = local
llywodraeth leol
= local government

aflywodraeth
f = misrule, anarchy

anllywodraeth
f = anarchy, misrule

gwerin (-oedd) f = people, folk
gwerinlywodraeth (-au)
f = republic

hun: hunan (hunain) = self
hunanlywodraeth
f = self-government

llywiawdwr (-wyr)
m = governor, ruler

milwr (-wyr) m = soldier
milwrol = military
llywodraeth filwrol
= military government

senedd (-au) f = parliament
llywodraeth seneddol
= parliamentary government

aflywodraethus
= ungovernable

dilywodraeth
= unruly, lawless

hunanlywodraethol
= autonomous

llywodraethiad (-au)
m = regime

llywydd (-ion)
m = president (of an organisation)

llywodraethiant
m = governance

y Llywydd
= the Presiding Officer
(of the Welsh Assembly Government)

anrhydeddu = to honour
llywydd anrhydeddus
= honorary president

Arlywydd (-ion)
m = President (of a country)

maes (meysydd) m = field
Maeslywydd
m = Field Marshal

llywodraethol
= governing, ruling

dirpwy = deputy
Dirpwy Lywydd
= Deputy Presiding Officer

is = lower, below, under
is-lywydd
m = vice-president

môr (moroedd) m = sea
Morlywydd
m = Commodore

llywyddiaeth
f = presidency

llywyddol
= presidential

Arlywyddiaeth
f = Presidency

Arlywyddol
= Presidential

llywyddu
= to preside

llywodraethu
= to govern, to rule

llywodraethwr (-wyr)
m = governor

rhiant (rhieni) m = parent
rhiant-lywodraethwr
m = parent-governor

mab (meibion) m = son

Bedyddiwr (-wyr) m = Baptist
bedyddio = to baptise
mab bedydd
= godson

gordderch (-au) (-ion)
m = lover, adulterer
mab gordderch
= illegitimate son, bastard

cyfraith (cyfreithiau)
f = law
mab-yng-nghyfraith
= son-in-law

côr (corau) m = choir
côr meibion
m = male voice choir

llys (-oedd) m = court
llysfab
m = stepson

disgwyl = to expect
disgwyl babi
= to expect a baby

baban (-od), babi (-s)
m = baby

babanaidd, babïaidd
= childish

babandod
m = babyhood, infancy

mabaidd
= filial

maban (-od)
m = baby, infant

mabanaidd
= childish

iaith (ieithoedd) f = language
mabiaith
f = baby talk, prattle

mabandod, mebyd
m = childhood, infancy

maeth m = nourishment
mabmaeth (-au) (-od)
m = foster-son

oed m = age, time of life
maboed, mebyd
m = childhood, youth

mabinogi (mabinogion)
m = boyhood tale, story

mabol
= boyish

mabolaeth
f = boyhood, youth

mabolaidd
= boyish, youthful

camp (-au)
f = achievement, feat
mabolgamp (-au)
f = athletic contest

campfa f = gymnasium
ysgol (-ion) f = school
mabolgampau'r ysgol
= the school sports

mabolgampwr (-wyr)
m = sportsman, athlete,
    gymnast

sant (saint) (seintiau)
m = saint
mabsant
m = patron saint

rhiant (rhieni) m = parent

mabwysiad (-au)
m = adoption

mabwysiadol
= adoptive, adopting

rhieni mabwysiadol
= adoptive parents

mabwysiedig
= adopted

mabwysiadu
= to adopt

maddau = to forgive, to pardon

maddau
= to forgive, to pardon

difaddau
= doubtless, constant

yn bendifaddau
= truly

maddeuadwy
= pardonable

maddeuant
m = forgiveness, pardon

maddeueb (-au)
f = (Papal) indulgence

maddeugar
= of a forgiving nature

anfaddeugar
= unforgiving

maddeuol
= forgiving

anfaddeuol
= unpardonable

maen (meini) m = stone

camu = to step
meini camu
= stepping stones

llifanu, llifo = to grind
maen llifo
= grindstone

clo (cloeau) (cloeon) m = lock
maen clo
= keystone

melin (-au) f = mill
maen melin
= millstone

prawf (profion)
m = test, proof
maen prawf (meini prawf)
= criterion (criteria)

gwaith (gweithiau)
m = work
gwaith maen
= masonry, stonework

hir = long
maen hir
= standing stone

gorsedd (-au) f = throne
Meini'r Orsedd
= the Gorsedd Stones

tramgwydd (-au)
m = hindrance; offence
maen tramgwydd
= stumbling block

saer (seiri)
m = carpenter, builder
saer maen
= stonemason

bedyddio = to baptise
bedyddfaen (-feini)
m = font

bedd (-au) m = grave
beddfaen (-feini)
m = gravestone, tombstone

calch m = lime
calchfaen
m = limestone

clog (-au) f = rock, precipice
clogfaen (-feini)
m = boulder

congl (-au) f = corner
conglfaen (-feini)
m = cornerstone

caboli = to polish
cabolfaen (-feini)
m=polished/polishing stone

cist (-iau) f = chest, coffer
cistfaen (-feini)
f = sepulchre

clogwyn (-i)
m = cliff

ehedog = flying
ehedfaen (-feini)
m = loadstone, magnet

esgyn = to ascend
esgynfaen (-feini)
m = horseblock

gwenith pl = wheat
gwenithfaen
m = granite

gwyrdd, gwerdd = green
gwyrddfaen (-feini)
m = emerald

ith (-ion) (-au) m = particle
ithfaen
m = granite

llosgi = to burn
llosgfaen (-feini)
m = pumice stone; lava

gwibio = to dart, to rush
gwibfaen (-feini)
m = meteorite

hogi = to sharpen
hogfaen (-feini)
m = whetstone

llech (-i) f = flat stone, slate
llechfaen (-feini)
m = bakestone

pridd (-oedd) m = earth, soil
priddfaen (-feini)
m = brick

sail (seiliau)
f = foundation, base
sylfaen (-feini)
m/f = foundation, base

tynnu = to pull
tyn = tight, fast, firm
tynfaen (-feini)
m = loadstone, magnet

tywodlyd = sandy
tywod m = sand
tywodfaen
m = sandstone

maenol (-au)
maenor (-au)
f = manor

tŷ (tai) m = house
maenordy (-dai)
m = manor house

caer (-au) f = fort
maenordy caerog
= fortified manor house

maeth
m = nourishment

brawd (brodyr) m = brother
brawd maeth
= foster-brother

cartref (-i) m = home
cartref maeth
= foster-home

clefyd (-au) m = disease; diffyg (-ion) m = lack, deficiency
clefydau diffyg maeth
= deficiency diseases

gofal (-on) m = care
gofal maeth
= foster care

plentyn (plant) m = child
plentyn maeth
= foster-child

rhiant (rhieni) m = parent
rhieni maeth
= foster-parents

amaeth
m = agriculture

amaethu
= to cultivate

amaethwr (-wyr)
m = farmer

amaethyddiaeth
f = agriculture

amaethyddol
= agricultural

llaw (dwylo) f = hand
llawfaeth, llywaeth
= hand-reared, tame

fel = like ; llo (lloi) f = calf
llywaeth fel llo
= easily taken advantage
    of, weak

mam (-au) f = mother
mamaeth (-od)
f = nurse

mamfaeth (-au)
f = foster-mother

tad (-au) m = father
tadmaeth
m = foster-father

maethiad (-au)
m = nutrition

gwall (-au) m = error, defect
gwallfaethiad
m = malnutrition

llawn = full
maethlon
= nutritious, nourishing

bwyd (bwydydd) m = food
bwyd maethlon
= nutritious food

magu
= to rear, to bring up,
    to breed, to nurse

cyw (-ion) m = chick; Uffern m = Hell; mynnu = to wish
Y cyw a fegir yn Uffern, yn Uffern y myn fod
= The chick reared in Hell wishes to be nowhere else

bloneg m = fat
magu bloneg
= to put on weight

eiddigedd m = jealousy
magu eiddigedd
= to become jealous

magwraeth
f = upbringing, nurture

meithrin
= to nurture, to rear, to
    nourish, to foster

balchder m = pride; hyder m = confidence
meithrin balchder a hyder
= to nurture pride and confidence

cylch (-oedd) m = circle
cylchoedd meithrin
= play groups

ysgol (-ion) f = school
ysgol feithrin
= nursery school

meithrinfa (-feydd)
f = nursery, crèche

mudiad (-au) m = movement
Mudiad Ysgolion Meithrin
= Welsh Language Nursery School Movement

maethu
= to nourish, to sustain

maethyn (-nau)
m = nutrient

maint (meintiau) m = quantity, size, number

maint (meintiau)
m = quantity, size

elw (-au) m = profit
maint yr elw
= the profit margin

cyfaint (cyfeintiau)
m = volume

cymaint (â)
= as/so large/much/many

arall (eraill) = other
cymaint arall
= twice as much

rhyw = some
rhywfaint
m = a certain amount

pa = what
pa maint = faint?
= how much, how many

cloch (clychau) f = bell
am faint o'r gloch?
= at what time?

faint sy(dd) arna i i chi?
= how much do I owe you?

maintioli
m = stature, size

meintiol
= quantitative

meintioli
= to quantify

mâl = finely ground, burnished

mâl
= finely ground, burnished

aur m = gold
aur mâl
= burnished gold

malu
= to grind

glo mân m = small coal
clap (-iau) m = lump
malu glo mân yn glapiau
= to do something useless

sôn m = talk, rumour
malu sôn
= empty talk

malurio
= to pulverise

malurion
pl = smithereens, debris

malwr (-wyr)
m = miller, grinder

uned (-au) f = unit; gwastraff m = waste
uned malwr gwastraff
= waste disposal unit

mam (mamau) f = mother

mam (-au)
f = mother

bedyddio = to baptise
mam fedydd
= godmother

cyfraith (cyfreithiau) f = law
mam-yng-nghyfraith
f = mother-in-law

mamaidd
= motherly

cu = dear
mamgu
f = grandmother

iaith (ieithoedd)
f = language
mamiaith
f = mother tongue

mamog (-iaid)
f = pregnant ewe

mamol
= motherly, maternal

mamolaeth
f = maternity

absenoldeb (-au)
m = absence
absenoldeb mamolaeth
= maternity leave

uned (-au)
f = unit
uned famolaeth
= maternity unit

mamolyn (mamolion)
m = mammal

gwlad (gwledydd) f = country
mamwlad
f = mother country

- 259 -

man (mannau) m/f = place, space; spot, mark

agored = open
man agored
= open space

codi = to lift, to raise
man codi
= pick up area

cychwyn m = start
man cychwyn
= starting point

dall = blind
man dall
= blindspot

esgor = to give birth
man esgor
= place of confinement

geni = to be born
man geni
= birth place; birth mark

gwan = weak
man gwan
= weak spot, loophole

yna = there
fan 'na
= over there

hyn = this, these
fan hyn
= right here

acw = there
draw fan'cw
= over there

lle (-oedd) (llefydd)
m = place

yn y fan
= at once, immediately

yn y fan a'r lle
= in the exact spot

yn awr, rŵan = now

yn y man
= before long, very soon

yn awr ac yn y man
= now and then

aros =
to wait, to stay
arhosfan (arosfannau)
m/f = stopping place

canol (-au)
m = middle, centre
canolfan (-nau)
f/m = centre

croes (-au)
f = cross
croesfan (-nau)
f = crossing (road)

gwe (-oedd)
f = web
gwefan (-nau)
f = web-site

gwaith (gweithiau)
m = work
gweithfan (-nau)
m = work-station

pob = all, every, each
pobman
m = everywhere

tagu = to strangle; tagiant m = congestion
tagfan (-nau)
f = congested area

trigo = to live, to dwell
trigfan (-nau)
f = dwelling place

troi = to turn
trofan (trofannau)
f/m = tropic (tropics)

trofannol
= tropical

un = one
unman
m = anywhere

mynd = to go

man a man i mi...
= I may as well...

man a man i mi fynd
= I may as well go

man a man i chi fynd
= you may as well go

mân = small, tiny

peth (-au)
m = thing
mân-beth (-au)
m= a trifle, a small thing,
   (knick-knacks)

pluen (plu)
f = feather
mân-blu, manblu
pl = down

trosedd (-au)
m/f = crime, offence
mân-droseddau
= petty offences

darlun (-iau)
m = picture
mân-ddarlun
= a miniature

dyled (-ion)
f = debt
mân-ddyledion
= sundry debts

siaradus = talkative
siarad = to talk, to speak
mân-siarad
m = small talk

sôn (am) = to talk (about)
sôn m = talk, rumour
mân-sôn
m = muttering

gwythïen (gwythi)
f = vein
mân-wythïen (mân-wythi)
f = capillary

brigau pl = twigs
brigau mân
= kindling wood

glaw (glawogydd) m = rain
glaw mân, manlaw
m = drizzle

glo m = coal
glo mân
= small coal; *nitty-gritty*

siwgr m = sugar
siwgr mân
= caster sugar

yn ystod = during;   awr (oriau) f = hour
bore (-au) m = morning
yn ystod oriau mân y bore
= during the early hours of the morning

twll (tyllau) m = hole
mandwll
m = pore

mandyllog
= porous

manion
pl = trivia, quibbles

cywir = correct
manwl-gywir
= precise

cywirdeb m = correctness
manwl-gywirdeb
m = precision

manwl
= exact, detailed

canllaw (-iau)
f/m = guideline
canllawiau manwl
= detailed guidelines

disgrifiad (-au)
m = description
disgrifiad manwl
= a detailed description

ystadegau pl = statistics
ystadegau manwl
= detailed statistics

yn fanwl
= in detail

yn fanylach
= in more detail

gwŷdd pl = wood(s)
manwydd
= brushwood

manyldeb, manylder,
manyldra, manylrwydd
m = exactness, precision

manyleb
f = specification

swydd (-i) f = job
manyleb swydd
= job specification

manylu (ar)
= to go into details,
   to elaborate

manylyn (manylion)
m = detail

angenrheidiol = necessary
manylion angenrheidiol
= necessary details

mantais (manteision) f = advantage

mantais (manteision)
f = advantage

mewn = in; da m = good
mantais mewn da
= benefit in kind

cadw = to keep
cadw'r fantais
= to keep the advantage

cymryd = to take
cymryd mantais
= to take advantage

o fantais
= advantageous

anfantais (-eision)
f = disadvantage,
    drawback, handicap

plentyn (plant) m = child
tan, dan = under
plant dan anfantais
= handicapped children

meddwl (meddyliau)
m = mind, thought
dan anfantais feddyliol
= mentally handicapped

cil (-iau) m = recess, corner, flight
cilfantais (cilfanteision)
f = fringe benefit, perk

manteisio ar
= to take advantage of,
    to exploit

pob, bob = all, each, every; cyfle (-oedd) m = opportunity
manteisio ar bob cyfle
= to take advantage of every opportunity

manteisiol
= advantageous

anfanteisiol
= disadvantageous

manteisiwr (manteiswyr)
m = opportunist

marchnad (marchnadoedd) f = market

tŷ (tai) m = house (housing)
y farchnad dai
= the housing market

eiddo m = property
y farchnad eiddo
= the property market

sengl = single
y Farchnad Sengl
= the Single Market

da byw pl = livestock
marchnad da byw
= livestock market

gwartheg pl = cows, cattle
marchnad wartheg
= cattle market

ar y farchnad
= for sale, on the market

gwerth (-oedd) m = worth
gwerth y farchnad
= the market value

annel (anelau) m/f = aim; tramor = overseas
anelu at farchnadoedd tramor
= to aim at overseas markets

arch- = chief
archfarchnad (-oedd)
f = superstore, supermarket

uwch = higher
uwchfarchnad (-oedd)
f = supermarket

marchnadfa (-feydd)
f = market place

marchnadol
= marketable

marchnata
= to market, to trade

adran (-nau)
f = department
yr Adran Farchnata
= the Marketing Department

strategaeth (-au)
f = strategy
strategaeth farchnata
= marketing strategy

marchnatwr (-wyr)
m = merchant, trader

marw = to die
marw = dead   y meirw (pl) = the dead

celain (celanedd)
f = corpse, carcass
marw gelain
= stone dead

newynu = to starve
newyn m = hunger, famine
marw o newyn
= to die of starvation

offeren (-nau)
f = mass
offeren y meirw
= requiem mass

marwaidd
= lifeless, sluggish

marweidd-dra
m = sluggishness

ton (-nau) m/f = skin
marwdon
m/f = dandruff

tŷ (tai) m = house
marwdy
m = mortuary

nâd (nadau) f = cry
marwnad (-au)
f = elegy, lament

marwhad
m = mortification

marwhau
= to mortify

marwol
= deadly, fatal

saith = seven; pechod (-au) m = sin; pechu = to sin
pechadur (-iaid) m = sinner; pechadurus = sinful
Y Saith Pechod Marwol = The Seven Deadly Sins

---

balch
= proud
balchder
m = pride

cenfigennu wrth = to envy
cenfigennus = jealous, envious
cenfigen (-nau)
f = jealousy, envy

cybydd (-ion) m = miser
cybyddlyd = miserly, mean
cybydd-dod
m = miserliness

dig m = anger
dig = angry
dicter (-au)
m = anger

diog, dioglyd = lazy
diogyn m = idler
diogi
m = laziness

glwth = gluttonous
glwth (glythion) m = glutton
glythineb
m = gluttony

godinebwr (-wyr) m = adulterer
godinebus = adulterous
godineb (-au)
m/f = adultery

---

anfarwol
= immortal

anfarwoli
= to immortalise

damwain (damweiniau)
f = accident
marwolaeth ddamweiniol
= accidental death

crud (-au) (-iau)
m = cradle
marwolaethau yn y crud
= cot deaths

marwolaeth (-au)
f = death

gwanu = to pierce
trywanu = to stab
trywanu i farwolaeth
= to stab to death

tagu = to choke, to strangle
tagu i farwolaeth
= to strangle to death

marwoldeb
m = mortality

anfarwoldeb
m = immortality

marwolion
pl = mortals

marworyn (marwor)
(marwydos)
m = ember

mater (materion) m = matter, issue

mater (-ion)
m = matter, issue

cyfoes = contemporary
materion cyfoes
= current affairs

sefydliad (-au) m = institute; Cymreig = Welsh
Sefydliad Materion Cymreig
= Institute of Welsh Affairs

difater
= apathetic

difaterwch
m = apathy

materol
= materialistic

materiolaeth
f = materialism

materiolaethwr (-wyr)
m = materialist

mawr (mawrion) = big, great, large

mawr
= big, great, large

dim m = anything, nothing
fawr o ddim
= hardly anything, not much

neb m = anyone, no one
fawr neb
= hardly anyone

diddordeb (-au) m = interest
doedd fawr o ddiddordeb gan.....mewn...
= .....showed/had little interest in...

gyda = with; na = than
mwy = more, bigger
gyda fawr mwy na
= with little more than

siawns f = chance
fawr siawns
= no chance

cyn = before; pen (-nau) m = head
tro (troeon) m = turn; time
cyn pen fawr o dro
= before very long

argraff (-au)
f = impresion
argraff fawr
= a big impression

bod (-au)
m = existence, being
y Bod Mawr
= God

cysuro = to comfort
cysur (-on)
m = comfort, consolation
cysur mawr
= a great comfort

diolch = to thank
diolch yn fawr
= thank (you) very much

gwneud = to make, to do
gwneud yn fawr o
= to make the most of

llygoden (llygod)
f = mouse
llygoden fawr
f = rat

llanc (-iau) m = lad
llanc mawr
= a big head, a pompous
  person

sbwriel m = rubbish
sbwriel mawr
= bulk refuse

bostio = to boast
bost (-iau) m = boast
bostfawr
= boastful

clod (-ydd)
m/f = praise, fame
clodfawr
= praiseworthy

clodfori
= to praise

- 264 -

mawr (mawrion) = big, great, large

mawr
= big, great, large

cost (-au) m = cost
costus = costly
costfawr
= expensive

cnydio = to crop
cnwd (cnydau) m = crop
cnydfawr
= productive, fruitful

cynnwrf (cynhyrfau)
m = excitement
cynhyrfu = to excite
cynhyrfawr
= excitable

cynnwys = to contain
cynhwysfawr
= comprehensive

dir = certain
dirfawr, enfawr
= enormous, immense, vast

drud = costly
drudfawr
= expensive

ennill
= to gain, to win, to earn
enillfawr
= lucrative

ffugio = to pretend
ffug = fictitious, false
ffugfawr
= deceitful

gwerth (-oedd)
m = value, worth
gwerthfawr
= precious, valuable

gwerthfawrogi
= to appreciate

gwerthfawrogiad
m = appreciation

gwerthfawrogol
= appreciative

llafur (-iau) m = labour
llafurfawr
= laborious

prisio = to value
pris (-iau) m = price
prisfawr
= expensive

pwysau
m = weight, pressure
pwysfawr
= (very) important, weighty

rhwysg (-au)
m = pomp, pageantry
rhwysgfawr
= pompous, pretentious

mawredd
m = grandeur, greatness

mawreddog
= grand, majestic

bryd (-iau) m = disposition, intent
mawrfrydig
= magnanimous

mawrhad
m = honour

mawrhau
= to magnify, to enlarge

mawrhydi
m = majesty

dylanwadu = to influence
y Mawrion Dylanwadol
= the influential people

mawrion
pl = important people

mawrygiad (-au)
m = magnification

mawrygu
= to glorify, to extol, to magnify

medi = to reap, to harvest

lleuad (-au) f = moon
lleuad fedi
= harvest moon

mis (-oedd) m = month
(mis) Medi
m = September

medel (-au)
f = reaping party

hau = to sow; gwynt (-oedd) m = wind
corwynt (-oedd) m = whirlwind
hau'r gwynt a medi'r corwynt
= *to sow the wind and reap the whirlwind*

aeddfed
= ripe, mature

anaeddfed
= unripe, immature

rhag = before, pre-
rhagaeddfed
= precocious

aeddfedrwydd
m = ripeness, maturity

anaeddfedrwydd
m = unripeness, immaturity

gwleidyddol = political
**anaeddfedrwydd
gwleidyddol**
= political immaturity

rhagaeddfedrwydd
m = precocity

aeddfedu
= to ripen

medr (medrau) m = skill, ability

medr (-au)
m = skill. ability

angenrheidiol = necessary
medrau angenrheidiol
= necessary skills

cymedr
m = mean, average

rhifyddol = arithmetical
cymedr rhifyddol
= arithmetic mean

cymedrol
= moderate, temperate

anghymedrol
= immoderate

cymedroli
= to moderate

cymedroldeb
m = moderation

cymedrolwr (-wyr)
m = moderator

hyfedr
= proficient, competent

hyfedredd
m = competence

medru
= to know, to be able to

medrus
= skilled, skilful

anfedrus
= unskilled

medrusrwydd
m = skill, skilfulness

anfedrusrwydd
m = unskilfulness

medrydd (-ion)
m = gauge, meter

meidr (-au)
m = meter

meidrol
= finite

anfeidrol, anfeidraidd
= infinite

meidroldeb
m = finiteness

anfeidroldeb, anfeidredd
m = infinity

meidrydd (-ion)
m = gauge, meter

meidryddu
= to gauge, to measure

meddu ar = to own, to possess
meddiannu = to occupy, to possess

meddu ar
= to own, to possess

trwydded (-au) f = licence; gyrru = to drive
cyfredol = current
meddu ar drwydded yrru gyfredol
= to possess a current driving licence

adfeddu
= to appropriate

adfeddiannu
= to recover possession
adfeddiant
m = appropriation

difetha
= to destroy, to spoil

difethiad
m = destruction
difethwr (-wyr)
m = destroyer

etifedd (-ion)
m = heir

etifeddeg
f = heredity

etifeddes (-au) = aeres
f = heiress

etifeddiaeth
f = inheritance

diwylliannol = cultural
etifeddiaeth ddiwylliannol
= cultural inheritance

etifeddol
= hereditary

clefyd (-au) m = disease
clefydau etifeddol
= hereditary diseases

etifeddu
= to inherit

treth (-i) f = tax
treth etifeddu
= inheritance tax

meddiannaeth
f = occupation

meddiannol
= possessing, possessive

hun: hunan (hunain) = self
hunanfeddiannol
= self-possessed

meddiannu
= to occupy, to possess

cyfeddiannu
= to annex, to appropriate

cyfeddiannaeth
m/f = annexation,
         appropriation

difeddiannu
= to expropriate, to deprive

[llech = covert]
llechwraidd = stealthy
llechfeddiannu
= to encroach

traws = cross
trawsfeddiannu
= to usurp

meddiant (-iannau)
m = possession

llechfeddiant
m = encroachment

meddiannwr (meddianwyr)
m = possessor, occupier

tir (-oedd) m = land
tirfeddiannwr (-ianwyr)
m = landowner

cefn gwlad = country
tirfeddianwyr cefn gwlad
= country landowners

trawsfeddiannwr (-ianwyr)
m = usurper

meddwl (meddyliau) m = mind, thought

meddwl (meddyliau)
m = mind, thought

niwl (-oedd) m = fog, mist; niwlog = misty
meddwl niwlog
= woolly thinking

ar fy meddwl
= on my mind

agwedd (-au)
f/m = attitude; aspect
agwedd meddwl
= frame of mind

anhwylder (-au)
m = sickness
anhwylder meddwl
= mental disorder

cloff = lame; cloffi = to
be(come) lame; rhwng =
between; dau, dwy = two
cloffi rhwng dau feddwl
= to hesitate

crisial (-au)
m = crystal
crisialu = to crystallise
crisialu'r meddwl
= to focus the mind

cynnwrf (cynhyrfau)
m = excitement, commotion
cynnwrf meddwl
= mental disturbance

eiddil = feeble
eiddilwch m = feebleness
eiddilwch meddwl
= feeble-mindedness

erbyn = by
erbyn meddwl
= come to think of it

iechyd (-on) m = health
iechyd meddwl
= mental health

sâl = ill; salwch m = illness
salwch meddwl
= mental illness

ysbardun (-au) m = spur; ysbarduno = to spur
ysbarduno'r meddwl
= to spur the mind, to spark the thought

difeddwl
= thoughtless

drwg = bad
difeddwl-ddrwg
= unsuspecting

meddwl (am)
= to think (about)

byd (-oedd) m = world
meddwl y byd o ...
= to think the world of...

ail = second
ailfeddwl
= to have second thoughts

drych (-au)
m = mirror
meddylddrych (-au)
m = idea

bryd (-iau)
m = disposition, intent
meddylfryd
m = inclination, mindset

meddylgar
= thoughtful

meddylgarwch
f = thoughtfulness

meddyliad (-au)
m = a thought

meddyliol
= mental

dirywio = to deteriorate
dirywiol = degenerate
dirywiad meddyliol
m = mental deterioration

nam (-au)
m = flaw, fault
â nam meddyliol
= mentally defective

oedran (-nau) m = age
oedran meddyliol
= mental age

meddyliwr (meddylwyr)
m = thinker

meddylu
m = to medidate

meddyg (-on)
m = doctor

teulu (-oedd) m = family
meddyg teulu
= family doctor

mynd = to go
mynd at y meddyg
= to go to the doctor

crach = pseudo, contemptible
crachfeddyg
m = quack doctor

llaw (dwylo) f = hand
llawfeddyg (-on)
m = surgeon

llawfeddygaeth
f = surgery

llawfeddygol
= surgical

triniaeth (-au) f = treatment
triniaeth lawfeddygol
= an operation

mil (-od) m = animal
milfeddyg
m = vet

milfeddygol
= veterinary

meddygaeth
f = medicine

atal = to prevent, to stop
meddygaeth ataliol
= preventive medicine

coleg (-au) m = college; prifysgol (-ion) f = university
Coleg Meddygaeth Prifysgol Cymru
= University of Wales College of Medicine

meddygfa (-feydd)
f = surgery (place)

mynd = to go
mynd i'r feddygfa
= to go to the surgery

meddyginiaeth
f = remedy, medication

llysieuyn (llysiau)
m = vegetable, herb
meddyginiaeth lysieuol
= herbal remedy

difeddyginiaeth
= incurable

meddyginiaethol
= remedial

meddyginiaethu
= to cure, to remedy

meddygol
= medical

archwiliad (-au)
m = investigation, audit
archwiliad meddygol
= medical examination

offer
pl = equipment
offer meddygol
= medical equipment

swyddog (-ion)
m = officer
swyddog meddygol
= medical officer

triniaeth (-au)
f = treatment
triniaeth feddygol
= medical treatment

tystysgrif (-au)
f = certificate
tystysgrif feddygol
= medical certificate

ysgol (-ion) f = school
ysgol feddygol
(ysgolion meddygol)
= medical school(s)

mesur (mesurau) m = measure; Bill

mesur (-au)
m = measure; Bill

cosbi = to punish,
        to penalise
mesurau cosbi
= punitive measures

llunio
= to shape, to form
llunio Mesur
= to draft a Bill

amfesur (-au)
m = perimeter

cymesur
= symmetrical

anghymesur
= asymmetrical

cymesuredd (-au)
m = symmetry

difesur
= immeasurable, huge

mesuradwy
= measurable

amcan (-ion) m/f = objective
amcanion mesuradwy
= measurable objectives

anfesuradwy
= immeasurable

mesuredig
= measured

anfesuredig
= unmeasured

mesuriad (-au)
m = measurement

mesur, mesuro
= to measure

pwyso = weigh; sefyllfa (-feydd) f = situation
mesur a phwyso'r sefyllfa
= to weigh up the situation

tir (-oedd) m = land
tirfesur
= to survey

mesurwr (mesurwyr)
m = measurer

maint (meintiau) m = quantity
maintfesurwr (-wyr)
m = quantity surveyor

mesurydd (-ion)
m = meter, measurer

gwynt (-oedd) m = wind
gwyntfesurydd (-ion)
m = anemometer

tirfesurydd (-ion)
m = surveyor

meth (methion) m/f = failure

meth (-ion)
m/f = failure

difeth, di-feth
= infallible, unfailing, unerring

taliad (-au) m = payment
methdaliad (-au)
m = bankruptcy, insolvency

methdalwr (-wyr)
m = a bankrupt

methedig
= infirm, disabled

methiannus
= failing

methiant (methiannau)
m = failure

methu (â)
= to fail

cael = to have, to get; pig (-au) f = beak; i mewn = in
methu cael pig i mewn
= to be unable to get a word in edgeways

gwneud = to make, to do; pen (-nau) m = head;
cwt (cytiau) m/f = queue, tail
methu (â) gwneud na phen na chwt ohono
= to be unable to make head or tail of it

mewn = in
i mewn i = into   o fewn = within

mewn
= in

amrant (-nau) m = eyelid
amrantiad m = twinkling
mewn amrantiad
= in an instant, in a trice

argyfwng (argyfyngau)
m = crisis, emergency
mewn argyfwng
= in an emergency

cawl m = soup
mewn cawl
= in a mess

da = good; cyflwr (cyflyrau)
m = condition
mewn cyflwr da
= in good condition

chwinciad m = twinkling
mewn chwinciad
= in a flash

deigryn (dagrau) m = tear
mewn dagrau
= in tears

damcaniaeth (-au) f = theory
mewn damcaniaeth
= in theory

dim m = anything, nothing
mewn dim
= in next to no time

duo = to blacken; du = black
mewn du
= in mourning

gair (geiriau) m = word
mewn gair
= in a word

prin = scarce
mewn geiriau prin
= in a few words

gobaith (-eithion) m = hope
mewn gobaith
= in hope

hwyl (-iau) f = mood
mewn hwyl dda
= in a good mood

munud (-au) m/f = minute
mewn munud
= in a minute

pryder (-on) m = anxiety
mewn pryder
= worried

sicrwydd m = certainty
mewn sicrwydd
= certain

trafferthus = troublesome
trafferth (-ion) f/m= trouble
mewn trafferth
= in trouble

union = direct, straight
pryd (-iau) m = time
mewn union pryd
= in the nick of time

prynu = to buy; cath (-od) f = cat
cwd (cydau) m = pouch, bag
prynu cath mewn cwd
= to buy a pig in a poke

i mewn i
= into

pair (peiriau) m = cauldron
i mewn i'r pair
= into the pot

logio = to log
logio i mewn
= to log in (to computer)

o fewn
= within

diddymu = to abolish
dim m = anything, nothing
o fewn dim i
= within a whisker of

ergyd (-ion)
f/m = blow, shot
carreg (cerrig) f = stone
o fewn ergyd carreg i
= within a stone's throw of

milltir (-oedd)
f = mile
o fewn milltir i
= within a mile of

pellter (-au) m = distance
cerdded = to walk
o fewn pellter cerdded i
= within walking distance of

mewn = in

i mewn i = into   **o fewn** = within

trwch m = thickness
blewyn (blew) m = hair, fur
o fewn trwch blewyn
= within a hair's breadth

tua = towards, about
wythnos (-au) f = week
o fewn tua wythnos
= within about a week

mewn
= in

pwn (pynnau)
m = pack, burden
mewnbwn (mewnbynnau)
m = input (computer)

dirnad = to comprehend
dirnadaeth
f = comprehension
mewnddirnadaeth
f = insight

mewnfa (-feydd)
f = inlet (for water, gases)

môr (moroedd) m = sea
mewnforio
= to import

mewnforiwr (-forwyr)
m = importer

mudo = to move
mewnfudo
= to immigrate

mewnfudwr (-wyr)
m = immigrant

mewniad (-au)
m = insertion

mewnol
= internal, inner

ystyr (-on) m/f = meaning
ystyr mewnol
= inner meaning

mewnolyn (mewnolion)
m = introvert

gosod = to place, to put
mewnosod
= to insert

saeth (-au)
f = arrow
mewnsaethiad (-au)
m = injection

saethu
= to shoot
mewnsaethu
= to inject

mewnwr (-wyr)
m = scrum-half, inside-half

mewnyn (mewnion)
m = filling

modd (moddion) m = manner, mode, means

modd (-ion)
m = manner, mode, means

prawf (profion) m = proof
prawf moddion
= means test

moddion
pl = medicine(s)

gor = over, super, hyper-
gormod (-ion)
m = too much, excess

gormodedd
m = excess, glut

iaith (ieithoedd) f = language
gormodiaith
f = exaggeration

gormodol
= excessive, exaggerated,
  undue

rhyw = some
rhywfodd = rhywsut
= somehow, anyhow

moes (moesau) f = morality (morals, manners)

moes (-au)
f = morality (morals)

drama (dramâu) f = play
drama foes
= morality play

anfoes
f = immorality, unseemliness

difoes, di-foes
= rude, unmannerly

moeseg
f = ethics

moesegol
= ethical

moesegu
= to moralise

moesgar
= polite

anfoesgar
= impolite, unmannerly

moesgarwch
m = politeness

anfoesgarwch
m = incivility, bad manners

euog = guilty, euogrwydd m = guilt; esgeuluso = to neglect, esgeulus = negligent; ei = his dyletswydd (-au) f = duty
moesol
= moral
"yn euog o esgeuluso ei ddyletswydd foesol"
= "guilty of neglecting his moral duty"

hawl (-iau) f = right
hawl foesol (hawliau moesol)
= moral right(s)

mater (-ion) m = matter, issue
materion moesol a moesegol
= moral and ethical issues

perygl (-on) m = danger
perygl moesol
= moral danger

safon (-au) f = standard
safonau moesol
= moral standards

anfoesol
= immoral

sych = dry
sychfoesol
= priggish

sychfoesolyn (-olion)
m = prig

moesoldeb
m = morality

anfoesoldeb
m = immorality

moesoli
= to moralise

moesolwr (-wyr)
m = moralist

gwers (-i)
f = lesson
moeswers (-i)
f = moral

ymgrymu
= to stoop, to bow
moesymgrymu
= to bow, to curtsy

moeth (moethau) m = luxury   mwyth = soft, luxurious

moeth (-au) m = luxury
mwyth = soft, luxurious

esmwyth
= soft, easy, comfortable

cadair (cadeiriau) f = chair
cadair esmwyth
= an easy chair

rhoi = to give; to put
rhoi yn esmwyth
= to put at ease

anesmwyth
= restless, uneasy

esmwytháu
esmwytho
= to ease, to soothe

anesmwytháu
anesmwytho
= to make uneasy

esmwythder, esmwythdra
m = relief (from pain or
    anxiety), ease

anesmwythder,
anesmwythdra
m = uneasiness, disquiet

esmwythyd
m = ease, relief; luxury

anesmwythyd
m = uneasiness, disquiet

moethi
= to pamper, to indulge

moethlyd
= pampered, spoilt

moethus
= luxurious, sumptuous

bywyd (-au) m = life
bywyd moethus
= a life of luxury

moethustra
moethusrwydd
m = luxury

mwythau
pl = caresses

mwytho
= to fondle, to pamper

mwythus
= pampered

moli = to praise
mawl m/f = praise

moli
= to praise
mawl m/f = praise

canu = to sing
canu mawl
= to sing praise

can, gan = with, by
canmol
= to praise

cymylu = to cloud over
cwmwl (cymylau) m = cloud
canmol i'r cymylau
= *to praise to the skies*

canmoladwy
= praiseworthy
canmoliaeth (-au)
f = praise, compliment

canmoliaethus
= complimentary,
    commendatory

gor = over, super, hyper-
gorfoledd
m = exultation, jubilation

gorfoleddu
= to rejoice greatly
gorfoleddus
= jubilant, triumphant

molawd (-au)
m = eulogy

moliannu
= to praise

moliannus
= praiseworthy

moliant (-iannau)
m = praise

môr (moroedd) m = sea

(Afon) Hafren
= (River) Severn
Môr Hafren
= Bristol Channel

Iwerddon
f = Ireland
Môr Iwerydd
= Atlantic Ocean

tymestl (tymhestloedd)
f = storm, tempest
moroedd tymhestlog
= tempestuous seas

addo = to promise; mynydd (-oedd) m = mountain
addo môr a mynydd
= to promise the earth

crwban (-od) m = tortoise
crwban y môr
= turtle

gwneud = to make, to do; mynydd (-oedd) m = mountain
am = about; dim m = anything, nothing
gwneud môr a mynydd am ddim
= to make a song and dance about nothing

sâl = ill
salwch m = illness
salwch y môr
= sea-sickness

siarad (â) = to talk, to speak (to); fel = like, as
pwll (pyllau) m = pool; pit
siarad fel pwll y môr
= to talk nineteen to the dozen / to talk incessantly

tref (-i) (-ydd) f = town; glan (-nau) f = bank, shore
trefi glan-môr
= seaside resorts

allan = out
allforio
= to export

allforion
pl = exports
allforiwr (allforwyr)
m = exporter

ar = on; tir (-oedd) m = land
arfordir (-oedd)
m = coast

arfordirol
= coastal

taith (teithiau) f = journey
mordeithiau arfordirol
= coastal cruises

hinsawdd (hinsoddau)
f/m = climate

arforol
= maritime

hinsawdd arforol
= maritime climate

cefn (-au) m = back
cefnfor (-oedd)
m = ocean

cefnforeg
f = oceanography

cul = narrow
culfor (-oedd)
m = strait, channel

cyfan = entire
cyfanfor (-oedd)
m = ocean

cyfyng = restricted
cyfyngfor (-oedd)
m = strait

gên (genau) f = jaw, chin
geneufor (-oedd)
m = gulf

mewn = in
mewnforio
= to import

mewnforion
pl = imports

tan, dan = under
tanfor(ol)
= submarine

ynys (-oedd) f = island
ynysfor
m = archipelago

môr (moroedd) m = sea

tra = extremely, very
tramor
= overseas, foreign

arian pl = money
arian tramor
= foreign currency

cymorth
m = aid, help
cymorth tramor
= overseas aid

mater (-ion)
m = matter, issue
materion tramor
= foreign affairs

toll (-au) f = duty (= tax); cartref (-i) m = home
Tollau Tramor a Chartref
= Customs and Excise Duty

tramorwr (-wyr)
m = foreigner

mordwyo
= to navigate, to sail

mordwyol
= navigable

mordwywr (-wyr)
m = mariner, sailor

hallt m = salt
morfa (morfâu) (morfeydd)   **morfa hallt**
m/f = sea marsh   = salt marsh

mil (-od) m = animal
morfil (morfilod)
m = whale

milwr (-wyr) m = soldier
môr-filwr (môr-filwyr)
m = marine

milltir (-oedd) f = mile
môr-filltir (-oedd)
f = nautical mile

morwyn (morynion) f = maid
môr-forwyn (môr-forynion)
f = mermaid

cainc (cangau) f = branch
morgainc (môr-geinciau)
m/f = gulf

ci (cŵn)
m = dog
morgi (morgwn)
m = shark

clawdd (cloddiau)
m = embankment
môr-glawdd
m = breakwater

cranc (-od) m = crab
morgranc (-od)
m = crab

hwch (hychod) f = sow
môr-hwch (môr-hychod)
f = dolphin

canu = to sing
morio   **morio canu**
= to voyage, to sail   = to sing with gusto

llen (-ni) f = sheet
morlen (-ni) (-nau)
f = chart

llo (lloi) m = calf
morlo (morloi)
m = seal

llyn (-noedd) m = lake
morlyn (môr-lynnoedd)
m = lagoon

wal (-iau) f = wall
morol   **morwal (môr-waliau)**
= marine, maritime   f = breakwater

morwr (-wyr)
m = sailor, seaman

morwriaeth
f = seamanship, navigation

rhyd (-au) f = ford
moryd (-iau)
f = estuary

mudo = to move, to migrate

mudo
= to move, to migrate

allan = out
allfudo
= to emigrate

allfudwr (allfudwyr)
m = emigrant

cymudo
= to commute

cymudwr (-wyr)
m = commuter

darfudiad
m = convection

mewn = in
mewnfudo
= to immigrate

deddf (-au) f = law; Act; llochesu = to seek refuge
Deddf Llochesu a Mewnfudo
= Asylum and Immigration Act

mewnfudiad
m = immigration

mewnfudwr (-wyr)
m = immigrant, incomer

symud
= to move

symudedd
m = mobility

symudiad (-au)
m = movement

ymsymudiad
m = locomotion

cartref (-i) m = home
symudol
= mobile

cartrefi symudol
= mobile homes

ffôn (ffonau) m = phone
ffôn symudol
= mobile phone

gris (-iau) m/f = step, stair
grisiau symudol
= escalator

ansymudol
= immobile

ymfudo
= to emigrate

ymfudiad (-au)
m = emigration
ymfudwr (-wyr)
m = emigrant

gwirfoddol = voluntary
mudiad gwirfoddol
= a voluntary organisation

gwyrdd, gwerdd = green
y Mudiad Gwyrdd
= the Green Movement

mudiad (-au)
m = movement, organisation

gweriniaeth (-au)
f = republic
y mudiad gweriniaethol
= the republican movement

iechyd m = health
byd (-oedd) m = world
Mudiad Iechyd y Byd
= the World Health
  Organisation

meithrin = to nourish
ysgol (-ion) f = school
Mudiad Ysgolion Meithrin
= Welsh Language Nursery Schools Movement

mudiant
m = motion

mudol
= migratory, mobile

mudoledd
m = mobility

llafur (-iau) m = labour
mudoledd llafur
= labour mobility

lwfans (-au) m = allowance
lwfans mudoledd
= mobility allowance

mwg m = smoke

eog (-iaid) m = salmon
eog mwg
= smoked salmon

larwm (larymau) m = alarm
larwm mwg
= smoke alarm

tanwydd (-au) m = fuel
tanwydd di-fwg
= smokeless fuel

heb = without; tân (tanau) m = fire
dim mwg heb dân
= no smoke without fire

mogfa
f = asthma,shortage of breath

mogi
= to suffocate, to smother

myctod
m = asphyxia, suffocation

tarth (-au)
m = vapour, mist
mygdarth (-au)
m = fume(s); incense

mygdarthiad
m = fumigation
mygdarthu
= to fumigate

llysiau pl = herbs

mygfa
f = suffocation

myglyd
= smoky, choking, stifling

myglys
m = tobacco

cael = to have, to get

mygu
= to choke, to suffocate

mygyn
m = a smoke

cael mygyn
= to have a smoke

gwaharddiad (-au) m = prohibition; gwahardd = to prohibit
(y)smygu
= to smoke

gwaherddir ysmygu
= smoking is prohibited

dim (y)smygu
= no smoking

(y)smygwr (-wyr)
m = a smoker

mwyn = gentle, mild

mwyn
= gentle, mild

tywydd m = weather
tywydd mwynach
= more clement weather

addfwyn
= meek, gentle

anfwyn
= unkind

talu = to pay; olaf = last
cymwynas (-au)
f = favour, kindness

talu'r gymwynas olaf
= to pay the last respects

anghymwynas (-au)
f = disservice

cymwynasgar
= kind, helpful, obliging

cymwynaswr (-wyr)
m = benefactor

difwyniad, difwyniant
m = defilement

difwyno, diwyno
= to spoil, to mar, to sully

mwynder
m = gentleness

mwynderau
pl = delights, pleasures

amwynder (-au)
m = amenity

mwyneidd-dra
m = gentleness

mwyneiddio
= to become gentle

mwynhad
m = enjoyment, pleasure

mwynhau
= to enjoy

mwyniant (-iannau)
m = enjoyment, pleasure

mygedol = honorary
dameg m = parable **dirmygu** = to despise **dychmygu** = to imagine
edmygu = to admire **rhyfygu** = to presume

mygedol
= honorary

dameg (damhegion)
f = parable

damhegol
= allegorical

llys (-oedd) m = court
dirmyg llys
= contempt of court

dirmyg
m = contempt

dirmygedig
= despised

dirmygol, dirmygus
= contemptuous, contemptible

dirmygu
= to despise

dychmygol
= imaginary

dychmygu
= to imagine

dychmygus
= imaginative

tanio = to fire
tanio'r dychymyg
= to fire the imagination

dychymyg (dychmygion)
m = imagination

diddychymyg
= unimaginative

ennyn = to kindle
ennyn edmygedd
= to win admiration

edmygedd
m = admiration

edmygol
= admiring

edmygu
= to admire

edmygwr (-wyr)
m = admirer

rhyfyg
m = presumption

rhyfygu
= to presume

rhyfygus
= presumptuous, arrogant

mynd, myned = to go

adref = (to) home
mynd adref
= to go home

tro (troeon) m = turn; time
mynd am dro
= to go for a walk

at = to, towards
mynd at
= to go to (a person)

mynd ati
= to go at it

bant (SW), i ffwrdd (NW)
= away
mynd bant/i ffwrdd
= to go away

tipyn (-nau) m = little, bit
poen (-au) m/f = pain
mynd yn dipyn o boen
= to become a nuisance

pwyll
m = discretion, steadiness
mynd gan bwyll
= to go at a steady pace

croen (crwyn) m = skin
mynd dan eich croen
= to get under your skin

chwith = left
mynd yn chwith
= to go wrong

mynd, myned = to go

troed (traed) m/f = foot
mochyn (moch) m = pig
mynd yn draed moch
= to become a shambles

trotian = to trot
cadno (cadnoaid) m = fox
mynd ar drot cadno
= to go in a carefree mood

disberod
m = wandering
mynd ar ddisberod
= to go astray

dŵr (dyfroedd) m = water; dyfnder (-oedd) m = depth
dwfn, dofn (dyfnion) = deep
mynd i ddyfroedd dyfnion
= to get into deep waters

drwg = bad
mynd yn ddrwg
= to go rotten

eithafiaeth f = extremism
eithaf (-ion) (-oedd) m = extremity
mynd i'r eithaf
= to go the whole hog

tros, dros = over
erchwyn (-ion) (-nau)
m/f = bedside
mynd dros yr erchwyn
= to die

erbyn = against; by
mynd yn erbyn
= to go against, to oppose

trwy = through
melin (-au) f = mill
mynd trwy'r felin
= to have a hard time

bwrw = to cast, to strike
swildod m = shyness
mynd i fwrw swildod
= to go on honeymoon

baich (beichiau)
m = load, burden
beichiog = pregnant
mynd yn feichiog
= to become pregnant

gafael (-ion)
f = hold, grasp
mynd i'r afael â
= to get to grips with

clwydo = to roost
clwyd (-i) f = gate; perch
mynd i glwydo
= to go to bed

gwelltyn (gwellt)
m = grass, straw
mynd i'r gwellt
= to come to nothing

cwrdd â = to meet
gofid (-iau) m = trouble
mynd i gwrdd â gofid
= to meet trouble half-way

heibio i = past, by
mynd heibio i
= to go past, to pass by

i = to, into
mynd i
= to go to (a place)

lan (SW), i fyny (NW) = up
mynd lan, mynd i fyny
= to go up

i lawr = down
allt (elltydd) f = hill
mynd i lawr yr allt
= to deteriorate

lle (-oedd) (llefydd)
m = place
mynd o'i le
= to go wrong

ei = her
llawes (llewys) f = sleeve
mynd i'w llawes hi
= to curry favour with her

ma's (SW), allan (NW) = out
mynd ma's, mynd allan
= to go out

mwgwd (mygydau)
m = mask
mynd i'w mwgwd (hi)
= to sulk

mynd, myned = to go

fy = my; nerfus = nervous
nerf (-au) f = nerve
mynd ar fy nerfau
= to get on my nerves

nos (-au)
f = night
mynd yn nos ar
= to black out

tros, dros = over, for
nyth (-od) f/m = nest
mynd dros y nyth
= to leave home

rhemp (-au) f = excess
rhemp = excessive
mynd yn rhemp
= to spread like the plague

rhodio = to walk; rhodfa
(-feydd) f = promenade
mynd i rodio
= to explore

sarn (-au)
f = causeway; ruin
mynd yn sarn
= to become a ruin

gwaeth = worse
mynd yn waeth
= to become worse

wal (-iau) f = wall
mynd i'r wal
= to come to grief

ysgyfarnog (-od) f = hare
mynd ar ôl ysgyfarnog
= to chase red herrings

ar ôl = after

min (-ion) m = brink, edge
ar fin mynd
= about to go

ar = on
mae mynd ar
= there is a demand for

ysfa (ysfeydd) f = itch
ysu = to want very much
cael = to have, to get
ysu am gael mynd
= itching to get going

cyd = joint
cyd-fynd (â)
= to agree (with)

(y)sbwriel m = rubbish, trash
Ewch â'ch 'Sbwriel Gyda Chi!
= Take Your Rubbish With You!

mynd â
= to take

gwynt (-oedd) m = wind; ei =
his, her; hwyl (-iau) f = sail
mynd â'r gwynt o'i hwyliau
= to deflate her/him

maen (meini) m = stone
wal (-iau) f = wall
mynd â'r maen i'r wal
= to succeed

mynedfa (-feydd) (-fâu)
f = entrance

nwyddau pl = goods
mynedfa nwyddau
= goods entrance

ochr (-au) f = side
mynedfa ochr
= side entrance

prif = chief
Prif Fynedfa
= Main Entrance

peidio â = to cease; rhwystro = to obstruct; yma = here/this
Peidiwch â rhwystro'r fynedfa yma
= Don't obstruct this entrance

dim m = anything, nothing
mynediad am ddim
= free admission

mynediad (-au)
m = access, admission

dim mynediad
= no admission

rhad = cheap
**mynediad yn rhad
ac am ddim**
= admission (absolutely!)
  free

trwy = through, by
tocyn (-nau)
m = ticket, token
mynediad trwy docyn
= admission by ticket

- 281 -

mynegi = to express, to indicate

mynegi
= to express, to indicate

diddordeb (-au) m = interest
mynegi diddordeb
= to express interest

post (pyst) m = post
mynegbost (mynegbyst)
m = signpost

bys (-edd) m = finger
mynegfys (-edd)
m = index finger; hand (clock)

haul (heuliau) m = sun
heulfynag (-aig)
m = sundial

rhag = before, pre-
rhagfynegi
= to foretell, to predict

mynegai (mynegeion)
m = index

carden (cardiau) f = card
mynegai cardiau
m = card index

mynegeio
= to index

mynegiad (-au)
m = statement (of opinion/facts)
mynegiant (-iannau)
m = expression (of thought)

cain = elegant, fine
ceinder m = elegance
ceinder mynegiant
= elegance of expression

hun: hunan (hunain) = self
hunanfynegiant
m = self-expression

difynegiant
= expressionless

wyneb (-au) m = face
wynebau difynegiant
= expressionless faces

mynegiannol
= expressive

mynegol
= indicative

mynegydd (-ion)
m = indicator

mynnu = to insist, to wish, to will
dyfynnu = to quote   erfyn = to entreat   gofyn = to ask

dyfynnu
= to quote

dyfyniad (-au)
m = quotation (literary)

nod (-au) m/f = note, mark
dyfynnod (dyfynodau)
m = quotation mark

erfyn (dros)
= to entreat, to implore

erfyniad (-au)
m = entreaty, request

erfyniol
= imploring

erfyniwr (erfynwyr)
m = petitioner

gofyn
= to ask, to request

bendith (-ion) f = blessing
gofyn bendith
= to say grace

gofynnod (gofynodau)
m = question mark

gofyn (-ion)
m = requirement, demand

yn ôl = according to
yn ôl y gofyn
= as required

gofynnol
= necessary, required

gofyniad (-au)
m = requirement

benthyca = to borrow; sector (-au) m = sector
cyhoeddus = public
Gofyniad Benthyca'r Sector Cyhoeddus
= the Public Sector Borrowing Requirement

ymofyn, mo'en
= to want, to desire, to seek

ymofyn (-ion)
m = inquiry

ymofyngar
= inquisitive

ymofynnydd (ymofynwyr)
m = inquirer

mysg m = midst
cymysg = mixed   terfysg (terfysgoedd) m = riot

mysg
m = midst

cymysg
= mixed

o fysg
= from among

ymysg
= among

mysgol
= blended

côr (corau) m = choir
côr cymysg
= mixed choir

cymysgedd (-au)
m = mixture

rhyfedd = strange
cymysgedd rhyfedd
= a strange mixture

cymysgfa
f = medley, muddle, jumble

cymysglyd
= muddled, confused

cymysgu (â)
= to mix; to confuse

cymysgwr (-wyr)
cymysgydd (-ion)
m = mixer, blender

wy (-au) m = egg
cymysgwy
m = scrambled egg

digymysg
= unmixed, pure

yn eu mysg
= among them

mysgu
= to undo, to unravel

gallu (-oedd) m = ability
gallu cymysg
= mixed ability

burum m = yeast
cymysgedd burum
= yeast mixture

cywrain = ingenious
cymysgedd cywrain
= an ingenious mixture

cymysgiad
m = mixing

rhyw (-iau) f = sort; sex
cymysgryw
= hybrid; mongrel

cymysgwch
m = jumble, mixture

bwyd (-ydd) m = food
cymysgydd bwyd
= food-mixer

pleser (-au) m = pleasure
pleser digymysg
= undiluted pleasure

terfysg (-oedd)
m = riot, tumult

terfysgaeth
f = terrorism

deddf (-au) f = law; Act; rhwystro = to hinder, to prevent
Deddf Rhwystro Terfysgaeth
= Prevention of Terrorism Act

terfysgaidd, terfysglyd
= riotous, turbulent

terfysgol
= terrorist

terfysgu
= to terrorise, to riot

trosedd (-au)
m/f = crime, offence
trosedd terfysgol
= terrorist offence

terfysgwr (-wyr)
m = terrorist, rioter

natur
f = nature. temperament

cyw (-ion) m = chick; cawl m = soup
mae natur y cyw yn y cawl
= *like father, like son; a chip off the old block*

anwadal = fickle
natur anwadal
= a fickle nature

mewn = in; drwg = bad
mewn natur ddrwg
= in a vile mood

dynol = human
natur ddynol
= human nature

tosturi m = compassion
natur tosturiol
= a compassionate nature

byd (-oedd) m = world
y byd natur
= the natural world

cronfa (-feydd)
f = fund
Cronfa Natur y Byd
= the World Wildlife Fund

gwarchod
= *to guard*
Gwarchodfa Natur
f = Nature Reserve

gwir = true
gwir natur
= real nature

wrth = by, with, at
wrth natur
= by nature, naturally

yn natur
= in the nature of

naturiaeth (-au)
f = nature

naturiaethwr (-wyr)
m = naturalist

naturiol
= natural
yn naturiol
= naturally

adnoddau
pl = resources
adnoddau naturiol
= natural resources

amgylchedd (-au)
m = environment
amgylchedd naturiol
= natural environment

ardal (-oedd) f = area; hardd = beautiful
harddwch m = beauty; eithriadol = exceptional
Ardal o Harddwch Naturiol Eithriadol
= Area of Outstanding Natural Beauty

cyfiawnder
m = justice
cyfiawnder naturiol
= natural justice

cynefin = familiar
cynefin (-oedd) m = habitat
cynefin naturiol
= natural habitat

cynnydd (cynyddion)
m = increase, growth
cynnydd naturiol
= natural increase

erthyliad (-au)
m = abortion
erthyliad naturiol
= miscarriage

llai = smaller
lleihad m = decrease
lleihad naturiol
= natural decrease

nwy (-on) m = gas
olew (-on) m = oil
nwy naturiol ac olew
= natural gas and oil

goruwch = above, over
annaturiol
= unnatural
goruwchnaturiol
= supernatural

naturioldeb
m = naturalness

naturus
= angry, quick-tempered

naturyddol
= naturalistic

nawdd (noddau) m = patronage, protection
adnodd (adnoddau) m = resource

nawdd (noddau)
m = patronage, protection

ariannol = financial
nawdd ariannol
= financial backing

cymdeithasol = social
Nawdd Cymdeithasol
= Social Security

tan, dan = under
dan nawdd
= sponsored by

adnodd (-au)
m = resource

ariannol = financial
adnoddau ariannol
= financial resources

crai = new, fresh, raw
adnoddau crai
= raw materials

cymunedol = community
adnoddau cymunedol
= community resources

dynol = human
adnoddau dynol
= human resources

cyfrwng (cyfryngau)
m = medium (media)
adnoddau cyfryngol
= media resources

ychwanegu = to add
ychwanegol = additional
adnoddau ychwanegol
= additional resources

canolfan (-nau) f/m = centre
canolfan adnoddau
= resources centre

cyfuno = to combine
cyfuno adnoddau
= to pool resources

defnydd (-iau) m = use, material;   effeithiol = effective
prin = scarce;   prinder (-au) m = scarcity, shortage
defnydd effeithiol o adnoddau prin
= an effective use of scarce resources

nawddogaeth
f = patronage

nawddoglyd
= patronising, condescending

nawddogi
= to sponsor, to patronise

nawddogol
= supportive, protective, patronising

sant (saint) (seintiau) m = saint
nawddsant
m = patron saint

nodded (-ion)
m = protection

noddedigion
pl = evacuees

noddfa (-feydd) (-fâu)
f = refuge, shelter

gwleidyddol = political
noddfa wleidyddol
= political asylum

noddi
= to act as patron, to sponsor

noddir gan
= sponsored by

masnach (-au)
f = commerce, trade
noddwyr masnachol
= commercial sponsors

noddwr (-wyr)
m = patron, sponsor

naws (nawsau) f = nature, temperament, disposition

naws (-au)
f = nature, temperament

sirioldeb m = cheerfulness; siriol = cheerful, pleasant
naws siriol
= a cheerful nature

cyd = joint
cydnaws
= compatible, congenial

anghydnaws
= incompatible

drwg = bad
drygnaws
= malevolent

gwrth = against
gwrthnaws
= repugnant

gwrthnawsedd
m = antipathy, aversion

hynaws
= genial, kindly,
   good-natured, affable

didwyll = sincere
hynaws a didwyll
= kind and sincere

hynawsedd
m = kindness, good-
   naturedness, geniality

gwyllt = wild
nawswyllt
= passionate

nerth (nerthoedd) m = power, strength

nerth (-oedd)
m = power, strength

ei = his
pen (-nau) m = head
nerth ei ben
= at the top of his voice

bôn (bonion) m = base
braich (breichiau) f/m = arm
â nerth bôn braich
= with brute force

ysgwydd (-au) f = shoulder
nerth braich ac ysgwydd
= with all one's might

ceg (-au) f = mouth
nerth ei geg
= as loudly as possible

anterth m = zenith, peak
yn anterth ei nerth
= at the height of his power

o nerth i nerth
= from strength to strength

cyd = joint
cydnerth
= well built, burly

cyfnerthu
= to support, to strengthen

cydgyfnerthu
= to consolidate

cydgyfnerthiad
m = consolidation

cydgyfnerthedig
= consolidated

mantolen (-ni) f = balance sheet
mantolen gydgyfnerthedig
= consolidated balance sheet

chwistrell (-au) (-i)
f = syringe, hypodermic
chwistrelliad atgyfnerthu
m = booster injection

atgyfnerthu
= to reinforce, to support

atgyfnerthion
pl = reinforcements

atgyfnerthol
= reinforcing

nerthol
= powerful, strong, mighty

nerthu
= to strengthen

newid = to change
newid (newidiau) (newidion) m = change

newid
= to change
newid (-iau) (-ion)
m = change

cyfeiriad (-au)
m = address, direction
newid cyfeiriad
= change of address

defnydd (-iau)
m = use; material
newid defnydd
= change of use

mân = small, tiny
newid mân
= small change

tywydd m = weather
newid yn y tywydd
= a change in the weather

ystafell (-oedd) f = room
ystafelloedd newid
= changing rooms

adnewid
= to change, to modify

adnewidiad (-au)
m = modification

amnewid
= to substitute

amnewidyn (amnewidion)
m = substitute

cyfradd (-au) f = rate
cyfradd cyfnewid
= rate of exchange

ras (-ys) f = race
ras gyfnewid
= relay race

cyfnewid (â)
= to exchange (with)

tocyn (-nau) m = ticket
tocyn cyfnewid
= voucher

yn gyfnewid am
= in exchange for

cyfnewidfa (-feydd)
f = exchange (telephone)

cyfnewidiol
= changeable

digyfnewid
= unchangeable, unchanging

traws = cross
trawsnewid
= to transform

trawsnewidiad (-au)
m = transformation

gwyrth (-iau) f = miracle
trawsnewidiad gwyrthiol
= a miraculous transformation

trawsnewidydd (-ion)
m = transformer

trynewid
= to permutate, to shuffle

trynewid
m = permutation, shuffle

arfaeth f = intention; arfaethu = to intend
newidiadau arfaethedig
= intended changes

newidiad (-au)
m = change

pris (-iau) m = price
prisiau newidiol
= variable prices

newidiol
= variable, changeable

newidyn (-nau)
m = variable

newydd = new
newydd (newyddion) m = news

newydd = new
newydd (-ion)
m = news

geni = to be born
newydd eni
= new born

cyrraedd = to arrive
newydd gyrraedd
= just arrived

sbon = completely
newydd sbon
= brand new

Efrog m = York
Efrog Newydd
= New York

o'r newydd
= from scratch, anew, afresh

papur (-au) m = paper
papur newydd
= newspaper

erthygl (-au) m/f = article
erthyglau papur newydd
= newspaper articles

talaith (taleithiau) f = province, state
papurau newydd taleithiol
= provincial newspapers

dyma = here is; gweddill (-ion) m = rest, remainder
dyma weddill y newyddion...
= here is the rest of the news...

ystafell (-oedd) f = room
yr ystafell newyddion
= the news toom

adnewyddiad (-au)
m = renewal, restoration

adnewyddol
= renewable

ynni m = energy
ynni adnewyddol
= renewable energy

adnewyddu
= to renew, to renovate

adnewyddwr (-wyr)
m = renovator, restorer

ganedig = born
newydd-anedig
= new born

peth (-au) m = thing
newyddbeth
m = innovation, novelty

newydd-deb
m = novelty; newness

dyfodiad (-iaid) m = arrival
newydd-ddyfodiad
m = newcomer

newyddeb (-au)
m = innovation, novelty

newyddiadur (-on)
m = newspaper

newyddiadur(i)aeth
f = journalism

newyddiadurllyd,
newyddiadurol
= journalistic

newyddiadurwr (-wyr)
m = journalist

heidio = to swarm
haid (heidiau) f = swarm
haid o newyddiadurwyr
= a swarm of journalists

gwraig (gwragedd)
f = woman, wife
newyddiadurwraig
f = journalist

newyddian (-od)
m = novice

newyddiannu
= to innovate

newyddiannus
= innovative

newyddu
= to renovate, to renew

newyddwr (-wyr)
m = innovator

nod (-au)
m/f = aim, mark, note

masnach (-au) f = trade
nod masnach
= trade mark

adnod (-au)
f = verse (from the Bible)

atal = to stop
atalnod (-au)
m = punctuation mark

llawn = full
atalnod llawn
= full stop

atalnodi
= to punctuate

cof (-ion) m = memory
cofnod (cofnodion)
m = record(s), (minutes)

cyfarfod (-ydd) m = meeting
cofnodion y cyfarfod
= the minutes of the meeting

plwyf (-i) m = parish
cofnodion plwyf
= parish records

heb = without
heb gofnod
= off the record

cofnodi
= to record

coll m = loss
collnod (-au)
m = apostrophe

cyfeiriad (-au) m = direction, address
cyfeirnod
m = reference (letter)

cyfnod (-au)
m = period

allwedd (-au) (-i) f = key
cyfnod allweddol
= a key period

amhenodol = indefinite
cyfnod amhenodol
= an indefinite period

brig (-au) m = top, summit
cyfnod brig
= peak period

cythryblus = troubled
cyfnod cythryblus
= troubled period

haul (heuliau) m = sun
heulog = sunny
cyfnodau heulog
= sunny periods

mis (oedd) m = month
mêl m = honey
cyfnod mis mêl
= honeymoon period

tros, dros = over
hir = long
dros gyfnod hir
= over a long period

cyfnodol
= periodic(al)

cyfnodolyn (cyfnodolion)
m = a periodical

cyplysu = to link, to connect
cyplysnod
m = hyphen (-)

nod (nodau) m/f = aim, mark, note
dynodi = to designate   **hynod** = remarkable   **llyfrnod m** = bookmark

didoli = to separate
didolnod (-au)
m = diaeresis; colon

di-nod, dinod
= insignificant, obscure

dynodi
= to denote, to designate

dilysu = to authenticate; dilys = valid, genuine
dilysnod (-au)
m = hallmark

dinodedd
m = insignificance, obscurity

dyfynnu = to quote
dyfynnod (dyfynodau)
m = quotation mark

dynodiad (-au)
m = designation, title

nyrs (nyrsys) f = nurse
nyrs ddynodedig
= designated nurse

gofyn = to ask
gofynnod (gofynodau)
m = question mark

gwag
= empty
gwagnod
m = zero (0)

gwarth m = shame
gwarthus = shameful
gwarthnod
m = stigma

hafal = equal
hafalnod (-au)
m = equals sign (=)

hap (-iau) f = chance
hapnod (-au)
m = accidental (music)

hir = long
hirnod (-au)
m = circumflex accent (â)

hynod, hynodol
= remarkable, notable,
  noteworthy

dewrder m = bravery
dewrion pl = heros
yn hynod o ddewr
= remarkably brave

anhynod
= insignicant

gwyleidd-dra m = modesty
gwylaidd = modest, bashful
yn hynod o wylaidd
= remarkably modest

hynodi
= to distinguish

hynodrwydd
m = distinguishing feature

hynodyn (hynodion)
m = peculiarity

gwedd (-au) f = form, aspect
hynodwedd
f = idiosyncrasy

llaw (dwylo) f = hand
llofnod (-au) (-ion)
m = signature, autograph

llofnodi
= to sign

llon = cheerful
llonnod (-au)
m = sharp (in music)

llyfr (-au) m = book
llyfrnod (-au)
m = bookmark

llythyr (-au) m = letter
llythyrnod (-au)
m = stamp

nod (nodau) m/f = aim, mark, note
pennod f = chapter   saethnod m = target

meddalwch m = softness
meddal = soft
meddalnod (-au)
m = flat (music)

mainc (meinciau)
f = bench
meincnod (-au)
m = bench mark

pen (-nau) m = head
pennod (penodau)
f = chapter

rhyfeddod (-au) m = wonder
rhyfeddol = wonderful
rhyfeddnod (-au)
m = exclamation mark

saeth (-au) f = arrow
saethydd (-ion) m = archer
saethnod (-au)
m = target

nodedig
= remarkable, notable, auspicious

nodi
= to note, to mark

arnodi
= to endorse

rhag = before, pre-
rhagnodi
= to prescribe

rhagnodiad (-au)
m = prescription
rhagnodol
= prescriptive

cefn (-au) m = back
cefnodiad (-au)
m = endorsement

ôl = behind, rear
ôl-nodiad (-au)
m = postscript

nodiad (-au)
m = note (for one's own use)

nodiadur (-on)
m = notebook

nodiant
m = notation

llyfr (-au) m = book
nodlyfr
m = notebook

gwedd (-au)
f = form, aspect
nodwedd (-ion)
f = characteristic, feature

trechu = to overcome
trech = dominant
nodwedd drech
= dominant characteristic

enghraifft (enghreifftiau)
f = example
enghraifft nodweddiadol
= typical example

nodweddiadol
= characteristic, typical

nodweddu
= to categorise

troed (traed) m/f = foot
troednodyn (troednodiadau)
m = foot-note

nodyn (-au) (nodion)
m = note; musical note

nos (nosau) f = night

da = good
nos da
= good night

calan (-nau)
m = first day of season
Nos Galan
= New Year's Eve

gaeaf (-au) m = winter
Nos Galan Gaeaf
= October 31st - Hallowe'en

canol (-au) m = middle
canol nos
= midnight

offeren (-nau) f = mass
offeren ganol nos
= midnight mass

clwb (clybiau) m = club
clwb nos
= night club

coban (-au) f = cloak
coban nos
= night dress, night gown

dillad pl = clothes
dillad nos
= pyjamas, nightwear

esgid (-iau) f = boot, shoe
esgidiau nos
= slippers

gyda = with
gyda'r nos
= (in the) evening

hanner (haneri) m = half
hanner nos
= midnight

perfedd (-ion) m = guts
perfedd nos
= dead of night

beunos
= nightly

cyfnos (-au)
m = dusk, evening twilight

cyhyd = of equal length
cyhydnos (-au)
f = equinox

gwanwyn m = spring
cyhydnos y gwanwyn
= spring equinox

hydref m = autumn
cyhydnos yr hydref
= autumn equinox

dechreuad m = beginning
dechreunos
f = dusk

echnos
= the night before last

pump = five; deg = ten; pymtheg = fifteen
pythefnos
m/f = fortnight

wyth = eight
wythnos
f = week

diwethaf = last
yr wythnos ddiwethaf
= last week

pen (-nau) m = head
penwythnos (-au)
m/f = weekend

wythnosol
= weekly

wythnosolyn (-olion)
m = weekly paper

nosi
= to become night

nosol, nosweithiol
= nocturnal, nightly

cofio = to remember
noson i'w chofio
= an evening to remember

bendigedig = blessed
noson fendigedig
= a splendid evening

noson
f = evening

llawen = joyful
noson lawen
= a jolly evening

golau leuad = moonlit
noson olau leuad
= a moonlit evening

gwaith (gweithiau) f = time
noswaith (nosweithiau)
f = evening

noswaith dda
= good evening

nosweithiol
= nocturnal, nightly

ochr (ochrau) f = side

ochr yn ochr â
= side by side with

golau = bright
yr ochr olau
= the bright side

camu = to step
ochrgamu
= to circumvent, to side-step

cael = to have, to get; siomedig = disappointing, disappointed; siom (-au) m = disappointment; gorau = best
cael siom ar yr ochr orau
= to be agreeably surprised

pob = all, each, every
Sioni bob ochr
= someone who agrees with everyone

ochri (gyda, â)
= to side (with)

ochrog
= having sides

aml = often, frequent
amlochrog
= many-sided; versatile

dau, dwy = two
dwyochrog
= bilateral

cyfochr(og)
= parallel

ymochredd
m = alignment

anymochredd
m = non-alignment

ymochri
= to align

ymochrol
= aligned

anymochrol
= non-aligned

oed (oedau) m = time, period

addewid (-ion) m/f = promise
oed yr addewid
= three score years and ten

Crist m = Christ
Oed Crist (OC)
= Anno Domini (AD)

canol (-au) m = middle
canol oed
= middle aged

tan, dan = under
dan oed
= under age

yfed = to drink
yfed dan oed
= under-age drinking

ystod (-au) f = period of time
ystod oed
f = age range

cyfoed
= contemporary

cyfoed (cyfoedion)
m = a contemporary

di-oed, dioed
= without delay, at once

erioed
= ever, never

mwy = more; na(g) = than
yn fwy nag erioed
= more than ever

oedi
= to delay

oediad (-au)
m = delay

cad (-au) (-oedd) f = battle
cadoediad
m = armistice

oedolyn (oedolion)
m = adult

rhan (-nau) f = part
oedran (-nau)
m = age

grŵp (grwpiau) m = group
grŵp oedran
m = age group

oedrannus
= elderly, aged

oer = cold

oer = cold	*llyffant (-od) m = toad* **mor oer â llyffant** = unfriendly	*diod (-ydd) f = drink* **diodydd oer** = cold drinks
	ias (-au) f = thrill, shiver **iasoer** = extemely cold / chilly	*nofel (-au) f = novel* **nofel iasoer** = a thriller
	llug = limp, listless **llugoer** = lukewarm, half-hearted	*byth = ever, never* **oerach byth** = colder than ever
oeraidd, oerllyd = cool, chilly	**oerder, oerfel** m = cold(ness), a chill (illness)	*cell (-oedd) f = cell* **oergell** f = refrigerator
oeri = to cool, to become cold	*nâd (nadau) f = cry* **oernad** f = howl, wail, lamentation	**oerni** m = cold, chill, cold (weather)

oes (oesoedd) (oesau) f = age, lifetime

pres m = brass, bronze **yr Oes Bres** = the Bronze Age	*canol (-au) m = middle* **yr Oesoedd Canol** = the Middle Ages	*tywyll = dark* **yr Oesoedd Tywyll** = the Dark Ages
aelodaeth f = membership **aelodaeth am oes** = life membership	*ar hyd = throughout* **ar hyd ei oes** = throughout his life	*arglwydd (-i) m = lord* **arglwydd am oes** = life peer
	eginyn (egin) m = bud **yr egin oes** = the rising generation	*gwarant (-au) f = guarantee* **gwarant am oes** = life guarantee
cyd = joint **cydoesi (â)** = to be contemporary with	**cydoesol** = contemporary	**cydoeswr (-wyr)** m = a contemporary
	cyfoes(ol) = contemporary	**cyfoeswr (-wyr)** m = a contemporary
	cynt = earlier **cynoesol** = primeval	**cynoeswr (-wyr)** m = a predecessor
	einioes f = life	*anadl m/f = breath* **anadl einioes** = breath of life
oesi = to live	*gor = over, super, hyper-* **goroesi** = to survive, to outlive	**goroesiad (-au)** m = survival **goroeswr (wyr)** m = a survivor
oesol = perpetual	**canoloesol** = mediaeval	**yn oes oesoedd** = for ever and ever

offer pl = tools, equipment
offeryn (offerynnau) m = musical instrument

cegin (-au) f = kitchen
diweddar = late
offer cegin diweddaraf
= latest kitchen equipment

diffodd = to extinguish
tân (tanau) m = fire
offer diffodd tân
= fire-fighting equipment

offer
pl = tools, equipment

diogelu = to safeguard
offer diogelu
= safety equipment

swyddfa (-feydd) f = office
offer swyddfa
= office equipment

cad (-au) (-oedd) f = battle
cadoffer
pl = armaments

offeryn (offerynnau)
m = musical instrument

chwyth m = breath
chwythu = to blow
offerynnau chwyth
= wind instruments

llinyn (-nau) m = string, line
llinynnol = stringed
offerynnau llinynnol
= stringed instruments

pres
m = brass, bronze; money
offeryn pres
= brass instrument

trawiadol = striking
taro = to strike
offeryn taro
= percussion instrument

cetyn (catiau) m = bit, piece
cetyn offeryn
m = mouthpiece

offerynnol
= instrumental

offerynnydd (offerynwyr)
m = instrumentalist

ongl (onglau) f = angle

aflym, aflem = blunt, obtuse
ongl aflem
= obtuse angle

llym, llem = sharp
ongl lem
= acute angle

ongl (-au)
f = angle

sgwâr (sgwariau) f/m = square
ongl sgwâr
= right angle

congl (-au)
f = corner

maen (meini) m = stone
conglfaen (conglfeini)
m = corner stone

dehongli
= to interpret

cam = wrong, mis-
camddehongli
= to misinterpret

dehongliad (-au)
m = interpretation

dehonglydd (dehonglwyr)
m = interpreter

pedwar, pedair = four
pedrongl (-au)
f = quadrangle, quadrilateral

tri, tair = three
triongl (-au)
f/m = triangle

onglog
= angular

trionglog
= triangular

onglydd (-ion)
m = protractor

ôl (olion) m = mark, trace, track
ôl = behind, rear

ôl (olion)
m = mark, trace
ôl = behind, rear

gadael = to leave; ei = his
gadael ei ôl
= to leave his mark

gadael olion
= to leave traces

buan = soon, quick
hynny = that
ac yn fuan ar ôl hynny
= and soon after that

dim
m = anything, nothing
does dim ar ôl
= there's nothing left

ar ôl
= after; left (remaining)

crafanc (crafangau) f = claw
crafangu'n ôl
= to claw back

troi = to turn
di-droi'n ôl
= resolute

yn ôl
= back; ago; according to

galw = to call
galw'n ôl
= to call back

di-alw'n ôl
= irrevocable

mis (-oedd)
m = month
mis yn ôl
= a month ago

pob = all, each, every
sôn m/f = mention, rumour
yn ôl pob sôn
= according to rumour

nôl
= to fetch

cyw (-ion) m = chick
melyn = yellow
y cyw melyn olaf
= the youngest in the family

chwibanu = to whistle
chwiban (-au) m/f = whistle
y chwiban olaf
= the final whistle

olaf
= last (= final), ultimate

munud (-au) m/f = minute
munud olaf
= last minute

rhybudd (-ion) m = warning
rhybudd olaf
= ultimatum

bys (-edd) m = finger
ôl-bysedd
pl = finger prints

dyled (-ion) m = debt
ôl-ddyledion
pl = arrears

effaith (effeithiau) f = effect
ôl-effeithiau
pl = repercussions

cart (ceirt)
f/m = cart
ôl-gart
m = trailer

cynnyrch (cynhyrchion)
m = product
ôl-gynnyrch
m = by-product

olhau
= to follow, to trace

olrhain
= to trace

olrhead
m = tracing

troed (traed) m/f = foot
ôl-traed
pl = foot prints

olwr (olwyr)
m = back (football, rugby)

olyniaeth (-au)
f = succession, sequence

olynol
= consecutive

yn olynol
= in succession

olynu
= to succeed (to)

olynydd, olynwr (olynwyr)
m = successor

teilwng = worthy
olynydd teilwng
= a worthy successor

parod = ready, prepared

parod
= ready, prepared
yn barod
= already

arian pl = money
arian parod
= cash

ateb (-ion) m = answer
ateb parod
= repartee

ceffyl (-au) m = horse
ceffyl parod
= a willing horse

amharod
= unready, unprepared

ysgol (-ion) f = school
ysgol baratoi
= prep. school

paratoad (-au)
m = preparation

paratoi
= to prepare

parodrwydd
m = readiness, willingness

amharodrwydd
= unpreparedness

parth (parthau) m = part; hearth, floor

parth (-au)
m = part; hearth, floor

clwt(yn) (clytau) m = cloth, rag
clwtyn parth
= floor cloth

dau, dwy = two
deuparth
= two-thirds

deubarthiad (-au)
m = dichotomy

gwaith (gweithiau) m = work; ei = his, its
dechrau m = beginning, start; dechrau = to start
deuparth gwaith ei ddechrau
= beginning is two-thirds of the work

dosbarth (-iadau)
m = class

nos (-au) f = night
dosbarth nos
= evening class

ystafell (-oedd) f = room
ystafell ddosbarth
= class room

di-ddosbarth
= classless

cymdeithas (-au) f = society
cymdeithas ddi-ddosbarth
= a classless society

dosbarthiad (-au)
m = distribution

manwerthu = to retail
dosbarthiad manwerthu
= retail distribution

dosbarthu
= to distribute

canolfan (-nau) f/m = centre
canolfan ddosbarthu
= distribution centre

dosbarthwr (-wyr)
m = distributor

dosbarthiad (-au)
m = classification

dosbarthu
= to classify, to arrange

dosbarthus
= orderly

annosbarthedig
= unclassified

annosbarthus
= unruly, disorderly

rhan (-nau) f = part
rhanbarth (-au)
m = region

cymorth (cymhorthion)
m = aid, help, assistance
cymorth rhanbarthol
= regional assistance

cynulliad (-au)
m = assembly
cynulliadau rhanbarthol
= regional assemblies

parthu
= to divide, to separate

pell = far, distant

pell
= far, distant

dwyrain m = east
y Dwyrain Pell
= the Far East

anghysbell
= remote

pentref (-i) m = village
pentrefi anghysbell
= remote villages

ambell
= some, occasional, few

gwaith (gweithiau) f = time
ambell waith
= sometimes

cyd = joint
cytbell
= equidistant

neb = anyone, no-one
nid nepell o...
= not far from...

o = from, hir = long
o hirbell
= from afar

yn = in
ymhell
= afar, distant

bellach
= (by) now, further, at length

ymhellach
= further, furthermore

pellach
= further, later

addysg f = education
addysg bellach
= further education

manylyn (manylion)
m = detail
manylion pellach
= further details

pellennig
= faraway, remote

cyrraedd = to reach, to arrive
pellgyrhaeddol
= far-reaching

effaith (effeithiau) f = effect
effeithiau pellgyrhaeddol
= far-reaching effects

pellhau
= to move away

pellter (-au) (-oedd)
m = distance

pen (pennau) m = head

pen (pennau)
m = head

mawr = big
pen mawr
= hangover

tost = sore, ill
pen tost
= headache

ysgwydd (-au) f = shoulder; uwchlaw = above
pen ac ysgwydd uwchlaw
= head and shoulders above

bore (-au) m = morning
yfory = tomorrow
ben bore 'fory
= first thing tomorrow
  morning

bod = to be;
pont (-ydd) f = bridge
a fo ben, bid bont
= he who would be a leader,
   let him be a bridge

punt (punnoedd) f = pound
cynffon (-nau) f = tail
dimai (-eiau) f = halfpenny
pen punt a chynffon dimai
= 'cheap swank'

cyn = before
dim m = nothing, anything
amser (-au) m = time
cyn pen dim o amser
= in next to no time

mawr = big
tro (troeon)
m = turn; time
cyn pen fawr o dro
= before very long

edifar = sorry, penitent; edifaru = to be sorry; pob = all, each, every; blewyn (blew) m = hair; ei = his
edifaru am bob blewyn ar ei ben
= *to be really extremely sorry*

gwaedd (-au) f = shout; gweiddi = to shout
tŷ (tai) m = house (housing)
gweiddi o bennau'r tai
= *to proclaim from the roof-tops*

mwdwl (mydylau)
m = hayrick
rhoi pen ar fwdwl
= *to put an end to it*

rhoi = to give; to put
llond = full
rhoi llond pen i
= *to tell (someone) off*

asgwrn (esgyrn) m = bone
llo (lloi) m = calf
stori asgwrn pen llo
= *an unbelievable story*

draw = yonder
pen draw
m = limit

yn = in
yn y pen draw
= *in the long run, ultimately*

di-ben-draw
= *endless*

ar ben
= *about to; on top of;*
   at an end, finished

ar ben ar
= *all up with*

drws (drysau) m = door
ar ben y drws
= *on the door-step*

hynny = that, those
ar ben hynny
= *on top of / as well as that*

cychwyn = to start
ar ben cychwyn
= *about to start*

mynd = to go
ar ben mynd
= *about to go*

tennyn (tenynnau)
m = tether, halter; eu = their
ar ben eu tennyn
= *at the end of their tether*

cyrraedd = to reach
cyrraedd pen eu tennyn
= *to reach the end of their*
   tether

ei = his, its
ar ei ben
= *precisely*

chwech = six; cloch (clychau) f = bell
chwech o'r gloch ar ei ben
= *six o'clock precisely*

hun: hunan (hunain) = self
ar ei ben ei hun
= *on his own*

ei = her
ar ei phen ei hun
= *on her own*

cur m = ache
cur pen
= *headache*

dod = to come
dod i ben
= *to come to an end*

mwydro = to confuse
mwydro pen
= *to confuse oneself*

chwerthin = to laugh, ei = his
chwerthin am ei ben
= *to laugh at him*

chwilen (chwilod) f = beetle; ei = her
mae chwilen yn ei phen
= *she has a bee in her bonnet*

tros, dros = over
dros ben
= *extremely*

clust (-iau) f/m = ear; mewn = in; dyled (-ion) f = debt
dros ei phen a'i chlustiau mewn dyled
= *over her head and ears in debt*

pen (pennau) m = head

llestr (-i) m = dish, vessel
dros ben llestri
= over the top

mynd = to go
mynd dros ben llestri
= to go over the top

tin (tinau) f = rump, bottom
tin dros ben
= head-over-heels

llosgi = to burn; cannwyll (canhwyllau)
f = candle; dau, dwy = two
llosgi'r gannwyll yn y ddau ben
= to burn the candle at both ends

cymen
= neat, tidy

anghymen
= untidy

cymhendod
m = tidiness

cymhennu
= to tidy

ateb = to answer
ateb y diben
= to serve the purpose

diben (-ion)
m = purpose, end

dibeniad (-au)
m = ending, conclusion

dibennu
= to end, to expire

anniben
= untidy, slovenly

annibendod
m = untidiness, mess

goben (-nau)
m = penultimate

gobenion
pl = overheads

gobennydd (gobenyddion)
m = pillow, bolster

haf (-au) m = summer
Gorffennaf
m = July

gorffen = cwpla (SW)
= to finish

gorffenedig
= finished, completed

anorffenedig
= unfinished, incomplete

y gorffenol
m = the past

gorffenol
= past

grŵp (grwpiau) m = group; gorchwyl (-ion) m = task
Grŵp Gorchwyl a Gorffen
= Task and Finish Group

hir = long
hirben
= shrewd

tros, dros = over
trosben (-nau)
m/f = somersault

trosbennu
= to somersault

un = one
unben (-iaid)
m = dictator, despot

unbennaeth
(unbenaethau)
f = dictatorship

uwch = higher
uwchben
= above, overhead

digon m = enough; ei = his
uwchben ei ddigon
= reasonably well off

llid m = inflammation; wrath
llid yr ymennydd
= encephalitis

ymennydd (ymenyddiau)
m = brain

pen (pennau) m = head

yn = in
ymhen
= within (time), by the end of

mis (-oedd) = month
ymhen mis
= within a month

penadur (-iaid)
m = sovereign

agored = open
penagored
= wide open, undecided

arglwydd (-i) m = lord
penarglwyddiaeth
f = sovereignty,

*paladr m/f = spear; ray;
supporter; measure of land*
penbaladr
= the whole (of), universal

*trwy = through
Cymru f = Wales*
trwy Gymru benbaladr
= throughout all Wales

penben
= at loggerheads

pleth (-i) f = plait
penbleth (-au)
f/m = quandary, confusion

blwydd f = year(s) old
**pen-blwydd
(pennau-blwydd)**
m = birthday

teisen (-nau) f = cake
**teisen ben-blwydd
(teisennau pen-blwydd)**
= birthday cake

poeth = hot; poethi = to heat
penboeth
= fanatical, hot-headed

poethder m = heat
penboethni
m = fanaticism

**penboethiad (-iaid)
penboethyn (penboethion)**
m = fanatic, extremist

bwla (-od) m = bull
penbwl(a) (penbyliaid)
m = tadpole; blockhead

penbylaidd
= stupid, senseless

cad (-au) (-oedd) f = battle;
pencadlys (-oedd)
m = headquarters

llys (-oedd) m = court

camp (-au) f = achievement
pencampwr (-wyr)
m = champion

pencampwriaeth (-au)
f = championship

penigamp
= excellent, splendid

cerdd (-i) f = poem; music
pencerdd (penceirddiaid)
m = chief bard

ci (cŵn) m = dog
penci (pencwn)
m = dogfish

chwiban (-au) m/f = whistle
penchwiban
= frivolous, hare-brained

chwibanu = to whistle
penchwibandod
m = capriciousness

cyfnod (-au) m = period
cyfnod-pendant
= fixed-term

pendant
= definite, specific, explicit

amhendant
= indefinite, vague

pendantrwydd
m = definiteness

amhendantrwydd
m = vagueness

pendefig (-ion)
m = lord, chief, leader,

pendefiges (-au)
f = peeress, noblewoman

pen (pennau) m = head

pendefigaeth
f = aristocracy

pendefigaidd
= aristocratic

terfyniad (-au)
m = ending, termination
penderfyniad (-au)
m = decision, resolution

disymwth, disyfyd, diswta
= sudden, abrupt
penderfyniad disymwth
= a sudden decision

penderfynol
= determined, resolute

amhenderfynol
= indecisive, inconclusive

terfynu = to end, to terminate
penderfynu
= to decide, to resolve

mynd = to go
penderfynu mynd
= to decide to go

tewhau, tewychu = to fatten
tew = fat
pendew
= stupid

maddau = to forgive
difaddau = doubtless
pendifaddau
= especial, particular, certain

tra = over; mwnwgl (mynyglau) m = neck
pendramwnwgl
= head over heels, headlong, topsy-turvey, upside-down

tra = over
pendraphen
= topsy-turvey, in confusion

treth (-i)
f = tax
pendreth
f = poll tax

tristwch m = sadness
athrist = sorrowful
trist = sad
pendrist
= sad, sorrowful

tro (troeon) m = turn; time
pendro
f = dizziness, giddiness

pendroni
= to worry

trwm, trom = heavy
pendrwm
= downcast; drowsy

pendrymu
= to mope; to doze

pendwmpian
= to nod off, to drowse

penddaredd
m = giddiness

delw (-au)
f = image, idol
penddelw (-au)
f = bust (in sculpture)

du (duon) = black
pendduyn (-nod)
m = boil, blackhead, pimple

elin (-au) (-oedd) f = elbow
penelin (-oedd)
m/f = elbow

moel = bare, bald
penfoel
= bald-headed

ffordd (ffyrdd) f = way, road
pen-ffordd
m/f = highway

pen (pennau) m = head

ffrwyn (-au) f = bridle
penffrwyn
f/m = halter

caled = hard
pengaled
= stubborn

glin (-iau) m/f = knee
pen-glin (pennau-gliniau)
m = knee

clog (-i) f = rock, cliff
penglog (-au) (-iaid)
f/m = skull

crwn, cron = round
Pengrwn (Pengryniaid)
m = Roundhead

hwyad (hwyaid) m = duck
penhwyad
m = pike (fish)

peniad (-au)
m = a header (football)

peniant (peniannau)
m = fixture (football)

penio
= to head (a ball); to butt

peniog
= clever, brainy

isel = low
penisel
= downcast, crestfallen

glin (-iau) m/f = knee
pen-lin (-iau)
f = knee

penlinio
= to kneel

llanw (-au) m = tide
penllanw
m = high-tide

llwyd = grey
penllwyd
= grey-haired

llywydd (-ion) m = president
pen-llywydd (-ion)
m = sovereign

pennaeth (penaethiaid)
m/f = chief, head

adran (-nau) f = department
pennaeth adran
= head of department

ysgol (-ion) f = school
pennaeth yr ysgol
= the head-teacher

pennaf = chief
yn bennaf
= mainly, primarily

holl = all
yn benna' 'oll
= above all

pennawd (penawdau)
m = headline, heading

dyma = here is/are; newyddion pl = news; eto = again
dyma benawdau'r newyddion eto
= *here are the news headlines again*

pennill (-ion) (-au)
m = verse, stanza

nod (-au)
m/f = aim, mark, note
pennod (penodau)
f = chapter

pedwerydd, pedwaredd = fourth; deg = ten
pedwar ar ddeg = fourteen
Y Bedwaredd Bennod ar Ddeg o Ioan
= The Fourteenth Chapter of John

noeth = naked
pennoeth
= bareheaded

gwag = empty
**pennog, penwag
(penwaig)**
m = herring

pennu
= to determine, to set, to fix

nodi = to note, to mark
penodi
= to appoint, to determine

penodedig
= appointed, fixed

penodiad (-au)
m = appointment

penodol
= specific, particular

amhenodol
= indefinite, vague

rhydd = free
penrhydd, penrydd
= unrestrained, wild

penrhyddyd
m = licentiousness

[rhyn m = hill]
penrhyn, penryn (-nau)
m = headland, promontory

saer (seiri)
m = carpenter, builder
pensaer (penseiri)
m = architect

saernïaeth
f = craftsmanship
pensaernïaeth
f = architecture

saernïo
= to construct
pensaernïol
= architectural

penstiff
= stubborn

syfrdandod m = stupor
syfrdan = stunned, stupified
pensyfrdan
= stupified, stunned

syfrdanol = stunning
syfrdanu = to shock, to stun
pensyfrdanu
= to stupify, to confuse

syth = straight
pensyth
= perpendicular

tir (-oedd) m = land
pentir (-oedd)
m = headland

tref (-i), (-ydd)
f = town (orig. a homestead)
pentref (-i) (-ydd)
m = village

neuadd (-au)
f = hall
neuadd y pentref
= the village hall

pentrefol
= village

pentrefwr (-wyr)
m = villager

twr (tyrrau) m = heap
pentwr (-tyrrau)
m = heap, pile

pentyrru
= to heap, to pile up

gwag = empty
penwag
= empty headed, senseless

gwan = weak
penwan
= weak-minded, foolish

ysgafn = light (weight)
penysgafn
= dizzy, hare-brained, flighty

penysgafnder
m = giddiness

pêr = sweet (tasting, smelling)

pêr
= sweet

peraidd
= sweet

arogl (-au) m = scent
perarogl
m = perfume

arogli = to scent, to smell
perarogli
= to perfume

aroglus = odourous
peraroglus
= fragrant

pereidd-dra
m = sweetness

pereiddio
= to sweeten

pereiddiol
= sweet sounding, delightful

llewygu = to faint
llewyg (-on) m = faint

llysieuyn (llysiau)
m = vegetable, herb

peren (pêr)
f = a pear

perlewyg (-on)
m = trance

perlysiau
pl = herbs, spices

llan (-nau) f = church, enclosure
perllan (-nau)
f = orchard

peroriaeth
f = melody

sain (seiniau) f = sound
persain, seinber
= melodious

amhersain
= unmelodious

perseinedd
m = melodiousness

sawr m = odour, smell
persawr
m = fragrance

sawrus = savoury
persawrus
= fragrant

peri = to cause

peri
= to cause

gofid (-iau) m = worry
peri gofid
= to cause worry

poen (-au) m/f = pain
peri poen
= to cause pain

amharu
= to harm, to damage

amhariad (-au)
m = damage, impairment
amharus
= impaired

peirianneg
f = engineering

peiriannol
= mechanical

**peiriannwr, peiriannydd
(peirianwyr)**
m = engineer

ateb = to answer
peiriant ateb
= answer phone / machine

golchi = to wash
peiriant golchi
= washing machine

peiriant (peiriannau)
m = machine

llestr (-i)
m = dish, vessel
peiriant golchi llestri
= dish washer

gwnïad m =sewing
gwnïo = to sew
peiriant gwnïo
= sewing machine

ymbelydredd m = radioactivity, radiation; ymbelydrol =
radioactive; ymbelydru = to radiate
pelydr (pelydrau) m = beam, ray
peiriant pelydrau X
= X-ray machine

perthyn (i) = to belong (to), to be related (to)

perthyn
= to belong, to be related

brith, braith = speckled
brith berthyn
= distantly related

perthnasedd
m = relevance

perthnasiad (-au)
m = relationship

perthnasol
= relevant

ffaith (ffeithiau) f = fact
ffeithiau perthnasol
= relevant facts

profiad (-au) m=experience
profiad perthnasol
= relevant experience

amherthnasol
= irrelevant, immaterial

perthynas (perthnasau)
f/m = relation

agosaf = nearest
perthynas agosaf
= next of kin

mewn = in
mewn perthynas â
= in connection with

perthynol
= relative

cyd = joint
cydberthynas (-au)
f = correlation

peth (pethau) m = thing

gorau = best
y peth gorau
= the best thing

gwaeth = worse
y peth gwaethaf
= the worst thing

i'r dim = to a T
y peth i'r dim
= the very thing

pa peth = beth?
= what?

bynnag = -ever
beth bynnag
= whatever, in any case

beth sydd ar..?
= what's the matter with..?

nifer (-au) m = number
cynifer = so/as many
cynifer o bethau
= so many things

math (-au) m/f = sort, kind
dim m = nothing, anything
dim o'r fath beth
= nothing of the kind

amser (-au) m = time
ers peth amser
= for a very long time

tipyn (tipiau) m = a bit
o dipyn i beth
= bit by bit, gradually

hynny = that, those
ta beth am hynny
= so much for that

mân = small, tiny
manbeth (mân-bethau)
m = trifle (sundries**)**

cywrain = skilful
cywreinrwydd
m = skilfulness; curiosity
cywreinion pl = curiosities
cywreinbeth (-au)
m = a curio

ffiaidd = loathesome
ffieidd-dod, ffieidd-dra
m = loathing
ffieiddio = to loathe
ffieiddbeth (-au)
m = abomination

petheuach
pl = bits and pieces

pob
= all, every, each
popeth
m = everything

tlws, tlos = pretty
bach = small
tlws yw popeth bach
= small is beautiful

pib (pibau) f = pipe, duct

pibell (-au)
f = pipe

gwynt (-oedd) m = wind
pibell wynt
= windpipe

pibellaid (pibelleidiau)
f = pipeful

bwyd (-ydd) m = food
pibell fwyd
= oesophagus

piben (-nau) (-ni)
f = pipe

pibo
= to pipe, to squirt

pibonwy
pl = icicles

pibydd (-ion)
m = piper

torlan (-nau)
f = undercut river bank
pibydd y dorlan
= common sandpiper

pibyddio
= to pipe

pig (pigau) f = beak, spout, spike, point

pig (-au)
f = beak, spout, spike, point
pig
= pointed

draenog (-od) m = hedgehog
draen (drain) f = thorn
ar bigau'r drain
= on tenterhooks

big ym mhig
= in a closed group talking
   to one another

dau, dwy = two
dwybig
= forked

twr (tyrau) m = tower
pigdwr (pigdyrau)
m = spire, steeple

main = thin, lean, slim
pigfain
= tapering, pointed

fforch (ffyrch) f = fork
pigfforch, picfforch
f = pitchfork

glaw (-ogydd) m = rain
piglaw
m = heavy rain; drizzle

pigiad (-au)
m = injection; prick, sting

pigiadu
= to inject

pigion
pl = selections (pickings)

dydd (-iau) m = day
pigion y dydd
= selections from the day

pigo
= to pick, to prick, to peck

bwrw (glaw) = to rain
pigo bwrw
= to spot with rain

crachen (crach) f = scab
pigo crach
= to find fault

bwyd (-ydd) m = food; ei = his
pigo ei fwyd
= to peck at his food

dwys = intense
dwysbigo
= to prick (conscience)

pigoden (-nau)
f = thorn

pigodyn (-nau)
m = pimple

pigog
= prickly, thorny, irritable

pigog ar y naw
= extremely irritable

pigowgrwydd
m = irrascibility

pigwn (pigynau)
m = cone

pigwrn (pigyrnau)
m = cone; pinnacle

pigyn (-nau)
m = prick, sharp pain

clust (-iau) m/f = ear
pigyn clust
= ear-ache

plaid (pleidiau) f = (political) party

plaid (pleidiau)
f = (political) party

Cymru f = Wales
Plaid Cymru
= (the) Party of Wales

gwyrdd, gwerdd = green
y Blaid Werdd
= the Green Party

bod = to be
bod o blaid
= to be in favour

carfan (-nau)
f/m = faction, group
carfan o'r blaid
= a faction of the party

cwlwm, clwm (clymau)
m = knot, tie
clymu = to bind, to tie
clymblaid
f = coalition

gwrth = against
Gwrthblaid
(Gwrthbleidiau)
f = Opposition Party

arwain = to lead
arweinydd (-ion) m = leader
Arweinydd yr Wrthblaid
m = the Leader of the
    Opposition

pleidgar, pleitgar
= partial, biased

pleidgarwch
m = partiality, partisanship

pleidio
= to support, to favour

pleidiol
= partial, favourable

pleidiol (i)
= partial (to), fond (of)

amhleidiol, amhleitgar
= impartial

dall = blind
dallbleidiol
= bigoted

dau, dwy = two
dwybleidiol
= bipartisan

ymbleidiol
= partisan

pleidiwr (pleidwyr)
m = supporter

dallbleidiwr (-wyr)
m = bigot

ymbleidiwr (-wyr)
m = partisan

llais (lleisiau) m = voice
pleidlais (plaidleisiau)
f = vote

bwrw = to cast
pleidlais fwrw
= casting vote

cofnodi = to record
pleidlais gofnodedig
= a recorded vote

mwyafrif (-au) m = majority
pleidlais fwyafrifol
= majority vote

lleiafrif (-au) m = minority
pleidlais leiafrifol
= minority vote

diffyg (-ion) m = lack
hyder m = confidence
pleidlais o ddiffyg hyder
= a vote of no confidence

ceryddu = to reprimand
cerydd (-on) m = rebuke
pleidlais o gerydd
= a vote of censure

ymddiriedaeth (-au)
f = trust, confidence
pleidlais o ymddiriedaeth
= a vote of confidence

plaid (pleidiau) f = (political) party

atal = to prevent, to stop
atal pleidlais
= to abstain

bwrw = to cast
bwrw pleidlais
= to cast a vote

hollt (-au) m/f = split
hollti'r bleidlais
= to split the vote

ail = second
ailbleidlais
f = alternative vote

lleisio = to voice
pleidleisio
= to vote

tros, dros = for (on behalf of)
pleidleisio dros
= to vote for

yn erbyn = against
pleidleisio yn erbyn
= to vote against

pleidleisio o blaid
= to vote in favour of

blwch (blychau) m = box
blwch pleidleisio
= ballot box

gorsaf (-oedd) f = station
gorsaf bleidleisio
= polling station

ansefydlog = unsettled
pleidleisiwr ansefydlog
= a floating voter

pleidleisiwr (pleidleiswyr)
m = voter

pleth (plethi) (plethau) f = plait
cymhleth = complicated, elaborate

cymhleth
= complicated, elaborate

brawddeg (-au) f = sentence
brawddeg gymhleth
= a complicated sentence

cymhleth
m/f = a complex

euog = guilty
euogrwydd m = guilt
cymhleth euogrwydd
= guilt complex

taeogaidd = servile
taeog (-ion) m = serf, churl
cymhleth y taeog
= inferiority complex

cymhlethdod (-au)
m = complication, complexity

cymhlethu
= to complicate

pleth (-i) (-au)
f = plait

torchi = to coil; torch (-au)
f = coil, wreath
plethdorch (-au)
f = wreath

pen (-nau) m = head
penbleth (-au)
f/m = dilemma, quandary,
confusion

mewn = in
mewn penbleth
= in a quandary

plethu
= to plait, to weave

braich (breichiau) f/m = arm
plethu breichiau
= to fold arms

ceg (-au) f = mouth; ei = her
plethu ei cheg
= to seal her lips

llaw (dwylo) f = hand; ei = his
plethu ei ddwylo
= to clasp his hands together (as in prayer),
to twiddle his thumbs, to wring his hands

plyg (plygion) m = fold, folding
atblyg m = reflex **datblygiad m** = development **dyblyg** = duplicate

plyg (plygion)
m = fold, folding
plyg
= folded

gwely (-au) (gwelâu)
m = bed
gwely plyg
= camp bed

yn = in
ei = his
yn ei blyg
= folded, doubled up

allan = out
allblyg
= extrovert

atblyg
m = reflex

atblygol
= reflexive

ail = second
ail-ddatblygiad (-au)
m = redevelopment

datblygiad (-au)
m = development

ochr (-au) f = side
cyfochrog = parallel
datblygiadau cyfochrog
= parallel developments

cynnal = to hold
cynaliadwy = sustainable
datblygiad cynaliadwy
= sustainable development

datblygol
= developing

datblygu
= to develop

ail-ddatblygu
= to redevelop

ardal (-oedd) f = area
ardal ddatblygu (ardaloedd datblygu)
= development area

awdurdod (-au) m = authority; Cymru f = Wales
Awdurdod Datblygu Cymru
= Welsh Development Agency

cynllun (-iau) m = plan; unedol = unitary
Cynllun Datblygu Unedol (CDU)
= Unitary Development Plan (UDP)

pwyllgor (-au) m = committee;   economeg f = economics
Pwyllgor Datblygu Economaidd
= Economic Development Committee

rheolaeth (-au) f = control, management
Rheolaeth Ddatblygu
= Development Control

datblygwr, datblygydd (datblygwyr)
m = developer

dau, dwy = two
deublyg
= two fold

dyblyg
= double, duplicate

yn ddyblyg
= in duplicate

plyg (plygion) m = fold, folding
esblygiad m = evolution   hyblyg = flexible   ymhlyg = implicit

dyblygiad
m = duplication

dyblygion
pl = duplicates

dyblygu
= to duplicate

dyblygydd (-ion)
m = duplicator

echblyg
= explicit

esblygiadol
= evolutionary
esblygu
= to evolve

esblygiad (-au)
m = evolution

arwyddocaol = signficant
goblygiadau arwyddocaol
= significant implications

goblygiad (-au)
m = implication

goblygiedig
= implied

goblygu
= to imply

hyblyg
= flexible

anhyblyg
= inflexible, stubborn

awr (oriau) f = hour
oriau hyblyg
= flexi time

hyblygrwydd
m = flexibility

mewn = in
mewnblyg
= introspective, introvert

tri, tair = three
triphlyg
= triple, triplicate

coron (-au) f = crown
y Goron Driphlyg
= the Triple Crown

un = one
unplyg
= single-minded

unplygrwydd
m = single-mindedness,
    integrity

plygiad (-au)
m = a fold, folding

glin (-iau)
m/f = knee
plygu glin
= to show excessive respect,
    to kowtow

trefn (-au)
f = order, procedure
plygu i'r drefn
= to accept the inevitable

plygu
= to fold, to bend

ymhlyg
= implicit

ymhlygiad (-au)
m = implication

andwyo = to spoil, to harm
ymhlygiadau andwyol
= adverse implications

ymhlygu
= to imply

pob(o)l (pobloedd) f = people

dieithr = strange, unfamiliar
pobl ddieithr
= visitor(s)

niwed (niweidiau) m = harm
diniwed = innocent, harmless
pobl ddiniwed
= innocent people

dod = to come
pobl ddod
= incomers to an area

clên = agreeable, pleasant
pobl glên
= 'nice people'

ifanc (ifainc) = young
pobl ifanc / ifainc
= young people

di-bobl
= unpopulated

newynu = to starve
newyn m = famine, hunger
pobl newynog
= starving people

pobli
= to populate

poblog
= populous

poblogaeth (-au)
f = population

gwasgaru = to scatter
gwasgarog = scattered
poblogaeth wasgarog
= a scattered population

tyfu = to grow
twf, tyfiant m = growth
tyfiant y boblogaeth
= the population growth

poblogaidd
= popular

cyffwrdd (â) = to touch
y cyffyrddiad poblogaidd
m = the popular touch

amhoblogaidd
= unpopular

poblogeiddio
= to popularise

poblogi
= to populate

**d
iboblogi**
= to depopulate

poblogrwydd
m = popularity

poen (poenau) m/f = pain

poen (-au)
m/f = pain

lleddfu, lliniaru = to soothe
lleddfu poen
= to alleviate pain

mewn = in
mewn poen
= in pain

dirboeni
= to torture

diboen
= painless

dir = certain
dirboen (-au)
m = torture

dirboenus
= excruciating

poendod
m = pain, torment; nuisance

poenedigaeth (-au)
f = torment, suffering

poeni (am)
= to worry (about), to pain

peidio (â) = to cease
paid â phoeni / becso (SW)
= don't worry

ymboeni (â)
= to take pains (with)

pothell (-au) (i) f = blister
pothell boenus
= a painful blister

poenus
= painful

poenydio
= to torment

poenydiwr (poenydwyr)
m = tormentor

poenyn
m = a tease, teaser

pennaf = chief
poenyn pennaf
= brain-teaser

porth f/m = food		**porth (pyrth) m** = door, gate
	porth (-au) (pyrth) m = port, harbour; ferry	

porth
f/m = food

adborth (-ion)
m = feedback

adborthi
= to feed back

porthi
= to feed

porthiant (porthiannau)
m = nourishment, fodder

porthiannus
= well-fed

ymborth
m = food, sustenance

ymbortheg
f = dietetics

ymborthi (ar)
= to feed oneself (on)

porth (pyrth)
m = door, gate

cymorth (cymhorthion)*
m = aid, help, assistance

* *In rural, medieval Wales, friends and neighbours used to gather at the door of those in particular need and offer support in money or in kind . Such occasions would include, for example, help with the harvesting or ploughing or contributing to a marriage. This practice was prohibited by Statute in 1534 "owing to abuses".*

cymorth*
= to help

cartref (-i) m = home
cymorth cartref
= home help

tramor = overseas
cymorth tramor
= overseas aid

cynnig = to offer, to propose
cynnig cymorth
= to offer help

estyn = to extend, to stretch
estyn cymorth
= to give assistance

tâl (taliadau) m = payment
**cymhorthdal
(cymorthdaliadau)**
m = subsidy

cymhorthfa (-feydd)
f = AM's / MP's 'surgery'

toll (-au) m = toll
tollborth (tollbyrth)
m = tollgate

digymorth
= helpless

nef, nefoedd f = heaven
pyrth y nefoedd
= the gates of heaven

porthor (-ion)
m = porter

tŷ (tai) m = house
porthordy (-dai)
m = porter's lodge

perl (-au) m = pearl
y pyrth perlaidd
= the pearly gates

uffern (-au) f = hell
pyrth yr uffern
= the gates of hell

porth (-au) (pyrth)
m = port, harbour; ferry

tref (-i) (-ydd) f = town
porthdref (-i)
f = seaport town

llong (-au) f = ship
llongborth (llongbyrth)
f = harbour

porthladd (-oedd)
m/f = harbour

lle (-oedd) m = place
porthle (-oedd)
m = harbour

prawf (profion) m = proof, test, trial

prawf (profion)
m = proof, test, trial

anadl (-au) (-on)
m/f = breath
prawf anadl
= breath test, breathalyser

deallusrwydd
m = intelligence
prawf deallusrwydd
= intelligence test

gyrru
= to drive
prawf gyrru
= driving test

modd (-ion)
m = manner, means
prawf moddion
= means test

ar brawf
= on probation; on trial

blwyddyn (blynynoedd)
f = year
blwyddyn brawf
= probationary year

bron (-nau) f = breast
Cymru f = Wales
Bron Brawf Cymru
= Breast Test Wales

gêm (gêmau)
f = game
gêm brawf
= test match

gwasanaeth (-au)
m = service
gwasanaeth prawf
= probationary service

maen (meini) m = stone
maen prawf
= criterion

tamaid (tameidiau)
m = piece, bit
tamaid prawf
= test sample

arbrawf (arbrofion)
m= experiment

arbofi
= to experiment

arbrofol
= experimental

diheuro = to acquit
diheurbrawf
m = ordeal

gwrth = against
gwrthbrawf
m = refutation

rhag = before, pre-
rhagbrawf (rhagbrofion)
m = preliminary test, heat

profedigaeth (-au)
f = bereavement, tribulation

profi
= to prove, to test

adbrofi
= to retest, to try again

gwrthbrofi
= to disprove

heb = without; ei = his, its
heb ei brofi
= unproven

profiad (-au)
m = experience

helaethu = to enlarge
profiad helaeth
= extensive experience

priodol = appropriate
profiad priodol
= appropriate experience

ymarfer = to practise
profiad ymarferol
= practical experience

diffyg (-ion) m = lack
diffyg profiad
= lack of experience

profiadol
= experienced

tu hwnt (i) = beyond
profiadol tu hwnt
= extremely experienced

dibrofiad, amhrofiadol
= inexperienced

profiannaeth
f = probation

profiant
m = probate

profwr (profwyr)
m = tester

pren (prennau) m = wood, tree

afal (-au) f = apple
pren afalau
= apple tree

caled = hard
pren caled
= hardwood

castan (-au) f = chestnut
pren castan
= horse-chestnut tree

ceiriosen (ceirios) f = cherry
pren ceirios
= cherry tree

haen (-au) f = layer
pren haenog
= plywood

meddal = soft
pren meddal
= softwood

blingo = to skin; hwch (hychod) f = sow
cyllell (cyllyll) f = knife
blingo hwch â chyllell bren
= to try to do the impossible

ceffyl (-au) m = horse
ceffyl pren
= rocking horse

eos (-iaid) f = nightingale
eos bren
= a very poor singer

gordd (gyrdd)
f = sledge-hammer
gordd bren
= mallet

llwy (-au)
f = spoon
llwy bren
= wooden spoon

pryf (-ed)
m = insect, vermin
pryf pren
= woodworm

ysgythru = to carve, to engrave
ysgythrwr (-wyr) m = carver, engraver
ysgythrwyr pren
= wood carvers

cannwyll (canhwyllau)
f = candle
**canhwyllbren
(canwyllbrennau)**
m = candlestick

cau = hollow
ceubren (-nau)
m = hollow tree

coel (-ion) f = belief, trust
coelbren (-nau) (-ni)*
m = ballot, lot, fate*

* An ancient custom to
discover the will of God by
choosing, at random, from a
number of pieces of wood.

crogi = to hang
crog = hanging
crocbren (-ni) (-nau)
m/f = gallows

chwyth (-au) m = breath
chwythu = to blow
chwythbrennau
pl = woodwinds

esgyn = to ascend
esgynbren (-nau)
m = perch

ffigysen (ffigys) f = fig
ffigysbren (-nau)
m = fig tree

hoel(en) (hoelion) f = nail
hoelbren (-nau)
m = peg

hwylio = to sail
hwylbren (-nau) (-ni)
m = mast

pont (-ydd) f = bridge
pompren (-nau)
f = footbridge

rhôl (-iau) f = roll; cylinder
rholbren (-ni) (-nau)
m/f = rolling pin

traws = cross
trawsbren (-nau)
m = crossbar

prennaidd
= wooden, woody

priod = married: proper

priod
m/f = spouse, partner

enw (-au) m = name
enw priod
= married name

yn briod â
= married to

dibriod
= unmarried

mam (-au) f = mother
mamau dibriod
= unmarried mothers

priodas (-au)
f = marriage, wedding

aur m = gold
priodas aur
= golden wedding

gosteg (-ion)
m = proclamation; silence
gostegion priodas
= wedding banns

gwas (gweision)
m = servant
gwas priodas
= best man

gwledd (-oedd)
f = feast
gwledd briodas
= wedding reception

modrwy (-au)
f = ring
modrwy briodas
= wedding ring

morwyn (morynion)
f = maid
morwyn briodas
= bridesmaid

pen-blwydd (pennau-
blwydd) m = birthday
pen-blwydd priodas
= wedding anniversary

mab (meibion) m = son
priodasfab, priodfab
m = bridegroom

merch (-ed) f = daughter
priodasferch, priodferch
f = bride

cynnig = to offer, to propose; llwnc m = gulp, gullet
testun (-au) m = text, subject; llwncdestun m = toast
i gynnig llwncdestun i'r priodfab a'r briodferch
= to propose a toast to the bride and groom

priodasol
= marital, matrimonial

clymu = to tie, to bind; cwlwm (clymau) m = knot
clymu'r cwlwm priodasol
= to tie the matrimonial knot

priodi (â)
= to marry

priod
= proper

enw (-au) m = noun
enwau priod
= proper nouns

dull (-iau)
m = manner, method
priod-ddull
m = idiom

priodol
= appropriate

achlysur (-on) m = occasion
achlysur priodol
= an appropriate occasion

fel = like, as
fel y bo'n briodol
= as appropriate

amhriodol
= improper, inappropriate

brys m = haste
brys amhriodol
= indecent haste

priodoldeb
m = propriety,
    appropriateness

priodoledd (-au)
f = attribute, property

priodoli (i)
= to attribute (to)

gwedd (-au) f = form, aspect
priodwedd
f = characteristic, attribute

pris (prisiau) m = price

pris (-iau)
m = price

buwch (buchod) f = cow
pris buwch
= a very high price

cyfredol = current
prisiau cyfredol
= current prices

penodol = specific
pris penodol
= specific price

mynegai (-eion) m = index; manwerth m = retail
Mynegai Prisiau Manwerth
= Retail Prices Index

gostwng = to lower
gostwng y pris
= to lower / reduce the price

cyfraniad (-au) m = contribution
cyfraniad amhrisiadwy
= an invaluable contribution

amhrisiadwy
= priceless, invaluable

canol (-au)
m = middle, centre
canolbris (-iau)
m = average price

crogi = to hang
crog = hanging, hung
crocbris (-iau)
m = an exorbitant price

dibris. di-bris
= worthless; reckless

dibrisio
= to despise, to belittle

mawr = big
prisfawr
= precious

prisiad (-au)
m = valuation

adbrisiad
m = appreciation (in value)

ail = second
ailbrisiad (-au)
m = revaluation

prisiant (prisiannau)
m = valuation

prisio
= to value, to price

ailbrisio
= to revalue

prisiwr (-wyr)
m = valuer, assessor

cyfartal = equal
pris cyfartal
= average price

marchnad (-oedd)
f = market
pris y farchnad
= the market price

sefydlog = fixed, settled
pris sefydlog
= fixed price

pennu = to set, to fix
pennu pris
= to fix a price

dyfynnu
= to quote
dyfynbris (-iau)
m = quotation

meddwl = to think
meddwl yn ddibris o
= to think very little of

dibristod
m = disparagement

dibrisiad
m = depreciation

is = lower, below, under
isbrisiad
m = depreciation

isbrisio
= to depreciate

adeg (-au) f = time, occasion   *hyn = this, these*

ar y pryd
= at the time

ar brydiau = ar adegau
= at times

ar hyn o bryd
= at present, by now

yr un = the same
ar yr un pryd
= at the same time

bynnag = -ever
pryd bynnag
= whenever

pa pryd = bryd?
= when?

gair (geiriau) m = word
gair yn ei bryd
= timely advice

o bryd i bryd
= from time to time

ei gilydd = each other
o bryd i'w gilydd
= from time to time

rhyw = some; neu = or
rhywbryd (neu'i gilydd)
= sometime (or another)

prydles (-i)
f = lease

prydlesu
= to lease

llawn = full
prydlon
= punctual

prydlondeb
m = punctuality

naw(n) = nine (ninth)
prynhawn (-iau)*
m = afternoon

* *the ninth hour of the day,
3.00 pm, the day
commencing at 6.00 am*

---

cludo = to carry
pryd ar glud
= meal(s) on wheels

tafod (-au) m = tongue
pryd o dafod
= a telling off, a scolding

bwyd (-ydd) m = food
pryd o fwyd
= a meal

parod = ready
pryd parod
= a ready, prepared meal; take-away

byr, ber (byrion) = short
byrbryd (-au)
m = snack

poeth = hot
byrbrydau poeth
= hot snacks

ympryd (-iau)
m = fast

ymprydio
= to go on hunger strike

---

gwedd (-au) f = form, aspect
pryd a gwedd
= appearance

prydweddol
= good-looking, handsome

tywyll, tywell = dark
pryd tywyll
= dark complexion

[berth = beautiful]
prydferth
= beautiful

prydferthu
= to beautify, to adorn

prydferthwch
m = beauty

dybryd
= dire, grave, ugly

---

prydydd (-ion)
m = poet, bard

prydyddiaeth
f = poetry

prydyddol
= poetic, poetical

prydyddu
= to compose poetry

prydddest (-au)
f = a (long) poem

pwyll m = discretion, steadiness, caution

pwyll
m = discretion, steadiness

cymryd = to take
cymryd pwyll
= to take care

mynd = to go; gan = with
mynd gan bwyll
= to go slowly / steadily

iawn = right; very
yn ei iawn bwyll
= in his right mind

ei = his
o'i bwyll
= out of his mind, insane

amhwyllog, amwyll
= foolish, mad

amhwyllter
m = madness

byr, ber (byrion) = short
byrbwyll
= impulsive, rash

byrbwylltra
m = impulsiveness,
rashness

creu = to create
crebwyll (-ion)
m = invention, fancy, wit

crybwyll
= to mention

crybwyll (-ion)
m = mention, reference

na bo ond i (ei) grybwyll
bondigrybwyll
= hardly mentionable

darbwyll
m = reason, persuasion

darbwyllo
= to persuade, to convince

dibwyll
= senseless, thoughtless

gor = over, super, hyper-
gorffwyll(og)
= mad

gorffwyllo
= to rave

gorffwyllog (-ion)
m = maniac

gorffwylltra, gorffwylledd
m = insanity, madness

gwydden (gwŷdd) f = tree
gwyddbwyll
f = chess

gwyddbwyllwr (-wyr)
m = chess player, chessman

pwylledd
m = discretion, steadiness

pwyllgar
= discreet

côr (corau) m = choir
pwyllgor
m = committee

brys m = haste
pwyllgor brys
= emergency committee

pwyllgorwr (-wyr)
m = committee member

trwy bwyllgor
= by committee

pwyllo
= to consider

amhwyllo
= to lose one's senses

ymbwyllo
= to reflect

trais m = rape, violence
pwylltrais
m = brainwashing

pwylltreisio
= to brainwash

pwyllog
= prudent, wise

pwynt (pwyntiau) m = point

pwynt (-iau)
m = point

allweddol = key, crucial
pwynt allweddol
= critical point

deg = ten; degol = decimal
pwynt degol
= decimal point

diamheuol = doubtless
pwynt diamheuol
= an indisputable point

uchaf = highest
pwynt uchaf
= highest point

hollti = to split, to slit ; blewyn (blew) m = hair, fur
does dim pwynt hollti blew
= there's no point splitting hairs

berw, berwedig = boiling, boiled; berwi = to boil
berwbwynt (-iau)
m = boiling point

canol (-au)
m = centre, middle
canolbwynt (-iau)
m = focus, central point

canolbwyntio
= to concentrate

*ymdrech (-ion) f = effort,
endeavour; ein = our*
**canolbwyntio ein
hymdrechion**
= to concentrate our efforts

*eithaf (-ion) m = extremity
eithafol = extreme*
eithafbwynt (-iau)
m = extremity, extreme point

*gwrth
= against*
gwrthbwynt
m = counterpoint (music)

*isel = low; is = lower
isaf = lowest*
isafbwynt (-iau)
m = minimum, lowest point

*lle (-oedd) m = place
lleol = local*
lleolbwynt (-iau)
m = origin

*pwysau
m = weight, pressure*
pwysbwynt (-iau)
m = fulcrum

*rhew m = frost, ice
rhewi = to freeze*
rhewbwynt (-iau)
m = freezing point

sefyll = to stand
safbwynt (-iau)
m = standpoint

torri = to cut, to break
torbwynt (-iau)
m = cut-off, break point

tro (troeon) m = turn; time
trobwynt (-iau)
m = turning point, watershed

uchaf = highest
uchafbwynt (-iau)
m = highlight, climax

ymdoddi = to melt
ymdoddbwynt (-iau)
m = melting point

pìn (pinnau) m = pin
pinbwyntio
= to pin-point

pwyntio
= to point

pwyntydd (-ion)
m = pointer

pwys (pwysi) m = pound (lb)
pwysau m = weight, pressure

pwys (i)
m = pound

o bwys
= important

dibwys
= unimportant, trivial

dim m = anything, nothing
o ddim pwys
= of no importance

pwysau
m = weight, pressure

aruthrol = huge, terrific
pwysau aruthrol
= terrific pressure

pluen (plu) f = feather
pwysau plu
= featherweight

trwm, trom = heavy
pwysau trwm
= heavyweight

ysgafn = light
pwysau ysgafn
= lightweight

bod = to be; tan, dan = under
bod dan bwysau
= under pressure

cerdded = to walk
cerdded wrth ei bwysau
= to walk at his own pace

codi = to raise, to rise
codi pwysau
= weight-lifting

colli = to lose
colli pwysau
= to lose weight

dwyn = to bring; ychwanegol = additional
dwyn pwysau ychwanegol
= to bring additional pressure

ennill = to gain, to win
ennill pwysau
= to put on weight

hyrddio = to hurl
hyrddio'r pwysau
= to put the shot (athletics)

rhoi = to give; to put
rhoi pwysau ar
= to put pressure on

yn ei bwysau
wrth ei bwysau
= without rushing

cant (cannoedd) m = hundred
canpwys
m = a hundredweight

cyd = joint
cydbwysedd
m = equilibrium, balance

anghydbwysedd
m = imbalance

cydbwyso
= to balance

cytbwys
= informed, unbiased
anghytbwys
= unbalanced

cytbwysedd
m = balance

**cymhwysedd
(cymwyseddau)**
m = competence

allweddol = key, crucial
cymwyseddau allweddol
= key competences

anghymhwysedd
m = incompetence

cymhwysiad (-au)
m = application; adaptation

cymhwyso
= to apply, to qualify

anghymhwyso
= to disqualify

ymgymhwyso
= to qualify

cymhwysol
= applied

datgymhwyso
= to disqualify

pwys (pwysi) m = pound (lb)
pwysau m = weight, pressure

cymhwyster (cymwysterau)
m = qualification, suitability

proffesiynol = professional;   priodol = appropriate
cymwysterau proffesiynol priodol
= appropriate professional qualifications

anghymhwyster
m = disqualification, incapacity

cymwys, cwmws
= suitable, eligible

yn gymwys, yn gwmws
= exactly

anghymwys
= unsuitable, ineligible

cymwysedig
= qualified

gwrth = against
gwrthbwys (-au)
m = counter-weight

pwysau a gwrthbwysau
= checks and balances

pwysedd (-au)
m = pressure

gwaed m = blood; isel = low
pwysedd gwaed isel
= low blood pressure

uchel = high; loud
pwysedd gwaed uchel
= high blood pressure

pwysicaf
= most important, 'flagship'

pwysig
= important

dros ben = extremely
mae e'n bwysig dros ben
= it's extremely important

holl = all
holl bwysig
= all important

ofn (-au) m = fear, terror; ofnadwy = awful, dreadful
ofnadwy o bwysig
= awfully important

pwysigrwydd
m = importance

allweddol = key, crucial
pwysigrwydd allweddol
= crucial importance

llais (lleisiau) m = voice
pwyslais (pwysleisiau)
m = stress, emphasis

pwysleisio
= to stress, to emphasise

pwyso
= to weigh, to press

gair (geiriau) m = word
pwyso ei eiriau
= to weigh his words

mesur = to measure
pwyso a mesur
= to weigh up, to consider

gor = over, super, hyper-
gorbwyso
= to over-emphasise

gwrth = against
gwrthbwyso
= to counteract

pwyso ar
= to urge, to press, to lobby

carfan (-nau) f/m = faction, group
carfan bwyso
= pressure group

pwysyn (-nau)
m = a weight

rhag
= from, before; pre-, ante-

blaen = front
rhag blaen
= at once

llaw (dwylo) f = hand
rhag llaw
= in the future, henceforth

ofn (-au) m = fear
rhag ofn (i)
= in case, lest

taro m = difficulty, crisis
rhag taro
= in an emergency

afon (-ydd) f = river
rhagafon (-ydd)
f = tributary

gair (geiriau) m = word
rhagair (rhageiriau)
m = foreword

chwilio = to search for
rhagchwilio
= to reconnoitre

traethawd (traethodau)
m = dissertation, essay
rhagdraeth (-au)
m = preface

dôr (dorau) f = door
rhagddor (-au)
f = outer door

barn (-au) f = opinion
rhagfarn (-au)
f = prejudice

mur (muriau) m = wall
rhagfur (-iau)
m = bulwark, rampart

bwriad (-au) m = intention
rhagfwriad
m = premeditation

bwriadol = intentional
rhagfwriadol
= premeditated

mynegi = to tell, to indicate
rhagfynegi
= to foretell, to predict

byr, ber (byrion) = short
Rhagfyr
m = December

llaw (dwylo)
f = hand
rhaglaw (-iaid)
m = governor; consul

arglwydd (-i)
m = lord
Arglwydd-Raglaw
m = Lord Lieutenant

golwg (golygon)
m/f = sight; appearance
rhagolwg (rhagolygon)
m = outlook, forecast

[ôr (orau) f/m = limit, margin]
rhagor
m = more

dim m = anything. nothing
dim rhagor
= no more

rhagori (ar)
= to excel, to exceed

rhagoriaeth (-au)
f = excellence

rhagorol
= excellent

rhagoroldeb
m = excellence, superiority

rhedeg = to run
rhagredegydd (-wyr)
m = forerunner

rhith (-iau) f = shape, form
rhagrith (-ion)
m = hypocrisy

rhagrithiol
= hypocritical

rhybudd (-ion) m = warning ; rhybuddio = to warn
rhagrybuddio
= to forewarn

gweld = to see
rhag-weld, rhagweled
= to foresee

rhagwelediad
m = foresight

ymadrodd (-ion) m = saying, expression
rhagymadrodd (-ion)
m = introduction

rhaid (rheidiau) m = need, necessity

mynd = to go; ch(w)i = you
(mae) rhaid i chi fynd
= you must go

wrth = by, with, for
mae'n rhaid wrth
= there is a need for

o raid
= of necessity

cadw = to keep; ci (cŵn) m = dog
tennyn (tenynnau) m = tether
rhaid cadw cŵn ar dennyn
= keep dogs on a lead

cropian = to crawl; cyn = before; cerdded = to walk
rhaid cropian cyn cerdded
= walk before you run

derwen (derw) f = oak-tree; cysgod (-ion) m = shade, shelter; ieuanc = young
rhaid i'r dderwen wrth gysgod yn ieuanc
= (even) the oak needs some shelter when young

afraid, afreidiol
= unnecessary

anghenus = needy
angen (anghenion)
m = need
anghenraid
(angenrheidiau)
m = necessity

dianghenraid
= unnecessary

rheidiol
= necessary

angenrheidiol
= necessary

rheidrwydd
m = necessity

rheidus
= needy

rheidusion
pl = those-in-need

[rhaith (rheithiau) f = law, right]

[rhaith (rheithiau)]
f = law, right

anrhaith (anrheithiau)
f = booty; destruction

anrheithio
= to plunder

anrheithiwr (-wyr)
m = despoiler, plunderer

cyfraith (cyfreithiau)
f = law, statute
cyfreithiol
= legal

cyfreithiwr (-wyr)
m = solicitor

barn (-au) f = opinion
rheithfarn
f = verdict

côr (corau) m = choir
rheithgor (-au)
m = jury

rheithiwr (rheithwyr)
m = juror

rhan (rhannau) f = part, portion, share

rhan (-nau)
f = part, portion, share

hepgor = to forgo, to waive
anhepgor(ol) = indispensable
rhan anhepgor
= an indispensable part

distadledd
m = insignificance
rhan ddistadl
= an insignificant part

ar ran
= on behalf of

hynny = that, those
o ran hynny
= for that matter

adran (-nau)
f = department, section

personél = personnel
yr Adran Bersonél
= the Personnel Department

cyfadran (-nau)
f = faculty (of a college)

adrannol
= departmental

siop (-au) f = shop
siop adrannol
= department store

cant (cannoedd)
m = hundred
canran (-nau)
m = percentage

tyfu = to grow
twf m = growth
twf canrannol
= percentage growth

cyd = joint
cydran (-nau)
f = component, equal share

cyfran (-nau
f = share, portion

rhanadwy
= divisible

anrhanadwy
= indivisible

taliad (-au) m = payment
rhandaliad (-au)
m = instalment

tir (-oedd) m = land
rhandir (-oedd)
m = allotment

rhanedig
= divided

rhaniad (-au)
m = division

dosraniad (-au)
m = distribution; analysis

dyraniad (-au)
m = allocation

rhannol
= in part, partly

lleiaf = least, smallest
yn rhannol o leiaf
= at least in part

rhannu
= to divide, to share

torth (-au) f = loaf; teg = fair
rhannu'r dorth yn deg
= to divide fairly

datrannu
= to dissect

dosrannu
= to distribute; to analyse

dau, dwy = two
dwyrannu
= to bisect

dyrannu
= to allocate

ymrannu
= to fragment, to separate

ymraniad (-au)
m = split, schism, division

ymrannwr (ymranwyr)
m = separatist

rhedeg = to run

rhedeg
= to run

andros, andras (-iaid)
m = devil, curse, evil
rhedeg fel yr andros
= to run like the clappers

rhedeg ar
= to criticise, to run down

gwaed m = blood
ei = her
rhedeg yn ei gwaed
= to run in her family

ar redeg
= hurriedly

dŵr (dyfroedd) m = water; pant (-au) m = hollow
i'r pant y rhed y dŵr
= everything finds its own level

amrediad (-au)
m = range

dyletswydd (-au) f = duty; eang = broad
amrediad eang o ddyletswyddau
= a broad range of duties

cyd = joint
cydredol
= concurrent

cyfredol
= current

trwydded (-au) f = licence; gyrru = to drive
trwydded yrru gyfredol
= current driving licence

cylch (-oedd) m = circle
cylchredeg
= to circulate

cylchrediad (-au)
m = circulation

edryd
= to move

gwared, gwaredu (rhag)
= to save, to deliver (from)
ymwared
m = deliverance, relief

gwaredigaeth
f = deliverance
gwaredwr (-wyr)
m = saviour

dynwared
= to imitate

dynwarediad (-au)
m = imitation, impersonation

dynwaredol
= imitative

dynwaredwr (-wyr)
m = impersonator, mimic

hyd (hydoedd) m = length
hydred
m = longitude

lled (-au) m = width, breadth
lledred
m = latitude

rhedegfa (-feydd)
f = racecourse, race

rhediad (-au)
m = flow, slope; run (cricket)

rhedegydd (-ion)
m = runner

rhedegog
= running, flowing

siart (-iau) m = chart
siart rhediad
= flow chart

rhag = before, pre-
rhagredegydd (-wyr)
m = forerunner

gweli (gwelïau) m = wound
rhedweli (rhedwelïau)
m = artery

rhedfa (-fâu) (-feydd)
f = race, route, runway

rhedwr (-wyr)
m = runner, courier

rheol (rheolau) f = rule

rheol (-au)
f = rule

fel rheol
= as a rule, normally

direol
= disorderly, unruly, lawless

sefydlog
= fixed
rheolau sefydlog
= standing orders

hepgor
= to forego, to waive
hepgor rheolau sefydlog
= to waive standing orders

milwr (-wyr) m = soldier
rheolaeth filwrol
= military control

cam = false, mis-
camreolaeth
f = mismanagement

rheolaeth
f = management, control

hun: hunan (hunain) = self
hunanreolaeth
f = autonomy

afreolaeth
f = disorder, unruliness

ymreolaeth
f = self-government, home-rule

eitha(f) = fairly
eitha rheolaidd
= fairly regularly

afreolaidd
= irregular

rheolaidd
= regular

rheoleidd-dra
m = regularity

afreoleidd-dra
m = irregularity, impropriety

rheoledig
= managed

anrheoledig
= unregulated

rheoleiddio
= to regulate

dadreoleiddio
= to deregulate

rheoleiddiol
= regulatory

argyfwng (argyfyngau)
m = crisis
rheoli argyfwng
= crisis management

perygl (-on)
m = danger
rheoli peryglon
= risk management

rheoli
= to manage, to control

trafnidiaeth
f = traffic
rheoli trafnidiaeth
= traffic management

pwyllgor (-au)
m = committee
pwyllgor rheoli
= management committee

strwythur (-au) m = structure
strwythur rheoli
= management structure

tîm (timau) m = team
tîm rheoli
= management team

rheoliad (-au)
m = regulation

rheolau a rheoliadau
= rules and regulations

rheolus
= orderly

afreolus
= unruly, uncontrollable

meddw = drunk
meddw ac afreolus
= drunk and disorderly

ymreolus
= autonomous

rheolwr, rheolydd (rheolwyr)
m = manager

rhes (rhesi) (rhesau) f = row, stripe, rank
rhestr (rhestrau) (rhestri) f = list, row

rhes (-i)
f = row, stripe, rank

ach (-au) f = pedigree
achres (-i)
f = genealogical table

cyfres (-i)
f = series

digwyddiad (-au) m = event; arbennig = special
cyfres o ddigwyddiadau arbennig
= series of special events

cyfresol
= serial

cyfresu
= to serialise

cylch (-oedd) m = circle
cylchres (-l)
f = rota

llech (-i) f = slate, flat stone
llechres (-i)
f = catalogue, list

rhesog
= striped

anrhydedd (-au) m/f = honour
Rhestr Anrhydeddau
= Honours List

aros = to wait
rhestr aros
= waiting list

rhestr (-au) (-i)
f = list, row

post (-iau) m = post, mail
rhestr bost
= mailing list

pris (-iau) m = price
rhestr brisiau
= price list

gwestai (gwesteion)
m = guest
rhestr gwesteion
= guest list

cynnwys (cynhwysion)
m = content(s)
rhestr gynnwys
= inventory

llythyr (-on) m = letter
rhestr lythyru
= mailing list

byr, ber (byrion) = short
ar y rhestr fer
= on the short list

cof (-ion) m = memory
cofrestr (-au) (-i)
f = register

elusennol = charitable
elusen (-nau) f = charity

cofrestredig
= registered

elusen gofrestredig
= registered charity

cofrestrfa (-feydd)
f = registry

cofrestriad (-au)
m = registration

cofrestru
= to register, to enrol

cofrestrydd (-ion)
m = registrar

genedigaeth (-au) f = birth; priodas (-au) f = marriage,
wedding; marwolaeth (-au) f = death
Cofrestrydd Genedigaethau, Priodasau a Marwolaethau
= Registrar of Births, Marriages and Deaths

rhestru
= to list

ymrestru
= to enlist, to enrol

ymrestriad (-au)
m = enrolment

rheswm (rhesymau) m = reason

rheswm (rhesymau)
m = reason

dilysrwydd m = validity
dilys = valid, genuine
rheswm dilys
= a valid reason

gwaelod (-ion)
m = bottom (dregs)
rheswm gwaelodol
= an underlying reason

dal(a) = to hold, to catch; pen (-nau) m = head
dal pen rheswm
= to keep up a conversation

wrth = by, with, at
wrth reswm
= naturally, obviously

direswm
= irrational

rhesymeg
f = logic

casglu = to collect
casgliad (-au)
m = conclusion; collection
casgliad rhesymegol
= a logical conclusion

esbonio = to explain
esboniad (-au)
m = explanation
esboniad rhesymegol
= a rational explanation

rhesymegol
= logical, rational

afresymegol
= illogical, irrational

rhesymegwr
m = logician

rhesymiad
m = reasoning

ymresymiad
m = reasoning

egluro = to explain
eglurhad (-au)
m = explanation
eglurhad rhesymol
= a reasonable explanation

esgusodi = to excuse
esgus (-ion)
m = excuse
esgus rhesymol
= a reasonable excuse

rhesymol
= reasonable

oedi = to delay
oediad (-au) m = delay
oediad afresymol
= an unreasonable delay

afresymol
= unreasonable

ymddwyn = to behave
ymddygiad anrhesymol
m = irrational behaviour

anrhesymol
= irrational

rhesymoldeb
m = reasonableness

afresymoldeb
m = unreasonableness

rhesymoli
= to rationalise

rhesymoliad (-au)
m = rationalisation

rhesymoliaeth
f = rationalism

rhesymolwr (-wyr)
m = rationalist

rhesymu
= to reason

ymresymu
= to reason, to argue

gwaith (gweithiau) m = work
rhesymwaith
m = rationale

rhif (rhifau) m = number

rhif (rhifau)
m = number

blwch (blychau) m = box
rhif blwch
= box number

ffôn (ffonau) m = phone
rhif ffôn
= telephone number

afrifed, aneirif
= innumerable, countless

cant (cannoedd)
m = hundred
canrif (-oedd)
f = century

troad (-au)
m = turn, turning
ar droad y ganrif
= at the turn of the century

diwedd m = end; diwethaf = last (= latest)
o ddiwedd y ganrif ddiwetha(f)
= from the end of the last century

pymtheg = fifteen; pedwerydd, pedwaredd = fourth
pedwar ar bymtheg = nineteen
y bedwaredd ganrif ar bymtheg
= the nineteenth century

cyfartal = equal, equivalent
cyfartalrif
m = average number

cyfrif (-on)
m = account

di-rif
= countless

hap (-au) (-iau) f = chance; ar hap = at random
haprif (-au)
m = random number

lleiaf = least, smallest
lleiafrif (-oedd)
m = minority, minimum

lluosi = to multiply
lluosrif (-au)
m = multiple

llyfr (-au) m = book
llyfrifeg
f = book-keeping (accounts)

llyfrifwr (-wyr)
m = book-keeper

mwyaf = most, biggest
mwyafrif (-au) (-oedd)
m = majority

llethol = overwhelming
mwyafrif llethol
= overwhelming majority

rhan (-nau) f = part
rhanrif (-au)
m = fraction

uchaf = highest
uchafrif (-au)
m = maximum

rhifo
= to count

rhifol (-ion)
m = numeral

rhifogrwydd, rhifedd
m = numeracy

rhifydd (-ion)
m = counter

rhifyddeg
f = arithmetic

rhifyddol
= arithmetical

rhifyn (-nau)
m = number, issue
   (of magazine)

Mawrth m = March
rhifyn Mawrth
= March issue

ôl = behind, rear
ôl-rifyn (-nau)
m = back-number

rhin (rhiniau) m/f = attribute, essence
cyfrin = secret

cyfrin = secret
cyfrinach (-au)
f = secret

deddf (-au) f = law, act; swyddogol = official
Deddf Cyfrinachau Swyddogol
= Official Secrets Act

cyfrinachedd
m = confidentiality

cyfrinachol
= confidential

tra = extremely, very
tra chyfrinachol
= top secret

cyfrinachwr (-wyr)
m = confidant

cyfrinfa (-oedd) (-feydd)
f = a secret meeting place

cyfriniaeth
f = mysticism

cyfriniol
= mystical

rhin (-iau)
m/f = attribute, essence

gwedd (-au) f = form, aspect
rhinwedd (-au)
f/m = virtue (benefits)

swydd (-i) f = job
yn rhinwedd swydd
= by virtue of office

aelod (-au) m = member
aelod yn rhinwedd ei swydd
= an ex officio member

rhinweddol
= virtuous

rhith (rhithiau) m = shape, form: embryo, foetus

rhith (-iau)
m = shape, form:
embryo, foetus

dadrithiad
m = disillusionment

dadrithio
= to disillusion

lled = partly
lledrith
m = illusion, magic

hud (-ion) m = magic
hud a lledrith
= fairy-tale

lledrithio
= to appear, to haunt

lledrithiol
= illusory

cyffur (-iau) m = drug
cyffuriau lledrithiol
= hallucinatory drugs

lleuad (-au) f = moon
lleurith (-au)
m = mirage

rhag = before, pre-
rhagrith (-ion)
m = hypocrisy

noeth = naked
rhagrith noeth
= barefaced hypocrisy

rhagrithiol
= hypocritical

rhagrithiwr (rhagrithwyr)
m = hypocrite

diragrith
= sincere

rhitheg
f = embryology

rhithegol
= embryological

rhithio
= to appear, to form (by magic)

ymrithio
= to assume a strange form

rhithiwr (rhithwyr)
m = imposter

heb = without; amheuaeth
(amheuon) f = doubt
heb rithyn o amheuaeth
=without a shadow of doubt

rhithyn
m = particle, jot

rhodd (rhoddion) f = gift, present, donation

rhodd (-ion)
f = gift, present, donation

gwleidyddol = political
rhodd wleidyddol
= a political donation

cof (-ion) m = memory
cofrodd (-ion)
f = souvenir

cofroddion
pl = memorabilia

cymynnu = to bequeath
cymynrodd (-ion)
f = legacy, bequest

cymynroddi
= to bequeath

rhoi, rhoddi
= to give, to grant, to put

argraff (-au) f = impresion
rhoi'r argraff
= to give the impression

bai (beiau) m = fault, blame
rhoi bai ar
= to blame

benthyg (benthycion)
m = loan
rhoi benthyg = **benthyca**
= to lend

clun (-iau) f = hip
i lawr = down
rhoi clun i lawr
= to sit down for a rest

cynnig (cynigion)
m = offer, proposal
rhoi cynnig ar
= to make an attempt at

deall = to understand
rhoi ar ddeall
= to give to understand

ffidil (ffidlau) f = violin
to (toeau) m = roof
rhoi'r ffidil yn y to
= to pack it in

heibio = past, beyond
rhoi heibio
= to waive, to set aside

llach (-iau)
f = lash
rhoi llach ar
= to lash out at, to criticise

llwch m = dust
llygad (llygaid) m/f = eye
rhoi llwch yn llygaid
= to put off the scent

pen (-nau)
m = head
rhoi pen ar
= to put an end to

pwysau
m = pressure, weight
rhoi pwysau ar
= to put pressure on

rhaff (-au)
f = rope
rhoi rhaff ar
= to give someone freedom

sicrhau = to assure
sicrwydd m = assurance
rhoi sicrwydd
= to reassure

sarhad (-au) m = insult
anaf (-au) m = injury
rhoi sarhad ymhen anaf
= to add insult to injury

gwystl (-on)
m/f = pledge, hostage
rhoi ar wystl
= to give as a security

ymroi, ymroddi
= to devote / apply oneself

ymroddiad
m = dedication, commitment

ymroddedig
= devoted, dedicated, committed

rhoddwr, rhoddydd
(rhoddwyr)
m = donor, giver

gwaed m = blood
rhoddwyr gwaed
= blood donors

rhwng = between, among

rhwng
= beween, among

popeth
m = everything
rhwng popeth
= between everything

bodd m = willingness
anfodd m = unwillingness
rhwng bodd ac anfodd
= grudgingly

wal (waliau) f = wall
rhyngoch chi a fi a'r wal...
= between you, me, and
   the gatepost...

dau, dwy = two; meddwl
(-yliau) m = mind, thought
rhwng dau feddwl
= undecided, in two minds

ei gilydd = each other
gyda'i gilydd = together
rhyngom ni a'n gilydd
= between ourselves

cyfrwng
(cyfryngau)
m = medium, means (media)

cyfathrebu
= to communicate
cyfryngau cyfathrebu
= communications media

torf (torfeydd) f = crowd
cyfryngau torfol
= mass media

trwy = through
trwy gyfrwng
= by means of

cyfryngiad
m = mediation

cyfryngu
= to mediate, to intercede

cyfryngwr (-wyr)
m = mediator, ' honest broker'

rhwyd (-au) f = net
rhyngrwyd
f = internet

gwlad (gwledydd) f = country
rhyngwladol
= international

rhwydd = easy, fast

rhwydd
= easy, fast

afrwydd
= difficult, clumsy

afrwyddineb
m = difficulty

ebrwydd
= swift, quick

yn ebrwydd
= immediately, at once

hyrwydd
= very easy, facile

hyrwyddiad (-au)
m = promotion (sales)

hyrwyddo
= to promote, to facilitate

hyrwyddwr (-wyr)
m = promoter

hynt (-oedd) f = way, course
rhwydd hynt
= a free rein

llawn = full
yn rhwydd lawn
= comfortably full

rhif (-au) m = number
rhifau rhwydd
= even numbers

cael = to have, to get; rhad = cheap; cerdded = to walk
a geir yn rhad, a gerdd yn rhwydd
= easy come, easy go

rhwyddhau
= to facilitate

rhwyddineb
m = facility, ease, flexibility

ymadrodd (-ion)
m = expression, phrase
rhwyddineb ymadrodd
= fluency of expression

rhwym (rhwymau) m = bond, tie, shackle

rhwym (-au)
m = bond, tie
rhwym
= bound

llinyn (-nau) m = string;   ffedog (-au) f = apron;
ei = her ; mam (-au) f = mother
yn rhwym wrth linyn ffedog ei mam
= tied to her mother's apron strings

cloff = lame
cloffrwym (-au)
m = fetter

cloffni m = lameness
cloffrwymo
= to fetter

cyfrwymo
= to bind

pen (-nau) m = head
dirwyn
= to wind, to twist

dirwyn i ben
= to wind up (e.g. a company)

tafod (-au) m = tongue
tafodrwym
= tongue tied

ymrwymiad (-au)
m = commitment

ymrwymedig
= committed

ymrwymo
= to commit oneself

ymrwymol
= binding

rhwymedig
= bound, obliged
rhwymedigaeth (-au)
f = obligation (liabilities)

tan, dan = under
dan rwymedigaeth i
= under obligation to
rhwymedd
m = constipation

heb = without
prynu = to buy
heb rwymedigaeth i brynu
= without obligation to buy

rhwymiad
m = binding (of a book)

rhwymo
= to bind (a book)

rhwymwr (-wyr)
m = binder (person)

rhwymydd (-ion)
m = binder (office stationery)

rhwymyn (-nau)
m = bandage

rhwymynnu
= to bandage

rhwystr (rhwystrau) m = hindrance, obstruction

rhwystr (-au)
m = hindrance, obstruction

tafod (-au) m = tongue
rhwystr tafod
= speech impediment

di-rwystr
= unhindered

rhwystredig
= impeded, frustrated

rhwystredigaeth
f = frustration

rhwystro
= to obstruct

peidio (â) = to refrain from, to stop
mynedfa (-feydd) f = entrance
peidiwch â rhwystro'r fynedfa
= don't block the entrance

rhwystrus
= obstructive

rhydd = free

rhydd
= free

pawb = everyone; barn (-au) f = opinion; ei = his
rhydd i bawb ei farn
= everyone has the right to his opinion

cic (-iau) f = kick
cic rydd
= free kick

ewyllys (-iau) f = will
ewyllys rydd
= free will

masnach (-au) f = trade
masnach rydd
= free trade

menter (mentrau)
f = enterprise
menter rydd
= free enterprise

siaradus = talkative
siarad = to speak, to talk
siarad yn rhydd
= to speak freely

tafodog = talkative
tafod (-au) m = tongue
tafodrydd
= garrulous, flippant

efrydd
= crippled, maimed

efrydd
m = a cripple

braint (breintiau)
f/m = privilege
rhyddfraint
f/m = franchise, emancipation

bryd (-iau)
m = disposition, intent
rhyddfrydig
= generous

rhyddhad
m = liberation, relief

amodol = conditional
rhyddhad amodol
= conditional discharge

anadl m/f = breath
anadliad o ryddhad
m = a sigh of relief

rhyddhau
= to free, to liberate

mechnïaeth f = bail
rhyddhau ar fechnïaeth
= to free on bail

rhyddhawr (-wyr)
m = liberator

rhyddid
m = freedom, liberty

rhyddid barn
= freedom of opinion

dinas (-oedd) f = city; fort
Rhyddid y Ddinas
= the Freedom of the City

rhyddni
m = diarrhoea

rhyddydd (-ion)
m = laxative

rhyfel (rhyfeloedd) m/f = war

rhyfel (-oedd)
m/f = war

cartref (-i) m = home
rhyfel cartref
= civil war

gwrth = against
gwrthryfel (-oedd)
m = rebellion, mutiny

gwrthryfela
= to rebel, to mutiny

gwrthryfelgar
= rebellious, mutinous

gwrthryfelwr (-wyr)
m = rebel

rhyfela
= to wage war

herw m = raid
herwryfela
= guerilla warfare

cân (caneuon) f = song
rhyfelgan
f = battle song, war song

rhyfelgar
= warlike, bellicose

cri (-au) f = cry
rhyfelgri
m = war cry

rhyfelwr (-wyr)
m = warrior

rhyw (-iau) m/f = sort, kind
rhyw = some
rhyw f = sex

teg = fair
y rhyw deg
= the fair sex

pob = all, each, every
un o bob rhyw
= one of each kind/sex

dawn (doniau) f/m = talent
amryw
= various

amryddawn
= versatile

amrywiad (-au)
m = variation, variant

helaeth = extensive
amrywiaeth (-au)
m/f = variety, diversity

amrywiaeth helaeth o
= an extensive variety of

amrywio
= to vary, to fluctuate

ffynhonnell (ffynonellau)
f = source
amrywiol
= various, variable

ffynonellau amrywiol
= various sources

amrywioldeb
m = diversity

cyd = joint
cydryw
= homogeneous

cyfryw
= of the same kind, like

fel = like, as
fel y cyfryw
= as such

diryw
= degenerate; neuter

dirywiad
m = deterioration, moral
   decline, degeneration

dirywiol
= decadent, degenerate

dirywio
= to degenerate, to
   deteriorate

lled = partly
lledryw
= degenerate

diledryw
= pure, thoroughbred

peth (-au) m = thing
rhywbeth
m = something

dant (dannedd) m = tooth
rhywbeth at ei ddant
m = something to his liking

rhywedd
m = gender

rhywiaethol
= sexist

rhywiog
= kindly, proper

afrywiog
= perverse

rhywiogrwydd
m = geniality

rhywiol
= sexual, sexy

cyfathrach f = intercourse
cyfathrach rywiol
= sexual intercourse

ysgogiad (-au) m = impulse
ysgogiad rhywiol
= a sexual impulse

rhywioldeb
m = sexuality

rhywogaeth (-au)
f = species

perygl (-on) m = danger
rhywogaeth mewn perygl
= endangered species

un = one
rhywun (rhywrai)
m = someone, anyone

sail (seiliau)
f = basis, base

ariannol = financial; mwy = more, bigger;
sicr = sure, secure
sail ariannol fwy sicr
= a more secure financial footing

ar y sail
= on the basis

cyn = before
cynsail (cynseiliau)
f = precedent

fel = like, as
fel cynsail
= as a precedent

di-sail
= groundless, unfounded

seiliad
m = founding, foundation

seiliedig
= based, founded

yn seiliedig ar
= based on

seilio
= to base, to found

tan, dan = under
tanseilio
= to undermine

ei = his, her, its
hygrededd m = credibility
tanseilio'i hygrededd
= to undermine his/her
    credibility

gwaith (gweithiau) m = work
seilwaith
m = infrastructure

maen (meini) m = stone
sylfaen
m/f = foundation

carreg (cerrig) f = stone
carreg sylfaen
= foundation stone

sylfaenol
= basic, fundamental
yn sylfaenol
= basically, fundamentally

cwestiwn (cwestiynau)
m = question
cwestiwn sylfaenol
= a fundamental question

diffyg (-ion)
m = lack, deficiency
diffygion sylfaenol
= basic deficiencies

geirfa (-oedd)
f = vocabulary
geirfa sylfaenol
= a basic vocabulary

sylfaenwr, sylfaenydd
(sylfaen

sylfaenu
= to found

gwedd (-au)
f = form, aspect
sylwedd (-au)
m = substance

swm (symiau)
m = sum, amount
swm a sylwedd
= the long and the short of it

sylweddol
= substantial

sylweddoli
= to realise

sylweddoliad
m = realisation

sylweddolwr (-wyr)
m = realist

sain (seiniau)
f = sound, tone

effaith (effeithiau) f = effect
effeithiau sain
= sound effects

atsain (atseiniau)
f = echo

atseinio
= to echo, to resound

atseiniol
= resounding, resonant

cyseinedd
m/f = alliteration

cyd = joint
cytsain (cytseiniaid)
f = consonant

cyd = joint
cytsain (cytseiniau)
f = harmony

darseinydd (-ion)
m = loudspeaker

datsain
f = reverberation, peal

datseinio
= to reverberate, to resound

datseiniol
= resounding

dau, dwy = two
deusain (deuseiniau)
f = diphthong

pêr = sweet
persain, perseiniol
= melodious

perseinedd
m = euphony, harmony

amhersain
= unmelodious

un = one
unsain
= unison

yn unsain
= in unison

uwch = higher
uwchseinaidd
= supersonic

torf (torfeydd) f = crowd
seindorf (-eydd)
f = band

dawns (-iau) f = dance
seindorf ddawns
= dance band

mawr = big
seinfawr
= loud

seineg
f = phonetics

bwrdd (byrddau)
m = board, table
seinfwrdd
m = sounding board

fforchog = forked
fforch (ffyrch) f = fork
seinfforch
f = tuning-fork

seingar
= sonorous

seinio
= to sound

seinyddol
= phonetic

seinydd (-ion)
m = bleeper,
    speaker (equipment)

uchel = high; loud
uchelseinydd (-ion)
m = loudspeaker

sedd (-au) f = seat

sedd (-au)
f = seat

blaen = front
sedd flaen
= front seat

cadw = to keep
sedd gadw
= reserved seat

anheddfa (-feydd)
f = dwelling place

anheddiad (-au)
m = settlement

anheddol
= habitable

anheddu
= to inhabit, to live

anheddwr (-wyr)
m = settler, inhabitant

annedd (anheddau) (-ion)
f/m = dwelling (premises)

teuliol = family
anheddau teuliol
= married quarters

cyfannedd (cyfanheddau)
f = dwelling place

cyfannedd
= inhabited

anghyfannedd
= uninhabited, abandoned

anghyfanhedd-dra
m = desolation

cyfanheddol
= habitable

anghyfanheddol
= uninhabitable

cyfanheddu
= to dwell, to settle

cyfanheddwr (-wyr)
m = inhabitant

cyntedda
= to lobby

cyntaf = first
cyntedd (-au)
m = porch, lobby

cynteddwr (-wyr)
m = lobbyist

bod (-au) m = existence
eisteddfod (-au)
f = eisteddfod meeting

codi = to rise; ei = his
codi ar ei eistedd
= to sit up

eistedd
= to sit, to seat

cenedlaethol = national; brenhinol = royal
Eisteddfod Genedlaethol Frenhinol Cymru
= Royal National Eisteddfod of Wales

eisteddfodwr (-wyr)
m = frequenter of eisteddfodau

lle (-oedd) m = place
eisteddle (-oedd)
m = auditorium, grandstand

eisteddiad (-au)
m = sitting

gor = over, super, hyper-
gorsedd (-au)
f = throne

bardd (beirdd) m = bard
Gorsedd y Beirdd
= the Bardic Throne

gorseddu
= to enthrone, to instal

diorseddu
= to depose

ymddiorseddiad
m = abdication

ymddiorseddu
= to abdicate

seddu
= to seat

sefydlu = to establish, to stabilise

sefydlu
= to establish, to stabilise

adsefydlu
= to rehabilitate

ymsefydlu
= to settle

sefydledig
= established

merch (merched)
f = daughter, girl, woman

sefydliad (-au)
m = institution, institute

Sefydliad y Merched
= the Women's Institute

sefydliadu
= to institutionalise

sefydliadus
= institutionalised

cyflwr (cyflyrau)
m = condition, state

gorchymyn (gorchmynion)
m = command, order

sefydlog
= fixed, settled, stable

cyflwr sefydlog
= a stable condition

gorchmynion sefydlog
= standing orders

ansefydlog
= unsettled, unstable

sefydlogi
= to stabilise

ansefydlogi
= to unsettle, to destabilise

sefydlogiad (-au)
m = fixation

sefydlogrwydd
m = stability

sefyll = to stand

sefyll
= to stand

gor = over, super, hyper-
gorsaf (-oedd)
f = station

teledu m = television
gorsaf deledu
f = television station

gwastad
= level, flat

anwastad
= uneven

gwastadedd (-au)
m = plain, bottom of valley

gwastadol
= continual, perpetual

gwastadrwydd
m = evenness

gwastatáu
= to make level

pwynt (-iau) m = point
safadwy
= stable, steadfast

safbwynt (-iau)
m = standpoint

gwrth = against
safiad (-au)
m = standing, stand, stance

gwrthsafiad
m = resistance

lle (-oedd) (llefydd)
m = place
safle (-oedd)
m = position, location, site

syflyd, syflu = to stir
di-syfl = steadfast
safle di-syfl
= an entrenched position

sefyll = to stand

mewn = in
llenwi = to fill
safle mewnlenwi
= in fill site

taflegryn (taflegrau)
m = missile
safleoedd taflegrau
= missile sites

safon (-au)
f = standard

byw m = life
safon byw
= standard of living

is = lower, below, under
is-safon
= sub-standard

anogaeth (-au) f = exhortation; annog = to urge, to
encourage; uwch = higher
annog safonau uwch
= to encourage higher standards

safonedig
= standardised

safoni
= to standardise

safonol
= standard

safonoldeb
m = standardisation

sawdl (sodlau)
m/f = heel

disodli
= to displace, to supplant

sefyll
= to stand, to stay

sefyll dros
= to stand for

arholiad (-au)
m = examination
sefyll arholiad
= to sit an examination

ail = second
ail-sefyll = to re-sit
ail-sefyll yr arholiad
= to re-sit the examination

allan = out; fel = like, as; lleidiog = muddy; llaid m =
mud; march (meirch) m = stallion; gwyn, gwen = white
sefyll allan fel llaid ar farch gwyn
= to stand out like a sore thumb

rhych (-au) m/f = furrow; ei = her
sefyll yn ei rhych
= to dig her heels in

gwrth = against
gwrthsefyll
= to withstand, to resist

sefyllfa (-oedd)
f = situation, position

arbed = to save, to salvage
arbed y sefyllfa
= to save the situation

pryder (-on) m = worry
pryderu = to worry
pryderus = anxious
sefyllfa bryderus
= a worrying situation

presenoldeb
m = presence
presennol = present
y sefyllfa bresennol
= the present situation

sefyllian
= to loiter, to dawdle

sefyllwr (sefyllwyr)
m = by-stander

seren (sêr) f = star

pren (-nau) m = wood
seren bren
= something expensive but
  worthless

sioe (-au) f = show
seren y sioe
= the star of the show

bore (-au)
m = morning
seren fore
= morning star

gwib = darting, rushing
seren wib
= meteor, comet

cyd = joint
cytser (-au)
m = constellation

gogledd
m = north
Seren y Gogledd
= the Pole Star

llachar = glittering, brilliant
sêr llachar
= extremely bright stars

dewin (dewiniaid)
m = magician, wizard
sêr-ddewin
m = astrologer

dewiniaeth
f = witchcraft, divination
sêr-ddewiniaeth
f = astrology

serennog, seriog, serog
= starry

serennu
= to sparkle, to twinkle

serol
= astral

seryddiaeth
f = astronomy

seryddol
= astronomical

seryddwr (-wyr)
m = astronomer

soddi, suddo = to sink

soddi, suddo
= to sink

budd (-ion) m = benefit
buddsoddi
= to invest

buddsoddiad (-au)
buddsoddiant (-iannau)
m = investment

mewnol = inward, internal
buddsoddiad mewnol
= inward investment

symbyliad m = stimulus; symbylu = to stimulate
symbylu buddsoddiant
= to stimulate investment

buddsoddion
pl = investments

buddsoddwr (-wyr)
m = investor

gwrth = against
gwrthsoddi
= to countersink

tan, dan = under
tansoddi, tansuddo
= to submerge

soddedig, tansuddol
= submerged

soddiad, soddiant
m = submersion

suddiad, suddiant
m = sinking

llong (-au) f = ship
suddlong
f = submarine

suddwr (-wyr)
m = diver

swydd (-i) (-au)
f = job

gwacáu = to empty
gwag = empty
swydd wag (swyddi gwag)
= vacancy

segurdod m = idleness
segur = idle
swydd segur, segurswydd
f = a sinecure, a cushy job

cynnig (cynigion)
m = offer; cynnig = to offer
cynnig am swydd
= to apply for a job

disgrifiad (-au)
m = description
disgrifiad-swydd
= job-description

diswyddiad (-au)
m = dismissal, redundancy

annod (anodau) m = delay
diswyddiad diannod
 = summary dismissal

gwirfoddol = voluntary
diswyddiad gwirfoddol
= voluntary redundancy

diswyddo
= to dismiss

teg = fair; annheg = unfair
diswyddo annheg
= unfair dismissal

ymddiswyddiad (-au)
m = resignation

ymddiswyddo
= to resign

dyled (-ion)
f = debt, obligation
dyletswydd (-au)
f = duty

sylfaenol
= basic, fundamental
dyletswyddau sylfaenol
= basic duties

ateg (-ion) f = prop, stay
dyletswyddau ategol
= ancilliary duties

un = one
un swydd
= of one purpose

yn unswydd
= for the express purpose

swyddfa (-feydd)
f = office

tocyn (-nau) m = ticket
swyddfa docynnau
= ticket/box office

didoli = to separate
Swyddfa Ddidoli
= Sorting Office

cartref (-i) m = home
Swyddfa Gartref
= Home Office

post (-iau) m = post, mail
Swyddfa'r Post
= the Post Office

awr (oriau) f = hour
oriau swyddfa
= office hours

swyddgar
= officious

swyddog (-ion)
m = official, officer

arlwyaeth f = catering
arlwyo = to cater
swyddog arlwyo
= a catering officer

toll (-au)
f = toll, duty
swyddog tollau
= a customs officer

swyddogaeth (-au)
f = function, role

swyddogol
= official

cwyn (-ion) m/f = complaint
cwyn swyddogol
= an official complaint

answyddogol
= unofficial
yn answyddogol
= off the record

swyn (swynion) m = charm, spell, magic,

swyn (-ion)
m = charm, spell

dŵr (dyfroedd) m = water
dŵr swyn
= holy water

di-swyn
= unenchanting

tlws (tlysau) m = jewel
swyndlws
m = charm, amulet

cwsg m = sleep
swyngwsg
m = hypnotism, hypnosis

cyfaredd (-au) (-ion)
f = charm, enchantment
swyngyfaredd (-ion)
f = sorcery, witchcraft

cyfareddol = enchanting
cyfareddu = to charm
swyngyfareddwr (-wyr)
m = sorcerer

swynedig
= charmed

swyno
= to charm, to allure

ymswyno
= to beware, to be careful

swynol
= charming, fascinating

swynwr (-wyr)
m = magician, sorcerer

gwraig (gwragedd)
f = woman, wife
swynwraig
f = sorceress

sych, sech (sychion) = dry

sych, sech (sychion)
= dry

cesail (ceseiliau) f = armpit
cath (-od) f = cat
sych fel cesail cath
= very dry

corcyn (cyrc)
m = cork
sych fel corcyn
= very dry, dry as a bone

asgwrn (esgyrn)
m = bone
esgyrn sychion
= the bare bones, the gist

hwyaden (hwyaid) f = duck
tir (-oedd) m = land
fel hwyaden ar dir sych
= awkward

peswch (pesychiadau)
m = cough
peswch sych
= a dry cough

pydru = to rot
pydredd sych
m = dry rot

dripsych
= drip dry

sychder (-au)
m = dryness, drought

syched
m = thirst

torri = to cut, to break
torri syched
= to quench (one's) thirst

sychedig
= thirsty

sychedu
= to thirst, to be thirsty

disychedu
= to quench (one's) thirst

moesol = moral
sychfoesolyn (-ion)
m = prig

camu = to step
sychgamu
= to warp

hin f = weather
sychin
f = drought, dry weather

glanhau = to clean
sychlanhawyr
pl = dry-cleaners

sychlyd
= dry

sychu
= to dry

llawr (lloriau) m = floor
sychu'r llawr (â)
= to wipe the floor (with)

cadach (-au) m = cloth
cadach sychu
= tea cloth, tea towel

sychydd (-ion)
m = drier; windscreen wiper

sylw (sylwadau) m = comment, attention, remark

crafiad (-au) m = scratch
crafu = to scratch, to scrape
sylw crafog
= a sharp, sarcastic remark

difenwi = to defame
difenwad (-au)
m = defamation
sylw difenwol
= a defamatory remark

sylwadaeth
f = observation

sylwedydd (-ion)
m = observer

sylwi (ar)
= to notice, to observe

galw
= to call
sylw di-alw amdano
= an uncalled for remark

di-glem = inept
sylw di-glem
= an inept remark

dal = to catch, to hold
dal sylw
= to pay attention

denu = to attract
denu sylw
= to attract attention

i = to
i sylw
= for the attention of

di-sylw
= inattentive

[hebu = to speak]
sylwebaeth (-au)
f = commentary

sylwgar
= observant

arsylwi
= to observe

dilorni
= to revile, to abuse
sylw dilornus
= a disparaging remark

sbeitio = to spite
sbeitlyd = spiteful
sylw sbeitlyd
= a spiteful remark

tan, dan = under
dan sylw
= under review, in question

hoel(en) (hoelion) f = nail
hoelio eich sylw
= to grab your attention

rhoi = to give; to put
rhoi sylw (i)
= to take notice (of)

disylw
= unobserved

sylwebydd (-ion)
m = commentator

syllu (ar) = to gaze (at)

syllu
= to gaze

gwersyll (-oedd)
m = camp (orig. a look-out)

sylladur
m = eyepiece

arsyllu
= to observe intently
arsyllfa (-feydd)
f = observatory

carafán (carafannau)
f = caravan
gwersyll carafannau
= caravan site

gwersyllu, gwersylla
= to camp

mewn = in
mewnsylliad
m = introspection

ôl = behind, rear
ôl-syllu, olsyllu
= to look back

ffo m = flight; ffoi = to flee
ffoadur (-iaid) m = refugee
gwersyll ffoaduriaid
= refugee camp

maes (meysydd) m = field
maes gwersylla
= camping site

mewnsyllgar
= introspective

syn = astonished, astounded

syn
= astonished, astounded

syndod (-au)
m = surprise, wonder

synedig
= astonished

myfyrdod m = meditation,
contemplation
synfyfyrdod
m = reverie

myfyrio
= to study, to meditate
synfyfyrio
= to muse, to ponder

synedigaeth
f = astonishment

pen (-nau) m = head
pensynnu
= to daydream

synnu
= to be astonished/surprised

syniad (syniadau) m = idea

syniad (-au)
m = idea

cysyniad (-au)
m = concept

gwreiddiol = original
cysyniad gwreiddiol
= an original concept

cysyniadol
= conceptual

ensyniad (-au)
m = insinuation, innuendo

ensynio
= to insinuate

addo = to promise
addawol = promising
syniad addawol
= a promising idea

ardderchog
= excellent
syniad ardderchog
= an excellent idea

creu = to create
creadigol = creative
syniad creadigol
= a creative idea

diwedd m = end
diweddar = late, recent
syniad diweddar
= an after-thought

awgrymu = to suggest; awgrymiad (-au) m = suggestion
diddordeb (-au) m = interest; diddorol = interesting
awgrymiadau a syniadau diddorol
= interesting suggestions and ideas

awyddus = eager; cofleidiad (-au) m = embrace
cofleidio = to embrace; newydd = new
yn awyddus i gofleidio syniadau newydd
= eager to embrace new ideas

bwrlwm (byrlymau) m = gurgling, bubbling
byrlymu = to bubble, to gurgle; cyffrous = exciting
byrlymu â syniadau cyffrous
= bubbling with exciting ideas

coleddu = to cherish
rhamant (-au) f = romance
coleddu syniadau
   rhamantus
= to cherish romantic ideas

egino = to germinate
eginyn (egin)
m = bud
egin syniad
= a germ of an idea

syniad (syniadau) m = idea

syniad (-au)
m = idea

cam = wrong, mis-
camsyniad (-au)
m = misconception, mistake

camsynied, camsynio
= to mistake

cyd = joint
cydsyniad (-au)
m = consent, agreement

brenhinol = royal
y Cydsyniad Brenhinol
= the Royal Assent

call = wise
synhwyrgall
= prudent

synhwyriad (-au)
m = sensation

synhwyro
= to sense

synhwyrol
= sensible

synied, synio
= to think, to believe

cydsynio (â)
= to agree (with)

anghydsynio (â)
= to disagree, to dissent

syniol
= perceptive

camsyniol
= mistaken

digamsyniol
= unmistakeable

cydsyniol
= concurring

synnwyr (synhwyrau)
m = sense

bawd (bodiau) m = thumb
synnwyr bawd
= rule of thumb

cyffredin = common
synnwyr cyffredin
= common sense

digrifwch m = fun
synnwyr digrifwch
= sense of humour

disynnwyr
= senseless

syth, seth = straight

syth, seth
= straight

llinell (-au) f = line
llinell seth
= a straight line

ceg (-au)
f = mouth
cecsyth
= arrogant

gwar (gwarrau)
m/f = nape/scruff of neck
gwarsyth
= stubborn

tal = tall
talsyth
= erect

tor (torrau) f = belly
torsyth
= swaggering

union = exact, straight
unionsyth
= upright

torsythu
= to swagger

sythu
= to numb; to stiffen (with cold)

ymsythu
= to swagger

sythlyd
= cold, freezing

gweld, gweled = to see
sythwelediad
m = intuition

gweledol = visual
sythweledol
= intuitive

taflu = to throw

taflu
= to throw

ceiniog (-au)
f = penny
taflu ceiniog
= to toss a coin

ffrwd (ffrydau) f = stream;
golau m = light
taflu ffrwd o olau (ar)
= to throw a stream of light

cadw = to keep; llo (lloi) m = calf; brych (-au) m = afterbirth
taflu'r llo a chadw'r brych
= to throw the baby out with the bathwater

tafl (-au)
f = catapult

taflegryn (taflegrau)
m = missile

llais (lleisiau) m = voice
tafleisydd (-ion)
m = ventriloquist

tafliad (-au)
m = a throw

llun (-iau) m = picture
tafluniad (-au)
m = projection

taflunydd (-ion)
m = projector

taflwr (taflwyr)
m = thrower

codwm (codymau) m = fall
taflwr codwm
= wrestler

teflyn (-nau)
m = projectile

taith (teithiau) f = journey

taith (teithiau)
f = journey

amdaith (amdeithiau)
f = electrical circuit

ar daith
= on tour

ymaith
= away

ymdaith (ymdeithiau)
f = march, journey

ymdeithio
= to march

cyd = joint
cydymaith (cymdeithion)
m = companion

cyd-ymdeithio
= to accompany

gor = over, super, hyper-
gorymdaith (-ymdeithiau)
f = procession

gorymdeithio
= to march (in a procession)

gwib (-iau) f = rush
gwibio = to dart, to rush
gwibdaith
f = outing, trip

môr (moroedd)
m = sea
mordaith (mordeithiau)
f = (sea) voyage, cruise

pleserus = pleasant
pleser (-au) m = pleasure
pleserdaith
f = excursion

teitheb
f = visa

teithio
= to travel

trwydded (-au) f = licence
trwydded deithio
= passport

teithiol
= travelling

teithiwr (teithwyr)
m = traveller, passenger

rhaid (rheidiau) m = need, necessity; peidio â = to refrain
from, to cease; croesi = to cross; cledr (-au) f = rail
Rhaid i Deithwyr Beidio â Chroesi'r Cledrau
= Passengers Must Not Cross the Rails

lolfa (lolfeydd) f = lounge
lolfa deithwyr
= passenger lounge

tâl (taloedd) (taliadau) m = pay, payment
talu = to pay

tâl (taloedd) (taliadau)
m = pay, payment

salwch
m = illness
tâl salwch
= sick pay

dim m = nothing, anything
does dim tâl am...
= there's no charge for...

ardal (-oedd)
f = area

gwledig
= rural
ardal wledig
(ardaloedd gwledig)
= rural area(s)

blaen = front
blaendal (-iadau)
m = deposit

blwydd f = year(s) old
blwydd-dâl (-daliadau)
m = annuity

plentyn (plant)
m = child
budd-dâl plant
m = child benefit

ymddeoliad m = retirement
ymddeol = to retire
budd-dâl ymddeol
= retirement benefit

cymell = to motivate
cymhelldal (-iadau)
m = incentive payment

cymorth m = aid, help
cymhorthdal
(cymorthdaliadau)
m = subsidy

iawn = right; just
iawndal
m = compensation

diswyddo = to dismiss,
to make redundant
tâl diswyddo
= redundancy pay

di-dâl
= unpaid, free

menter (mentrau)
f = enterprise
ardal fenter
= enterprise zone

glo m = coal
glofaol = mining
ardal lofaol
(ardaloedd glofaol)
= mining area(s)

blaendalu
= to prepay

budd (-ion) m = benefit
budd-dâl (-daliadau)
m = benefit payment

sâl = ill
salwch m = illness
budd-dâl salwch
= sickness benefit

ymyl (-on) (-au)
m/f = edge, border
budd-dâl ymylol
= fringe benefit

cymhorthdalu
= to subsidise

toll (-au) f = toll, duty
tolldal (-iadau)
m = customs duty

taladwy
= payable

ad-daladwy
= repayable, reimbursible

talai (taleion)
m = payee

tâl (taloedd) (taliadau) m = pay, payment
talu = to pay

taleb (-au)
f = receipt, voucher

cyfrif (-on) m = account
taliad (taliadau) | **taliad ar gyfrif**
m = payment, fee | = payment on account

gohirio = to postpone
taliad gohiriedig
= deferred payment

cydbwysedd m = balance
cydbwysedd taliadau
= balance of payments

treth (-i) f = tax
ad-daliad (-au) | **ad-daliad treth**
m = rebate, reimbursement | = tax rebate

methu = to fail
methdaliad (-au)
m = bankruptcy

ôl = behind, rear
ôl-daliadau
pl = arrears

rhag = before, pre-
rhagdaliad (-au)
m = pre-payment

rhan (-nau) f = part
rhandaliad (-au)
m = instalment

mesul = by
fesul rhandaliadau
= by instalments

anfon = to send
anfoneb (-au) f = invoice
talu | **talu'r anfonebau**
= to pay | = to pay the invoices

diolchgar = grateful
diolch = to thank
talu diolch
= to give thanks

ernes (-au)
f = pledge, deposit
talu ernes
= to pay a deposit

halen m = salt
hallt = salty
talu'n hallt
= to pay dearly

hen = old; chwech = six
yn ôl = back; ago
talu'r hen chwech yn ôl
= to settle an old score

pwyth (-au)
m = recompense; stitch
talu'r pwyth yn ôl
= to retaliate

teyrnged (-au)
f = tribute
talu teyrnged (i)
= to pay tribute (to)

ennill = to earn
wrth = while, by, to, at
talu wrth ennill
= to pay as you earn

diffyg (-ion)
m = defect, lack
diffygdalu
= to default

ad-dalu
= to repay, to reimburse

methiant (-iannau)
m = failure
talwr (-wyr) | **methdalwr (-wyr)**
m = payer | m = bankrupt

treth (-i)
f = tax
trethdalwr
m = taxpayer, ratepayer

tân (tanau) m = fire
trydan m = electricity

tân (tanau)
m = fire

ar dân
= on fire; burning with
  passion

mynd = to go
ar dân i fynd
= *dying to go*

padell (-au) (-i) (pedyll) f = pan; ffrio = to fry
o'r badell ffrio i'r tân
= *out of the frying pan into the fire*

allanfa (-feydd) f = exit
allanfa dân
= fire exit

brigâd (brigadau) f = brigade
brigâd dân
= fire-brigade

cloch (clychau) f = bell
cloch dân
= fire-alarm

cynnau = to light, to kindle
cynnau tân
= to light a fire

diffodd = to extinguish
diffoddwr (-wyr) tân
m = fireman (firemen)

dianc = to escape
dihangfa dân
f = fire-escape

gorsaf (-oedd) f = station
gorsaf dân
= fire station

talcen (-nau) m = forehead
talcen tân
= chimney breast

pen (-nau) m = head
pentan (-au)
m = inglenook, fireplace

silff (-oedd) f = shelf
silff-ben-tân
= mantelpiece

pant (-au) m = hollow
o bant i bentan
= *absolutely everywhere*

purdeb m = purity; pur =
pure; puro = to purify
purdan
m = purgatory

tâl (talau)
f = end, top
talpentan
m = hearth, fireside

chwa (chwaon) f = gust, breeze
tanchwa (-oedd)
f = explosion, blast

llwyth (-i) m = load
tanllwyth (-i)
m = blazing fire

gwydden (gwŷdd) f = tree
tanwydd (-au)
m = fuel, firewood

tanbaid
= fervent, fiery

tanbeidrwydd
m = fervour

taniad
m = ignition, firing

tanio
= to fire, to ignite

tanllyd
= fiery

tanwr, taniwr (tanwyr)
m = fireman

trydan
m = electricity

nam (-au) m = fault, flaw
nam trydan
= an electrical fault

tegell (-i) m = kettle
tegell trydan
= electric kettle

trydaneg
f = electrical engineering

trydanol
= electrical

trydanu
= to electrify, to electrocute

trydanwr (-wyr)
m = electrician

taw m = silence

taw
m = silence

piau = to own, to possess
taw piau hi
= mum's the word,
   i.e. keep it a secret

di-daw
= ceaseless

yn ddistaw bach
= on the quiet, very quietly

distewi
= to silence

rhoi = to give; to put
rhywun = someone
rhoi taw ar rywun
= to shut someone up

distaw
= silent, quiet

distawrwydd
m = silence, quiet

dywedwst
= taciturn

tawedog
= taciturn

tawel
= quiet, calm

tawelu
= to calm, to grow calm

bach = small
yn dawel bach
= confidentially, very quietly

tawelwch
m = calm, quiet, tranquillity

cefnfor (-oedd) m = ocean
y Cefnfor Tawel
= the Pacific Ocean

tawelydd (-ion)
m = silencer

tawelyn (-ion)
m = tranquilliser, sedative

tewi
= to silence, to be silent

nod (-au) m/f = mark, note
tawnod (-au)
m = rest (in music)

tebyg (i) = similar (to), like

tebyg
= similar, like

yn debyg i Tom
= like Tom (= resembles Tom)
heb = without; ei = his
heb ei debyg
= unique

na = than
yn fwy na thebyg
= more than likely

yn ôl = according to
pob = all, every, each
yn ôl pob tebyg
= in all likelihood

am = for
tebyg am debyg
= like for like
mwy = more, bigger
yn fwy a mwy tebyg
= more and more likely

llawer = much, many
yn llawer mwy tebyg o
= much more likely to

annhebyg
= dissimilar, unlike

tebygol
= likely

bod = to be; braf = fine
yn debygol o fod yn braf
= likely to be fine

annhebygol
= unlikely

yn fwy tebygol
= more likely

tebygoliaeth
f = likelihood, similarity

tebygu (i)
= to liken

tebygolrwydd
m = likelihood

ymdebygu (i)
= to resemble

tebygrwydd
m = similarity

teg = fair

teg
= fair

arafu = to slow down; araf = slow
yn araf deg
= slowly, cautiously

cyfran (-nau) f = share
cyfran deg
= fair share

chwarae (-on) m = game
chwarae teg!
= fair play!

digon = enough
yn ddigon teg
= fair enough

rhwng = between
hagr = ugly
rhwng teg a hagr
= by fair means or foul

glân = clean, holy, pure
glandeg
= comely, fair

lliw (-iau) m = colour
lliwdeg
= brightly coloured

annheg
= unfair

braidd = rather
braidd yn annheg
= rather unfair

tecáu
= to beautify

tegan (-au)
m = toy

[eirian = fair, beautiful]
tegeirian (-au)
m = orchid

tegwch
m = beauty, fairness

er tegwch
= in fairness

annhegwch
m = unfairness

teimlo = to feel

teimlo
= to feel

eiddilwch m = frailty
eiddil = frail
teimlo'n eiddil
= to feel frail

sarhaus = insulting
sarhad m = insult
teimlo sarhad
= to feel insulted

teimlad (-au)
m = feeling

diymadferth = helpless
teimlad diymadferth
= a helpless feeling

briwo = to wound
briwo'r teimladau
= to hurt the feelings

ymdeimlad (-au)
m = feeling, sense

ymdeimlo â
= to be conscious of

cyd = joint
cydymdeimlad (-au)
m = sympathy

cydymdeimladol
= sympathetic

cydymdeimlo (â)
= to sympathise (with)

cydymdeimlwr (-wyr)
m = sympathiser

dideimlad
= unfeeling, numb

hydeimledd
m = sensitivity

teimladol
= emotional

teimladrwydd
m = sensitivity, sentiment

teimladwy
= sensitive

teimlydd (-ion)
m = antenna, feeler

terfyn (terfynau) m = boundary, end

terfyn (-au)
m = boundary, end

ar derfyn
= at the end of

diderfyn
= endless, unending

terfynell (-au)
f = terminal (electrical)

terfynfa (-feydd)
f = terminal (passenger)

pen (-nau) m = head
penderfyniad
m = decision, resolution

dirnad = to comprehend
dirnadwy = comprehensible
penderfyniad annirnadwy
= an incomprehensible
  decision

terfyniad (-au)
m = ending

mympwy (-on)
m = whim
penderfyniad
mympwyol
= an arbitrary decision

tynged (tynghedau)
f = fate, destiny
penderfyniad
tyngedfennol
= a fateful decision

gair (geiriau)
m = word
y gair terfynol
= the final word
annherfynol
= infinite

gornest (-au) f = contest
cwpan (-au) m = cup
Gornest Derfynol y Cwpan
= the Cup Final

terfynol
= final

cyn = before
cynderfynol
= semi-final

go = rather
go-gynderfynol
= quarter-final

penderfynol
= resolute, decisive

amhenderfynol
= irresolute, indecisive

terfynu
= to end, to terminate

penderfynu
= to decide, to resolve

terfynus
= terminating

teyrn (teyrnedd) (teyrnoedd) m = monarch

teyrnas (-oedd)
f = kingdom

teyrnasiad (-au)
m = reign

teyrnasu
= to reign

brad m = treachery
teyrnfradwr (-wyr)
m = traitor

bradwrus = treacherous
teyrnfradwriaeth
f = high treason

teyrngar
= loyal

annheyrngar
= disloyal

gwyro = to deviate
teyrngarwch diwyro
= unswerving loyalty

llw (-on) m/f = oath
llw teyrngarwch
= oath of allegiance

teyrngarwch
m = loyalty, allegiance

ced (-au) f/m = gift
teyrnged (-au)
f = tribute

rhoi = to give; to put
rhoi teyrnged
= to pay tribute

gwialen (gwiail) f = rod, cane
teyrnwialen (teyrnwiail)
f = sceptre

teyrnolion
pl = regalia

tir (-oedd)
m = land

addo = to promise
Tir yr Addewid
= the Promised Land

aradr (erydr) m/f = plough
aredig = to plough; âr m = tilth   *comin (-s) m = common*
tir âr   **tir comin**
= arable land   m = common land

diffaith = barren, desolate   *glân = clean, pure, holy*
tir diffaith   **y Tir Glân**
= waste land, wilderness   = the Holy Land

gofal (-on) m = care   *mawr = big*
Tir Gofal   **y Tir Mawr**
= 'care of the land'   = the Mainland

neb   *porfa (porfeydd) f = pasture*
m = no one, anyone   *pori = to graze*
tir neb   **tir pori**
= no man's land   = grazing land, grassland

ar = on   *yr un = the same*   *perygl (-on) m = danger*
ar y tir   **ar yr un tir**   **ar dir peryglus**
= on the grounds / basis = on the same footing   = on dangerous ground

                      simsanu = to totter   *braenaru = to (lie) fallow*
                      ar dir simsan   **braenaru'r tir**
                      = on shaky ground   = to prepare the ground

ennill   *erydu = to erode*   *ffrwydryn (ffrwydron)*
= to earn, to gain, to win *erydiad m = erosion* m = explosive
ennill tir   **erydiad tir**   **ffrwydryn tir**
= to gain ground   = land erosion   = land mine

gwddf (gyddfau)   *perchennog (perchenogion)* *torri = to break, to cut*
m = neck, throat   m = owner   *newydd = new*
gwddf o dir   **perchennog tir**   **torri tir newydd**
= isthmus   = land owner   = to break new ground

                      anialwch m = wilderness; anial = desolate, wild
                      anialdir (-oedd)
                      m = wilderness, desert

ar = on   *tref (-i) f = town*
môr (moroedd) m = sea   **trefi arfordirol**
arfordir (-oedd) **arfordirol**   = coastal towns
m = coast   = coastal

                      blaen = front   **y Blaendiroedd**
                      blaendir (-oedd)   = y Gororau
                      m = foreground   = the Marches/Welsh border

bryn (-iau)   *canol (-au)*   *môr (moroedd)*
m = hill   m = centre, middle   m = sea
bryndir (-oedd)   **canoldir (-oedd)**   **y Môr Canoldir**
m = hill-country   m = inland region   = the Mediterranean Sea

tir (tiroedd) m = land

cefn (-au) m = back
cefndir (-oedd)
m = background

cefndirol
= background

cerdd (-i) f = music
cerdd gefndirol
= background music

coed
pl = wood
coetir (-oedd)
m = woodland

corsog = boggy
cors (-ydd) (cyrs) f = bog
corstir (-oedd)
m = marshland, bog

culhau = to narrow; culni m = narrowness; cul = narrow
culdir (-oedd)
m = isthmus

cyfander m = entirety
cyfan = entire, complete
cyfandir (-oedd)
m = continent

cyfandirol
= continental

(y)sgafell (-au)
f = ledge, shelf
(Y)sgafell Gyfandirol
= Continental Shelf

ffin (-iau) f = boundary
cyffin (-iau) m = border
cyffindir (-oedd)
m = frontier

cytir (-oedd)
m = common land

dôl (dolau) (dolydd)
f = meadow
doldir (-oedd)
m = meadowland

gwastatáu = to level
gwastad = level, flat
gwastatir (-oedd)
m = plain, prairie

gwaun (gweunydd)
f = moor, meadow
gweundir (-oedd)
m = moorland, meadowland

grug pl = heather
gweundir grugog
= heather-clad moorland

hela = to hunt, to gather
heldir (-oedd)
m = hunting ground

isel = low
iseldir (-oedd)
m = lowland

Yr Iseldiroedd
= The Netherlands

llwyfan (-nau)
m/f = stage, platform
llwyfandir (-oedd)
m = plateau

mewn = in
mewndirol
= inland

dyfrffyrdd pl = waterways
dyfrffyrdd mewndirol
= inland waterways

rhos (-ydd)
f = moor
rhostir (-oedd)
m = moorland

twyn (twyni)
m = hillock, dune
twyndir (-oedd)
m = downland

uchel
= high; loud
ucheldir (-oedd)
m = highland, upland

meddiannu
= to possess
tirfeddiannwr (-ianwyr)
m = land-owner

cymdeithas (-au) f = society, association
cefn gwlad m = countryside
Cymdeithas Tirfeddianwyr Cefn Gwlad
= Country Landowners' Association

tir (tiroedd) m = land

mesur, mesuro
= to measure
tirfesur
= to survey

tirfesurydd (-wyr)
m = surveyor

bwrdd (byrdd)
m = table, board
tirfwrddd
m = plateau, table land

crŷn
= shivering
tirgryniad (-au)
m = earth-tremor

cwympo = to fall
cwymp (-au) (-iad) m = fall
tirgwymp, cwymp tir
= land-slip, land-slide

tirio
= to land, to ground (ball)

tiriog
= landed, land-owning

tiriogaeth (-au)
f = territory

tiriogaethol
= territorial

byddin (-oedd) f = army
y Fyddin Diriogaethol
= the Territorial Army

dŵr (dyfroedd) m = water
dyfroedd tiriogaethol
= territorial waters

llithrig = slippery
llithro = to slip, to slide
tirlithriad (-au)
m = land-slide

llun (-iau) m = picture
tirlun (-iau)
m = landscape (scenery)

tirluniwr (tirlunwyr)
m = landscape artist

tirmon (tirmyn)
m = groundsman

nod (-au) m/f = note, mark
tirnod (-au)
m = land-mark

tirol, tiriol
= relating to the land

gwedd (-au) f = form, aspect
tirwedd
f = landscape (terrain)

tirweddu
= to landscape

toddi = to melt

toddi
= to melt

mwyn (-au)
m = ore, mineral
mwyndoddi
= to refine

ymdoddi
= to melt

tawdd, toddedig
= molten

hydawdd
= soluble

anhydawdd
= insoluble

hydoddedd
m = solubility

toddadwy
= soluble

toddiant (toddiannau)
m = solution

toddion
pl = dripping

toddydd (-ion)
m = solvent

toddyn (toddion)
m = solute

tor (torion) m = break, cut, interruption

tor (-ion)
m = break, cut

heddwch m = peace
tor heddwch
= breach (of the) peace

di-dor, didor
= uninterrupted

echdorri
= to erupt

echdoriad (-au)
m = eruption (e.g. volcano)

toradwy
= breakable

torrell (-au)
f = cutter

mwnwgl (mynyglau)
m = neck
torfynyglu
= to behead

cwmwl (cymylau)
m = cloud
torgwmwl
m = cloud burst

toriad (-au)
m = break, cut

gwawr f = dawn
ar doriad y wawr
= at the crack of dawn

didoriad
= unbroken

croes (-au) f = cross
croesdoriad (-au)
m = cross-section

croestoriad (-au)
m = inter-section

traws = cross
trawsdoriad (-au)
m = cross-section

toriant (toriannau)
m = discontinuity

didoriant
m = continuity

torri
= to break, to cut

ar draws = across
torri ar draws
= to interrupt

bedd (-au) m = grave
torri bedd
= to dig a grave

cornel (-au) (-i)
f = corner
torri corneli
= to cut corners

cwys (-au) (-i) f = furrow
newydd = new
torri cwys newydd
= to do something new

dadl (-au) (-eueon)
f = debate, argument
torri'r ddadl
= to settle the argument

dant (dannedd)
m = tooth
torri dannedd
= to cut teeth

enw (-au) m = name
torri enw
= to sign one's name

gair (geiriau) m = word
torri gair
= to break one's word

lawnt (-iau) f = lawn
torri'r lawnt
= to cut the lawn

i lawr = down
torri i lawr
= to break down

brig (-au) m = top
brigdorri
= to lop, to prune

torrwr (torrwyr)
m = cutter, mower

torryn (torynnau) (torion)
m = cutting (of a plant)

trafod = to discuss

trafod
= to discuss

cylch (-oedd) m = circle
cylch trafod
= discussion group

rhaglen (-ni) f = programme
rhaglen drafod
= discussion programme

trin = to treat
trin a thrafod
= to mull over

troi = to turn
troi a thrafod
= to discuss endlessly

cyd = joint
cyd-drafod
= to negotiate

trafodaeth (-au)
f = discussion, negotiation

adeiladu = to build
trafodaeth adeiladol
= a constructive discussion

defnyddio = to use
trafodaeth ddefnyddiol
= a useful discussion

diddordeb (-au) m = interest
trafodaeth ddiddorol
= an interesting discussion

tan, dan = under
dan drafodaeth
= under discussion

ôl = behind, rear
ôl-drafodaeth
f = de-briefing

trafodaethau
pl = discussions

ffurfiol = formal
trafodaethau anffurfiol
= informal discussions

nifer (-oedd) m/f = number
trafodaethau niferus
= numerous discussions

trafodion
pl = proceedings

trais (treisiau) m = violence, rape

trais (treisiau)
m = violence, rape

ysbeiliwr (ysbeilwyr) m = robber; ysbeilio = to rob
trwy = through
ysbeilio trwy drais
= robbery with violence

dull (-iau)
m = method, manner
di-drais, didrais
= non-violent

dulliau di-drais
= non-violent methods

pwyll m = sense, discretion
pwylltrais
m = brainwashing

pwylltreisio
= to brainwash

treisgyrchol
= aggressive

cyrch (-oedd) m = attack
treisgyrch (-oedd)
m = aggression

treisgyrchwr (-wyr)
m = aggressor

treisiad (-au)
m = violence, rape

treisio
= to violate, to rape

treisiol
= violent

treisiwr (treiswyr)
m = rapist, violator

traul (treuliau) f = expense, wear, consumption

traul (treuliau)
f = expense, wear

tanwydd (-au) m = fuel
traul tanwydd
= fuel consumption

di-draul
= without wear/ expense

ar draul
= at the expense of

arall (eraill) = other
ar draul eraill
= at the expense of others

hydraul
= easily worn out

treuliad
m = digestion

cam = wrong, mis-
camdreuliad
m = indigestion

hin f = weather
hindreuliad
m = weathering

anhreuliedig
= undigested

treuliant
m = consumption

treuliau
pl = expenses, outgoings

amrywiol = various
treuliau amrywiol
= sundry expenses

treulio
= to spend, to digest, to
consume, to wear out

traws = cross, transverse

traws
= cross, transverse

acen (-nau)(-ion) f = accent
trawsacen (-nau) (-ion)
f = syncopation (in music)

acennu = to accentuate
trawsacennol
= syncopated

ar draws
= across

popeth m = everything
ar draws popeth
= by the way, incidentally
trawster
m = violence, oppression

lled = partly
lletraws
= diagonal

trosedd (-au) (-ion)
m/f = crime, offence

troseddu
= to commit a crime
troseddwr (troseddwyr)
m = criminal, offender

troseddol
= criminal

trosi
= to turn; to translate

trosiad (-au)
m = translation
trosol (-ion)
m = lever

trosiant (-iannau)
m = turnover

trech = superior, stronger, dominant

trech = superior, stronger
trech
m = dominant (music)

gor = over, super, hyper-
gorthrech
m = oppression

anorthrech
= invincible

trechedd
m = superiority, dominance

trechu
= to defeat

trechwr (-wyr)
m = victor

ymdrech (-ion)
f = effort, endeavour

clod (-ydd) m/f = praise; gwiw = worthy, fine
clodwiw = praiseworthy, commendable
ymdrechion clodwiw
= commendable efforts

diymdrech
= effortless

ymdrechgar
= striving

ymdrechu
= to strive

tref (trefi) (trefydd) f = town (originally = homestead)

tref (-i) (-ydd)
f = town

porthladd (-oedd) m = port,
tref borthladd
= sea-port town

gwyliau pl = holidays
trefi gwyliau
= holiday resorts

canol (-au) m = centre
Canol y Dref
= the Town Centre

adref
= homewards

bwrdais (bwrdeisiaid)
m = burgess, freeman
bwrdeistref (-i)
f = borough

bwrdeistrefol
= municipal

cant (cannoedd) m = hundred
cantref (-i)
m = a hundred (an ancient division of land of up to 100 homesteads / farms)

câr (ceraint) m = kinsman
cartref (-i)
m = home

henoed pl = old people
cartref henoed
= retirement home

preswylio = to dwell
cartref preswyl
= residential home

cartrefol
= homely

cartrefu
= to make a home

gartref
= at home

ymgartrefu
= to make one's home

digartref
= homeless

digartrefedd
m = homelessness

clymu = to tie, to knot
clymdref (-i)
f = conurbation

gefell (gefeilliaid) m = twin
gefeilldref
f = twin-town

maes (meysydd) m = field
maestref (-i)
f = suburb

pen (-nau) m = head
pentref (-i)
m = village

cwr (cyrion) (cyrrau)
m = corner; edge
ar gyrion y pentref
= on the edge of the village

pentrefol
= village

pentrefwr (pentrefwyr)
m = villager

trefedigaeth (-au)
f = colony

trefedigol
= colonial

llan (-nau) f = enclosure
treflan (-nau)
f = township, small town

trefol
= urban

trefoli
= to urbanise

trefoliad
m = urbanisation

tad (-au) m = father
treftadaeth
f = inheritance

treftadol
= hereditary

trefn (-au) f = order, procedure, arrangement, system

trefn (-au)
f = order, procedure

dewis = to choose, to select
trefn ddewis
= selection procedure

gwyddor (-ion) f = alphabet
yn nhrefn yr wyddor
= in alphabetical order

cyfraith (cyfreithiau) f = law
cyfraith a threfn
= law and order

anhrefn
f = disorder, disarray

cyfun = comprehensive
cyfundrefn (-au)
f = system, regime

cyfundrefnol
= systematic

di-drefn
= untidy

dodrefnyn (dodrefn)
m = (a piece of) furniture

dodrefnau
pl = furnishings

dodrefnu
= to furnish

gwaith (gweithiau) m = work
gweithdrefn (-au)
f = procedure

brys m = haste
gweithdrefn frys
= emergency procedure

hydrefn
= orderly

trefniad (-au)
trefniant (-iannau)
m = arrangement

arbennig = special
trefniadau arbennig
= special arrangements

llen (-ni) f = sheet

trefniadaeth (-au)
f = organisation

trefniadol
= proceedural

trefnlen (-ni)
f = schedule

trefnu
= to arrange, to organise

ad-drefnu
= to reorganise, to rearrange

ail = second
aildrefnu
= to restructure, to realign

anhrefnu
= to make untidy, to disorder

trefnus
= orderly, systematic

anhrefnus
= disorganised, disorderly

trefnusrwydd
m = orderliness

trefnwr (trefnwyr)
trefnydd (-ion)
m = organiser

cyd = joint
cyd-drefnydd (-ion)
m = co-ordinator

treiddio = to penetrate, to pierce

hydraidd
= permeable

anhydraidd
= impermeable

treiddgar
= penetrating, astute

treiddgarwch
m = acumen, astuteness

anrheiddadwy
= impenetrable

treiddiad (-au)
m = penetration

ymdreiddiad (-au)
m = infiltration

treiddiol
= penetrating

treth (trethi) f = tax

treth (-i) f = tax	*ennill = to win, to gain* *cyfalaf m = capital* **treth enillion cyfalaf** = capital gains tax	*corfforaeth (-au)* *f = corporation* **treth gorfforaeth** = corporation tax
	incwm m = income **treth incwm** = income tax	*uniongyrchol = direct* **trethi uniongyrchol** = direct taxes
casglu *= to collect* **Casglwr Trethi** m = Collector of Taxes	*credyd (-au)* *m = credit* **credydau treth** = tax credits	*cyfradd (-au) f = rate* *sylfaenol = basic* **cyfradd sylfaenol y dreth** = the basic rate of tax
	lwfans (-au) *m = allowance* **lwfans treth** = tax allowance	*lloches (-au) f = shelter,* *refuge; rhag = before, from* **lloches rhag treth** = tax-haven
	ardreth (-i) f = rate, rent	**ardrethol** = rateable
	yn dreth ar = a nuisance, a liability **di-dreth** = tax free	*cerdded = to walk* **mae cerdded yn dreth** **arno fe** = walking taxes him *talu = to pay*
trethadwy = taxable	**incwm trethadwy** = taxable income	**trethdalwr (trethdalwyr)** m = tax payer, rate-payer
trethiad, trethiant m = taxation	*cynnydd (cynyddion) m = increase, growth* **trethiant cynyddol** = progressive taxation	
trethu = to tax	*amyneddgar = patient; amynedd m = patience* **trethu ei amynedd** = to tax his patience	

trin = to treat

trin = to treat	**hydrin** = manageable	**anhydrin** = unmanageable
	hydrinedd m = malleability	
	ymdrin â = to deal with	**ymdriniaeth (-au)** f = discussion, treatment
trinfa f = a scolding	**tringar** = skilful, tender	
triniaeth (-au) f = treatment	*deintydd (-ion) m = dentist* **triniaeth ddeintyddol** = dental treatment	*llawfeddygol = surgical* **triniaeth lawfeddygol** f = an operation

tro (troeon) (troeau)
m = turn; time

ar ôl = after
tro ar ôl tro / dro ar ôl tro
= time after time

yn ôl = ago
dro'n ôl
= a little while ago

cyntaf = first
y tro cyntaf
= the first time

diwethaf = last (= latest)
y tro diwethaf
= the last time

gwael = vile, ill, base
tro gwael
= a bad turn, a dirty trick

nesaf = next
y tro nesaf
= the next time

olaf = last (= final)
y tro olaf
= the last time

pedol (-au) f = horse-shoe
tro pedol
= U-turn

trwstan = awkward
tro trwstan
= an awkward moment

am y tro
= for the time being

ar dro
= occasionally; going on

ar y tro
= at a time

dydd (-iau) m = day
un dydd ar y tro
= one day at a time

mis (-oedd) m = month
am fisoedd ar y tro
= for months at a time

hyn = this, these
ar hyn o dro
= at the moment

pob, bob = all, every, each
bob tro
= every time

gwrth = against
diwrthdro
= irreversible

droeon
= time and time again

dros, tros
= over
dros dro
= interim, temporary

datganiad (-au)
m = statement
datganiad dros dro
= interim statement

benthyca = to borrow
benthyciad (-au) m = loan
benthyciad dros dro
= bridging loan

ers = since
ers tro
= for ages

byd (-oedd) m = world
ers tro byd
= for a very long time,
   a long time ago

gwneud = to make, to do
gwneud y tro
= to make do

mewn = in; byr, ber = short
mewn byr o dro
= almost at once

o dro i dro
= from time to time

un = one
un tro
= once upon a time

ei = his, its
yn ei dro
= in due course, in turn

haul (heuliau) m = sun
heuldro (-eon)
m = solstice

hoel(en) (hoelion) f = nail
hoeldro, hoelen dro
f = screw

lled = partly
lletro
m = half-turn

pen (-nau) m = head
pendro
f = vertigo, dizziness

tyn = tight
tyndro (-eon)
m = wrench

tro (troeon) (troeau) m = turn; time

troad (-au)
m = turn, turning, bend

ail = second; de f = right
yr ail droad ar y dde
= the second turning on the right

gyda = with, by; post (-iau) m = post, mail
gyda throad y post
= by return of post

cil (-iau)
m = recess, corner
cildroad (-au)
m = reversal

chwŷl (chwylion)
m/f = turn of events, fate
chwyldroad (-au)
m = revolution

gwrth = against
gwrthdroad (-au)
m = reversal

gwrthdroi
= to reverse, to turn back

gwrthdroadwy
= reversible

anwrthdroadwy
= irreversible

pwll (pyllau)
m = pool, pond; pit
trobwll (trobyllau)
m = whirlpool

bwrdd (byrddau)
m = table, board
trofwrdd (trofyrddau)
m = turntable

crefydd (-au) f = religion
tröedigaeth (-au)
tröedig
= converted, turned

tröedigaeth (-au)
f = conversion

tröedigaeth grefyddol
= religious conversion

troell (-au)
f = spinning wheel

troelli
= to spin, to whirl

troellog
= winding, spiral

troellwr (-wyr)
m = disc-jockey; spin-doctor

cylch (-oedd) m = circle
trofa (-feydd) (-fâu)
f = bend, curve

trofaus
= perverse, crooked

trogylch (-au)
m = orbit

cath (-od) f = cat; padell
(-au) (pedyll) f = pan
troi
= to turn

troi'r gath yn y badell
= to change the subject

clorian (-nau)
f/m = scales, balance
troi'r glorian
= to tip the balance

cil (-iau) m = recess, corner
cildroi
= to turn back, to reverse

cylch (-oedd) f = circle
cylchdroi
= to revolve

gwyro = to deviate
gwyrdroi
= to pervert

gwyrdroad
m = perversion

gwyrdroëdig
= perverted

tin (-au) f = back-side
tindroi
= to dawdle

ymdroi
= to dawdle, to loiter

diymdroi
= without delay

troed (traed) m/f = foot

troed (traed)
m/f = foot

bryn (-iau) m = hill
troed y bryn
= the foot of the hill

cyffion pl = stocks
"Traed Mewn Cyffion"
= "Feet in (the) stocks"
(Novel by Kate Roberts)

mochynnaidd = filthy
mochyn (moch) m = pig
yn draed moch
= in a real mess

hosan (-au)
f = stocking
yn nhraed ei 'sanau
= in his/her stockinged feet

ar droed
= afoot, happening

gwadn (-au) m/f = sole
gwadn y droed
= the sole of the foot

gwneud = to make, to do
gwneud troed i
= to make a bee-line for

llyfu = to lick
llyfu traed
= to flatter

milwrol = military
milwr (-wyr) m = soldier
milwyr traed
= infantry

mwnwgl (mynyglau)
m = neck
mwnwgl y droed
= instep

neidr (nadredd) (nadroedd) f = snake
cant (cannoedd) m = hundred
neidr gantroed
= centipede

nerth (-oedd) m = power,
strength; ei = his
nerth ei draed
= at full speed

tri, tair = three
ras (-ys) f = race
ras tri troed
= three-legged race

sathredig = frequented
sathru = to trample
sathru dan draed
= to trample underfoot

syrthiedig = fallen
syrthio = to fall; ei = his
syrthio ar ei draed
= to land on his feet

wrth = by, with, at
wrth draed
= under the guidance of
   (e.g. a teacher)

wrth droed
= at the bottom/foot of
   (e.g. a mountain)

wysg m = track
ei = his
yn wysg ei draed
= on foot

pêl (peli) (pelau)
f = ball
pêl-droed
f = football, soccer

cynghrair (cynghreiriau)
m/f = league
cynghrair pêl-droed
= football league

**pêl-droediwr
(pêl-droedwyr)**
m = footballer

mainc (meinciau) f = bench
troedfainc (-feinciau)
f = footstool

lle (-oedd) m = place
troedle (-oedd)
m = foothold; footstool

noeth = naked
troednoeth
= barefoot

gwst (gystion) f = pain
troedwst
f = gout

troedfodd (-i)
f = foot (12 inches)

troedio
= to tread, to walk

tros, dros = over, for

tros, dros
= over, for

pen (-nau) m = head
dros ben
= left, in excess; extremely

dim m = anything, nothing
does dim dros ben
= there's nothing left over

diddorol = interesting
diddorol dros ben
= extremely interesting

clust (-iau) f = ear; ei = his
dros ei ben a'i glustiau
= head over heels

llestr (-i) m = dish, vessel
dros ben llestri
= over the top

ei = her
dros ei phen
= over her head

tin (-au) f = backside
tin dros ben
f = somersault

byth = ever, never
dros byth
= for ever

tro (troeon) m = time; turn
dros dro
= temporarily

dibyn (-nau) m = precipice
dros y dibyn
= over the edge

cyfnod (-au) m = period
dros gyfnod
= for a while

Sul (-iau) m = Sunday
dros y Sul
= over the weekend

drosodd
= over, finished

trosodd
= over, beyond

drosodd a throsodd
= over and over again

trosglwyddo
= to transfer

gorsaf (-oedd) f = station; gwastraff m = waste
gorsaf drosglwyddo gwastraff
= waste transfer station

truan (truain) (trueiniaid) m = wretch, poor fellow
[tru = wretched]

druan â chi!
= poor you!

Dylan druan!
= poor Dylan!

truan, truenus
= wretched, pitiful

trueni
m = misery, pity

trugaredd (-au)
m/f = mercy

trwy = through
trwy trugaredd
= mercifully, fortunately

trugareddau
pl = bric-a-brac,
    knick-knacks

trugarhau (wrth)
= to take pity on, to have mercy on

trugarog
= merciful, compassionate

anhrugarog
= merciless

trugarowgrwydd
m = mercy

trwch (trychiau) m = thickness   trwch m = adversity

blewyn (blew) m = hair
i drwch y blewyn
= spot on

mewn = in
i fewn trwch blewyn
= within a hair's breadth

o drwch blewyn
= by a whisker

pobl (-oedd) f = people
trwch y bobl
= the bulk of the people

trwch ar drwch o
= layer upon layer of

trwchus
= thick

trychfa (-feydd)
f = (railway) cutting

trychu
= to cut (off), to amputate

trychiad (-au)
m = cutting off, amputation

trwch m = adversity
trwch
= unfortunate

mil (-od) m = animal
trychfil (-od)
m = insect, germ, bacteria

dynol = human
trychinebau dynol
= human disasters

trychineb (-au)
m/f = disaster

trychinebus
= disastrous

trwm, trom (trymion) = heavy

trwm, trom (trymion)
= heavy

clywed = to hear, to sense
clyw m = hearing
ei = his
trwm ei glyw
= hard of hearing

anwydog = chilly, cold
annwyd (anwydau)
m = a cold
annwyd trwm
= a heavy cold

cerbyd (-au) m = vehicle
nwyddau pl = goods
cerbyd nwyddau trwm
= a heavy goods vehicle

gor = over, super, hyper-
gordrwm
= overweight

gorthrwm (gorthrymau)
m = oppression

gorthrymder
m = tribulation
gorthrymedig
= oppressed

gorthrymu
= to oppress
gorthrymus
= oppressive

**gorthrymwr
(gorthrymwyr)
gorthrymydd (-ion)**
m = oppressor, tyrant

llaw (dwylo) f = hand
llawdrwm
= hypercritical

pen (-nau) m = head
pendrwm
= drowsy

pendrymu
= to doze

cwsg m = sleep
trymgwsg
m = torpor

trymaidd, trymllyd
= oppressive, sultry

trymder, trymedd
m = heaviness, inertia

trymhau
= to grow heavier

tu m = side

allan = out
y tu allan i, tu fa's i
= outside

cefn (-au) m = back
y tu cefn i
= behind

hwnt = yonder
y tu hwnt i
= beyond

mewn = in
y tu mewn i, tu fewn i
= inside

ôl = behind, rear
tu ôl i
= behind

ymlaen = on, onward(s)
tu ôl ymlaen
= back to front

ar = on; ei = his
tad (-au) m = father
ar du ei dad
= on his father's side

cyfrwyo = to saddle; cyfrwy (-au) m = saddle
un = one; untu = one-sided
cyfrwy untu
= side-saddle

naill = the one ... the other
neillog (-ion) m = alternative
neilltu
m = one side

o'r neilltu
= aside, apart

neilltuad (-au)
m = separation

ymneilltuad
m = retirement

neilltuaeth
f = withdrawal, separation

Ymneilltuaeth
f = Non-Conformity

neilltuedig
= separated

neilltuo
= to set aside, to separate

ymneilltuo
= to retire, to withdraw

neilltuol
= special, particular

Ymneilltuol
= Non-Conformist

neilltuolion
pl = characteristics

neilltuolrwydd
m = peculiarity

Ymneilltuwr (-wyr)
m = Non-Conformist

dau, dwy = two
o ddeutu
= about, around

pob = all, each, every
poptu
m = all sides

dalen (-nau) (dail) f = sheet, leaf
tudalen (-nau)
m/f = page

tua, tuag at
= towards

bryd (-iau) m = disposition, intent
tueddfryd
m = inclination

tuedd (-iadau)
f = tendency

diduedd
= unbiased, impartial

didueddrwydd
m = impartiality

ystadegau pl = statistics
tueddiadau ystadegol
= statistical trends

tueddiad (-au)
m = trend

tueddol
= inclined

tueddu (i)
= to tend, to be inclined (to)

twrf, twrw (tyrfau) m = noise, tumult (thunder)

twrf, twrw (tyrfau)
m = noise, tumult (thunder)

codi = to rise, to raise
codi twrw
= to cause trouble

llawer = much; ychydig = few; gwlanen (-ni) m = flannel;
gwlanog = woolly; gwlân m = wool
llawer o dwrw, ychydig o wlân
a lot of noise wih little effect

cynnwrf (cynhyrfau)
m = commotion

cynhyrfiad (cynyrfiadau)
m = agitation, disturbance

cynhyrfu
= to excite

dŵr (dyfroedd) m = water
cynhyrfu'r dyfroedd
= to stir up trouble

cynhyrfus
= exciting, stirring

cynhyrfwr (-wyr)
m = agitator

torf (-oedd)
f = crowd

tyrfa (-oedd)
f = crowd

tyrfedd
m = turbulence

tyrfu
= to thunder; to make a din

twyll (twyllau) m/f = deceit, fraud

twyll (-au)
m/f = deceit, fraud

arian pl = money
ariandwyll
m = embezzlement

didwyll
= sincere

didwylledd
m = sincerity

hydwyll
= gullible

twyllo
= to deceive, to cheat

hen = old; brithyll (-od) m = trout
twyllo hen frithyllod
= to deceive an old hand

twyllodrus
= deceitful

twyllwr (-wyr)
m = deceiver, cheat

twym = warm

twym
= warm

eil = second
eildwym
= reheated

twymder, twymdra
m = warmth

calon (-nau) f = heart
twymgalon
= warmheated

twymo
= to warm

twymyn (-au)
f = fever

twymynol
= feverish

tŷ (tai) m = house (housing)

arglwydd (-i) m = lord
Tŷ'r Arglwyddi
= the House of Lords

bach = small
tŷ bach
= toilet

bychan = small
tŷ bychan
= a small house

clymu = to tie, to bind
tŷ clwm
= tied house

cyffredin = common
Tŷ'r Cyffredin
= the House of Commons

*cwrdd (cyrddau)
m = meeting*
tŷ cwrdd
= meeting house, chapel

*cyngor (cynghorau)
m = council*
tŷ cyngor
= council house

gwyn, gwen = white
y Tŷ Gwyn
= the White House

gwydr (-au) m = glass
tŷ gwydr
= greenhouse

haf (-au) m = summer
tŷ haf
= holiday home

pâr (parau) m = pair
tŷ pâr
= semi-detached house

parod = ready
tŷ parod
= prefabricated house

sengl = single
tŷ sengl
= detached house

teras (-au) m = terrace
tŷ teras
= terraced house

*cawnen (cawn) f = reed
to (toeau) (toeon) m = roof*
tŷ to cawn
= thatch roofed house

*un = one
llawr (lloriau) m = floor*
tŷ un llawr
= bungalow

*talcen (-nau) (-ni)
m = forehead*
tŷ un talcen
= semi-detached house

mewn = in; aml = frequent, often; daliadaeth f = tenure
tai mewn aml-ddaliadaeth
= housing in multiple-occupation (HMOs)

fforddio = to afford
tai fforddiadwy
= affordable housing

teios
pl = cottages

*perchennog (perchenogion)
m = owner*
perchennog tŷ
= householder

*(y)stad (-au)
f = estate*
(y)stad dai
= housing estate

*cyngor (cynghorau)
m = council*
(y)stadau tai cyngor
= council housing estates

*abad (-au)
m = abbot*
abaty (abatai)
m = abbey

*aderyn (adar) m = bird
adaryddiaeth f = ornithology*
adardy (adardai)
m = aviary

*addoliad m = worship
addoli = to worship*
addoldy (addoldai)
m = place of worship

*archif (-au) f = archive
archifydd (-ion)
m = archivist*
archifdy (-dai)
m = records office

*bathodyn (-nau)
m = medal, badge, coin
bathu = to coin*
bathdy (-dai)
m = mint

*brag m = malt
bragu = to brew*
bracty (-tai), bragdy (-dai)
m = brewery

buwch (buchod)
f = cow
beudy (beudai)
m = cowshed, byre

carcharu = to imprison
carcharor (-ion)
m = prisoner
carchardy (carchardai)
m = prison

cloch (clychau) f = bell
clochydd (-ion)
m = sexton, bellringer
clochdy (clochdai)
m = belfry

colomen (-nod)
f = dove, pigeon
colomendy (-au)
m = dovecot

crochan (-au) m = pot
crochenydd (-ion)
m = potter
crochendy (-dai)
m = a pottery

deilen (dail) f = leaf
deiliant m = foliage
deiliog = leafy
deildy (deildai)
m = arbour, bower

deon (-iaid)
m = dean
deoniaeth f = deanery
deondy
m = deanery (house)

fferm (-ydd) f = farm
ffermwr (-wyr) m = farmer
ffermio = to farm
ffermdy (ffermdai)
m = farmhouse

golchi = to wash
golchydd (-ion)
m = washing machine
golchdy (golchdai)
m = laundry

gwaith (gweithiau)
m = work
gweithdy (gweithdai)
m = work-shop

gwestai (gwesteion)
m = guest
gwesty (-au) (gwestai)
m = hotel

hafaidd = summery
haf (-au) m = summer
hafdy (hafdai)
m = summer house

hafod (-ydd) (-au)
m = upland (summer) farm
hafoty (hafotai)
m = summer house, chalet

llaeth, llefrith
m = milk
llaethdy (llaethdai)
m = dairy

lleian (-od)
f = nun
lleiandy (lleiandai)
m = convent

labordy (labordai)
m = laboratory

lled = partly
llety (-au)
m = lodging(s),
    accommodation

lluest (-au) m = camp; tent
lluestu = to encamp
lluesty (lluestai)
m = tent; booth

modur (-on)
m = motor car
modurwr (-wyr) m = motorist
modurdy (modurdai)
m = garage

mynach (-od) m = monk
mynachaeth f = monasticism
mynachaidd = monastic
mynachdy (mynachdai)
m = monastery

plasaidd = palatial
plas (-au)
m = palace, mansion
plasty (plastai)
m = mansion

pobi = to bake
pobwr (-wyr), pobydd (-ion)
m = baker
popty (poptai)
m = oven, bakehouse

putain (puteiniaid) f = prostitute; puteindra m = prostitution
puteindy (puteindai)
m = brothel

tŷ (tai) m = house (housing)

pẁer (pwerau) m = power
pwerus = powerful
pwerdy (pwerdai)
m = power-station, power
   house

pysgota = to fish
pysgodyn (pysgod)
m = fish
pysgoty (pysgotai)
m = aquarium

tafarn (-au) f = pub
tafarnwr (-wyr)
m = landlord, publican
tafarndy (tafarndai)
m = public house, inn

llu (-oedd) m = multitude
teulu (-oedd)
m = family

teuliaidd, teuliol
= family, domestic

tlodyn (tlodion) m = pauper; tlawd (tlodion) = poor
tlodi m = poverty
tloty (tlotai)
m = poor house, work house

toll (-au) f = duty, toll
tollty (tolltai)
m = customs house

trysori = to treasure
trysordy (-dai)
m = treasury

[osb (esbyd) (ysbyd)
m/f = guest, lodger]
ysbyty (ysbytai)
m = hospital

ysgol (-ion)
f = school
ysgoldy
m = school-house

(y)stôr (storau)
m = store
(y)stordy (stordai)
m = ware-house

llwyth (-au) m = tribe
tylwyth (-au)
m = household

tyb (tybiau) m/f = opinion, conjecture

tyb (-iau)
m/f = opinion, conjecture

yn = in; fy = my
i'm tyb i
= in my opinion

cam = wrong, mis-
cam-dyb
f = error

drwgdybio
= to suspect

drwg = bad
drwgdybiaeth (-au)
f = suspicion

drwgdybus
= suspicious

gwrth = against
gwrthdyb
m = paradox

hun: hunan (hunain) = self
hunandyb
m = conceit

hunandybus
= conceited,
   self-opinionated

rhag = before, pre-
rhagdybiaeth (-au)
f = presumption

rhagdybied, rhagdybio
= to presume, to assume

rhith (-iau) f = shape, form
rhithdyb (-iau)
f = delusion

uchel = high; loud
ucheldyb
m = conceit

tybiaeth (-au)
f = supposition, conjecture

tybiannol
= notional

tybied, tybio
= to suppose, to think

tybiedig
= supposed

tybus
= suspecting

tyn(n) = tight, fast, firm, taut
tynnu = to pull

tynn
= tight, fast, firm, taut

gafael = to hold, to grasp
gafael yn dynn (yn)
= to hold tightly (on to)

rhaglen (-ni) f = programme
rhaglen dynn
= a tight programme

atynnu
= to attract

atynfa (-feydd)
f = attraction (event)

atyniad (-au)
m = attraction

gwrth = against
gwrthatyniad
m = counter-attraction

prif = chief
prif atyniad
= star turn

atyniadol
= attractive

cildynnus
= stubborn, obstinate

cil (-iau) m = recess, corner
cildynnu
= to be obstinate

cildynrwydd
m = obstinacy

croesi = to cross
croestynnu
= to pull against

cyd = joint
cyd-dynnu
= to pull together

ci (cŵn) m = dog
cyndyn
= stubborn

cyndynrwydd
m = obstinacy

didynnu
= to subtract

dir = certain
dirdyniad
m = torture

dirdynnol
= excruciating, traumatic
dirdynnu
= to torture

echdynnu
= to extract

hydyn
= ductile, docile

anhydyn
= intractable, obstinate

traws = cross
trawstynnu
= to distract

trawstyniad (-au)
m = distraction

tynder
m = tension, tightness

ymdopi = to cope, to manage
ymdopi â thyndra
= stress management

tyndra
m = tension, stress

bad (-au) m = boat
tynfad (-au)
m = tug

tynfa (-feydd)
f = draw, attraction

tynhad
m = tightening

tynhau
= to tighten

tyn(n) = tight, fast, firm, taut
tynnu = to pull

tyniad (-au)
m = pull; subtraction,
    withdrawal of money

sugno = to suck
sugndyniad
m = suction

tyniedydd (-ion)
m = tractor

tynion
pl = tights

tynnu am (80)
= to be getting on for (80)

tynnu ar
= to tease

tynnu ar ôl
= to take after

tynnu at
= to be drawing close to

i lawr = down
tynnu i lawr
= to drag down, to demolish

yn ôl = back, ago
tynnu'n ôl
= to pull out, to withdraw

blewog = hairy; blewyn (blew) m = hair, fur
cwtogi = to shorten; cwta = short
tynnu blewyn cwta
= to draw lots, to draw the short straw

coes (-au) f = leg
tynnu coes
= to pull one's leg, to tease

cwys (-i) (-au) f = furrow; union = straight, direct
tynnu cwys union
= to keep on the straight and narrow

dant (dannedd)
m = tooth
tynnu dannedd
= to make ineffective

dŵr (dyfroedd)
m = water; ei = her
tynnu dŵr o'i dannedd
= to make her mouth water

ewin (-edd) m/f = nail
blewyn (blew) m = hair
tynnu'r ewinedd o'r blew
= to get ready for the task

gwep (-au) (-iau)
f = (sour) face, grimace
tynnu gwep
= to pull a face

gwifr (-au)
f = wire
tynnu gwifrau
= to pull strings

gwynt (-oedd) m = wind; hwyl (-iau) f = sail
tynnu gwynt o'r hwyliau
= to deflate (someone)

nyth (-od) m/f = nest; cacynen (cacwn) f = wasp
ei = her; pen (-nau) m = head
tynnu nyth cacwn ar ei phen
= to make a lot of people annoyed with her

sylw (-adau) m = attention
tynnu sylw at
= to draw attention to

ymaith = away
tynnu ymaith
= to distract

asgwrn (esgyrn) m = bone
asgwrn tynnu
= wish-bone

llygad (llygaid)
m/f = eye
llygad-dynnu, llygatynnu
= to charm, to bewitch

tîm (timau) m = team
rhaff (-au) m = rope
tîm tynnu rhaff
= tug-of-war team

perfedd (-ion)
m = guts; ei = his
wedi tynnu ei berfedd
= has lost his confidence

tyst (tystion) m = witness

tyst (-ion)
m= witness

ardystio
= to attest, to endorse

ardyst(iedig)
= attested, endorsed

gwrth = against
gwrthdystiad (-au)
m = protest

gwrthdystio
= to protest

llygad (llygaid) m/f = eye
llygad-dyst (-ion)
= eye-witness

tysteb (-au)
f = testimonial

tystio
= to testify, to witness, to certify

dir = certain, true, real
tystiolaeth ddiriaethol
= concrete evidence

dogfen (-nau) f = document
tystiolaeth ddogfennol
= documentary evidence

tystiolaeth (-au)
f = evidence, testimony

ysgrifennu = to write
tystysgrif (-au)
f = certificate

geni = to be born
tystysgrif geni
= birth certificate

tystiolaethu
= to testify

marwolaeth (-au) f = death
tystysgrif marwolaeth
= death certificate

priodas (-au) f = marriage
tystysgrif priodas
= marriage certificate

teilyngu = to deserve
teilyngdod (-au) m = merit
tystysgrif teilyngdod
= certificate of merit

yswiriant m = insurance
dilys = valid
tystysgrif yswiriant ddilys
= valid insurance certificate

tywys, tywyso = to lead, to guide

tywys, tywso
= to lead, to guide

ci (cŵn) m = dog; dall = blind
cŵn tywys i'r deillion
= guide dogs for the blind

taith (teithiau) f = journey
taith dywys(edig)
= guided tour

llyfr (-au) m = book
tywyslyfr
m = guide book

cydweddog (-ion) m = consort
tywysog cydweddog
= prince consort

tywysog (-ion)
m = prince

tywysoges (-au)
f = princess

brenhinol = royal
y Dywysoges Frenhinol
= the Princess Royal

tywysogaeth (-au)
f = principality

tywysogaidd
= princely

tywysydd (-ion)
m = leader, holiday courier

ufudd = obedient

anufudd
= disobedient

anufudd-dod
m = disobedience

anufuddhau (i)
= to disobey

ufudd-dod
m = obedience

ufuddhau (i)
= to obey

uchel = high; loud

uchel
= high; loud

aruchel
= sublime

uchelder (-au)
m = height

sirydd (-ion) m = sheriff
Uchel Sirydd
= High Sheriff

gor = over, super, hyper-
goruchel
= eminent, lofty, sublime

ffroeni = to sniff
ffroen (-au) f = nostril
ffroenuchel
= haughty, disdainful

ael (-iau) f = brow
uchel-ael
= highbrow

cyhuddiad (-au)
m = accusation
uchelgyhuddiad
m = impeachment

uchelion
pl = heights

sawdl (sodlau) m/f = heel
sodlau uchel
= high heels

goruchelder
m = peak

pen (-nau)
m = head
penuchel
= haughty

trem (-iau) f = glance, look
ucheldrem
= haughty, imperious

cyhuddo
= to accuse
uchelgyhuddo
= to impeach

uchelwr (-wyr)
m = aristocrat, nobleman

uwch = higher

cyfuwch â
= as high as

uchder (-au)
m = height, altitude

gor = over, super, hyper-
goruwch, goruch-
= above

uchod
= above (above mentioned)

pen (-nau) m = head
uwchben
= above, overhead

pridd m = earth
uwchbridd
= top-soil

capten (capteiniaid)
m = captain
uwchgapten
m = major (in Army)

gwylio = to watch
goruchwylio
= to supervise

gwifren (gwifrau) m = wire
gwifrau uwchben
= overhead wires

rhingyll (-iaid)
m = sergeant
uwch-ringyll
m = sergeant-major

uchaf = highest

ar ei uchaf
= at its maximum

uchafiaeth
f = supremacy

goruchaf
= supreme

holl = all
yr uchaf oll
= the highest of all

uchafion
pl = heights

goruchafiaeth
f = supremacy, triumph

swm (symiau) m = sum
uchafswm
m = maximum sum (£s)

un m = one
un = one

adeg (-au)
f = time, occasion
ar un adeg
= at one time

modd (-ion)
m = means, manner
yn yr un modd
= in the same way

yr un = the same
peth (-au) m = thing
yr un peth
= the same thing

rhyw = some
rhywun (rhywrai)
= someone, anyone
   (some people)

aduno
= to reunite

aduniad (-au)
m = reunion

yswiriant m = insurance
yswiriant cyfun
= comprehensive insurance

ysgol (-ion) f = school
ysgol gyfun
= comprehensive school

cyfun
= comprehensive

cyfundeb (-au)
m = unity, union

trefn (-au) f = order
cyfundrefn (-au)
f = system

addysg f = education
y gyfundrefn addysg
= the education system

cyfundrefnol
= systematic

cyfundrefnu
= to systematise

cyfuniad (-au)
m = combination, blend

cyfuno (â)
= to combine, to unite

cyfunol
= united, combined

teyrnas (-oedd) f = kingdom
y Deyrnas Gyfunol (DG)
= the United Kingdom (UK)

rhywiol = sexual
cyfunrywiol
= homosexual

cyd = joint
cytûn
= agreed, of one mind

cwbl m = whole
yn gwbl gytûn
= in complete agreement

maes llafur m = syllabus
maes llafur cytûn
= agreed syllabus

anghytûn
= not agreeing, disunited, dissenting, at odds

cytundeb (-au)
m = agreement, contract

dau, dwy = two
blynedd pl = year (numbers)
cytundeb dwy flynedd
= a two year contract

cilyddol = reciprocal
cytundeb cilyddol
= mutual agreement

dros dro = interim
cytundeb dros dro
= an interim contract

llym, llem = sharp
cytundeb llym
= a stringent contract

cyd = joint
cyd-gytundeb
= collective agreement

digytundeb
= without agreement

is = lower, below, under
is-gytundeb
m = sub-contract

torri = to break, to cut
torri cytundeb
= to break an agreement

anghytundeb (-au)
m = disagreement, dissension

chwerw = bitter
anghytundeb chwerw
= bitter disagreement

llwyr = complete
anghytundeb llwyr
= dead-lock

cytundebol
= contractual

Rhufain = Rome
cytuniad (-au)
m = treaty, agreement

Cytuniad Rhufain
= Treaty of Rome

cytuno (â)
= to agree (with)

llwyr = complete
cytuno'n llwyr â
= to agree completely with

bron = almost
cytuno bron yn llwyr â..
= to agree almost
 completely with..

chwyrn = violent
anghytuno chwyrn
= to disagree violently

anghytuno (â)
= to disagree (with)

daduno
= to dissociate, to disunite

unawd (-au)
m = solo

unawdydd (-wyr)
m = soloist

pen (-nau) m = head
unben (-iaid)
m = dictator, despot

unbenaethol
= despotic

goleuedig = enlightened
unbennaeth (unbenaethau) **unbennaeth oleuedig**
f = dictatorship

= a benevolent dictatorship

llafur (-iau) m = labour
Undeb Llafur
= Trade Union

myfyriwr (-wyr) m = student
Undeb y Myfyrwyr
= the Students' Union

undeb (-au)
m = union; unity

Ewrop f = Europe
yr Undeb Ewropeaidd (UE)
= the European Union (EU)

undebol
= unionistic, united

undebwr (-wyr)
m = unionist

undod (-au)
m = unity

Undodiaeth
f = Unitarianism

Undodwr (-wyr) (-iaid)
m = a Unitarian

Undodaidd
= Unitarian

tôn (tonau) f = tone, tune
undonedd
m = monotony

undonog
= monotonous

dydd (-iau) m = day
undydd
= one-day

cwrs (cyrsiau) m = course
cyrsiau undydd
= one-day courses

uned (-au)
f = unit

trosedd (-au) m/f = crime
difrifol = serious
Uned Droseddau Difrifol
= Serious Crime Squad

cegin (-au)
f = kitchen
uned gegin
= kitchen unit

gwaith (gweithiau)
m = work
uned waith
(unedau gwaith)
= task-force

gwaredu = to deliver, to rid
(y)sbwriel
m = rubbish, refuse
uned waredu sbwriel
= waste disposal unit

unedig
= united

cenedl (cenhedloedd) f = nation
Y Cenhedloedd Unedig
= The United Nations

unedol
= unitary

awdurdod (-au) m/f = authority
awdurdod unedol
= unitary authority

man (-nau) m/f = place
(yr) unfan
m = (the) same place

barn (-au) f = opinion
unfarn
= unanimous

unfryd = unanimous
yn unfryd unfarn
= absolutely unanimous

math (-au) m = sort, kind
unfath
= identical

gefell (gefeilliaid) m = twin
gefeilliaid unfath
= identical twins

unfathiant
m = identity

unfed
= first

blwydd f = year(s) old
unflwyddiad (-au)
m = an annual (flower)

bryd (-iau)
m = disposition, intent
unfryd
= unanimous

unfrydedd
m = unanimity
unfrydol
= like-minded

ffurf (-iau) f = form
unffurf(iol)
= uniform

cell (-oedd) f = cell
ungellog
= unicellular

uniad (-au)
m = joining, joint

tafod (-au) m = tongue; rhych (-au) m/f = furrow, groove
uniad tafod a rhych
= tongue and groove joint

iaith (ieithoedd) f = language
uniaith, unieithog
= monolingual, monoglot

uniaethiad
m = identification

uniaethu (â)
= to identify (with)

unig
= lonely; only

plentyn (plant) m = child
y plentyn unig
= the lonely child

yr unig blentyn
= the only child

yr unig un
= the only one

cerbyd (-au) m = vehicle
ysgafn = light (weight)
cerbydau ysgafn yn unig
= light vehicles only

parcio = to park; trigolion
pl = inhabitants, residents
Parcio i Drigolion yn Unig
= Parking for Residents
    Only

unigedd
m = solitude

gogoneddus = glorious
unigedd gogoneddus
= glorious solitude

unigo
= to isolate

unigol
= individual, single

unigoliaeth
f = individuality

unigoledd
unigolrwydd
m = individuality

unigolydd (-ion)
m = individualist

unigolyn (unigolion)
m = individual

unigrwydd
m = loneliness

rhyw (-iau)
f = sort, kind; sex
unigryw
= unique

unigrywedd
m = uniqueness

iawn = right, just
union
= straight, direct, exact

yn union
= precisely, exactly

anunion
= indirect

credu = to believe
uniongred
= orthodox

uniongrededd
m = orthodoxy

anuniongred
= unorthodox

cyrch (-oedd) m = attack
uniongyrchol
= direct

canlyniad (-au) m = result
canlyniad uniongyrchol
= a direct result

debyd (-au) m = debit
debyd uniongyrchol
= direct debit

uniongyrchol
= direct

anuniongyrchol
= indirect

treth (-i) f = tax
trethi anuniongyrchol
= indirect taxes

uniondeb, unionder
m = rightness

cam (-au) m = wrong, injury
unioni
= to rectify, to redress

unioni cam
= to right a wrong

mantol (-ion) f = balance
unioni'r fantol
= to redress the balance

lliw (-iau) m = colour
unlliw(iog)
= monochrome, one colour

man (-nau) m/f = place
unman
m = anywhere

uno (â)
= to unite, to amalgamate

dymuno
= to wish, to desire

dymuniad (au)
m = wish

dymunol
= pleasant, desirable

annymunol
= unpleasant

ail = second
ymuno (â)
= to join, to join in (with)

ailymuno
= to rejoin

ochr (-au) f = side
unochrog
= unilateral, biased

unol
= unified, united

talaith (taleithiau) f = state
Yr Unol Daleithiau
= The United States

unoli
= to unify

unoliad
m = unification

unoliaeth
f = unity

Unoliaethwr (-wyr)
m = Unionist (Northern Ireland)

peth (-au) m = thing
unpeth
m = anything

am unpeth!
= for anything!

plygu = to bend
unplyg
= single-minded

unplygrwydd
m = single-mindedness

rhyw (-iau)
m/f = sort, kind; sex
unrhyw
= any, same

adeg (-au)
f = time, occasion
ar unrhyw adeg
= at any time

profi = to prove; tu hwnt i = beyond
amheuaeth (amheuon) f = doubt; rhesymol = reasonable
profi tu hwnt i unrhyw amheuaeth resymol
= to prove beyond any reasonable doubt

unrhywiaeth
f = sameness

sillafu = to spell
sillafiaeth f = spelling
sillaf (-au) f = syllable
unsill, unsillafog
= monosyllabic

gwaith (gweithiau) f = time	*dau, dwy = two*	*byth = ever, always; never*
unwaith	**unwaith neu ddwywaith**	**unwaith ac am byth**
= once	= once or twice	= once and for all

eto = again; yet
unwaith eto
= once again

mis (-oedd) m = month
unwaith y mis
= once a month

dyn (-ion) m = man; plentyn (plant) m = child
unwaith yn ddyn, dwywaith yn blentyn
= once a man, twice a child

pedwar, pedair = four; amser (-oedd) m = time
unwaith yn y pedwar amser
= once in a blue moon

gwedd (-au) f = appearance, aspect
unwedd
= likewise

urdd (-au) f = order, guild, league

arglwyddaidd = lordly	*cyfeillgar = friendly*	*derwyddiaeth f = druidism*
arglwydd (-i) m = lord	*cyfaill (cyfeillion) m = friend*	*derwydd (-on) m = druid*
Urdd yr Arglwyddi	**Urdd y Cyfeillion**	**Urdd Derwydd**
= Peerage	= the League of Friends	= Druidic Order
gobaith (gobeithion)	*graddedigion*	*marchog (-ion)*
m = hope	*pl = graduates*	*m = knight, rider*
Urdd Gobaith Cymru	**Urdd y Graddedigion**	**Urdd Marchog**
= Welsh League of Youth	= the Guild of Graduates	= Knighthood

sancteiddio = to sanctify
sancteiddrwydd
m = holiness
sanctaidd = holy
urddau sanctaidd
= holy orders

cysegr (-oedd) (-au)
m = sanctuary
cysegriad m = consecration
cysegru = to consecrate
urddau cysegredig
= holy orders

urddas (-au)	**urddasol**	**diurddas**
m = dignity, honour	= dignified	= undignified

urddiad (-au)
m = ordination

urddo	**urddo'n farchog**
= to confer an honour,	= to be knighted
to ordain	

wyneb (-au) m = face

wyneb (-au)
m = face

mae wyneb ganddi hi
= she has a cheek
i waered = down
wyneb i waered
= upside-down

dal
= to hold, to catch
dal wyneb
= to (pretend to be) be polite

di-dderbyn-wyneb
= outspoken

arwyneb (-au)
m = surface

arwynebol
= superficial

dau, dwy = two
dauwynebog
= two-faced, hypocritical

i'r gwrthwyneb
= on the contrary

wyneb yn wyneb
= face to face
ffaith (ffeithiau) f = fact
yn wyneb y ffeithiau
= in view of the facts

derbyn
= to receive, to accept
derbyn wyneb
= to pay respect

heb = without
heb dderbyn wyneb
= without favouring anyone

arwynebedd (-au)
m = area

arwynebolrwydd
m = superficiality

gwrth = against
gwrthwyneb
m = contrary

gwrthwyneb
= vice-versa

diwinyddiaeth f = theology
**gwrthwynebiad
diwinyddol**
= a theological objection

diwrthwynebiad
= unopposed

gwrthwynebu
= to oppose, to object

gwrthwynebiad (-au)
m = opposition, objection

moesau pl = morals
**gwrthwynebiad
moesol**
= moral opposition

gwrthwynebol
= opposed, opposing

gwrthwynebus
= antagonistic

**gwrthwynebwr, gwrthwynebydd
(gwrthwynebwyr)**
m = opponent, objector

dalen (-nau) f = sheet
wyneb-ddalen
f = title page

caled = hard
wynebgaled
= impudent, barefaced

wynebedd (-au)
m = area

wynebiad (-au)
m = veneer
wynebu
= to face, to confront

llun (-iau) m = picture
wyneblun (-iau)
m = frontispiece (of a book)
      front-elevation

pryd m = appearance
wynepryd
m = countenance

wynebgaledwch
m = impudence

ysgol (-ion) f = school
ysgol (-ion) f = ladder

arbenigo = to specialize
arbennig = special
ysgol arbennig
= special school

preswylio = to live, to dwell
preswyl = residential
ysgol breswyl
= boarding school

elfen (-nau) f = element
elfennol = elementary
ysgol elfennol
= elementary school

bonedd m = nobility
ysgol fonedd
= public school

celf (-au) f = art, craft
ysgol gelf
= art school

cyfun = comprehensive
ysgol gyfun
= comprehensive school

Cymraeg = Welsh
Ysgol Gymraeg
= Welsh medium school

cynradd = primary
ysgol gynradd
= primary school

plentyn (plant) m = child
hŷn = older
ysgol plant hŷn
= senior school

iau, ifancach
= younger
ysgol plant iau
= junior school

gramadeg m = grammar
ysgol ramadeg
= grammar school

Sul (-iau) m = Sunday
Ysgol Sul
= Sunday School

uwchradd = secondary
ysgol uwchradd
= secondary school

gwaddoli = to endow
gwaddol (-ion) (-iadau) m = endowment
ysgol waddoledig
= endowed school

buarth (-au) m = (farm)yard
buarth yr ysgol
= the school playground

gadael = to leave
gadawyr ysgol
pl = school leavers

yn = in
yn yr ysgol
= in school, at school

prif = chief
prifysgol
f = university

meistr (-i) m = master
ysgolfeistr
m = schoolmaster

meistres (-i) f = mistress
ysgolfeistres
f = schoolmistress

ysgolhaig (ysgolheigion)
m = scholar, an intellectual

ysgolheictod
m = scholarship, learning

ysgolheigaidd
= scholarly, intellectual

ysgolor (-ion)
m = scholar, pupil

mynediad (-au) m = entrance
ysgoloriaeth fynediad
= entrance scholarship

ysgoloriaeth (-au)
f = scholarship

toi = to roof
to (toeau)(toeon) m = roof
ysgol do
= roof ladder

gêm (gêmau) f = game
sarff (seirff) f = serpent
Gêm Sarff ac Ysgolion
= Snakes and Ladders

ysgoli
= to ladder (stockings)

ysgrif (-au)
f = essay, article

arwain = to lead
ysgrif arweiniol
= leading article, leader

adysgrif (-au) (-on)
f = transcript, transcription

adysgrifio
= to transcribe, to copy
adysgrifiwr (adysgrifwyr)
= transcriber, copier

arysgrif(en) (arysgrifau)
f = inscription

arysgrifennu
= to inscribe

hawl (-iau) f = right
hawlysgrif (-au)
f = copyright

llaw (dwylo) f = hand
llawysgrif (-au)
f = manuscript, script

ôl = behind, rear
ôl-ysgrif (-au)
f = postscript

tyst (-ion) m = witness
tystysgrif (-au)
f = certificate

tan, dan= under
tanysgrifiad
m = subscription

tanysgrifio
= to subscribe

tanysgrifiwr (tanysgrifwyr)
m = subscriber

gor = over, super, hyper-
gordanysgrifio
= to over-subscribe

pin (pinnau) m = pin
ysgrifbin (-nau)
m = pen

ysgrifen
f = writing

llaw (dwylo) f = hand
llawysgrifen
f = handwriting

mur (-iau) m = wall
murysgrifen (-iadau)
f = graffiti

ysgrifenedig
= written

anysgrifenedig
= unwritten

tystiolaeth (-au)
f = evidence
tystiolaeth ysgrifenedig
= written evidence

cytundeb (-au)
m = agreement, contract
cytundeb anysgrifenedig
= an unwritten agreement

ysgrifennu (at)
= to write (to - a person)

dychmygus = imaginative
ysgrifennu dychmygus
= imaginative writing

creadigol = creative
ysgrifennu creadigol
= creative writing

ysgrifennwr (ysgrifenwyr)
m = writer

araith (areithiau) f = speech
ysgrifennwr areithiau
= speech-writer

tanysgrifennwr (-enwyr)
m = underwriter

tanysgrifennu
= to underwrite

ysgrifennydd (ysgrifenyddion)
m = secretary

gwlad (gwledydd) f = country
yr Ysgrifennydd Gwladol
= the Secretary of State

parhaol = permanent
Ysgrifennydd Parhaol
= Permanent Secretary

ysgrifenyddes (-au)
f = secretary

ysgrifenyddiaeth (-au)
f = secretariat

ysgrifenyddol
= secretarial

ystafell (-oedd) f = room

arteithio = to torture
ystafelloedd arteithio
= torture chambers

bwrdd (byrddau)
m = board, table
Ystafell y Bwrdd
= the Board Room

pwyllgor (-au)
m = committee
ystafell bwyllgora
= committee room

cinio (ciniawau) m/f = dinner
ciniawa = to dine
ystafell giniawa(u)
= dining room (in hotel)

sbario = to spare
sbâr = spare
ystafell sbâr
= spare room

gwely (-au)(gwelâu)
m = bed
ystafell wely
= bedroom

gwledd (-oedd) f = feast
gwledda = to feast
ystafell wledda
= banqueting room

gwydro = to glaze
gwydr (-au) m = glass
ystafell wydr
= conservatory

ystafellog
= roomy

golchi = to wash
ymolchi = to wash oneself
ystafell ymolchi
= bathroom

ysgafala
= concealed; carefree
ystafell ysgafala
= private room

ystyr (ystyron) m/f = meaning

ystyr (-on)
m/f =meaning

gwir = true
y gwir ystyr
= the real meaning

cyfystyr
= synonymous

yn gyfystyr â
= synonymous with

cyfystyr (-on)
m = synonym

cyfystyredd
m = tautology

diystyr
= meaningless

diystyriol
= inconsiderate

diystyrllyd
= contemptuous, scornful

diystyru
= to disregard

diystyrwch
m = disregard, contempt

cymryd = to take
ystyriaeth (-au)
f = consideration

cymryd i ystyriaeth
= to take into account

tan, dan = under
dan ystyriaeth
= under consideration

rhai = some, ones;   mater (-ion) m = matter, issue
ystyried
= to consider, to deliberate

rhai materion i'w hystyried
= some issues to consider

ail = second
ail-ystyried
= to reconsider

ail-ystyriaeth
f = reconsideration

ystyriol
= considerate, thoughtful

anystyriol
= inconsiderate, thoughtless

llawn = full
ystyrlon
= meaningful